中国营销战实录

令人拍案叫绝的营销真案例

联纵智达◎著

 中华工商联合出版社

图书在版编目（CIP）数据

中国营销战实录：令人拍案叫绝的营销真案例/联纵智达著．—北京：中华工商联合出版社，2015.2

ISBN 978-7-80249-952-2

Ⅰ.①中… Ⅱ.①联… Ⅲ.①企业管理－市场营销学－案例－中国 Ⅳ.①F279.23

中国版本图书馆 CIP 数据核字（2015）第 021096 号

中国营销战实录：令人拍案叫绝的营销真案例

作　　者： 联纵智达
责任编辑： 于建廷　效慧辉
责任审读： 郭敬梅
封面设计： 久品轩设计
责任印制： 迈致红
出版发行： 中华工商联合出版社有限责任公司
印　　刷： 北京兰星球彩色印刷有限公司
版　　次： 2015 年 5 月第 1 版
印　　次： 2017 年 12 月第 2 次印刷
开　　本： 787mm×1092mm　1/16
字　　数： 460 千字
印　　张： 28.25
书　　号： ISBN 978-7-80249-952-2
定　　价： 78.00 元

服务热线： 010－58301130
团购热线： 010－58302813
地址邮编： 北京市西城区西环广场 A 座
19－20 层，100044
http：//www.chgslcbs.cn
E-mail：cicap1202@sina.com（营销中心）
E-mail：gslzbs@sina.com（总编室）

博瑞森图书：企业阅读　本土实践

亲爱的读者朋友：

也许您是博瑞森图书的老读者，也许是新朋友，欢迎您阅读博瑞森图书！

当今中国，各行各业都存在着转型升级的压力与机遇。博瑞森图书与您一同应对转型挑战并发现其带来的机遇。

我们一直在问：什么样的书能为您解决管理难题并带来启发？

我们一直在找：哪些作品能帮助企业从跟随到领先？

我们一直在做：把最好的作品以最便捷的方式呈现给您，纸质版、电子版、书摘邮件、微信……

我们策划图书的原则是：

- 企业阅读——与您一样，做水中的游泳者，而非岸上的观众或教练，企业的困惑就是我们的任务。
- 本土实践——与您一样，立足本土环境，追求卓越实践，传播最适合当下中国企业的管理之道。

我们也向所有的企业管理者、管理咨询专家和企业研究者征稿，让更多被实践检验的好思想、好方法迸发出来，为企业助力！（bookgood@126.com或QQ：1963328416或手机号13611149991，绝非“自费出书”，不向作者收取任何费用）

如果有一天，您把博瑞森图书视为您优秀的事业伙伴、管理助手，我们也就实现了自己的梦想。

博瑞森图书

一座本土营销宝库

51 个案例，46 家企业，46 万字，18 年，累计 2000 余人次参与……

最终，汇成您手中这“1”本书！

2013 年 5 月 20 日晚，从上海联纵智达返回北京的飞机上，我取出当天下午联纵智达薛宝峰老师送给我的一本大且厚的内部案例集（作为本书原型的内部白皮书），如饥似渴地翻阅，不禁为案例中的种种妙想与坚定的执行所折服。后来每想到这一幕，颇有一种唐僧取经圆满而归的喜悦与责任感！

时隔一年多，当我们集全体之力历时 2 星期对这个大部头做了完整地梳理后，再一次深深为联纵智达多年来的积淀所震撼——**这就是一座本土营销宝库**！

科特勒为我们带来 4P，特劳特带来定位，乔布斯带来苹果传奇，但他们都没有告诉您——**究竟，如何在中国做营销**！

这本书，也许能带给您答案。

精彩在书中，但作为策划方的我们，也有些感悟想一吐为快，也仅作为阅读参考！

一、一批令人拍案叫绝的新创意

全国十运会（南京）前夕，江苏白酒市场硝烟正浓：

· 苏酒借十运会独家酒类赞助商之名，大举进攻；

· 洋河大手笔全方位覆盖户外媒体，严防死守；

·口子窖、百年迎驾等加固盘中盘，死磕终端。

曾经的老牌，今世缘酒在南京市场正被挤向边缘，如何才能在这样的围追堵截下杀出重围？

如果是您，将如何布局这一场硬仗？

2 个月后尘埃落定，在联纵智达的帮助下，今世缘不但实现了区域品牌突围，还成功做到了名利双收！

二、一身想到就能做到的硬功夫

没有品牌！没有产品！没有资金！如何用 20 万撬动亿元订单？

作为一个跟随者，优格的茶饮料如何才能在康师傅、统一、娃哈哈等大牌高压下，杀出来呢？

一个没有任何品牌基础的新产品，如何吸引经销商的注意？

一项仅 20 万元的推广活动，如何做到上亿元的影响力？

联纵智达做到了：10 天时间，不到 20 万元的经费，5 亿元的订单！

三、一颗绝处求生的大功率心脏

当一批保质期只有 12 个月的饮料在仓库里蒙灰躺过 9 个月的时候，这意味着什么？

一般来说这几乎可以说是“废水”了，联纵智达接到的任务恰恰就是要将这批“废水”全部销售出去，而且是在东北零下 30 度的冬天！

而这款产品甚至还有着先天的致命软肋：口感差、价格高。

联纵智达如何力挽狂澜？如何在仅仅 56 天的时间里成功将 6 万多箱即将报废的产品销售殆尽？

四、一段外脑与企业互动共生的双人舞

贝发笔业交给联纵智达只是一个常规命题：如何利用奥运影响力树立品牌。其实，联纵智达对于奥运营销也有一些自己的想法。

是按客户的要求，还是自己的想法？

最后，联纵智达人甚至带了点一意孤行，选择了自己的大胆设想。

没想到的是，接到这个不按要求创作的作品，贝发的老板带着十几位高管亲临联纵智达，会后还激动地表示：报告中 80% 的内容都与他的想法一致。

这只是众多案例中的一个，我们能够感受到的是全部联纵智达人共有的责任感：我不单单是完成客户交给我的一个咨询请求，我是要真真正正为客户奉献我的智慧，让客户企业能发展得更好。

藏在这些热闹背后的是他们的职业理想，企业文化与营销方法论。

最后，在与联纵智达的接触中，我们更多感觉到的是这家有着丰厚积淀的咨询公司的审慎和低调，何慕老师在与我们交谈的过程中，多次强调，这些不是联纵智达的功劳，更多的是企业自身多年的积累和努力，我们只是有幸参与了而已。并要求，在本书的书名上不要带上“联纵智达”。

假如人生是一场盛宴，工作是一次修行，我们相信，只要我们诚心以待，宴会将渐入佳境，修行定终成正果！

博瑞森图书

自序

回归·本质

何慕

2015就这么悄然来了。今天，离我出生50周年的纪念日只剩下不到50天，不太相信“年过半百”即将属于我。照照镜子，感觉自己最多40；测测心理，不足30；看看未来，感觉自己还不到20，正年轻……

1988年离开复旦大学校门，至今已27个年头。1996年创办联纵智达营销咨询公司（前身叫“何慕策划公司”），至今也有19个年头了。商海折腾了近万个日子，波波折折，起起落落，始终跟“营销”两个字杠着，从未改行。

前几天博瑞森图书的张本心小兄弟专程从北京赶到上海，跟我说要把我们公司的内部刊物《实战在中国：联纵智达十六年精选案例集》出版成书，并希望我能写上几笔作为书的开篇语。说实话挺紧张，一方面，在干营销的这27个年头，包括做营销咨询的近19个年头，虽经历不少，学习不少，但总觉得自己离著书立传的资格越来越远，很害怕端出来丢人现眼，更担心误导别人，良心受谴；另一方面，近些年尤其是随着互联网、移动互联、电商的日益发展，各种思维、模式、概念、案例层出不穷，仿佛谁要是开口不带上互联网、新商业等字眼，谁就是老土、守旧、过时、不可救药、没有未来……

所以，面对这本缺少“网味儿”的案例集，不妨有些担忧，担心被人认为不思进取、与时相悖、老气、老土，给联纵智达减分儿。

随便看看媒体，眼下围绕“营销”的理解和说法花样百出、日新月异，让人眼花缭乱。总而言之，似乎一定要把营销分出现代与传统、创新与守旧不可，似乎不摆出一副与“传统营销”对立、背叛的态度和姿势出来，就会没人理睬，没人购买，更没人投资了……而依我近27年的市场实战经历和认知，以及在为数百家企业提供营销咨询服务过程中的学习与感悟，我并不认为由于互联网或是更新技术和工具的出现，营销的本质就发生了根本性的逆转。方法、模式、概念、案例都会有创新甚至颠覆，但基于人性本质的营销理解与思维，却不会有什么翻天覆地的变化——没有传统的营销和企业，只有传统的思维。

没有传统的营销和企业，只有传统的思维

在联纵智达，有两三百号人，其中的绝大多数，起码都具备两三年以上的区域经理及以上职别的营销和管理实战经历。这些同仁，每天都在研究和实践营销，在全国出差做着项目。

尽管我不可能每一个项目都参与，但是我的团队，在每一个项目中都是打“群架”，发挥着专业的群体性智慧优势。可能其中的许多合作企业，如恒安集团、沈阳机床等都很“传统”，我们的一些同仁，也缺乏“网味”，但联纵智达并非没有及时拥抱互联网时代，也不是没有互联网营销及电商方面的项目。

例如，我们正在服务的，就包括中国食品行业中数一数二的行业大佬向互联网企业转型的项目，当然也包括由线上企业向线下落地，或线下企业想往线上走的一些项目；在联纵智达的内部，由十几个人组成的互联网事业部，也早在三年前就成立了。

我不愿将互联网营销、电商项目从公司现在的架构或现有的咨询业务中切开，因为互联网、移动互联等新技术，并没有改变人性，而商业及营销的本质就是洞察人性。联纵智达近18年来一直在坚守并炼成的最强项就是研究与应用消费者、渠道商、企业营销团队的人性及需求，为企业提供更有价值、更好的服务。

只要我们基于人性出发与思考，怎么可能有传统思维与现代思维、传统思维与互联网思维之分呢？

将“用户思维”的底裤扒了会是啥

互联网来了，为营销及商业带来了许多新的甚至是颠覆式的玩法。但在我看来，它所颠覆的只是技术、手段及玩法，甚至是一些概念。

比如当下时髦的“用户思维”，许多年前的“无效退款”不也是吗？我觉得始于1916年的德国BMW（宝马）和创建于中国清朝康熙八年（1669年）的同仁堂，这些百年企业，都是典型的用户思维的企业。只不过，现在到达企业营销和商业目的地的有效路径和手段改变了。就像你看到的展会与广告，现在更多改到了网上，但是这完全是跟随消费者及合作伙伴的行为而变的。线下也罢，线上也好，都是在打通自己和消费者、合作伙伴的关系，建立持久联系、达成价值交换的沟通。

还有“极致产品”，难道以前就没有吗？只是没加“极致”这个概念而已。以前，做保健品的，甚至是那些做连蓝帽子（由国家食品药品监督管理局批准的保健食品标志）都没有的普通食品，把自己说得包治百病，极致得不能再极致，不过它们违反了价值标准及价值交换规律，成了反面教材。曾经几起几落，一度濒于破产的苹果，现在是世界上最伟大的公司，它在工业精神甚至是工匠精神上的完美坚守，你要怎么去界定它？传统高科技，又或者是互联网企业、现代高科技？“雷布斯”（小米CEO雷军，被网友戏谑地称为雷布斯）说小米“做产品要学同仁堂，做服务要学海底捞”——类似同仁堂这种在世人看来传统得不能再传统的企业，竟然是追求“专注、极致、口碑、快”的雷军及其小米，在产品上要学习“极致”的对象！实际上，用户是检验“极致产品”的唯一标准！历经500年历史长河中消费者检验的同仁堂，又岂能不是雷军及我们所学习的“极致产品”的输出者。

还有“口碑”，在过去的几十年甚至是几千年间，我们类似“金奖、银奖，不如客户的夸奖”的言行难道被无视了吗？只不过是口碑诱发、传播途径及相应技术介质等改变了而已。

在这个时代，即便你拿着世界上最先进的手机，但如果你还是在采取类似“包治百病”的手法坑蒙拐骗，还在以老思维走着新时代之路，对现在及未来的新平台、新技术、新工具及新思维置之不理，你仍然就是最传统的。

“股神”巴菲特老人家，他既没有手机，办公桌上也不放电脑，即便他已经八九十岁了，但仍然是个年轻人，因为他面向着未来——这位在全球富豪榜前三甲名单中的长期盘踞者，其一举一动，都影响着全球资本市场、互联网等新经济市场的走势。

清空脑袋，追逐本质

在十九世纪末期，人类社会开始由马车时代向汽车时代过渡。但当蒸汽机车出现的时候，跑的比马车还慢，这在欧洲遭到了当时许多人的嘲笑。后来，随着汽车的进一步改良，马车制造者们感受到了来自汽车的强迫性竞争。

于是有些人想制造出更舒适、更豪华的马车，这是一种依托马车基础上的递延式思维，另一种则是代步创新思维——积极拥抱汽车时代的到来。后来的结果我们都知道了。

我想说的是，看事情一定要看事情的本质。如果把营销就是看成广告，那就有前赴后继死去的“标王”；如果一家家电卖场关掉 WIFI，不准消费者比价，就像“猪”一般愚蠢。

联纵智达是一家无时无刻不在洞察和追求事务本质的智业公司。多年来，我一直秉持着专业的传统，即便我们近几年用得比较多的联纵智达特色的工具，如“科学营销规划观”，依然在强调以终为始进行思考和规划，而后以始为终的行动。这里的“终”既代表终端客户，也代表企业的消费者，还代表企业基于自身消费市场的“用户战略”。

在我看来，只要我们对新事物、新商业物种、新商业案例，保持着“猎艳”心态和学习之心；只要我们能够保持空杯心态，清空脑袋中的陈腐之物，营销人、商业人就不会老。

过去的所谓成功经验，容易致人自满，会成为影响我们吐故纳新；那些过去的教训，反而会成为催促我们进步的财富。这种情况下，越来越需要我们将过去的经验归零。

不过，商业的本质终归是对人性研究和应用的过程。如果我们总能从这里出发，我们就能比别人更容易抵达事物的本质。

触摸人性：学习，沟通与协同

工业革命之后，有太多的机械产品，在影响我们的工作、生活及其整个人类社会的进步。

互联网对世界的改造更加强大。我们会发现人类获取知识及信息的方式与途径，都发生了根本性的改变，如手机对许多人而言，已经成了一个不可分割的器官。

我认为，互联网带给人类两个方面的巨大改变，尤其值得大书特书。

其一，学习。过去那些需要死记硬背所获得的知识，现在我们仅仅需要“百度”一下。

其二，沟通与协同。过去，我们很多时候，都是在围绕机器学习、沟通与协同。但互联网在这些方面，让人类发生了几何当量的变化，甚至可以用“可怕”来形容。

以前我们讲沟通，马车、信鸽、电话、传真……都做出了不可磨灭的贡献。但当我们有了移动互联，我们每个人都成了千里眼、顺风耳。

不过，这些本质上还是人性及人之间的关系。比如百度上的知识，淘宝的互动沟通生态，核心依然是种关系——人与人、人与某种产品或服务提供者之间的关系。

就此，我给所有羡慕我的年轻人讲，你们别羡慕我们那个时候机会好，因为属于我们大家的最好的机会才刚刚来到——我们那个时候，大量时间都在风尘仆仆地东奔西跑，但现在的年轻人是幸福的，不仅在家里坐着就能做着全世界的生意，而且机会显然也更多了。

联纵智达最愿意触摸人性，不排斥任何商业的变化，以及新鲜事物与创新。但在我们的眼中，没有所谓传统企业和现代企业、电商和传统商业之分，没错，互联网是会改变一切，但改变不了人性和释放人性后的需求。马云他们就是最能洞察商业本质的一群人，但马云不就讲：今天的企业要想成功，必须离消费者近，了解你的消费者和满足消费者的需求。

怎么能够切割阳光、空气和水

现在，有各种各样的新名词、新概念，不断冒出来，我们不排斥，但我们看到的事实和趋势却是：马云想的是客户、合作伙伴和自己的三赢，以及15年就锁定解放小企业的生产力，在强调“我们做任何产品和服务，都要问一个问题，你的客户有没有用”；雷军在做“链接一切”的努力，而这种“链接”包括小米之家、同城会甚至是线下渠道——不为人所知的是，小米产品线下渠道的销售占比超过了30%。

在大多数企业乃至是世界500强企业中，市场部负责传播推广，销售部门负责订单及回款。

但在互联网时代，甚至在产品及商业概念形成的初级阶段，消费者们都已经参与了进来，他们甚至已经能够根据自己的需求C2B（消费者到企业），定制化生产一种产品或服务。这里面包含“零边界”个性化互动的特点。

过去，我们卖一百万套西服，可能连其中的一百个消费者都不知道，但现在，我们不仅有条件知道自己的一百万套西服具体卖给了谁，甚至还能如数家珍讲出这些消费者的一、二、三……

这些东西显然对商业生物的传统玩法进行了颠覆，非常嗨也非常过瘾，我们之前在畅聊中聊到过的，在会议上讨论过的，在仰望星空时畅想过的……好像都在一点点实现。

说到这里，我认为传统的营销定义已经到了有必要修改的时候了。菲利普·科特勒老先生对营销的最短定义是“有盈利地满足需求”，更长一些的全方位营销定义是：“公司将创业资源的安排、供应链的管理和客户关系管理等信息能量整合在一起，以换取市场上的更大成功。”更多是通过环节来定义的，不是本质。但我们已经在做的却已经是：研发即传播，传播即销售，销售即口碑，抱怨即购买……消费者和企业已经类似一家人，随性地互动与交流。

尽管一些巨大的甚至是颠覆性的变化，已经一个个地出现，但互联及移动互联的世界才刚刚开始，留下的机会也是无限的。

在传统的商业、营销玩法发生根本性改变的进程中，小米雷军和格力董明珠的十亿元赌约，阿里巴巴马云和万达王健林之间的一亿元赌约，就像是一个玩笑。因为互联网就像是阳光、空气和水，这样切割有意义吗？谁输谁赢有意义吗？

迎接春天：懂商业的优势在凸显

“传统企业”面对互联网确实迷茫，我们也是。但是互联网本身及技术等并不可怕，不仅拥抱它、懂它就能为我所用，而在这个过程中，所谓的“传统企业”，它们懂市场、懂消费者、懂商业乃至懂跨界的优势反而会得到凸显。

这就像联纵智达一样，我们从2011年开始服务世界最大机床企业——沈阳机床集团，服务了这么长时间，到今天为止，我们连一台机床都制造不出来，但这会妨碍我们和沈阳机床的合作和服务吗？

最近几年，接触了不少互联网界的小伙伴，他们甚至比传统行业还传统。因为在他们的心中，我过去是这样做的，所以我现在这样做；我过去这样做不行，所以现在做也不行；因为怕对手跟进，所以我不做……他们只是掌握了相应互联网技术及规则的一部分人，而这些恰恰是我们大家都可以弥补的，也是互联网世界中最不可怕、最没竞争力的。

这也就是，为什么大量的线上企业及其由线上向线下转的企业总是极少成功，以及大量拥有了懂互联网技术及规则人才的传统企业向线上转也极少成功的一个重要原因。这对“如今十八，一朵花”的联纵智达及其相应企业来讲，反而是最大的商机。

互联网及移动互联网就是人类脑袋右上角的“N”，有了这个 N 次方，我们的营销及商业的世界正在迎来几何当量的巨大变化。我希望联纵智达的下一本书，为大家呈现的就是：我们怎么结合自身近二十年来在营销及商业本质上的洞察与积淀，运用互联网逻辑及技术，帮到线下“传统企业”、线上“互联网企业”或线上、线下“两栖企业”的。

新商业文明的春天正在到来，让我们一起迎接吧！

目 录

第一章 食品

第二章 啤酒·矿泉水·饮料

第三章 香烟·白酒

第四章 乳业

第一章
食品

1 喔喔：360°破解营销谜底 实录

企业的战略从何而来？如何在行业中出奇制胜占据先机？策略的形成是头脑发热的冲动之举，还是经过全方位调查、研究后的明智判断？联纵智达基于企业营销体系的360°调研、诊断、规划、解构，让上海喔喔集团公司（以下简称喔喔）的每一个决策都具有强大的后台支撑力和市场竞争力。

一、“没有时间准备”的项目

2005年6月4日，星期六，上午9：30，在喔喔会议室举行项目报告会。

喔喔董事会全体成员、食品事业部、食品销售公司各级领导共15人，放弃周六的休息时间，迫不及待地听取我们的项目报告解读，这是喔喔咨询项目成果的第一次“亮相”。

时间回到2005年4月12日，喔喔集团市场总监、品牌经理一行人造访联纵智达，与首席顾问何慕老师一起商讨合作事宜。喔喔市场总监肖磊先生说：“我们已经与想合作本次咨询项目的10余家目标公司进行了接触，并听取了他们的提案，联纵智达是最后一家目标公司。本月15日停止接收所有的意向合作公司提案，由董事会进行评估决策，确定正式合作企业。希望你们15日去公司正式提交提案，内容不仅要介绍贵司的案例、方法，而且要提出你们对糖果市场及喔喔的看法。”

对我们而言，这又是一个“没有时间准备”的项目。

兵贵神速，当日，喔喔项目筹备组成立；第二天，项目筹备组迅速完成了对案头资料、市场数据的搜索、阅读、整理，还借助我们的行业关系网，以独特的调查方式完成了对喔喔一线销售人员及市场的了解。15日，常务副总经理林翰老师做了精彩的项目建议书解读，全面阐述了联纵智达的核心理念、作业方法及对糖果竞争态势的观点。

只用三天时间，就能把糖果行业的竞争态势了解得如此透彻，让喔喔高层十分震惊。同时，我们的咨询服务理念也深得对方首肯，双方当场定下了合作意向协议。

2005 年 4 月 28 日，合作签字仪式在喔喔集团科技馆隆重举行。同日，此消息通过喔喔网站和新闻稿公开发布，一时间各种关切询问的声音向总部回馈。

二、360°扫描：营销调研“面广点深”

签约结束，正面临“五一”假期，但看到客户的殷殷之意、急迫之情，我们决定简化内访流程以缩短时间，在 5 月 1 日前完成对喔喔集团总部主要部门领导的访谈，尽快到各区域市场进行一线调研，这一决定得到客户的认可与欢迎。2005 年 5 月 1 日至 3 日，项目组对喔喔数据及内访情况进行汇报沟通，并讲解市场调查注意事项；2005 年 5 月 4 日，项目组分北、西、南三路开始了一线调研历程。

经过三天的内部访谈及对历史销售数据的研究，结果让项目组大吃一惊：“喔喔奶糖”，这个畅销全国达 15 年的知名糖果品牌，现在与其辉煌时期的销量差距竟达数倍！一连串的问题浮现出来，是策略不当还是执行不力？是队伍无能还是产品滞后？是对手打击还是自己虚弱？与这些问题一同浮现的还有更多的悖论现象，总部的访谈中留下了太多讳莫如深的“无可奉告”。

联纵智达多年来行之有效的“专家式调研”，是一种基于“营销价值链”与“渠道价值链”两大营销过程要素而开展的深度调研。它的核心价值在于，这种调研不是对“意见”的收集，而是对被访谈对象“思想”的挖掘。接触过这种“专家式调研”的各类人士，都普遍有被“掏空”与被“灌满”的双重体验，专家组所到之处，无不与被访谈对象从陌生、排斥、敷衍变成“无话不谈”的知心朋友。

“专家式调研”与一般市场调查公司进行的质化调研（如 FGI－焦点小组座谈）与量化调研（如结构化问卷调查）的不同在于：

一方面，我们的调研目标是通过对每个公司独特价值链结构的分析而制定的，是有针对性的调查，同时又结合了专家组对行业及对标志性竞争企业的深度研究。

另一方面，联纵智达也具备设计、执行各类型市场调查的专业能力，可以根据项目内容及阶段性需求导入，同时还有庞大的行业及专业数据库资料支持。

这样的营销调研方式，对于发现影响企业业绩提升的关键因素，其精准度、深入度都是极高的。

喔喔的营销管理者具有较高的专业素养与职业经验，在调查之前曾与项目组沟通，希望不要简单地以寻找所谓的“落差原因”作为调研核心，这样会令调查结果陷入企业迷宫。喔喔与很多国内知名的广告、平面设计、策划、咨询公司都有过合作，有家咨询公司对喔喔稳定性高、流动性小的销售人员结构得出了“八旗子弟”的结论，这令喔喔的人茫然不知所措。

喔喔是一个在全国有25个办事处、经销客户覆盖所有地级以上城市、实现全国性销售的品牌。在调研目标选择上，我们从不同类型的市场里选择2~3个省区，并且兼顾全国区域的布局，只有这样才能发现真正的共性问题，将执行力、区域文化等特殊性因素进行有效过滤。

20天的时间，项目组高密度地对四川、重庆、湖北、江西、安徽、江苏、上海、浙江、黑龙江、辽宁、北京和山东等12个省区30个大小城市进行走访，调研各类型终端300余家，访谈人员达200余次。

大量的访谈记录、渠道观察记录、竞品资料、产品样品等组成庞大的信息流，完成了对喔喔营销系统及糖果市场“面广点深”的全面扫描。

三、360°诊断：作用机制系统复杂

2005年5月23日，喔喔项目组第一阶段调研情况通报会在喔喔集团会议室召开。项目组成员时而仔细聆听，时而追问详情，时而各抒己见，时而又为某个观点争得面红耳赤。情况在汇总，思想在碰撞，会议持续了近10个小时。

营销诊断的基本要求是对现象进行分类归总，透过现象看本质。从营销的4P到12P，每一个营销要素都可以将调研信息进行罗列式汇总，然后进行总结，再提出建议——通常的诊断基本如此。

然而，我们的诊断风格却大异其趣。在量子力学中普朗克定律指出，任何分子的运动都受其他分子影响，所谓的独立运动是不存在的。联纵智达的“品牌全息理论”认为，任何营销要素所包括的表现形式都能反映品牌的状况、系统的状况。

我们的诊断从来不是“就事论事”的肢解与总结，而是在经过对客户企

业独特营销体系的“现实”作用机制下进行分析后做出的判断。我们强调既要真实、全面、深入、系统地揭示内部营销要素的作用机制，更要“跳出企业看企业，跳出行业看行业”。也就是说，对内部营销系统的分析、诊断必须放到行业背景、环境背景中进行更大视野的认识。

简单来讲，我们寻找的不是水井，而是水井下面的“泉眼”——影响喔喔业绩提升的关键因素。

项目组从销售数据、产品线、产品概念、品牌、价盘、分销体系、办事处运作、市场管理、市场推广、销售费用和终端管理11个关键点进行深入地诊断分析，并揭示了这些营销要素间的相互关系与深层作用机制。

我们没有忽视成绩，也没有回避问题，甚至对个别问题，如产品、分销、推广等的分析都触及了企业历史、企业文化等深层背景。

四、360°规划：战略抉择突破现状

用战略的眼光思考问题，用战术的办法解决问题，我们深知，企业购买的不是诊断报告，而是系统的解决方案。

在联纵智达的作业流程里，没有纯粹的诊断报告，即只描述分析而不提出解决方案的报告。我们的诊断报告要求与相应的规划报告同时提供，与诊断报告相配套的是战略规划报告，而不是具体执行方法、管理流程报告。这符合企业与咨询公司合作的逻辑规律（先定方向后定方法），不仅对客户负责，也是减少我们无效作业的保证。

但我们的战略规划并不是普通市场调研报告后面应景式的建议，而是经过认真研究、反复讨论的结论性判断。营销规划确定的原则性方向问题，涉及对企业最核心的要素——营销资源的分配，其他环节错一步只是错先后，错方向可就要错到头。现实中很多企业之所以出现销量下滑或增长瓶颈，往往是战略方向出了问题，尤其是对营销作用机制缺乏系统性认识。这些企业总是限于自己的“行业经验”，固执地认为问题仅仅是出现在营销方法或执行力上。

所谓的战略规划，就是要做到有取有舍，有所为有所不为，同时分清步骤，明确策略，从而合理调配出有效性最大化的资源、时间、空间的组合形态，才能出奇制胜或以弱胜强。

营销规划的核心，必须是能用精炼语言与图表进行准确表达的思想。在每一个图表与定义语言的背后，都要牵涉企业的各类资源及其分配原则，甚至是

具体对象。同时，战略规划阶段的定位、资源配备、运行造势等，都将在战役实施阶段得到验证。

完整的营销战略规划必须具备五大基本要素：品牌与产品线组合、销售组织、渠道规划、市场推广（传播 + 促销）、营销预算。

360°战略抉择是实现营销突破的关键抉择，因此战略体系规划是第一阶段咨询服务成果的核心部分。

根据对喔喔营销体系内外状况的综合分析与诊断，**喔喔要解决制约销售增长的瓶颈问题，必须首先从产品整合入手，解决产品力不足的问题，同时建立以渠道为核心的高效营销运营体系。**

项目组鲜明地提出了喔喔 2005 营销战略规划的核心原则——战略六连环系统，即一个目标、两个核心、三大战役、四项改进、五点成果、六力执行。围绕这一核心，从品牌系统（愿景、定位、诉求、延伸）、产品线整合到区域市场整合、渠道整合、资源配置整合等进行精确规划。

自此，一系列战略规划语言成为喔喔营销管理的沟通语言，如喔喔品牌发展战略的“核心延伸、一强多能”，产品线战略的“主流差异化、卡位策略”，渠道战略的“渠道下沉、复合直控模式”等。

2005 年 7 月，在主题为“精耕渠道、细化管理”的喔喔集团全国营销会议上，项目组将本报告的精华部分再次与资深区域经理们进行分享，在场区域经理看到这些市场运作中存在的问题都极为震动，这些在企业工作 10 余年、战功显赫的区域“封疆大吏”们，表现出强烈的变革意愿。

喔喔销售公司因势利导，开展了以“主动思考、积极执行”为目的的自下而上的区域规划“答辩会”，采取销售公司 + 项目组联席会议的形式，用 7 天的时间对全国 25 个办事处的下半年销售执行计划进行认真推敲，改变过去一度存在的“等、靠、要、叫”的反授权状况，用信息分享达成观念共识，将办事处经理的思路统一到公司整体战略方向上，有效地激发了区域经理的热情。

五、360°解构：咨询逻辑严丝合缝

从营销角度看，完成扫描、诊断、规划层面的 360°思考循环，可以说已经完成了诊断与规划的主体部分。但从咨询角度看，如果没有这第四个 360°的循环，那么一个完整的诊断报告还不能达到几何级数的倍增效果。因为，咨

询报告本身作为咨询服务的最终成果（产品），必须具备论点、论据、论证的完整逻辑，这才是一个独立的、系统的思想体系。

客户不会无条件、无争议地同意咨询公司的判断，有效消除异议的办法就是拿出更深入的分析，提供更全面的论据。

那么这些东西从何而来呢？是从对市场、对竞争对手、对消费群的全面综合分析而来。

经过对大量资料与数据的消化分析，项目组理清了中国糖果市场演变和发展的脉络。

1996 年以前是中国糖果市场的高速发展期，1998～2002 年是分化调整期，2003 年后是创新再生期。在这三个阶段里，企业制胜的因素已经从最初的"单点制胜"、"多点制胜"发展到 21 世纪的"体系制胜"阶段，整个行业进入精细化营销的复杂阶段；关键成功因素的"靶点"已经从一点到多点，变化越来越快，难度越来越高，"木桶原理"真实呈现。

从 1996 年开始，随着消费结构的升级，糖果市场被逐步细分。巧克力、口香糖、薄荷糖、凝胶糖等成为新的热点产品，传统糖果市场被细分为更小的单元，消费者被不断地分流。而奶糖已经不再是消费的主导品种，甚至淡出了日常消费，成为特定时间与场合的消费商品，奶糖的产品属性发生了天翻地覆的变化。

短短五六年时间，各个细分领域的领导品牌已经非常明朗。从细分市场类型和对应的领导品牌来看，在大多数的细分品类市场里，如巧克力、口香糖、薄荷糖等已经被强势的外资品牌抢占，这些品牌以强大的资金实力为后盾，排他性的市场操作为手段，使得市场的进入门槛越来越高。

为了进一步透析高速变化的中国糖果市场，项目组对具有借鉴价值的代表性竞争品牌——阿尔卑斯与金丝猴进行了深入分析。这两个品牌都是从 1996 年开始，在中国糖果市场上一路高歌猛进，在营销运作上，两家公司具有鲜明甚至相反的"个性特色"，这样就更能让喔喔集团领导层对糖果市场关键性成功因素有全面的认识。同时，我们也对大白兔、悠哈、雅客、金冠、徐福记、马大姐、上好佳、旺仔等主要品牌进行了简要分析，对推动糖果市场变化的因素及方向进行了更深入地探讨。

为了更深刻地理解糖果市场，项目组又从消费动因角度对糖果进行了分析，清晰地展现了糖果消费的主体人群、购买时机、消费动机、消费目的、购买渠道五大核心特征。

在上述研究的基础上，项目组对报告的内容顺序、报告内容进行了精心设计，确定了报告主体部分结构：

（1）从糖果市场的变化透视喔喔的营销差距；

（2）行业成功经验的启迪——透视阿尔卑斯、金丝猴在新市场环境下的营销实践；

（3）谁在决定购买——糖果行业的主要消费动因分析；

（4）喔喔内部营销诊断；

（5）喔喔营销诊断总结；

（6）喔喔未来营销战略选择。

经过对内容、结构的全面整合，喔喔营销诊断与战略规划报告呈现严密的咨询逻辑，成了可以与客户进行深度交流的有力工具。

好产品自己会说话，好的咨询报告也是如此。

六、 营销后记

2005 年 6 月 4 日，喔喔项目解读会持续了 7 个小时，报告的过程如行云流水，不时出现的亮点令人精神为之一振，在复杂的眼光下，言者激昂，听者无倦，午饭是将面条送到会议室，大家边吃边谈。

席间，奚董事长指着会议室前的一块有个四角磨白痕迹的地面对项目组说：那里是当年企业辉煌时期工厂加夜班生产，公司领导值夜班开“四方会议”的地方。是的，从董事长的身上，联纵智达感受到喔喔与众不同的企业文化，注重情感融合的和谐氛围。

报告解读结束后，奚董事长对战略报告的分析给予明确肯定，要求食品事业部、销售公司尽快与项目组研究具体落实措施。从 2005 年 6 月 5 日到 7 月 11 日，项目组马不停蹄地完成了《销售公司营销组织调整要点》、《产品线整合规划》、《新产品线整合推广规划》、《营销组织与管理提升规划》等报告，全面地构建起喔喔营销体系提升的系统方案。

2 金丝猴：能否大闹天宫 实录

2005年，对于上海金丝猴食品有限公司（以下简称金丝猴）来说，是真正具有转折意义的一年。历经多次内部改革，金丝猴的人员管理体系已经初步建成，但金丝猴的原有营销体系却面临能否落实到位的难题。有哪些营销问题困扰着金丝猴，使其处于四面合围之中，让其无法实现在市场上“大闹天宫”的梦想？

金丝猴采取的产品“跟随策略”是其步步向前发展的法宝，在金丝猴发展到一定阶段之后，跟其他许多企业一样，同样也面临着迈向更高台阶的新跨越和新挑战……

一个年销售额达到七八亿元的食品企业，一个从乡镇发展起来，产品被评为中国驰名商标、中国名牌的公司，一个曾让家乡人引以为豪的明星企业，“危机”何来？

实际上，十多年来，金丝猴并没有让人“石破天惊”的创新，但正是平实、稳健甚至像蜗牛似的爬行发展风格铸就了金丝猴的成功。

在20世纪90年代初中期，市场环境相对简单，这正是金丝猴发展的最佳成长期。与其说金丝猴的成功是因为赶上了国家改革开放的契机，不如说是当时风行全国的批发（大流通）销售让金丝猴迅速地从区域走向全国。实际上，20世纪90年代中后期正是金丝猴发展到“如日中天”般的辉煌时期。

随着市场的转型变化和营销手段的复杂多样，从2000年至2005年，金丝猴的产品和品牌逐步在市场上表现出乏力之感。或许金丝猴内部的有些“销售包干的各位诸侯”习惯于过去“成功”的操作模式和手段，一直陶醉于表面的繁荣和个人的腰包鼓鼓，根本不会想到品牌与产品在消费者心中的定位和消费者的喜好，怎样树立起金丝猴形象，在辉煌的背后，深深隐藏、暗伏着许多有关产品、营销和市场等方面的危机！

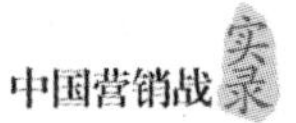

一、透视“跟随策略”

在中国企业界，有两个“敢为天下后”的企业运作高手，一个是食品饮料——娃哈哈的宗庆后，另一个是电子用品——步步高的段永平。他们在不同领域的成功，使得所谓“后发先至”的跟随策略备受企业界推崇学习！他们的这种跟随不是一般的模仿，而是站在同行甚至巨人的肩膀上翩翩起舞。娃哈哈和步步高的成功得益于有效跟随策略的使用、营销战术的领先和市场执行的成功。

而金丝猴最初的发展主要靠的是产品模仿及大包干流通体制，在市场不成熟的情况下迅速发展壮大起来。但昨日的辉煌并不意味着今天和未来的永远成功，20 世纪 90 年代还频频得手的产品跟随策略和流通体制，在市场节奏快速变化和逐步走向规范成熟的时期，金丝猴还能继续高奏凯歌吗？

中国糖果市场竞争情况如表 1－1 所示。

表 1－1　市场竞争趋势表

阶段	时间	竞争状况	营销手段	市场特征
一	20 世纪 90 年代初期	市场环境简单，与消费者沟通的渠道比较传统，产品品项比较单一，消费者感性而盲目	主要靠产品	很不成熟甚至供小于求
二	20 世纪 90 年代中期	竞争相对开始复杂，各品牌导入了行销手段，消费者感性大于盲目	除了产品也做广告	市场竞争开始有些激烈，产品也开始供大于求
三	20 世纪 90 年代末期	竞争复杂激烈，消费者趋于理性	“产品＋广告＋客户”形式，销售人员走向市场	市场开始细分多变
四	2000 年初期	竞争形式多样，消费者追求实际利益	营销手段除了“产品＋广告＋客户”战术组合，单点已不能制胜	市场复杂细分多变
五	2003 年至 2005 年	竞争淘汰残酷，消费者更注重不同渠道的购买便利和产品的口味、包装、品牌	趋于体系制胜的全面竞争	市场开始走向集中的成熟化

就像所有的完美都有阶段性一样，跟随策略的成功也有其特殊的阶段性。

在第一阶段和第二阶段，金丝猴凭借敏锐的嗅觉、大胆模仿生产及批发销售策略，迅速由小变大获得发展。

在第三阶段，虽然当时的果奶市场竞争有些激烈，但金丝猴凭借成本优势和广告，拉起了强劲的果奶市场销售势头，并开始实施真正的产品拓展跟进策略，让企业获得了超常的发展。

20 世纪 90 年代末，金丝猴一度从果奶产品过渡到啤酒、方便面等各品类，开始多元化发展，市场竞争此起彼伏，市场的消费需求要求加快产品开发速度和产品升级速度。当时，金丝猴被阶段抓住机会的小小成功冲晕了头，于是涉足多元化，企图获得更大的成功。没想到撒钱生产的啤酒、方便面到市场上连连碰壁滞销，这才慢慢地让金丝猴清醒过来，意识到时过境迁，机会已不复存在。

金丝猴经历了这样的折腾，开始不断地反思自己，同时请市场顾问帮助公司调整战略决策。经过痛定思痛的变革选择，金丝猴确立了以糖果、巧克力为核心的产品策略，以小食品等为辅的产业发展方向。

2000 年以后，随着市场的营销方式和营销手段不断变化，产品和广告不再成为金丝猴的独门武器。竞争对手根据市场不断推出新产品并运用新的营销体系，金丝猴还是采用原来的产品紧密跟随策略，口味甚至规格的开发都以市场的成功领导品牌为标杆，以模仿生产的方式来发展自己和降低市场营销操作风险。没有创新的跟随策略使得金丝猴的系列产品推广到市场上反应平平，显得创新乏力。

在阿尔卑斯迅速强势崛起和箭牌口香糖占据领导地位等一系列的市场急剧变革中，金丝猴出现了与国内同行一样的捉襟见肘的困境。

市场环境在变化，金丝猴的营销手段虽然也在变化，但变化的速度明显滞后。当年同在一个起跑线上的乐百氏、娃哈哈两个果奶竞争对手早已转行到饮料等市场，并都大获成功，这种成功的感觉，金丝猴已经久违了！

没有创新的跟随策略，在市场环境下，注定淹没在同类产品的汪洋大海中。

二、 透视 “产品线”

金丝猴有庞杂的产品线，从单一产品果奶、奶糖起步的金丝猴，到 2005 年，已发展成涉及十余个领域、几百个品种的“产品帝国”。

金丝猴最早推出果奶产品跟随乐百氏和娃哈哈的成功，以及 2003 年开始推出“圆柱奶糖”跟随大白兔的成功，为金丝猴采取产品跟随策略注入了强心剂和兴奋剂。于是，在金丝猴产品里，可以看到模仿复制竞品的产品品类。但在变幻莫测竞争极度成熟的市场里，不会永远有所谓的“东方不败”。

评估金丝猴各产品的市场表现，我们得出这样的结论，如表 1－2 所示。

表 1－2　金丝猴营销运作表

品类	市场竞争力（上、中、下）	市场表现（上、中、下）	成长性预估（高、中、低）	评价
圆柱奶糖	中	上	中	这是金丝猴市场表现最好的一个核心单品，通过央视广告拉动，从 2003 年下半年开始销量上升很快，但到 2004 年末、2005 年初受到大白兔的强烈阻击和夹击，市场旺销势头被扼制
其他奶糖	下	中	中	相比之下，市场表现乏力
软糖	中	中下	不明	委托代加工，除了橙汁、玉米味软糖有动销外，其他类软糖大多处于半死不活状态
硬糖	中下	下	低	曾是主打产品，但份额被杂牌硬糖大量蚕食，2004 年 7 月提价后，市场销量下滑，现主要在县、镇、村级市场销售，与杂牌混在一起出现在批发和终端市场
喜糖	中	中	中	喜糖是未来市场突破的重点产品，在山东、湖北等区域表现良好，2004 年推出很有潜力的“大喜日子”高档果仁巧克力系列，由于没有良好的营销推广方案，市场反应冷淡
巧克力	下	中下	中	有很好的生产线，推出产品也很丰富，但由于市场消费定位模糊和包装设计等较差，也没有明确的规划营销推广方案，2004 年推出的“尚果”礼装（跟进金帝）强压着推广上市，结果输得一败涂地

续表

品类	市场竞争力（上、中、下）	市场表现（上、中、下）	成长性预估（高、中、低）	评价
果冻	中下	中下	中下	委托代加工，质量相对竞品逊色很多，没有什么竞争优势，试图分一杯羹，但市场反应平平
糕点	下	下	下	紧跟徐福记，委托代加工，无论口味还是产品力一直远远落后，处于低迷状态
饮料	下	下	下	跟进红牛（还有力保健），没有独特优势，包装卖点、功能价位几乎是红牛的翻版，不言而喻，这样的产品在市场上注定没有作为
纯净水	下	下	下	想在另一个市场里吃点蛋糕，没有任何创新，市场很难做
小食品	下	下	不明	10.5 克五连包棒棒糖跟进阿尔卑斯，38 克软糖跟进旺仔 QQ，25 克五连包圆柱奶糖跟进大白兔等，找到了合适的渠道，但由于产品规格、包装、口味等没有任何创新，组建直销队推广铺市也是连连受挫，拓展开发很难

从表 1－2 可以看出，金丝猴是多元化的产品线发展趋势，包括果奶、啤酒、方便面、糖果、巧克力、果冻、糕点、纯净/矿泉水、功能饮料、物流、酒店等，其中糖果一直是金丝猴的主要赢利品类。但随着市场急剧变化和产品不断细分，竞争对手的不断增多、强大和创新能力的提高，外资创新品类在市场上不断攻城掠地，消费者消费习惯也不断被教育改变，国内的传统糖果行业竞争力在一年年逐步下滑，金丝猴糖果的赢利能力不断受到影响。除了糖果外，其他投资规模很大的品类和行业产品几乎还从未在市场上有什么影响，甚至让金丝猴还在继续“烧钱”，这让金丝猴深深感到了市场的不乐观和竞争的残酷。

核心品类的赢利能力逐步下降，其他品类的依附地位短期内不能很快改变与提升，这就是金丝猴目前的市场现状。

金丝猴产品的价格定位于行业中低档，有一定的生产成本和规模优势。在传统的食品行业，产品价格有较大的市场竞争力，另外，金丝猴产品的口味能被大部分消费者所接受。

从产品方面来看，金丝猴具备了食品饮料企业获得成功的必要因素，昔日风光的市场表现，对此做出了佐证。

但消费者需求和偏好变换得很快，除了价格与口味因素外，消费者更看重产品的附加值——核心卖点、利益点、口碑、情感、包装、形状、口感等，这些都起着重要的作用。

在市场上真正成功的产品，无不是综合创新的典范，像悠哈糖、箭牌口香糖、益达木糖醇、阿尔卑斯棒棒糖、德芙巧克力、旺仔 QQ 软糖和小馒头等产品，总是让消费者忍不住想购买。

在 20 世纪 90 年代中国商业结构尚不太发达的市场下，金丝猴这么丰富的产品线还可以在一定时间内保持生存。但在商业结构比较成熟的市场中，金丝猴的产品线与竞品相比，不仅规模庞杂且缺乏核心竞争力，劣势明显，缺乏产品特色和风格吸引市场、引导消费。

打江山易，守江山难。

在产品生命周期不断缩短的大背景下，市场竞争异常惨烈的情况下，金丝猴是主动出招还是被动应招，怎样增强产品创新能力和综合竞争能力，是金丝猴能否突围并独占鳌头的关键。

三、透视“营销渠道”

在糖果行业中，各品牌都在跟随市场变化，不断调整自己的营销渠道、产品形态、市场策略等，具体如表 1 – 3 所示。

表 1 – 3　糖果品牌情况表

阿尔卑斯	箭牌	徐福记	雅客	大白兔
1. 规划品牌建设和制定市场推广策略 2. 细化营销管理 3. 统一包装树立形象	1. 全新产品区隔竞品 2. 规范品牌推广和建设，引导消费 3. 精准营销战略制定	1. 专注大卖场零售终端，走专柜行销策略，以点带面，树立品牌形象	1. 不断开发新品，强力进行市场推广	1. 加强经销商伙伴客情关系 2. 协助市场销售推广

续表

阿尔卑斯	箭牌	徐福记	雅客	大白兔
4. 精细渠道覆盖，终端标准陈列 5. 建立强势销售团队，利用直销最大铺市	4. 科学的销售策略执行 5. 特立独行的专业市场运作手法 6. 针对渠道渗透各个终端 7. 完善行销策略指导	2. 新品层出不穷，花样多，品种全	2. “广告+地面铺市+大费用投入”营销方式	

金丝猴的营销渠道是从风行全国的批发（大流通）销售开始的。20 世纪 90 年代初中期，市场环境简单，这是金丝猴大发展的最佳成长时期。金丝猴生产成本较有优势，利用当时大批发商迅速覆盖全国的地县级市场，比竞品先让消费者接受和认知产品，很自然，金丝猴产品在消费者心中逐步建立起中低价位的形象。

金丝猴从农村包围城市，主攻二、三、四级城市和农村市场，2005 年开始试水挺进大中型城市。金丝猴采用分片包干，在全国建立了相对完善的营销网络，由于产品线较丰富，在市场网络建设上明显优于竞品。

这种相对的优势渠道是金丝猴取胜市场的核心竞争力。由于渠道、网络资源的运营效率较高，使得金丝猴产品能够很快地分销到全国，迅速铺进各类适销终端，实现产品动销。

2005 年，金丝猴的二、三、四级市场和农村市场渠道模式，网络数量和质量，在糖果行业可以说是独占鳌头。

于是，同行开始模仿、效尤金丝猴的二、三、四级市场和农村市场的渠道及网络建设，渠道、网络下沉成为当时各个糖果厂家的营销“主旋律”。

下沉、下沉、再下沉！原本平静的二、三级市场，成为各个竞品垂涎的必争之地。原本不需要进场费或进场费很少的地县级连锁超市，悄悄地抬高进入的门槛。

市场竞争的天平，从过去失衡的状态，逐渐归于平衡。渠道快速实现扁平化，厂家通过省级代理直接进入地县级市场，甚至直接经营终端，二、三级市场巨大的消费潜力和目标消费群体，引得许多竞品“竞折腰”。

在这样的市场大背景下，金丝猴刚建立起来的渠道优势由原来的“独有”变为“共生”。金丝猴能够做到的，其他竞品也能很快做到，有的甚至还会做得更好。

市场下游资源竞争已经愈演愈烈，没有哪一种营销模式可以为一家企业所独有。

显而易见，在二、三、四级和农村市场，金丝猴过于强调分销，面对竞品厂家大幅提高的终端竞争能力，金丝猴的分销优势和终端竞争力在一点点地弱化。

同时，在以北京、上海为代表的特级消费市场和以省会城市为代表的一级消费市场，金丝猴的营销渠道却是很差或是空白，没有充分建立网络优势，虽然东北等局部市场例外。

在特级、一级市场，金丝猴一直尝试挺进终端，但能够实现批量销售的产品却很少，尤其是在大卖场，金丝猴处于销售领先的产品几乎没有。高额的营销费用与不成正比的产出，使金丝猴在很多卖场处于“倒挂”状态。

而一些新型如学校、社区便利店、网吧等特殊通路，也乏善可陈，几乎毫无亮点。

应该说，金丝猴虽然在二、三、四级和农村市场的优势依然在发挥重要作用，但渠道的优势日益减弱。

金丝猴需要警醒的是：渠道、网络建设像产品一样日益同质化，金丝猴在逐步弱化的市场渠道网络的优势还能保持多久？

四、透视“品牌隐忧”

通过“透视产品线”，对金丝猴十几个品类产品的分析，我们还会清晰地发现金丝猴产品的一个共同特征：品牌聚焦——金丝猴。

金丝猴品牌是“中国驰名商标”和“中国名牌”，品牌的影响力在二、三、四级和农村市场不可谓不大，且享誉全国十年之久，具有一定知名度、影响力和市场占有率。

从儿童果奶产品品牌的最初确立，到金丝猴产品大家庭的鼎盛阶段，金丝猴品牌几乎涵盖了从儿童到成人产品的所有延伸，品牌价值被极大地挖掘。

用同一品牌引领不同品类的产品，既减少了品牌认知的过程，又降低了产品的经营风险。在企业快速发展阶段，被广泛使用。

但任何品牌的内涵都不是无穷尽的，品牌的延伸也需要“度”。“把所有的鸡蛋放到一个篮子里”，“一荣俱荣，一损俱损”，不可控的风险性加大。

况且，金丝猴品牌真的是一个能够无所不装、化腐朽为神奇的“魔筐”吗？

相反，在2005年，金丝猴品牌在广大消费者心中是一个核心模糊的食品企业。

项目组经过抽样市场调研发现，不同年龄的消费群体对金丝猴品牌的评价差异很大。而且从不同年龄结构的消费者评价中，可以看出金丝猴品牌并没有想象的那样乐观：品牌价值在被摊薄，对消费者的吸引力在减弱，品牌忠诚度在减弱，美誉度在降低，品牌联想在模糊，有些消费者甚至产生逆反心理。

在2005年，金丝猴产品的销售现状是：在二、三、四级和农村市场的适销终端，与金丝猴同类的竞品越多，消费者的选择性就会越广。一般情况下，消费者选购其他产品的概率很大，但在竞争不激烈的终端，金丝猴产品还具有一定优势。

消费者对金丝猴的品牌联想，首先想到的是糖果的生产企业。虽然金丝猴努力创造中高端的产品形象和品牌形象，但在消费者心目中根深蒂固的中低价档次的烙印，已经很难抹灭和改变。

在2005年，由于金丝猴产业庞大，十几家工厂分散在全国各地，管理难度逐步加大，用一个品牌打天下，如果一个分支机构的产品出现严重质量或信誉问题，一旦应对不当，很可能会“蚁穴溃长提”，让金丝猴苦心经营的品牌资产毁于一旦。

无论从产品经营的角度，还是品牌经营的角度，金丝猴的品牌操作方式都存在很多可商榷之处。

没有一个品牌对消费者来讲是永远的“情有独钟”。

金丝猴品牌的摊薄与透支，忠诚度与吸引力的降低，是金丝猴必须正视的隐忧！

五、 喔喔 VS 金丝猴：一样的甜蜜、不一样的酿造

中国的食品市场充满机会，也同样充满了陷阱。

在这个市场里，既有很多“暴富神话”，如王老吉凉茶，进军全国3年后，其销量就超过在中国耕耘10余年的饮料大王——可口可乐，也有很多“轰然倒塌”，如东方魔水——健力宝，炙手可热的他她水等。

糖果企业的两个知名品牌“喔喔”与“金丝猴”，面对同样的市场环境，

同样的产品品类，2000～2005年间，却走着近乎相反的销售曲线。他们的相同点是：他们面临着同样的困惑——将如何选择未来的路？联纵智达就是在这样的背景下，分别与这两个糖果企业牵手，2005年与喔喔合作，2006年与金丝猴合作，对同一行业的不同企业，我们给出了不同的解决方案。

（一）联纵智达 & 喔喔

2005年初，喔喔正处在“品牌重光”综合反应的阶段。一方面，2004年的品牌再造提升了喔喔品牌的市场影响，另一方面，也出现一些遗留问题，经营层在对未来的看法与选择上不统一，企业非常希望通过咨询公司的介入，对市场及企业进行一次认真的盘点，以明确并统一发展战略。

喔喔咨询的过程充满着思想碰撞的火花，企业从老板到管理层都深度参与到咨询成果的研讨中来，我们在帮助喔喔逐步绘成未来战略蓝图的同时，也在引导和聆听行业资深人士对糖果市场的真知灼见。

（二）联纵智达 & 金丝猴

2006年，当我们顺利完成对喔喔的咨询作业后，开始了与金丝猴的合作。金丝猴自2002年开始，平均每年以50%的复合速度增长，2006年即将跨过10亿元的销售门槛，成为中国糖果市场里的“稳健成长冠军”，同时金丝猴也成为中国本土糖果企业里市场覆盖率最广、终端专业化程度最高的品牌。

（三）定制化的专业解决方案

对这两个行业相同、公司理念却截然不同的企业提供咨询服务，既是幸运，又是挑战：没有任何一家企业的策略与战术是可以复制和通用的。

比如在发展战略上，**我们对喔喔的建议是“做出中国奶糖的最优秀产品（品牌）”**。喔喔应将资源集中在奶糖上，重点是做强奶糖，而选择性（保守性）地进行补充产品线的开发，不走徐福记、台尚的道路，也不走金丝猴、雅客的路，而要将喔喔品牌塑造成“奶糖的专业品牌”。

相应的，在产品方面我们提出优化喔喔奶糖的产品内涵。比如喔喔一直有一项奶糖制造的专利技术，叫“方墩工艺”，这项专利虽然已经公开，但在奶糖制造上坚持使用这一项工艺的只有喔喔一家，这也造就了喔喔奶糖“耐嚼、不粘牙、口感爽”等消费者一致认可的产品优点。我们对这项专利工艺进行认真研究，给它起了一个容易与消费者沟通的名称——“临界析晶”，提升喔喔奶糖的高科技感觉；同时，针对奶糖健康化的趋势，提议用蜂蜜取代奶糖的原料之一蔗糖，从而开发出新一代健康型奶糖，我们给它命名为“喔喔多奶蜜”。在渠道策略、市场策略、组织管理、品牌策略上我们也针对性地提出了具体意见。

对于金丝猴，我们则提出了与喔喔不同的发展策略，**我们确定金丝猴未来发展战略是“对标超越战略”**。其中有三个主要措施：首先，保持企业规模的持续稳定增长；其次，打造以奶糖、巧克力为核心的全面糖果产品线；最后，扩大在一级市场（省会及经济发达城市）的销售份额。由此，系统地寻找、挖掘并捕捉糖果各细分市场机会，成为各细分市场里销售份额的“第一或第二品牌”，实现对标超越。

另外，在产品 USP（独特销售说辞）上，我们延续“好奶做好糖”的主传播口号，根据金丝猴集团收购内蒙古成吉思汗乳业作为奶糖原料基地的战略投资现实，将 2006 年金丝猴奶糖的 USP 确定为“草原好奶做好糖”。将内蒙古大草原这一个丰富的自然资源融入金丝猴的品牌元素里，充分利用“草原产好奶”这个已经存在的巨大消费者心智资源，增强金丝猴奶糖的品质保证与积极的品牌联想。

对于金丝猴的另一主要品类巧克力，项目组则根据金丝猴与中国航天员训练中心签署的合作协议，将金丝猴巧克力直接定位为“航天巧克力”，诉求金丝猴航天巧克力的非凡品质与口感，并创意“万里挑一篇”TVC（电视广告片），以“尝尝航天味”作为产品 ICON（标记），引导消费者进行尝新购买。

3 白象（1）：象舞渠道，亮剑终端 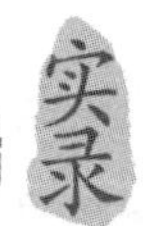

白象经过多年的发展，销售额从2006年的20多亿元快速增长到2008年的40多亿元，然而在竞争激烈的方便面市场中，依然面临着巨大的压力：康师傅除了对高端面垄断外，还对乡镇市场进行强力渗透；华龙继续在中低价面争夺市场份额；杂粮面、非油炸等新品继续冲击市场……这些都给如白象这样的方便面后起之秀以重重的压力。

如何突破发展的瓶颈，是进行产业链后向一体化建设？还是在现有渠道中寻求放量和突围？还是多元化的发展？诸如此类的问题，都成为白象必须思考和亟待突破的难题。在这样的背景下，白象董事长姚忠良先生通过多方的搜寻，与联纵智达签署了2009年战略合作的协议。

根据双方的合作内容，首先，联纵智达要从战略的角度解决其发展方向的问题；其次，围绕制约其核心发展的驱动因素进行优化和落地实操的指导。为此，联纵智达何慕总裁亲自挂帅，以严卫国、律德启、唐道明等为核心成员，组建了强大的咨询作业团队，进行了为期10个月的咨询作业。

在合作过程中，我们帮助白象明确了营销战略方向，对影响白象未来发展最核心的渠道进行了变革，通过培训宣导，把白象的营销管理团队“扶上马，并送一程”，从而促进白象在环境恶劣的2009年实现了从40亿元成功跨越到近60亿元的销售业绩，而山东公司也实现了销售额从年度6亿元向10亿元销售大关的跨越。

在这次作业中，我们通过四个角度完成了从渠道变革到销售业绩的提升。

一、发现渠道问题

透视规模化企业的发展，在其主体业务发展到一定的阶段后，大多数会选择进行产业链的营销与拓展。比如，康师傅围绕渠道进行多产品渗透，娃哈哈进行的厂商一体化建设，汇源进行的后向一体化建设等。这些战略对于白象来说，都具有一定的借鉴意义。但是通过对白象的发展和内部资源状况的透视，我们发现：从人力资源层面看，目前的人员擅长方便面的销售，对于可以延伸的面粉、挂面、饮料等的操作和生产均比较薄弱。而实际上，在方便面领域，也存在着非常大的风险。

通过对方便面行业的销售结构分析，我们还发现：对于容器面和高袋面，基本呈现康师傅垄断的局面，康师傅小幅市场下沉，在中价面市场频频对白象出手，争抢中价市场；华龙在平价面市场远远领先白象，中价面市场则和白象形成对峙；此外，地方杂牌锦丰、味之佳、福寿全、国华等死灰复燃，强力出击平价面和点心面市场。

在这样的背景下，就白象的业务主体来说，也需要白象完成从50亿元向更大规模的超常规快速发展。要白象摒除杂念，需要在方便面上进行全力的营销破局，确保建立稳定的高市场份额地位。

透视白象的市场营销，我们发现三个核心问题：

其一，经销商队伍管理核心存在问题，即缺乏分级管理和中长期激励。

这部分的问题主要有：经销商基础数据信息不完整，经销商队伍缺乏分级管理；专销类经销商少，经销精力集中度不足；中长期激励缺失；经销商公司化经营意识和水平不足；与大户、优户捆绑不严。

其二，二批商队伍管理核心存在问题，主要是忠诚度不高。

这部分的问题有：核心二批商没有纳入白象管理范畴；二批商管理粗放，二批商数量不清楚，分类不明确；二批商忠诚度不高，淡旺季稳定性不足。

其三，终端管理核心存在问题。

这部分的问题有：终端掌控力差，有效终端数据没有建立；终端分类管理缺失，没有有效的管理标准；重点终端没有纳入白象管理体系。

由此可见，白象在主体业务的方便面业务方面有很多的工作要做，而发展潜力尚需大力挖掘。

要在竞争激烈的方便面市场中快速提升市场份额，借鉴娃哈哈快速发展的经验，根据营销规律，我们认为：一个企业要快速地发展，仅仅依靠自己的努力往往难以快速实现目标，必须联合一切可以利用的社会资源，如经销商、二批商和零售商等，“打一场轰轰烈烈的人民战争”！

对此，项目组给出了明确的合作核心——白象方便面的渠道变革！

二、创建五星管理，激发经销商活力

在白象方便面的营销体系中，经销商将近3000家，但其中销售额超过1000万元的经销商不到300家，这说明优质经销商十分缺乏。而经过联纵智达对将近400家客户的走访，我们发现经销商的积极性存在问题，其中主要原因是缺乏内部的竞争机制。项目组根据以往咨询经验，进行经销商客户的星级管理系统的搭建计划顺时而出。

星级经销商管理的核心内容就是：对客户进行星级评估，然后根据其成长状况，对市场支持的资源进行系统匹配，对经销商的激励系统进行长期和短期结合，达到物质和精神激励的有机结合与促进。

具体而言，星级经销商管理体系内容主要包括五个方面：

（一）经销商评估体系建立

建立星级经销商评估体系需要思考的维度包括：经销商对白象的贡献，如销售量、销售增长等；经销商对市场竞争的位置分析，主要考虑经销商客户的长期竞争性；还有经销商对市场的管理和品牌运作的支持等。

星级经销商评估体系如表1－4所示。

表1－4 星级经销商评估体系表

指标大类	具体指标	指标定义	评分细则
销售成长	任务达成率	实际销额/合同额×100%	无上限，实际得分
	年度成长率	本年度销额/上年度销额×100%	无上限，实际得分
	主销品项达成率	各公司重点推广品项销额/目标销额×100%	实际得分即分数，实际得分50%以下为0
	新网点开拓达成率	实际开拓数量/目标开拓数量×100%	达成率小于60%不得分；达成率60%～70%得60分；其他区间得分按实际分数统计

续表

指标大类	具体指标	指标定义	评分细则
渠道建设	渠道销售贡献增长率	（某渠道本年销售额－上年度销售额）/某渠道上年销售额×100%	无上限，实际得分
	有效终端覆盖率	每月有流转的实际铺货网点/本区域实际网点×100%	小于50%不得分；其他区间得分按实际分数统计
	排面占有门店达标率	排面达标店/总店数量×100%	小于50%不得分；其他区间得分按实际分数统计
	品项齐全率	终端实际品项数/基准品项数×100%	小于50%不得分；其他区间得分按实际分数统计
市场推广	活动执行配合情况	白象专案、专项活动执行情况	此项满分为100分，遵照市场本部的活动执行评估表进行计分
	新品上市配合	按公司要求对新品上市进度完成情况评估	此项满分为100分，遵照市场本部的活动执行评估表进行计分
市场服务	终端送货及时性	订单在限期内完成	此项满分为100分，MS稽核终端送货单店不及时每次扣2分，扣完为止
	调换货及时性	产品到期3个月前的及时调换货	此项满分为100分，MS稽核终端调换货单店不及时每次扣2分，扣完为止
	客户投诉处理满意度	客户投诉处理的满意次数	此项满分为100分，直接投诉到销售处每次扣10分，投诉到分公司每次扣20分，投诉到集团总部每次扣50分，扣完为止
品牌建设	宣传道具应用与管理	是否按标准有效的运用及管理	此项满分为100分，MS稽核，不符合市场部操作标准的每次扣2分，扣完为止
	店内生动化陈列质量	按照MS检核标准执行	此项满分为100分，MS稽核，不符合市场部操作标准的每次扣2分，扣完为止
	店外品牌宣传质量	按照MS检核标准执行	此项满分为100分，MS稽核，不符合市场部操作标准的每次扣2分，扣完为止

续表

指标大类	具体指标	指标定义	评分细则
营销管理	内部管理制度健全	仓储、配送、业务、财务制度健全	符合公司要求满分计算，不符合此项均不得分
	销售信息管理	客户档案建立及销售数据信息完整、正确	符合公司要求满分计算，不符合此项均不得分
	仓库面积	符合实际需求	符合公司要求满分计算，不符合此项均不得分
	工人数量	专门的白象服务员工数量	符合公司要求满分计算，不符合此项均不得分
	车辆数量	专车配送的数量	符合公司要求满分计算，不符合此项均不得分
	员工培训次数	员工培训一月一次	符合公司要求满分计算，不符合此项均不得分
	电脑配置	专门用于销售信息和客户信息的电脑配置	符合公司要求满分计算，不符合此项均不得分
加分指标	独立活动策划与实施	经销商自己策划活动，且取得显著效果，可以申请加分	经销商独立策划活动，取得显著效果，每次加 3 分；被分公司采纳并推广，每次加 5 分；被集团采纳并全国推广，每次加 10 分；此项全年累计不得超过 20 分
	经销经验被集团采纳推广	经销管理经验被集团采纳并推广，可以申请加分	经销管理经验被分公司采纳的，每次加 5 分，被集团采纳并全国推广的，每次加 10 分；此项全年累计不得超过 20 分
否定指标	窜货、砸价投诉次数	因串货、砸价被投诉的次数	出现第一次扣 5 分，第二次扣 10 分，三次及以上直接取消星级经销商评比

（二）经销商的评估

由白象组织经销商管理专题委员会进行统一组织，组织的程序为总部统一协调，分公司组织区域经理进行评估，总部进行过程监控和抽查。

（三）星级定位

将经销商的评估进行排序，并按照一定的比例分别给予五星级、四星级、三星级、二星级和一星级的定位。

（四）经销商的激励

经销商激励包括：长期的期权激励，如对五星级经销商给予一定的期权指数，待公司上市后给予期权的购买权；年度的增长激励，按照星级的不同及其增长，给予销售增长的激励，或者报销购买车辆的费用；市场支持费用的激励，年度任务和成长计划完成后给予的市场费用支持等。

（五）经销商的过程激励

经销商和白象确立下一年的成长计划后，白象根据提报的计划内容，承担相关的费用，以激励经销商的业绩成长。但双方需要建立制约机制，对不能完成计划的，经销商要承担大部分的费用。

三、搭建“201 管理系统”，编织二批网络

快速消费品的销售，在核心城区外的其他市场区域，由于区域分布广、物流运输成本高等原因，单一依靠经销商很难完成终端的全面覆盖，所以，如何针对经销商开发其下游的二批网络，并不断地优化二批商结构，疏通经销商对乡镇市场的渠道环节至关重要。只有这样才能促进产品从城区向乡村流动，而乡村市场的销售才是白象营销的主体，因此，如何高效管理二批商成为白象营销破局的关键。

针对这种情况，我们推出了“201 系统”。

（一）“201 管理系统”到底是什么呢

“2”即签约二批商：指符合条件的二级分销客户；“0”即零空白：指乡镇及村级零售终端的全覆盖；“1”即一套管理体系。“201 管理系统”指“201”客户、经销商和白象签订三方协议，共同进行乡镇及村终端的市场管理体系。在该体系中，有配送能力的二批客户被发展成为白象和经销商的客户，纳入白象集团客户管理体系，这样的客户被称为“201 客户”。

由此可见，“201 管理系统”包括下面核心内容：

一是“201 客户”管理范围的确定，即符合上述实施条件的核心二批客户。

二是“201 客户”的评估和三方协议的签订，在协议中明确白象、经销商和“201 客户”的责、权、利和相关的激励与制约条件。

三是“201 客户”的定期评估和检视；

四是“201 客户”的撤除和优化，对于不能达成目标的客户定期进行淘汰，而对于能够提升为“201”的客户进行补充和激励。以此形成二批客户的优胜劣汰。

通过这套管理系统，延伸了白象的市场管理界面，激发和促进更多的二批客户成为白象的核心渠道成员，并以此形成具备吸引力和驱动力的营销网络体系，促进白象对乡村市场的产品流速和流量。

“210 系统管理”如图 1－1 所示。

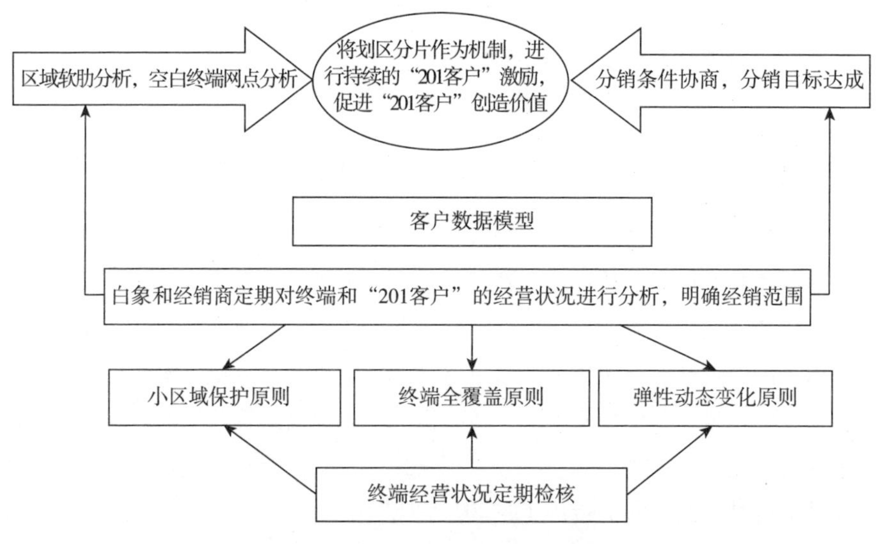

图 1－1 “201 管理系统”示意图

（二）“201 管理系统”的实施

实际上，实施“201 管理系统”，也需要一定的匹配条件。

一是重点乡镇的市场容量很大，具有战略意义，但经销商的分销不细、不深，终端服务难以保障的乡镇。

二是地理位置远，经销商难以有效经营的区域，缺乏车辆、人员和相应的管理能力，没有有效纳入线路管理，乡村见货率较低的乡镇，或者经营费用成本高难以支撑运营体系发展的区域。

三是竞品表现强势，经销商资源难以达到的区域，竞品表现强势，经销商必须借助当地的分销商资源进行深度分销。

四是特定终端进入壁垒较高，必须借助第三方的力量。此时，根据供货资源情况，就可以将该供应商发展成为“201 客户”，如厂矿社区、监狱、大型工地等。

四、 终端精细操作

白象在解决了经销商和二批商的销售积极性之后，核心的工作就是解决终端的动销和营销效益化的问题，而营销的效益化首先要解决终端的结构化问题，其次就是终端策略的具体应用，为此，我们进一步对终端进行精耕细作。

（一）对白象的渠道进行分类

按照常规快消品的渠道分类，我们将白象的终端分为：KA（重要客户）、B 类、C 类、学校、网吧、车站等渠道系统；按照渠道的成长性和销售量，将渠道区分为核心渠道、重要渠道和补充渠道。然后根据渠道的重要性，对渠道分别进行产品的匹配、人员维护的匹配、促销资源的匹配等。

（二）千万工程实施规划

建立终端的统一管理规范和核心终端的重点支持策略——千万工程实施规划。

第一，在全国市场中针对分公司和区域市场进行任务划分，在 2009 年，总体开发和掌控的终端达到 100 万家；第二，对这 100 万家终端，按照终端的销售能力、重要性和终端影响力三个维度进行评估，筛选出其中的 10 万家作为区域市场重点关注终端——种子终端；第三，其中选出最优秀的 1 万家终端作为黄金终端进行形象终端的建设；第四，再优选出 1 千家的钻石终端，作为白象集团层级的终端进行战略合作。

（三）对千万终端实行不同的销售管理策略，促进终端系统的销售爆破

对于钻石终端：白象的营销形象店，采取形象建设、销量激励、销售垄断

等策略，并和终端建立信息直通等互动方式，实现白象对市场信息的掌控。

对于黄金终端：是区域市场维护的重点，更是与竞品竞争的“桥头堡”，通过形象建设、垄断销售等，寻求销售量的增加，屏蔽竞争对手。

对于种子终端：加强铺货和排面的占有，成为销售的主要贡献单元。另外，对于销售人员对终端维护的频率、促销力度等均做了规范，从而促进了零售终端的互相竞争。

五、 一线感悟

渠道是国内快速消费品的关键动因，没有渠道的扩张力和支撑力，就没有娃哈哈通过灌入产品即逐步实现500亿元的销售大关，就没有销售的放量增长。

在对白象的服务过程中，我们不但考虑了渠道链的洞穿，使经销商的“星级管理”、“201管理系统”和“千万终端工程”的建设等方式互相促进，而且每个下层级的管理加强，均能够给上一层级渠道成员的动销以支撑。所以，企业的渠道变革应考虑企业产品在渠道中的动销，以及销售流量的增加。此外，还要考虑渠道的可控性，以及掌控渠道的销售流向，控制渠道冲突的产生。还应该考虑上下层级的动销互动，即渠道产品流量的问题。只有这样，我们的渠道才是有竞争力的渠道，是对竞争企业形成竞争壁垒的渠道，资源匹配和系统协调后才能让渠道自身具有扩张性和激励性，有自发的成长能力，从而促进企业对渠道资源的整合，助力企业打造核心的市场竞争力。

4 白象（2）：宣贯式培训，扶马送一程

一、从方案到宣贯，一脉相承

联纵智达为白象打造了一整套渠道管理的创新方案，并经过八个试点市场的导入试用，效果良好。如何成功地将这套方案在全国市场上推广，并让整个营销团队和所有的渠道成员都能清晰地理解和执行新的渠道战略，这是保证渠道变革成功的关键所在。于是，我们想到了用培训的方式，对白象的全国营销系统进行新渠道方案的宣贯。

此思路得到白象高层的一致认可，白象集团 CEO 姚忠良先生说："我们就是要调动经销商的资源，发动一场由白象集团主导的人民战争，稳步地建立渠道竞争优势，协助我们的经销商提高市场经营的水平，让他们理解我们的战略，按照我们的统一部署开展工作。"

开展针对渠道成员的培训，成了白象咨询服务项目的当务之急。由此，从方案到宣贯，一脉相承的培训工作，在营销咨询项目之后如期开展。

二、项目设计：全面调动资源，确保培训效果

白象集团在全国有 9 个分公司，2000 多家经销商，10000 多名营销人员，整个营销系统体系庞大，常规的自上而下多层级宣传和贯彻新的渠道策略不会有很好的效果。联纵智达项目组经过与集团销售部、集团商学院等部门进行沟通，达成以分公司为单位，开展核心经销商和区域营销人员的培训方案。

（一）培训目的

对新的渠道管理方案进行培训式宣贯，让营销系统迅速熟悉渠道变革的方向和细节，从而提高经销商和营销团队运作市场的技能和水平。

（二）培训课程

培训全新的渠道策略和市场策略，同时进行经营技能培训和理念引导。

（三）内容设计

将咨询报告中的新渠道策略规划转化为专业培训教材，同时增加经营理念及心态塑造方面的内容，既确保了经营技能培训的需要，又加强了经营理念的引导。

（四）培训对象选择

选择每个分公司的优秀经销商和区域营销人员，根据区域市场的销售现状，经营白象方便面业务的结构比例，经营理念是否配合等因素，每个区域选择100～120名经销商；按照销售经理的工作技能水平，每个分公司选择15～20名优秀的人员参加。人员数量要适当，便于现场组织和研讨，增强培训效果。

（五）培训时间与进度安排

以分公司为单位进行巡回式培训，每个分公司主题培训一天半，另安排半天时间进行新渠道方案的落实研讨，确保培训人员回到市场后，能够快速调整运作思路和方法，将所学的内容应用到具体的市场经营和管理工作中。

（六）培训方式

由各分公司组织培训对象，提供培训场地和设备，联纵智达的咨询师亲临一线市场授课。

三、项目实施：培训经营团队，称王区域市场

一方面，培训的目的是解决营销方案落地执行的问题，另一方面，也借助此次培训，帮助白象磨练营销队伍，完成品牌升级和市场升级，因此对白象渠道成员的培训，采用的是量身定制的方法。

（一）确定培训课程，保证营销落地，助力市场升级

从培训立项到实施，只有短短的5天时间，项目组与白象培训负责人多次进行沟通，根据白象经销商的现实情况及集团未来的营销战略重点，既要紧密联系前期项目组制定的方案，又要根据经销商学员的实际情况，找准经销商最为关注的经营管理问题，增加或减少相应的培训内容。

经过多次紧张的研讨，最终以“深度破解渠道难题，稳步称王区域市场”为主题，确定了六大培训课程。

第一个课程是“二级渠道变革”，深度剖析商业形态快速演变后，白象应何去何从，经销商如何适应渠道的变化，快速调整经营的模式。

第二个课程是“终端管理和巡访技巧”，从白象流通模式的现状，解剖现代陈列销售的具体要求，深入浅出地导入销售模式转型的思想理念和具体操作办法。

第三个课程是“如何轻松透视市场”，让经销商学会数据分析，通过几张简单的报表，坐视天下，洞穿市场状况，用数据和事实理解市场，便于经营决策。

第四个课程是“关于如何提升经销商公司化运营能力”，从经销商最关注的团队管理、财务管理、库存管理、运营管理等方面进行详细说明。

第五个课程是“以学校市场为例，讲解如何操作特殊渠道”。

第六个课程是“县城和地级市场的运作”，帮助白象完成市场升级和品牌升级的核心战略。

（二）创新培训方式，激发参与热情，强化培训效果

此次培训，基本涵盖了白象所有的市场和所有优秀的经销商，这在白象的发展史中是第一次。白象集团和联纵智达项目组均非常重视这次培训：一方面，培训成功与否，直接关系到前期制定的渠道策略的落地执行；另一方面，也希望借这次机会对白象的营销队伍进行一次大集训。

由于经销商是参加培训的主体，项目组绞尽脑汁设计了培训方式和内容，确保学员学习后就能应用到实际工作中，提高经营管理水平。对于这些整天在市场上摸爬滚打的经销商，不习惯静下来长时间听人讲课，如果没有很好的现场气氛管理能力，很容易导致学员听课没有精神和积极性，甚至在课堂上昏昏欲睡，培训效果也会大打折扣。

要保证培训效果，必须选择优秀的讲师，项目组精选了严卫国、唐道明两位讲师进行全程培训工作。两位老师均全程参与白象战略规划项目，先后拜访了上百家经销商，对白象的渠道运营情况有深入地了解，同时具有多年的咨询和培训经验。

培训现场如图 1－2、1－3 所示。

图 1－2　唐道明老师在山东站培训图

图 1－3　严卫国老师在山西站培训

增强培训效果是一件难以量化的事情，如何让这些经销商老板们真正参与到课程中，培训老师改变了正规的课堂模式，改用圆桌形式安排座位，以桌为单位分组，每组选一名组长，开展了大量的小组研讨和互动环节，充分地调动了学员的积极性和参与性，确保学员对培训内容充分吸收，如图 1－4 所示。

图1-4 学员认真研习案例图

为了让学员们保持高度的兴趣和关注度，讲师们以经销商日常市场操作方法和管理经验为素材，安排了很多类似的案例和模拟情景演练，穿插在主题内容之中，让经销商参与其中，对案例进行点评，身临其境的感觉，极大地提高了学习效果。

四、激发经销商学习热情，就地解决渠道问题

一个月的时间，项目组分别开展了郑州（河南分公司）、高碑店（河北分公司）、太原（山西分公司）、咸阳（陕西分公司）、四平（吉林分公司）、济南（山东分公司）、成都（四川分公司）、南京（江苏分公司）、岳阳（湖南分公司）共9场培训。联纵智达的精英培训团队，针对性极强的内容，新颖对症的培训方式，让每次培训都取得了极好的效果，所到之处，刮起一股学习旋风。尽管天气寒冷，但经销商们的求知欲望和参与热情却非常高，无数个感人的互动现场，争先恐后的分享发言，竞相找老师签名合影的场面，让培训现场的气氛非常热烈。在湖南岳阳、山东济南、四川成都的培训现场，掌声、笑声、争抢参与互动的场面层出不穷。

"我们集团开展过很多培训，但没有一次培训产生如此大的轰动效应，我从来没有看到过这么热烈火爆的场面，全国9个分公司，1000多名经销商能一天8个小时全神贯注聆听讲课，并且排队抢着上台发言，真的太震撼了！"白象商学院高级经理程果感叹。

"我们参加过各种各样的培训，但大多数人在培训的时候都是睡觉，平时

我们跑市场跑惯了，坐不住，太高深的理论也听不进去。但你们的培训有高度，也很切合我们的实际，你们太熟悉我们的运营情况了，很受启发。培训结束后，我们一定认真落实到具体工作中去。”这是白象上千个经销商会后表达的共同心声。

各地分公司人员和经销商们都对本次培训给予了很高的评价，两天的培训，让他们受益匪浅，解决了很多他们日常经营中面临的困惑，为他们的经营指明了方向，课程中的一些工具和方法，比如“一透三查”工具、业务人员薪酬与考核等相关管理制度，都可以立即运用到经营中去。

5 同福碗粥：从黑马到雄狮

2010年央视广告招标，总金额超过了百亿元大关，而在众多参与企业中，一家名不见经传的食品企业——安徽同福碗粥食品有限公司（以下简称同福碗粥），以5000万元的高标价拿到了“焦点访谈”栏目的广告档位和“星光大道”的赞助广告，成为当年央视广告招标中的一匹黑马，引发了食品行业的一次震动。

一、深入市场调研：发现市场机遇

在合作的前半年时间内，联纵智达同福碗粥项目组深入走访市场一线，与经销商和客户进行密集访谈，集体进行头脑风暴，通过实战经验和透视市场的专业精度，为同福碗粥进行了诸如产品命名、产品规划、上市规划及动销规划等服务内容。经过实践检验，同福碗粥实现了“小粥做成大文章，同福碗粥成就大品类”的品牌战略构想。

同福碗粥是怎么实现这一目标的呢?

同福碗粥的成功，在于找到了精准的产品定位。产品是企业营销的基础，企业的产品定位其实是企业的战略定位，寻找到恰当的行业定位、子行业细分定位，甚至其中的小品类定位是至关重要的。

（一）洞察行业状况

联纵智达在进行咨询期间，根据公司内部数据库，关于产品定位，发现了两个关键点。

(1) **透视大行业，察看小行业**。粥类产品属于方便食品行业，而方便食品市场主要包含冷冻食品、方便面、微波食品、冲调食品和点心类食品等。其中，方便面食品经过20多年的发展，已经形成400亿元的销售额，而且品牌格局已经形成。康师傅、统一占据着品牌的领导者地位，华龙、五谷道场、华丰、日清等在区域和渠道中较为强势。同时，白象、南街村、中萃等作为行业的补充，也有一定的生存空间。从市场份额的角度来分析，符合营销学中的“四三法则”。借鉴方便面的产品特点，我们可以得出的市场机会点如表 1－5 所示。

表 1－5　粥类产品的机会点表

方便面优点	方便面缺点	市场机会点
食用方便	没有营养	**关键词：营养**
到处可以买到	有防腐剂	**未添加防腐剂**
携带方便	多吃对健康不利	**健康**
口味丰富	有色素	**无色素**
价格便宜	味精太多，吃了口干	**味精少**
有众多品牌可选择	多吃会发胖	**不会发胖**

（2）**洞察小行业发现新机遇。**八宝粥产业是个传统产业，但是这个产业却一直处于增长状态。2002 年销售量达 22 万吨左右，2006 年销售量已达 30 多万吨，占整个中国罐头工业 29 个品类总产量的 10%，已经成为与肉类、蔬菜类、水果类等并驾齐驱的罐头品种之一。虽然有一些企业淡出或原地踏步，但也有像银鹭等新兴品牌在市场中崛起。其中，银鹭、娃哈哈和亲亲三个品牌占据了绝大部分市场，其在 2002 年的年产量分别达到 8 万吨、5 万吨和 4 万吨。在八宝粥行业还有一些规模相对较小的企业在生存，有的甚至年产量仅两三百吨。

（二）粥类产品市场特点

洞察整体的产业后，我们发现了四个特点：

（1）目前最主流的产品是铁罐包装，代表性品牌为娃哈哈、银鹭和亲亲这三大品牌。

（2）有注开水的类似于方便面食用方式的产品，代表品牌为唐纳兹系列产品、味好美系列产品。

（3）有微波食用方式的产品，代表性产品为川崎系列产品。

（4）简易包装以杯状、碗状样式居多，代表性产品为乐惠及神东系列食品。

我们也发现，**尽管目前铁罐八宝粥诉求各有差异，但其共性主要表现在它们皆主打礼品市场。**

（三）同福粥的市场机会

通过市场了解，引发了我们如下思考：在中国存在了四千多年的粥，为何今天仍然停留在家庭和粥铺，无法成为现代化的大工业产品？

20 世纪是人类的一大主食——面食的方便化发展时代，21 世纪应该是人类另一大主食——粥食的方便化发展时代。从这个意义上讲，粥类市场有望突破 400 亿元。

过去是西方的一大营养食品——牛奶的快速发展时代，现在应该是东方的一大营养食品——粥品的快速发展时代。从这个意义上讲，粥类市场有望突破 800 亿元。通过这些思考，我们发现了同福粥类产品的市场机遇：

（1）**消费时尚的变化，**随着消费层次的不断提高，消费者开始追求健康、健美，享受的意识在加强，这极大地扩大了方便粥的市场需求。

（2）**方便粥市场各种产品都在无序竞争，普遍技术含量低。**在食品行业中，八宝粥市场是一个相对滞后的市场，被酒水、饮料、糖果和饼干类产品远远地抛在了市场大潮之后，因此潜力巨大。

（3）**方便粥具有无针对性年龄段的目标群体特点，市场需求宽泛，针对消费者大有文章可做。**

（4）**深厚的消费认知，**如面的营养不足，只能充饥，粥的营养则尽人皆知。

（5）**完全可以改变礼品诉求的方式，进行大众化诉求。**

基于上述原因，我们提出了 4 个解决方案系统。

二、 方案一： 战略大构想引领同福碗粥占领品类新高地

粥品的终端售卖业态非常丰富，可谓“粥满天下”。目前，粥产品主要停留在餐饮店，大部分都是现做现吃；家庭和餐饮的熬粥、吃粥还远没有真正地社会化；工业化的粥品在市场上存在很大的机会点。粥市场分布如图 1－5 所示。

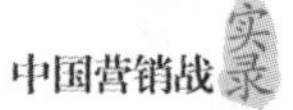

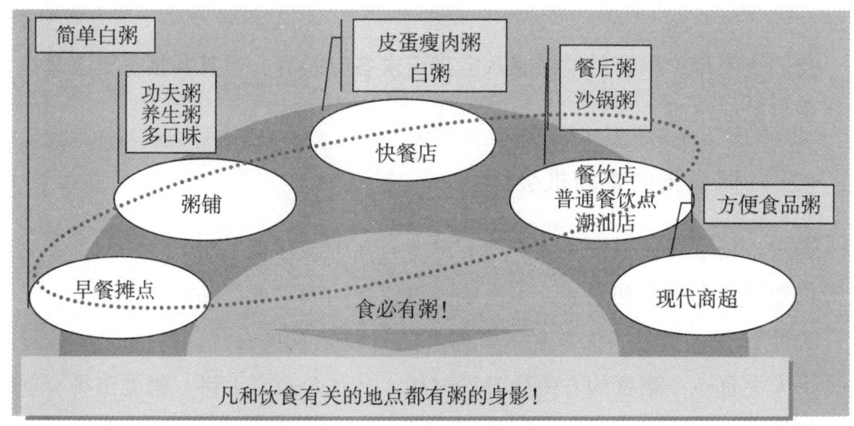

图1－5　粥市场分布图

但根据消费者食用环境进行分析，我们发现，市场上的消费者仍然有许多的需求没有得到满足，如表1－6所示，而这些待满足的市场需求，就是同福碗粥的机会。

表1－6　粥产品分析表

环境	场合	目标消费者	产品形态需求	现有产品	未满足需求
外出环境	例如运动场、旅游、逛商场、看电影、遛公园	青少年是绝对主体，中年人为辅的外出群体为瓶装饮料的主要群体	液态＋方便＋即食（能保质）	八宝粥	更方便、更经济的产品
家庭环境	早中晚餐、招待客人	大众化的家庭	液态即食＋半成冲调（固态）	自制	社会化质量有保障的产品
餐饮环境	餐厅、酒店	外出就餐的消费者	液态即食或即调即食	自制	快速制成的半成品或业务装产品
公共环境	公交工具、学校、政府食堂、办公室	社会大众	液态＋方便＋即食	八宝粥	其他品类的粥品
礼品环境	送礼	家庭＋行政商务	固态＋液态	八宝粥	更高档的粥品
特殊环境	医院、敬老院	功能性消费群	方便即食＋功能	自制	功能性，即食粥品

通过对竞品在终端和包装等方面的分析，我们还发现：

（1）在不同的消费环境中，粥产品由于受到产品形态创新的局限，消费者还有很多潜在的需求未能得到充分的满足。

（2）粥品企业普遍存在消费者核心利益点挖掘不到位的状况。

（3）食液态粥品由于保质问题难解决，社会化程度不够。

（4）消费者对碗装粥的新鲜度普遍存在怀疑。

（5）碗装粥在包装细节方面存在很多问题，技术上没有取得实质性的突破，如粥碗封口、粥碗外包装美化、勺子制作设计和内嵌等，制约着粥品的社会化。

三、方案二：洞察消费新需求，发现产品新结构

满足消费者的需求是营销的起点，同时也是终点。只有对消费者深刻洞悉，才能发现消费者的需求现状，挖掘消费者的深层需求，并在营销过程中引导消费者的潜在需求。为此，项目组走遍了大江南北大大小小20多个城市，针对消费者做问卷调查，完成了7000多份街头拦截访谈和60多场座谈会访谈，对其需求进行了总结，如表1－7、表1－8所示。

表1－7　部分城市对黑碗、白碗的选择度

	大同	东莞	金华	荆门	呼和浩特	南昌	宁波	芜湖	厦门	岳阳
黑碗	33.20%	29.20%	32.53%	28.20%	26.40%	35.93%	35.20%	27.04%	32.40%	24.20%
白碗	66.80%	70.80%	67.47%	71.80%	73.60%	64.07%	64.80%	72.96%	67.60%	75.80%

表1－8　部分城市的购买用途

	大同	东莞	金华	荆门	呼和浩特	南昌	宁波	芜湖	厦门	岳阳
早餐	39.88%	30.99%	35.68%	39.36%	26.01%	32.44%	40.80%	32.02%	34.06%	47.55%
休闲	13.84%	20.03%	17.35%	19.39%	20.45%	18.96%	22.83%	21.73%	16.57%	15.49%
夜宵	22.47%	36.54%	22.71%	17.06%	17.25%	24.17%	17.67%	22.11%	28.42%	14.13%
旅行	12.05%	7.98%	14.39%	8.75%	22.39%	10.81%	11.63%	13.85%	11.85%	11.55%
送礼	3.42%	0.68%	2.40%	3.50%	4.87%	2.94%	1.77%	1.40%	2.19%	3.26%
家庭消费	8.33%	3.79%	7.48%	11.95%	9.04%	10.68%	5.30%	8.89%	6.90%	8.02%

我们针对口味、原料等不同层面和方向进行了深度分析后，做出了产品结构规划：

（1）为促进产品在终端的陈列，并达到吸引眼球的目的，产品和竞品颜色做到充分差异化，**采取白碗和黑碗两种风格。**

（2）为适应消费者单次消费量的问题，**采取大中小碗的包装规格。**

（3）为适应消费者口味的需求，**开发出咸味、甜味和原味不同口味的产品。**

（4）为适应消费者不同营养的需求，**按照产品原料分为杂粮粥、海鲜粥等。**

（5）为适应消费者不同用途的需要，**消费包和礼品包共同开发。**

另外，我们还总结出产品的总体定位：**营养速食粥，碗装的营养速食粥。**

为丰富产品，应该按照产品的外在特性进行划分，如以推广方式的不同、产品用途不同、渠道不同、价位不同、区域不同等，可以再次进行细分和丰富。

同福碗粥作为新上市的产品，首先就要满足大众化的需求，其次再以差异化的产品渗透和选择性进入不同的区域或者渠道，从而满足不同消费者的不同需求。由此，我们规划了同福碗粥的产品开发模式，如图1－6所示。

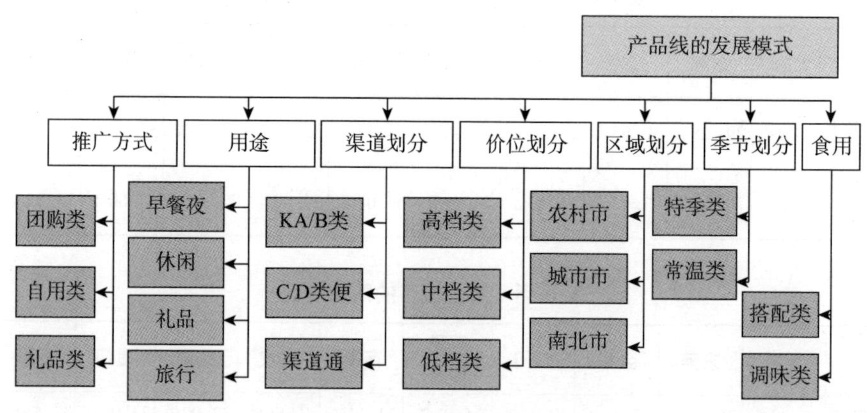

图1－6 产品线发展模式图

四、方案三：“1个大品类策划＋11项强资源支持”促进市场快启动

要想新产品上市成功，首先就要选择合适的经销商，这样才能有效地整合

社会资源，打赢轰轰烈烈的人民战争，项目组为同福碗粥提炼出了经典的“1 + 11”经销商管理模式。

1 个大品类策划：立足于品类打造的战略高度，进行全面营销策划，以及高标准的市场投入预算，抓住这个在未来30年内难以再次出现的新品类机遇。

11 项强资源支持：

（1）强大的广告支持：强大的央视和省级媒体广告投放，上亿元的品牌宣传费用，加上大力度的平面媒体推广、终端广告推广、新闻公关、促销活动等，形成立体式整合传播推广。

（2）倪萍明星代言：聘请家喻户晓的倪萍作为明星代言人，倪萍具有良好的大众亲和力，对大众化的碗粥品类形成良好的带动作用。

（3）深度协销支持：逐步在每个地级市建立办事机构和业务团队，建立完善有效的深度协销体系。

（4）费用支持：紧密配合经销商开拓各种网络渠道，为各类渠道拓展提供灵活的费用支持。

（5）充分的促销支持：提供系统的促销策划方案支持，主动协助经销商做好区域内的促销、推广及各类销售活动，提供海报、单页、手册、不干胶、超值赠品等促销品。

（6）系统终端支持：以系统的终端生动化规划，协助开展特殊陈列、多点陈列、节假日促销、导购拦截、免费试吃、免费派发、超值赠品等一系列的终端促销。

（7）完善培训支持：根据市场推广中的情况不定期举办产品、营销等方面的培训，经销商可以随时得到业务指导、咨询解答，按整体营销规划，经销商可以得到全面的促销、推广、公关等整合营销传播的培训和指导。

（8）主动管理支持：提供符合市场需求的产品并统一营销战略、销售形式及管理运作；对整个销售网络、渠道进行主动式动态管理，打造一个灵活的、弹性的、拥有强大战斗力的销售链；负责召集和安排经销商会议，交流销售经验，推广好的营销经验；协调与处理经销商之间可能产生的跨区销售及其他有关我司的纠纷。

（9）全面信息支持：负责向经销商提供用于产品销售、促销、推广、广告等所需的文件、资料及素材等；主动从市场上收集竞争对手的销售政策与信息及消费者的信息，并在第一时间做出反应，有针对性地制定相应策略。

（10）扩张渠道支持：为商超渠道、早餐渠道、集团购买渠道、火车站渠道、汽车站渠道、机场渠道、高速服务区渠道、网吧连锁渠道、医院配套渠道、洗浴中心渠道、餐饮渠道、宾馆渠道、茶楼渠道、校园渠道、奶站渠道等全渠道进军提供专项策略指导，为各类渠道拓展提供灵活的费用支持。

（11）超级外脑支持：聘请联纵智达与广大经销商协同作战，为市场开拓工作提供科学的市场调研信息、系统的培训、连环的市场促销方案和全程策略辅导，协助其赢在起跑线。

为促进招商的快速进行，公司首先进行市场划分和任务的详细分解，将市场划分为三类，对所属的将近2000名业务人员做了明确的任务划分。在客户数量方面，河北、山东、江苏、安徽四个核心市场，以省会、地级、县级市按行政区域数量的70%以上确定招商数量；天津、河南市场经销商网络覆盖率必须达到50%以上；其他次重点省级市场要求覆盖率不低于30%。

另外还要对经销商对象进行优化，排好顺序，经销商的来源依次为现有灌装产品经销商、饮品和其他奶粉经销商、方便面经销商、其他快消品经销商。

五、方案四：动销12式推动终端销售

在快速消费品流行的区域进行市场推广，通常要注意以下四个环节：经销商、批发（分销）商、终端商、消费者。经销商对于产品能否顺利入市是至关重要的，经销商必须具备这个能力，让我们的产品快速、顺利地进入市场，进入终端，摆在货架的显眼处；同时，经销商也必须具有发动批发商、调动终端商销售同福碗粥积极性的能力。

然而资源、时间和能力都是有限的，所以，如何进行“战略聚焦”，即对消费人群的聚焦，确定聚焦的渠道、聚焦的促销方法、聚焦的广告传播，是保证同福碗粥成功上市的关键。

同福碗粥的消费人群是谁？**我们认为可以锁定为两大类：学生＋白领**（理由是这些人群是高号召力人群）。其中，学生是我们上市期传播、促销的重点对象。为此，我们制定了“动销12式”，以此推动终端销售。

实际上，同福碗粥上市面临着特殊的环境，上市时间在12月，是冬季，此时零售主要以大卖场及超市为主，因此，**在各区域的超市进行重点爆破是关键因素**。而为了落实春节期间家庭购买的策略，**广泛地开发县城批发商，并进行堆头陈列也是重要的策略。**

在明白区域市场动销的关键点后，2007年同福碗粥区域市场动销方案的

设计思想如下：

策略原则： 刺激目标消费者尝试购买，刺激目标消费者整箱购买。

一个核心： 产品的核心利益点是“温暖的美味 + 多种口味 + 方便 + 喜庆的格调 + 大品牌的品质保证 = 同福碗粥”。

两个原则： 以目标消费群告知（免费品尝）与核心卖场突破上量为上市期整合推广的主要手段。

三大阶段： 知晓期（上市 20 天）、尝试促进期（知晓期后 25 天）、突击上量期（促进期后 25 天），涵盖自 2007 年 12 月 1 日上市至 2008 年 2 月 9 日春节的 70 天。

十二个操作性动作： 将上述原则融入战术性动作之中，各区域市场业务员要指导经销商按照此动作进行操作，分知晓期 6 式、尝试推进期 3 式、突击上量期 3 式。

知晓期： 在短时间内解决新品的上市告知，以学生（必须涵盖区域内的大、中、小学校）为主要传播对象，快速吸引眼球。

尝试促进期： 围绕核心卖场及以校园超市为主突破口，开展促销活动刺激购买。

突击上量期： 此时已临近春节，主要抓家庭消费，围绕三个 TGMP（目标人群聚集地）：车站、卖场、社区进行重点轰炸。

上述策略和内容在企业严格执行的情况下，在 2009 年即获得了巨大的成功，销售额超过了 3 亿元。市场拓展覆盖了长城内外、大江南北，在全国 20 个省市、地市的覆盖率超过 60%；终端市场覆盖了现代终端、传统批发流通及团购礼品的特通渠道；中央电视台的 5000 万元大传播的启动，更是促进企业品牌在视频新品类领域异军突起。诸多营销手段集结发力，成就同福碗粥从“黑马”到“雄狮”的梦想，成为快小行业里新的神话。

六、 一线手记

企业的新产品上市，甚至包括新业务单元的上市，首先需要企业把控精准的市场需求，而对此则需要全面思考问题的维度，才能在繁杂的乱象中找到突破点。

如在本案中，联纵智达帮助同福碗粥从大行业的发展状态中找到企业的定位方向——粥产品；从行业内的产品表现分析出产品的差异化定位——碗粥；

从产品与市场的发展趋势，得出企业精准定位——碗粥的第一品牌和领导品牌。基于此，从消费者的需求来看，产品既需要大众化的产品切入市场，又需要进行差异化、特色化、功能化、口味区域化、用途多样化等产品线的细分和产品群的丰富，以渗透性或者选择性进入不同的渠道和市场。

产品、品牌、企业实现精准定位后的动销是企业成败的关键。在进行上述精准定位和规划后，同福碗粥的“1 + 11”营销模式，快速锁定了大批能够共同致力于同福碗粥市场拓展和开发的经销商。而在此时，3 个阶段的 12 动销方式连续的、高效的实施，促进了经销商进货的积极性，形成了二批商抢货卖、终端乐意卖的成功局面。高空的广告拉动，使企业品类占位成功，市场先机抢占成功，所以，同福碗粥成就了令人羡慕的业绩和令人振奋的发展速度。

6　五芳斋：百年品牌，焕发青春 

在新的市场竞争中，中华老字号企业（品牌）大多落败。那么，如何在保持“老字号”传统的同时，还能在品牌活化、产品继承与创新等方面实现突破，让老品牌焕发新生机，也让中华老字号进入企业成长的新曲线？在五芳斋项目上，我们解开了“青春不老药”的密码。

一、 百年品牌的六大威胁

2008 年 10 月 20 日，联众智达正式与五芳斋开始合作，到 2010 年已经是第三个年头。联纵智达团队利用自己的专业知识，给五芳斋这个百年老字号企业注入了巨大的活力。但在 2009 年，来自区域品牌、全国性品牌的竞争对手已经从多个层面对五芳斋发起冲击，并形成了一定的威胁。

五芳斋主要面临如下六个方面的威胁：

（1）**竞品低价蚕食团购业务。**团购业务在浙江本地陷入价格恶性竞争，针对五芳斋进行低价格抢占市场份额。

（2）**渗入五芳斋销售系统。**竞争对手通过给连锁加盟商更低的供货价格，以“挂羊头卖狗肉”的策略侵入连锁系统。

（3）**区域市场惨遭包围和蚕食。**五芳斋原本只注重 13 个城市的发展，而在浙江省之外的市场已经逐步被对手抢占。

（4）**早餐市场被严重挤占。**浙江本地竞争者在五芳斋的早餐基础上，增加了品种，降低了价格，在市区、郊县遍地开花。

（5）**现代终端渠道受到全国性品牌打压：**三全、思念等全国性品牌通过冷链产品逐渐扩张，已影响五芳斋传统产品的终端销售。

（6）**品牌老化，缺少与消费者的沟通。**众多品牌借助端午节大力推广，占据重要的传播途径。

项目组针对威胁来源和内容，同时结合五芳斋的企业资源和实际情况，开始了市场“进攻”和“反攻”。

二、品牌活化的七大策略之一——业务规划：四剑齐发

根据功能的不同，规划了现代终端、流通渠道、连锁门店以及早餐这四个业务模块，共同支撑起整个五芳斋的销售业务。

三、品牌活化的七大策略之二——产品规划：三管齐下

（一）“增、扩、竞”策略

产品规划的主要方法无外乎三个字：增、扩、竞，为确保在核心区域的市场份额，五芳斋通过设计高、中、低不同价位的产品系列，实现全面市场覆盖，同时，重点针对竞争对手类似定位的产品展开竞争。

增：即巩固传统消费人群，提高传统消费者的购买频率，在现有市场份额的基础上实现稳中有增，重点提升现有主力产品的净销力和动销力。

扩：吸引新的、潜在目标客户的消费，利用独特的概念和诉求吸引其进行尝试性消费，组合开发具有独特口味和概念基础的产品。

竞：在核心区域市场，聚焦在与其产品定位相类似的现有产品，利用良好的口碑和品牌影响力，与竞争对手展开直接竞争。

（二）产品线规划：全品项覆盖

针对不同的消费群体、不同的终端及不同的市场定位，我们设计了不同的产品，确保对核心区域做到产品全覆盖。

产品规划如表1－9所示。

表1－9　产品线规划

	品名	零售价（元）	目标终端	市场定位
高端	盛世五芳	258	门店、高端商务场所	高端商务馈赠
	金樽五芳	198	门店、高端商务场所	高端商务馈赠
	百年五芳	158	仅限于常规 KA、MA	领导送礼
	韵味五芳	138	仅限于常规 KA、MA	亲朋好友礼赠

续表

	品名	零售价（元）	目标终端	市场定位
中高端	江南五芳	98	仅限于常规 KA、MA	商务馈赠、送礼
	丰年五芳	88	门店、常规 KA、MA	国企团购、送礼
	品味五芳	78	门店、常规 KA、MA	国企团购
	喜庆五芳	68	仅限于门店	亲朋好友送礼
低端	情系五芳	48	仅限于常规 KA、MA	私营企业团购
	真情五芳	38	仅限于门店	私营企业团购
	和风五芳	28	仅限于常规 KA、MA	年轻人群尝新、送礼
其他	悠香五芳		电子商务	年轻消费群

（三）外观感受：旧貌换新颜

（1）**包装外观：**在包装上增加创意点，区别竞争对手；在包装的整体风格上增加时尚元素，吸引年轻消费群。

（2）**材质规格：**包装规格多样化，增加小包装和单个包装规格；改变材质单一的包装风格，采用磨砂、纸质等多样化和系列化的包装材质。

（3）**颜色搭配：**在包装的颜色上，五芳斋改变单一的风格，增加鲜艳的颜色；在图案搭配上做到多样化，增加特色，区别对手；突出五芳斋的 LOGO 及品牌名称，增强品牌影响力；在包装颜色和图案搭配上，尽可能在不同系列产品中做到差异化，便于消费者辨识和认知。

（4）**整体排面：**终端是最好的品牌传播媒介，要匹配粽子第一品牌的地位，因此，五芳斋在卖场整体排面上进行全面设计，突出大气的风格；在终端增加生动化的物料配合，进行强势终端的生动化建设。

四、品牌活化的七大策略之三——渠道建设：区域保卫，外围扩张

在渠道建设上，除了之前的 13 个重点城市外，积极扩大渠道范围，包括外围的二、三线城市，以及对现有城市继续深挖，进一步提升城市内部的覆盖率，从竞争者手中逐步抢回“阵地”。

（一）渠道精耕

我们主要从两个方面实现传统市场销售渠道精耕细作的建设目标。

（1）优化一级城市市场的运作，包括空白销售终端的开发（特通渠道的运作、社区便利连锁终端的开发等）、核心终端的建设和管理（核心终端的生动化建设、核心销售终端的体系化管理）、团购市场的拓展与发力。

（2）对周边二、三级市场进行销售网络的整体布局，其中包括二、三级市场的渠道招商、渠道经销商的帮扶管理等。

（二）招商

招商是五芳斋渠道工作的亮点，前期的扎实工作在2010年收到了效果，经销商成为销售增长的中坚力量。为实现对外围新兴市场进行快速的销售网络布局目标，我们从三个方面进行了招商策略的整体规划。

（1）搭建组织平台：确定外围新兴市场开拓的合理组织架构，设置合适人员和岗位说明，为新兴市场的网络布局做好组织保障。

（2）进行渠道招商：大范围地进行渠道招商，利用渠道经销商资源，快速、有效地搭建五芳斋新兴市场的销售网络。

（3）优秀经销商帮扶：通过多样化的帮扶手段和措施，对区域经销商进行实际的帮扶协销，提升区域市场运作水平和销售业绩。

（三）经销商帮扶

对核心经销商进行精耕培育，做到深度帮扶。因此，对于优秀的区域经销商，在高空品牌传播、市场推广、业务团队建设等方面进行资源倾斜和智力帮扶；协助区域经销商建设和管理区域内的重点终端，从产品开发、陈列、日常管理等方面给予帮扶和倾斜；协助区域经销商收集、开发、管理区域内的团购大客户资源。

五、品牌活化的七大策略之四——终端精耕：三大策略，助推市场

（一）继续加大对终端网点的争夺和支持力度

根据五芳斋未来5年的市场发展目标，遵循“多劳多得”的原则，按照

区域市场的实际情况，制定符合区域市场劳动报酬率的经营考核机制，让五芳斋一线销售人员能切实地享受到自身劳动所带来的回报，充分调动销售人员的积极性。

（二）在核心区域继续排他竞争

联纵智达制定的2010年动销策略的核心内容是：在目标终端开展排他性竞争。营销中心和市场部为此特别制定了非常具体的量化标准，同时，为了配合排他性竞争策略的开展，市场部先后制作了大量的终端物料，并投放到各个区域市场。

（三）在非传统区域继续提高终端占有率

在非传统区域，依然保持平稳的发展速度，继续提高终端占有率。

六、品牌活化的七大策略之五——品牌传播：三大策略，七大亮点

（一）三大策略

策略一：终端活动推广。结合卖场终端、门店和网络等销售渠道，展开针对性的活动和促销推广活动，提高关注度，扩大用户数，增强品牌吸引力。

策略二：公关活动推广。利用嘉兴的“端午文化节”和中国粽子博物馆资源，形成行业层面的公关推广，塑造中国粽子第一品牌形象。

策略三：品牌广告+促销广告。以媒体、售点广告为主，快速强化五芳斋的品牌标识、属性和个性认知，引起消费者的兴趣和关注；深挖粽子文化，细分市场，推出概念性的新品，引发淡季消费和消费热潮。

（二）精广告、大公关、深活动、巧促销

这一项策略主要体现在执行层面，即“精广告、大公关、深活动、巧促销”传播方式的精准组合，如图1-7所示。

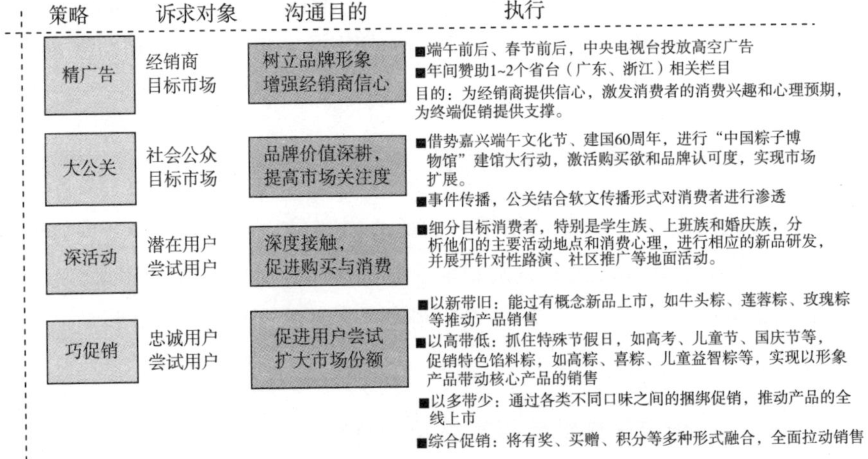

图1－7　传播推广的执行策略图

（三）七大传播亮点

亮点一：立体传播和集中传播。抓住端午假期的机遇，实施大活动、大公关、大传播，通过高空、地面线上媒体及地面大型活动，形成立体化的造势，树立五芳斋的“王者气象”，在消费者心智层面和竞争者拉开差距。

亮点二：五芳斋粽子广告片。从五芳斋产品原料和百年文化入手，清晰体现五芳斋粽子的品牌识别。

亮点三：公关活动和大型巡回路演。举办粽子文化节，“十城浓浓端午情”、“共享五芳斋”，“万粽一心”、“中华龙腾”、“五芳斋裹粽大赛”等大型公关活动和巡回路演，将五芳斋推向端午节文化的主角，拉近和消费者的距离。

亮点四：强化消费者接触点。通过高空和地面结合拉动，强化消费者每一个可能的接触点，形成消费者“全触点”接触，增大消费者终端对五芳斋品牌的“购买决策”。

亮点五：自有媒体宣传。产品专卖和高速门店作为五芳斋自有终端品牌形象展示载体，不仅需要在内部核心层提升品牌形象，在外围更是承载了五芳斋的品牌形象。

亮点六：新型媒体和渠道推广。电子商务平台的搭建、电视购物模式的引进、DM宣传单和物流、银行卡数据库联动推广等新的推广模式，推动了年轻群体、网民群体的购买行为，同时成为解决后续库存产品和前期新产品推广的重要渠道。

亮点七：展会和招商配合。通过糖酒会展示五芳斋品牌形象，结合经销商推荐、KA推荐、糖酒会推广等多渠道组合，进行全国空白市场、重点市场的招商。

七、 品牌活化的七大策略之六——营销组织架构变革

（一）营销组织架构的三大变革

一是强化大区制为代表的营销组织职能。
二是强化分公司内部职能模块，明确区域管理。
三是将利润考核转变为销售考核。

（二）阶梯式组织

通过个人传帮带、组织培养、内部挖掘、外部引进等多种方式培养具有潜力的销售人员，完成合理的销售团队建设，最终形成明星销售员、骨干销售员和潜力销售员的三级阶梯式的团队模式，为五芳斋的可持续性发展提供可靠的人力保障。

（三）销售人员再造血

将明星销售人员的行为通过制度、工具、培训、手册等多项管理方法和手段，转化为可衡量的工作成果，成为标准的销售管理模式，保持五芳斋营销组织活力，形成成长平台。

八、 品牌活化的七大策略之七——冷链策略定位及目标市场

（一）产品优化

选择最能满足消费者需求的冷链产品，锁定规格、口味和包装，与重点渠道相结合，有针对性地集中投入，避免遍地开花。

（二）渠道集中

集中资源在重点KA渠道进行产品展示和推广，同时逐步培养经销商队

伍，利用其销售网络，对现有渠道进行有益补充；并选择目标消费群体较为集中的终端进行造势，引爆市场。

（三）区域集中

立足江、浙、沪核心区域，借助品牌优势，选择重点核心分公司进行定向区域推广。此外，在外围市场选择有条件的经销商进行渠道合作。

（四）消费者集中

细分市场和消费人群，紧紧把握冷链产品消费群体的需求，锁定上班族和家庭购买群体为目标消费人群。

（五）传播集中

集中有限的资源，选择最直接有效的推广媒介，统一传播主题，对目标人群展开精准有效的传播。

九、效果——3 年增长 40%

经过三年的服务，五芳斋这个百年品牌得到深入活化。2010 年，仅粽子销售额就达 7.5 亿元，连续 3 年增长 40%；2010 年经销商达到 350 家，远远高于行业老二，稳稳地坐住了老大的头把交椅。此外，在稳固华东核心区域之外，还开辟了华南、西南、华中、华北和西北区域市场，真正成为全国性品牌。

第二章
啤酒·矿泉水·饮料

7 青岛啤酒：闯紫禁城“惊”燕京 实录

市场竞争已由炒作制胜、终端制胜等单点突破时代，步入到体系化、精细化制胜时代。联纵智达认为，对于很多企业来说，只有老老实实地夯实营销工作的每一个环节，将营销体系化、精细化才是真正的成功之道。

本节青岛啤酒攻占紫禁城的案例说明：当战略、策略与战术协同到位后，体系化、精细化营销将展示出势如破竹的威力。

一、事实：珠联璧合，一路飘红

2004 年 9 月，联纵智达与青岛啤酒北方事业部确定新的合作关系。我公司承担的咨询任务是：为青岛啤酒提供 2005 年进攻北京普啤（中低档啤酒）市场的战略、策略和战术咨询服务。实际上，从 2003 年起，我公司就与青岛啤酒建立了合作关系，本次合作是双方的续约，我们的咨询作业任务，是把 2003 年双方建立合作时确定的进攻北京市场的战略加以执行。

青岛啤酒此次进攻北京市场，是中国啤酒业的“老大”与“老二”在最有价值的市场展开的一场“公开斗法”，就像武林至尊为夺取宝刀而在英雄大会上展开的一场恶战，引起了各方的极大关注。北京是燕京苦心经营的大本营，十年来，燕京在中低档啤酒市场，特别是在低端市场上独霸天下，无人能敌，2004 年，燕京在低档啤酒市场占有 95% 左右的市场份额。青岛啤酒进京，无异于“虎口拔牙”，这让知晓内情的人无不为青岛啤酒捏了把汗。

时至今日，如果不是结果摆在这里，谁也不会相信青岛啤酒在北京市场进攻战中竟会是一路凯歌，而且还取得了如此令人难以置信的业绩。

（一）销量增长 5 倍

按照最初的设想，2005 年的冲刺目标是在北京市场完成 10 万吨的销量，而实际销售量是15万吨，是2004年销量的5倍多（2004年青岛普啤在北京的销量不到3万吨）。

（二）市场占有率25%

2005年7月，青岛啤酒（大优）的日均销量约为6万箱（24瓶/箱，总计折合销量近1千吨），而同期燕京日均销量约为18万箱。青岛啤酒既定的目标是在3年内达到40%的低档啤酒的北京市场份额，仅经过半年的努力，青岛啤酒已经占有北京市场25%左右的普啤市场份额。

（三）目标终端覆盖率85%

青岛啤酒的终端覆盖率由原来的4.7%上升到85%以上，这一业绩不仅在青岛啤酒内部引起震动和连锁反应，引起青岛啤酒总部组织各事业部来北京考察和学习，青岛啤酒的控股公司——美国AB公司和百威公司也来北京考察，而且在业界也产生了很大反响。当年曾败走“紫禁城”的华润、金星等各大啤酒企业也纷纷派专项小组到北京查探其中的虚实和奥秘。

这样的结果的确是出人意料，当我们在2月考察完市场，预测说“成了”的时候，没有人相信；当我们在3月的报告中提出，在旺季将达到每天6万箱以上的销量时，更是没有几个人认同。而当旺季来临，真有这么大的销量时，青岛啤酒北方销售公司的营销人员才手忙脚乱起来，后悔没有完全按照我们的建议做好物流的配置，以至于在一段时间内，市场出现断货的局面。

那么，青岛啤酒的北京之战到底运用了哪些战略战术呢？

下文将本次攻坚战中的关键性的结果和过程，以及关键性的战略、策略和战术进行部分解密，从中我们可以看出：战略、策略与战术协同到位后，体系化、精细化营销将展示出势如破竹的威力和魅力。

二、诊断：找准七寸　吹响号角

（一）过去自种苦果，如今平添难度

在进行市场调查的过程中，我们发现青岛啤酒过去在市场上给自己种下了两个难以下咽的苦果。

第一，消费者对青岛啤酒低档啤酒的印象很差，普遍表示不愿再尝试喝青

岛啤酒。

事实上，青岛啤酒在北京有难以启齿的四年之痛。早在2000年，青岛啤酒就开始进入北京。四年内，依次推出三个低价位啤酒：青岛啤酒（1930）、青岛啤酒（特供）、青岛啤酒（大众）三个品牌。但这三次进攻，不但没有成功，反而给经销商和消费者留下了很不好的印象。

燕京啤酒最重要的武器是630ml装11°清爽型啤酒。到2005年，燕京11°清爽型啤酒已有18年的历史，它已成为中国销量最大的单一品种，也是北京市场上的啤酒主导产品。由于燕京已雄霸北京市场十年，且占有低端啤酒市场95%的市场占有率，消费者已经喝习惯了燕京的重口味，不习惯青岛啤酒的淡爽口味；而且青岛啤酒在北京的两个生产厂（三环和五星）质量控制一直不稳，所以北京的消费者普遍对青岛啤酒的口味不认同，很多消费者甚至反感，说："青岛啤酒就像是水，哪里是酒？"

第二，经销商对青岛啤酒的印象更差，普遍表示不会再经销青岛啤酒。

青岛啤酒三次进攻北京市场有三种不同的策略，用的是三支不同的队伍，政策差别很大；而且由于市场没做起来，给经销商的承诺无法兑现；再加上业务人员流动过大，管理不到位，出现部分业务员卷走经销商的钱款或把给经销商的奖励兑现后逃掉的现象。这给经销商留下了不好的印象，但这也只是原因之一。

第二个原因是不容易意识到的，公司对经销商和业务员都是"唯销量论英雄"，于是业务员对经销商不加选择地加以发展，而销量大经销商的返利就多，于是经销商窜货砸价。甚至出现了一些奇怪的现象，接近考核时限，公司多名业务员找同一个经销大户，为争取大户对自己的支持相互压价，形成"皇军打伪军"的窝里斗闹剧。市场价格太乱导致经销商无利可图，所以经销商不愿经销青岛啤酒，此为其二。

经销商不愿经销青岛啤酒的第三个原因，就是青岛啤酒不好卖，终端不愿意接受，终端解释说是顾客不愿意喝。

这样的局面是我们项目组介入北京市场之前所完全没有想到的。对消费者和经销商所欠的债，我们不可能绕过去。这种"负债"经营的局面，为2005年的营销平添了几分难度。

（二）找准七寸，强者弱处不经打

有专家指出：市场领先者如果占有第二名1.7倍的市场份额，优势便极难撼动，因为领先者主导着游戏规则。

但我们不相信这个说法，我们认为任何市场都是有机会的，不可能是铁板一块。我们的营销法则是：**集中优势资源，持续攻击“强者的弱势环节”**。就像在二战初期，美国战斗机性能弱于日本零式战斗机，空战节节败退，最后美军出奇招，集中全部空军力量，攻击日本航空母舰，使日本战斗机落水而毁，一举扭转战争局势。

经过调研，我们发现了燕京啤酒“强势中的弱点”有三：

其一，依靠一款产品占领低端市场95%以上的市场份额，意味着燕京不得不在品牌形象和产品口味的定位上兼顾年龄、偏好和价值观有较大差异的各类消费者，而消费群体的需求变化，尤其是年轻群体的价值观的变化，无疑是挑战者实施差异化定位的机会。

在调查中，我们发现了消费者定位方面的差异化机会。尽管在2004年、在北京，只要服务员问顾客“您来什么啤酒?”，顾客几乎100%回答说“要燕京”，但这并不能说明，消费者对燕京的忠诚度或品牌偏好度就是100%。北京作为一个国际化的大都市，流动人口和暂住人员占有北京人口近一半的比例，这一部分人并没有形成对燕京的口味偏好和品牌忠诚度，只不过是买不到别的酒，不得已这样说。这就是我们的机会所在！后来我们发现，在北京海淀的大学校园汇集区，青岛大优的销售障碍最少，这也印证了我们的这个判断是正确的。

其二，单一产品在三级渠道架构下铺货率如此之高，渠道利润一定会很低，几乎所有的经销商都在抱怨自己只是燕京的搬运工，经销商有谋求更多利润的冲动。这说明，燕京的经销网络并非像铁桶一样——牢不可破！

其三，燕京的营销队伍没有掌握深度分销等精细化市场运作手段，至少在北京他们没有运用这些方法。由于其产品是“皇帝的女儿不愁嫁”，其业务人员的投入数量有限，业务人员的服务只能达到经销商、比较大的二批商和极少数销量比较大的B、C类终端，对绝大部分普啤目标终端没有控制能力。

三、决策：两把利剑，四招绝杀

（一）两大措施，解决消费者满意问题

市场运作的最终目标，是把货铺到消费者的心中。没有消费者的认知和认

同，没有消费者的消费偏好及忠诚，我们不可能最终占有市场，我们对中间商和终端商的让利就一刻也不能减弱和停止，我们的利润就不得不被中间商和终端商吃掉。

针对前期调查中所反映的产品问题，我们的解决办法是：

（1）调整口味，稳定质量。

由于北京的消费者已被燕京用11°型清爽啤酒教育了18年，因此我们绝不能为差异化而差异化，不能再用绝大部分消费者很难接受的口味来打北京市场。**最终我们决定走既坚持青岛啤酒独有口味，又接近对方口味这一条路。**当然，在广告诉求中，还是主打“好啤酒，有麦香”的独特性。为了稳定产品质量，青岛啤酒专门从总部抽调了得力的生产管理人员，加强质量管理。

虽然，在产品同质化现象普遍的背景下，中国啤酒市场所面临的已不是产品层面的竞争，而是如何在品牌与消费者之间建立一个情感通道，从而通过情感认同以吸引消费者，这已经成为国内几大啤酒品牌的共同竞争策略，但即使这样，也绝不等同于说我们可以忽视产品质量。

有些人，甚至是啤酒企业的高层领导，他们有一种流行说法：绝大多数消费者喝不出啤酒的差别，并且还振振有词地说：“把最好的啤酒与普通啤酒放在一起做盲测，大部分消费者会搞混。”

这种观点看似有理，实际上是极端错误的。**能喝出差别来的20%左右的消费者，是我们营销中经常讲到的“意见领袖”，他们对目标消费群的影响力起到80%的作用。试想一下，满桌的人每次都把点酒权乖乖交给了谁？还不是交给了那个常喝、能喝、会品酒的人！**

这就是我们把产品口味和产品质量作为解决消费者满意度首先提出并加以解决的理由。

（2）大力开展社区沟通工程。

由于消费者对青岛啤酒过去推出的三个普啤产品“1930”、“特供”和“大众”的固有印象，造成了青岛“大优”在推出市场后，说服消费者尝试存在很大的障碍。青岛啤酒作为中国啤酒第一品牌，面对北京的消费者，首先要做的是提升美誉度，改变青岛啤酒在消费者心目中原有的印象，而不只是提升知名度。要达到这一点，关键在于如何让消费第一次饮用。

为了破解这块沟通坚冰，我们策划和启动了“社区沟通工程”。

这一活动的要点有两个：一是“尝”，在社区推广活动中，把消费者免费试饮或先尝后买作为活动的一项重要内容之一，即用“哑巴卖刀”的土办法，用事实告诉消费者，“此酒非彼酒，此酒是好酒”；二是“让”，也就是让利消费者，凡成箱购买者，不仅可以享受批发价，还可以当场抽奖，奖品是3～8瓶啤酒。

从2005年4月到9月，我们在北京1500个社区，举办了近2000场社区沟通活动，结合终端店主的主动推荐，成功地解决了与消费者实效沟通的问题。

（二）四招绝杀，解决渠道问题

第一招：自建网点，重拾经销商的兴趣和信心。

面对北京经销商对经销青岛啤酒既无兴趣又无信心的现实，如何说服经销商再次经销青岛啤酒，成为摆在我们面前的一道难题。针对这个问题，**我们确定的策略是建样板市场。**

具体的做法是从外地引入一部分经销商，按新的经销模式做样板给北京的经销商看。经过精心运作，这部分经销商首先取得成功，不仅使北京的经销商看到了希望，同时也产生了压力，怕自己的地盘被青岛啤酒继续引入的经销商抢走了。

这“四两拨千斤”的一招，让青岛啤酒重新引起了经销商的兴趣和信心。在旺季到来时，吸引了800多位燕京的经销商“反水”。

第二招：首选终端直供商为经销商，实现对目标终端的有效占有。

经过测算，对青岛大优这样一个新品来讲，要确保全年10万吨的销量，至少需要有效占有22000家以上的终端。

围绕这个目标，我们确定的网络构建思路为：

以有效占有22000家以上的终端为目标，重点发展、培养终端直供型经销商，完成对终端的基本覆盖。特别强调的是，在布点上，注意经销网点疏密合理，根据经销商的实际铺送能力，坚持“吃得饱、吃得好、吃得完”的基本布点思路。通俗地说，就是经销商能管150个终端，那就给他划200个终端的片区。

我们在北京共建成大约200家牢固的经销网点，有效占有的目标终端差不多4万家，为2005年的成功夯实了经销网络基础。

第三招：800民工进京协销，让经销商想不成功、想不挣钱都难。

由于青岛啤酒此前给终端和消费者留下的不良印象，我们意识到，让经销商自主完成对终端的铺货是不可能的。

在调查中我们发现，在北京，啤酒从经销商到终端的配送工作，绝大部分是由“板爷”——人力或动力三轮车工完成的。但聚在经销商或二批商周围做配送服务的“板爷”，多是自发形成的，经销商与他们是买和卖的关系，这些“板爷”实际上就是三批商。经销商不能对他们形成有效管理，公司也无法做到。

用什么法子破掉这块坚冰?

我们从陕西安康等地招了近800名工人，经过严格培训后配置给经销商，又收编了一部分北京原有的三轮车工，形成了一支青岛啤酒所独有的、忠诚的分销大军。

这支队伍帮经销商铺货、收款、送货，经销商坐在家里数钱，有经销商开玩笑地说：“你们这种市场运作方式，让我们想不成功、想不挣钱都难。”事实的确如此，2005年，在北京市场，经销青啤的经销商是100%挣钱，而且100%地比做燕京挣钱。

第四招：出台“三守政策”，成功解决窜货砸价问题，保护了价值链的长期贯通。

窜货砸价被称为快速消费品的“癌症”，一旦发生，危害极大，且极难根治。严重的窜货砸价，将导致批发商无利可图，从而导致市场价值链中的重要一环断裂，并迅速导致市场的全面崩溃。

如果说团队管理、销售政策在一定程度上影响整体推广效果，那么窜货砸价控制得好与坏，则决定此次京城战役的成败。

长期坚持守区守价销售是我们确定的另一个基本策略，它确保合理的价值链（利益链）长期存在，从而建立畅销和长销机制，不怕竞争对手的任何反击!

我们对经销商的管理核心有三点：**守区、守价、守政策**。守区就是在自己划定的经销区域销售；守价就是按规定的价格销售，不得涨价和降价；守政策，就是对给下一级的促销让利不得更改，更不得私吞。

如何做到这一点呢?

给经销商配置的近800个协销员，以及对终端店周期拜访的业务代表，可以及时发现市场上的任何风吹草动。

对窜货砸价的核实，我们运用的是“批号查核”方法。这是一种既省力又有效的方法，具体做法是，增加专职人员，通过对经销商所进货物的生产批号（日期）进行登记，发现窜货现象立即与所登记号进行对照查核，一查一个准。

对违反政策的经销商，当即取消返利，这个办法有效保证了北京市场的价格稳定。尽管青岛啤酒渠道的各层级价格是十分透明的，但整个价格体系却出奇地稳定，这不能不说是一个奇迹。

四、实战："四渡赤水"出奇兵

（一）"四渡赤水"，摆脱对手的渠道封锁

青岛啤酒的目标是3年内拿下北京低挡啤酒市场40%的份额，这显然要动燕京的"奶酪"，对此，燕京啤酒不能容忍。最令燕京当家人李福成恼火的是，仅仅通过2个月的铺货准备，在北京的许多社区的小卖部，就看到了"青岛大优"的身影，它们和燕京11°清爽型啤酒摆在一起，并且以同样的价格争夺市场。

李福成观察青岛啤酒在北京的一举一动，发动了全面反击，其主要反击手段是跟经销商签订"排他协议"。即在协议中规定，经销商不得经销其他品牌的啤酒，对于签订专营协议的经销商给予适当奖励。据悉，燕京在北京有160家一级批发商，900多家二级批发商，这些经销商与燕京的合作关系都很稳定。

针对自己这种铁桶般的防守，燕京自信满满："竞争对手在北京市场不用燕京的销售网络，是很难成功的。我们获得了北京消费者和燕京啤酒经销商的忠诚度，我们的市场是固若金汤的，别的品牌想在北京站住脚是不可能的。"

燕京的这种自信，自然有其道理。啤酒这种快销品，完全自建网络是不可能的，我们必须用燕京的经销商，我们要做的只是怎么用的问题。这一点燕京的判断十分正确。

但令燕京万万没有想到的是，他们的如意算盘早在我们的意料之中。更让其没有想到的是，我们用"四渡赤水"之计，让燕京"固若金汤"的防守，成了一条名不符实的"马其诺"防线，我们巧妙地摆脱了燕京对渠道的封阻。

"一渡赤水"：在2004年末，我们组织大量的业务员对经销商进行广泛调查，与所有的经销商接触洽谈。并对外宣称，我们要与燕京最大的8个大户经销商合作，同时要召开全北京的经销商大会（接到口头邀请的有800多人）。结果，燕京急忙与大批经销商和二批商抢签专销协议，这样就消耗燕京的大量

营销资源，引开了燕京对我们引入经销商的注意力。

“二渡赤水”：燕京万万没有想到的是，在2005年1~4月，我们走的是从外地引入经销商的路子，对燕京的经销商“吆喝”得多，签合约的很少（只同极少数经销意愿十分强烈的燕京原经销商签约）。燕京原以为我们是不得已而为之，但结果却是，我们引入了数十个经销商，并对每个站点配置了大量的板车工，在全北京市“划区、划片、划线”进行终端直供，而且，还有继续引入之势。燕京大呼上了“鬼子”当：原来青岛啤酒要自建网络，走直销之路（此前，我们对外宣称这些站点是公司的销售站）。从此，燕京全面停止了与经销商签专销协议。

“三渡赤水”：2005年5月，就在对手放松渠道防守警惕之时，我们却在旺季到来之时，以迅雷不及掩耳之速，突然大规模地发展终端直供型经销商和二批商。

由于此前我们引入的经销商铺货很顺利，终端动销也很好，形成了“样板的力量”；由于我们的经销商利润比对手高一倍多，且支付方式是月结（对手是年返）；由于我们确定了“守区、守价、守政策”的经销纪律，经销商之间不可能相互杀价抢店，利润空间可以得到充分而持久的保障。所以，听说青岛啤酒要发展当地的经销商，北京的经销商打爆了青岛啤酒销售人员的手机。那些与燕京签了专销协议的经销商，也用“再开一个新仓库，以自己亲朋好友的名义经销青岛啤酒”的方式做起了“地下工作者”。由此，我们彻底引爆了燕京在渠道上精心构筑的铁桶阵。

“四渡赤水”：2005年9月，在燕京回过神来，继续以让利方式与经销商签订专销协议时，我们又突然回头，在巩固、提升原有近百个销售站的同时，继续从外地大量引入新的经销商。燕京再一次摸不着头脑了，不知这专销协议到底签还是不签。

真正是“兵不厌诈，出奇制胜”，渠道战成为这场对决战中最精彩的神来之笔。

（二）傻瓜式培训，800民工成营销特种兵

从西部招聘近800名民工对经销商进行协销是一个大手笔的创举，由于这些民工的作用是协助经销商卖酒的，所以佩戴的上岗证叫协销员。但如何管好、用好这近一个团的“散兵游勇”，对我们是一个大挑战。

兵法云：“治众如治寡，分数是也。”**首先划小管理单位，把人员配置到**

各经销商那里，一般一个经销商配6～10名，并对每个协销员划定明确的经销片区，进行“划区、划片、划街道”管理。协销员的日常工作由公司10多个办事处的100多名业务员与经销商齐抓共管，这就解决了管理的组织问题。

但啤酒销售毕竟不同于用苦力，终端铺货、终端拜访、终端维护、终端客情、终端陈列、终端回款等，这些是让很多老业务人员都感到头痛的事啊！

为了解决这个问题，我们采用了傻瓜式培训方法，即把**营销理念动作化，营销动作标准化。所培训的内容力争做到“一听就懂，一拿就能用，一用就解决问题”**。

比如，我们对铺货工作的规定是说好7句话，做好8个动作，回答好10个问题；教会终端如何卖酒的规定是做好一个动作，说好4句话；交通、人身、财产安全规定是3大纪律10项注意。

我们首先对协销员进行了培训，同时也对公司业务人员进行了同样的培训，由业务人员轮流对协销员进行现场指导和培训帮扶。

运用“傻瓜式”培训术，我们成功地把800名从未从事过销售工作，甚至没有出过门的民工训练成令人敬畏的“营销特种兵”！

（三）疯狂督导，确保执行效果

检查和考核是打造团队执行力的最有效的手段之一，没有检查和考核，就会吃大锅饭（当然，不恰当的考核，将会同考核的目的背道而驰，结果会适得其反）。**检查和考核是公司决策落实的“配套设施”，没有有效的考核，就不会有政策的切实落实。**

客户接受了我们的建议，把公司的考核重心从以往的注重“销量”的结果考核上，转移到注重“终端铺货率，日常拜访工作”等过程考核上，把结果和过程的考核权重确定为4∶6，从而促使我们的队伍扎扎实实、步步为营地把终端工作做好！

现场管理是最好的管理，对过程的考核，我们的重点放在加强现场督导上。为此，我们与客户的营销管理部和市场部一起，组成了一个近20人的督导小组，分区负责，对各办事处的工作进行为期半年的不间断轮流督导，而且每天上交当天的督导报告。

有了这种“疯子一样”的一线督导，团队的执行力何愁打造不起来呢？还有什么样的决策不能执行到位呢？

五、 一线手记

由于篇幅限制和保密需要，关于青岛啤酒2005年在北京普啤市场上的战略、策略和战术，恕笔者在此不能全面解析，但窥一斑可见全貌。通过此文我们最想向大家表达的是：如今的市场竞争绝不再是炒作制胜、终端制胜等单点突破制胜时代，已完全步入体系化、精细化制胜时代。老老实实地夯实营销工作的每一个环节（包括决策的每一个环节和执行的每一个环节），才是真正的成功之道。体系化、精细化营销已成为未来啤酒营销的王者之道，谁先掌握此道，谁将成为未来中国啤酒的强者、王者。

8 润田：县乡市场“飘红”的背后 实录

县乡市场的价值，正在被越来越多的食品企业所看好。但是，真正要开发县乡市场，大多数企业却犯了难。他们的顾虑在于，县乡处于市场最末端，点多面广，广种薄收，开发难度大，开发成本高，投入产出不成正比。那么，联纵智达是如何协助江西润田饮料股份有限公司（简称润田）成功开发县乡市场的呢？

一、引子

江西润田饮料股份有限公司是一家致力于生产经营天然饮料食品的中外合资企业，总部位于历史名城赣江之滨——江西南昌。企业倡导“回归自然，关注健康”的绿色理念，着力打造润田健康、安全的品牌形象，在消费者中有非常好的口碑。

润田公司追求创新，崇尚务实，依托国内资源优势，采用国际先进的现代化饮料加工技术，生产及销售矿泉水、天然水、纯净水、果汁饮料、茶饮料、蛋白饮料、碳酸饮料、风味饮料、谷物饮料和八宝罐头十大系列 50 多个品项。产品覆盖全国 20 多个省市，尤其在县乡市场有着深厚的根基，覆盖了 70% 以上的县级市场。在早期，对县乡市场的成功运作，是润田在市场开发上的一大特色，也是润田得以稳健快捷发展的基础。

2007 年 9 月，随着亚洲软银赛富基金的加盟，润田公司在品牌建设、渠道开拓、管理制度化、团队打造等方面开始引进全新的经营管理模式，以推动润田向国际一流企业、一流品牌进军。

2010 年 1 月，联纵智达与江西润田签署合作协议，润田核心产品如何在县乡市场爆破，成为项目组重点破局的课题。

二、 首战遇挫， 不得其解

润田一直把县乡市场作为其进攻和发展的重点，为了进一步巩固县乡市场的占有率，2009 年，润田在华中市场推广其主打产品茶饮料，F 区被定为样板市场。2009 年初，大队人马浩浩荡荡地开赴“前线”。

F 区茶风盛行，民间有近百年的喝茶习惯，因此茶饮料十分畅销，一个县（包括农村市场）一年的销售额就达千万元以上，保守估计，整个 F 区一年的茶饮料市场容量在亿元以上。康师傅、统一、今麦郎等茶饮料在该地区的销售情况均良好。

面对这样一个容量巨大又强手如林的市场，润田集中优势兵力，派遣最好的销售队伍入驻了 F 区；并为此改良了产品口感、包装；制定了优厚的经销商、终端网点激励政策；同时在深受欢迎的“再来一瓶”有奖销售活动中，提高中奖率。拥有强大的实力、优秀的队伍、优良的产品、优厚的渠道利润和高额的中奖率，润田对 F 区志在必得。

然而，让人始料不及的是，润田在 F 区的市场开拓却有些力不从心。一年下来，广告费、促销费、铺货费、人力物力投入很多，但效果并不理想。货铺下去了，也有一定市场销量，但市场表现却远远落后其他茶饮料，且部分终端网点卖完产品后便不再进货。这样的结果，大大出乎润田的预料，问题出在哪里呢？百思不得其解的润田将任务交给了联纵智达，希望我们能帮助他们找到一条解决问题的路径。

三、 深度走访， 寻找症结

接到任务，项目组立刻下市场深度走访经销商、终端网点、消费者、营销团队，开始对润田在 F 区的问题进行诊断。

经过多年的市场操作经验，联众智达得出一个产品热销规律，如图 2－1 所示。根据这张产品热销模型图，我们开始了对 F 区的市场进行走访，走访的重点是县、乡、村三级市场，寻访这三级终端的特点及茶饮料在这三级市场上的不同表现，从中找出润田不旺销的原因。

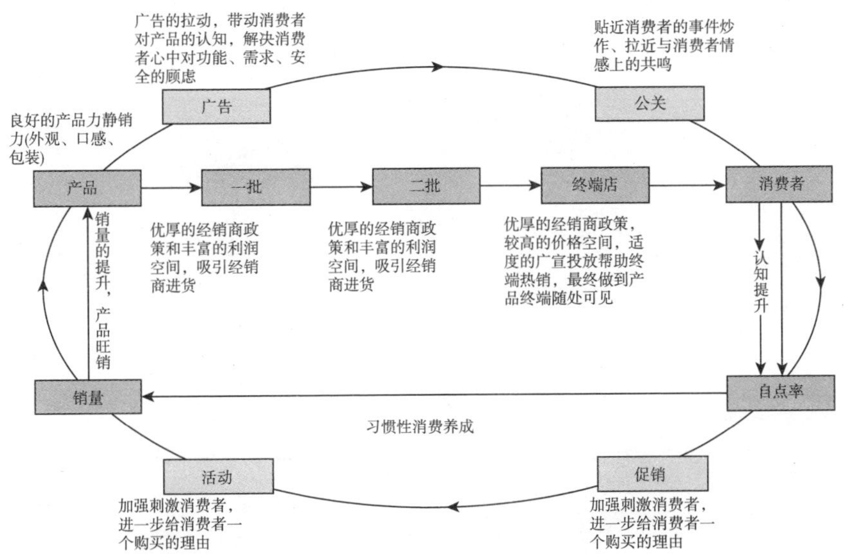

图2－1　联纵智达产品热销规律模型

我们在走访中发现，由于丰厚利润的刺激和经验丰富的业务员推销，终端网点对润田的销售积极性很高，产品能迅速铺货到位；但是卖过一轮之后，不少销售网点开始不进货或少进货。

为了弄清楚真相，我们对F区范围内的县、乡、镇市场进行地毯式调查。这类市场的特点是网点分散、单店规模小、客源固定、货品结构稳定。为了方便调查和分析，我们把县、乡市场的终端网点分成四类。

第一类，只卖润田产品的店。

这类店地处偏僻的村级市场，约占5%。这样的终端往往分布在路况不好、路途较远、一般企业送货达不到的最偏远农村市场，完全靠业务员的双脚辛苦跑出来的。由于散布在最偏远的农村市场，所以销售环境比较封闭，基本上是业务员送什么货，终端就接什么货，终端卖什么，消费者就喝什么。如果产品有较大的利润空间，这类终端店主进货的积极性就会更大，进货量也会较多。

我们和一农村小店老板的对话充分证明这一事实，我们问老板："你这里什么饮料最好卖?"老板回答："上了我货架的产品都是最好卖的，怎么都能卖出去，只要政策好我就多拿点。"

由此可知，这里的消费者没有品牌忠诚度，没有选择余地，消费什么跟终端店主的进货有关，而终端店主进什么货又跟我们业务员的辛勤工作有关。这样的终端，不需要进行消费者促销，不需要广告拉动，不需要终端生动化，不需要品牌宣传，只要辛苦工作就能拿到，但是可惜数量有限。

这类终端店如图 2－2 所示。

（1）这样的路况只有我们辛勤的业务员才能跑

（2）搭个棚子就是商店的农村小店

（3）这也是最末端的农村销售点

（4）有啥买啥的农村消费者

图 2－2　偏远农村终端店情况图

第二类，润田和其他二线品牌同场销售。

这类店面大约占 45%，店主进货的意愿视利润的丰厚程度而定。这类终端位置不是最偏，但一线品牌的触角往往触及不到，而部分有一定利润且有辛勤跑市场的业务员的二线品牌，如今麦郎、达利园、润田等的产品都铺进了这类终端。

这类终端有四个特点：

（1）数量较多。一个镇有 30 家左右，一个乡有十几家，一个村也有 4～5 家，每一家店都会适当地进一些不同品牌，以便消费者有选择的余地。

（2）以利润高为进货标准。店主虽然会进不同的品牌产品，但是一般只是进有利润的二线产品。

（3）店主一般不会主动推荐，消费者选择哪个就是哪个。

（4）产品的静销力和终端的地面宣传十分重要。

由于这类终端店卖的都是利润较高的二线产品，所以消费者选择哪款产品，终端店主并不是十分在意。但终端店主会在一批货走完后比较哪种产品销售得比较好，从而调整下次进货的比例。由于润田产品的利润空间在所有二线品牌中最高，因此，不管好不好卖，终端店主都会进一点货。所以我们认为，

打通这种终端店的最好办法就是提升终端店的销售速度。如何提升动销速度？这就要研究消费者的消费心态。

在这类终端店里，润田和竞品的销售情况如何？我们对此做了深度访谈和重点研究。

当我们问及终端店主哪些产品好卖时，店主会告诉我们好看的产品好卖。当问及哪种产品好看时，90%的店主会告诉我们是达利园。为什么会这样？通过进一步了解，发现多数的消费者认为达利园的茶体比润田的茶体颜色要深。实际上，倒入杯中的茶水颜色基本一样，原因在于达利园的包装偏红色，映衬着茶体的颜色要好看一些。同时，虽然达利园容量只比润田多10毫升，但瓶型大气，因此比润田看上去显得多很多。

该地区农村有过节成箱购买茶饮料送礼的习惯，但消费者基本上都选择今麦郎，因为今麦郎红色、喜庆，外包装箱大气，看上去有面子。

由于润田瓶型不够大气，颜色偏暗，如图2－3所示，箱体不好看且掉色，销量远不及前两个品牌。

图2－3　润田产品包装与竞品包装对比图

第三类，既销售一线品牌，又销售包括润田在内的二线品牌。

这类终端主要集中在城乡接合部，或交通较为便利、人口相对比较密集的乡镇，一线大品牌也很容易铺货，消费者的选择余地较大，这类店约占35%。

这类终端有两大特点：

（1）消费者有购买一线品牌的意识，因此店主会销售一线品牌的产品，虽然利润较低，但是动销较快。一线品牌的销售主要以消费者自买为主，店主基本不推荐。

（2）店主会选择一些有特点、有利润的且卖相比较好的二线品牌，销售的方式主要是推荐，推荐成功率一般在30%左右。

针对这样的终端店，最关键是提升终端店的利润刺激他们进货，同时举办打动消费者的活动吸引消费者购买。

第四类，只卖一线品牌，没有润田产品。

这类店约占15%。这类终端店主要集中在县城黄金地段，很多店被一线品牌用较高的价格买下，并给予重点投入，做成形象店，厂家给予陈列有奖、门头、冰冻补贴、达量奖励、终端生动化、展示冰柜等支持。这类终端的消费者对品牌有较强的忠诚度。进入这类终端店，最关键是通过一系列的活动方式，同时配合较高的市场投入，扩大产品品牌的知名度，提升消费者的自点率，以此拉动终端店主主动进货。

该类店在市场开拓初期不用多考虑，因为润田进驻这类店难度较大，应先做好前面三类店，提升品牌知名度，拉动消费者自点率后，迫使其自动进货。

通过对大量农村消费者现场访谈，我们得出一些有价值的消费者购买心态：

（1）消费者选择茶饮料时，先选择自己知道的品牌，他们认为自己了解的品牌质量有保证。

（2）如果同时有两个以上熟悉的品牌，一般会选择有奖的。

（3）如果都有奖，会选择奖项大的。

（4）如果奖项都一样，会选择好看的（包装好看，茶体颜色好）。

经过一个月的市场走访，项目组成员把他们的调查结果从各个角落带回来后，我们得到了一份非常有价值的调研报告，并找到了润田存在的问题，如图2－4所示。

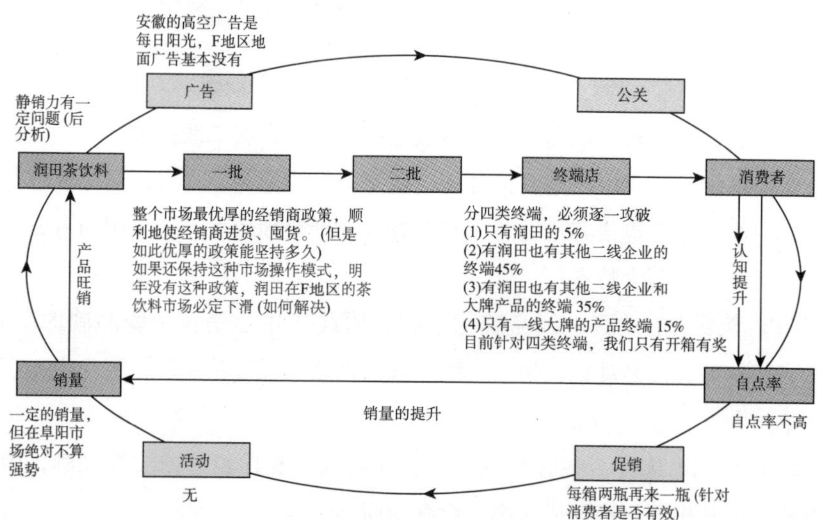

图2－4　润田存在的问题导图

四、 找出问题， 对症下药

通过上述调查分析不难看出，润田茶饮料对同类产品占比较大的二类、三类终端缺乏吸引力，没有给店主非卖不可、消费者非买不可的理由。如果针对这些网点，细化我们的销售策略，投其所好，对症下药，必将收获理想的销售业绩。

虽然找到了锁孔，但如何打开这把锁，还没有合适的钥匙。于是，我们对市场进行第二次调研，企图找到打开县、乡市场的钥匙。

通过进一步的深入走访，我们得出如下结论：

(1) 和一、二线市场相比，乡镇市场相对封闭，对外界信息的接受度不高，处于完全隔离的状态，但对同一种形态、较近范围内的信息传播却非常快，而且具有相当大的影响力。

(2) 县、乡尤其是村镇市场的消费者，有非常独特的消费心理，而且特别容易形成口碑效应，跟风性强。一旦在这个区域找到意见消费领袖，其摧枯拉朽的作用是非常惊人的。

在二次走访市场中，我们遭遇了三件事，这也让我们慢慢理清了思路，找到了打开润田在农村茶市场销量提升的钥匙。

事件一：270 个瓶盖 &18 箱茶饮料

某日，我们随经销商业务员进入一家超市进行铺货，老板拿出一大塑料袋瓶盖兑换产品，这都是消费者中的“再来一瓶”的瓶盖，瓶盖一共有 270 个，刚好换 18 箱产品。

业务员：“您的生意不错啊！”

店主：“一般。”

业务员：“有这么多瓶盖兑换，中奖率这么高，怎么可能一般呢？”

店主：“这种奖只要有就可以了，太多反而不是好事。”

业务员：“为什么？”

店主：“哪个厂家都有‘再来一瓶’，喝谁的不是喝啊，消费者就是图一开心，中奖是运气好，真没中也没啥，下次再买就是了。这么多的‘再来一瓶’投了其实也没太大的效果，我们也没钱赚，消费者消费能力有限，中了一瓶，我就少卖一瓶，相当于厂家送了一堆产品给消费者喝了，事后补给我一批货，我却没法卖了。”

超市老板看看送进来的18箱货，说：“我这一个月才卖几十箱，这十几箱等于我把我之前卖掉的又补回来了，白白耽误了半个月时间。”

店老板数中奖瓶盖如图2－5所示。

图2－5 老板数中奖瓶盖图

事件二：一部手机传遍农村

我问一个店家：“你认为什么奖对消费者有吸引力？”

店家回答：“中大奖呗！有个县一消费者去年中了今麦郎的一部手机，附近几个县都知道呢。”

我问：“哪个地方中的？去年总共几个人中了手机啊？”

店主：“G县，一个。”

我问：“今年还有中吗？”

店主：“今年没人中过，不过大家也都买今麦郎的，没准还能中呢！”

“一部手机至于吗？”我上车后嘀咕，开车的经销商接腔道：“还真是这么回事。”

我问：“总共中了几部啊？”

经销商：“就中了这么一部。”

“只中了一部就这么多人知道啊？”我问，“多少钱的手机啊？”

经销商：“大概就是几百块钱吧。”经销商解释说：“农村市场是一个封闭的市场，一个镇，一个乡里的人大部分人都认识，谁家有点啥事很快就传开了，在生活如此平淡的地方，中部手机那就是一大新闻。”

后来每天走访市场的时候，我就拿这事去问二批商、终端店、消费者。

“你知道去年今麦郎奖项里出过一部手机吗?”

“知道!”“知道!”“知道!”

一部手机有这么大的杀伤力，这让我非常吃惊。

事件三：关于“中手机”的消费者调查

在后期的走访中，我要求项目组成员做一个简单的调查。

问题一：如果你身边的人接二连三地喝饮料中手机，你会不会去购买该饮料碰碰运气？85%的消费者回答“会”，15%的人觉得不靠谱，觉得还是再来一瓶实在。

问题二：如果你身边的人接二连三地喝饮料中手机，同时还有不少人中了再来一瓶，你会不会去购买该饮料碰碰运气？95%的人说：会。

经过此轮调查后，我们突然明白，**对于消费者来说，“再来一瓶”有多少他们并不关心，他们知道自己以前中过，身边的朋友中过，这就足够了。所有品牌都有“再来一瓶”的时候，他们选谁都一样，真正吸引他们的是能否中大奖。**

通过深入的市场调查和反复的论证，我们发现，只要解决一个问题，所有的问题基本上都能解决了。

我们立即着手修改促销方案：取消一切不必要的宣传方式，将所有的费用节省下来，在F区域将活动转到中手机大奖和地面宣传上。如果一个乡镇内的消费者一年内能中20部手机，整个F区中1000部手机，其轰动效应可想而知。

促销方案定好后，我们又针对不同终端网点的性质和特色，修正了网络开发方案。保持第一类终端的高频次拜访率和铺货率，放弃第四类优势终端，将优势兵力集中起来，攻克二类、三类终端，通过二类、三类终端扩大影响，提高消费者自点率，从而达到让第四类终端进货的目的。

9 优格（1）：-30°卖水，56天卖掉6万件 

常规是用来打破的，而奇迹却是被创造出来的。夏天卖饮料，冬天卖棉袄，这是谁都知道的道理。而冬天在东北卖饮料，谁人敢想？可联纵智达却做到了，且做得相当漂亮。

2001年11月，联纵智达在一家发工资都困难的企业接了两个任务：一是在东北最冷的季节卖完6万多件库存水，而这批需要消化的库存水，该企业在夏秋两季中，花了720万元的推广费，换来却是110万元的销售额；二是在2002年的西安春季糖酒会上，用20万元推广费，为这家新企业刚推出的茶饮料招商过亿（详见优格（2）二道茶，20万换来5亿元）。

面对客户的重托，联纵智达不辱使命，圆满地完成了上述两个看似不可能完成的任务。以此为契机，联纵智达与该企业相携走过了十年，联纵智达掌门人何慕先生也从咨询师变成了股东，成为该公司的副董事长。

一、冬季卖水，56天扭转乾坤

当一批保质期只有12个月的饮料在仓库里躺过9个月的时候，这意味着什么？一般人认为，它们将难以进入渠道销售，将会变成“废水”，或者是被某些不负责任的企业篡改生产日期之后，成为再次推向市场的过期产品。

这批一个月仅仅出货247箱，在过去的夏秋两季花费720万元推广费用却只换来110万元销售额的饮料，却要在接下来的3个月里卖掉6万多箱，这又意味着什么？是降价，还是再次追加上千万元的广告费？

联纵智达在2001年冬季，用56天的时间扭转乾坤，在辽宁鞍山完成了几乎不可能完成的任务。

二、 非常任务背后的残酷现实

2000 年，辽宁龙兴生物股份有限公司（优格股份前身，简称龙兴生物）诞生了，该企业当时总投资 1.5 亿元，是东北地区生产规模最大的饮品制造企业。

在起步之初，该企业在产品选项这个环节犯了方向性的错误，该企业将产品命名为“生命水”，由普通纯净水加入沙棘研制而成的 PET 瓶装饮料，不仅口味不佳，售价也比同规格产品高了近 2 倍（350ml 小包装产品零售价 3 元/瓶）。口感差，价格高，这是饮料产品的致命软肋。

2001 年夏季，龙兴生物在市场上砸进了 720 多万元，实际销售回款却只有 110 万元，而且还产生了 70 万元的退货。当时，企业每个月的收入只有 1 万多元，银行账户上仅有数十万元，而每个月的固定开支近百万元，整个企业陷入了严重入不敷出的糟糕境地。股东、员工、银行及相关支持单位对其信心尽丧，之前操作市场的“台湾军团”也灰心绝望，全部撤回了台湾地区，留下 6 万多箱的库存滞销品和一个未熟先烂的市场。

联纵智达在 2001 年 10 月介入该企业，面对这样一个口感有问题、价格有问题、渠道有问题、营销团队有问题，甚至资金链都要断裂的企业及其产品，如何才能在东北寒冬卖热“生命水”，销完库存的 6 万箱？

三、 一瓶水和一颗钻石的邂逅

处理库存，反季销售，最容易联想到的就是做特价、做买赠。可是就“生命水”这个产品而言，即使降价到 1 元/瓶，和一般的瓶装水相同的价格，对消费者来说也不是什么稀罕事。即使买一瓶送两瓶，在本质上和做特价又有什么区别呢？倘若这样做了，损害的又岂止是龙兴产品的价值定位，弄不好会“偷鸡不成蚀把米”。

这个近乎不可能完成的任务，天方夜谭般的目标，如果没有一个不同寻常的营销大创意，断然是无法完成的。**一定要让消费者们兴奋起来，产生“疯抢”的行为，要达到好像不要钱或者是跟抢夺宝贝一样的效果。**“生命水”不要钱是不可能的，那么消费者购买“生命水”要得到什么样的实惠或者宝贝，才值得去疯抢呢？

站在产品之外卖产品，坐到消费者的位置想消费，这个“宝贝”一定要具有超值的价值感，是大多数消费者想拥有却未曾拥有的，对消费者来说是稀罕的，同时又是我们容易获得的，而且还能和“生命水”本身建立共有的价值传输带，能够相互“贴金”。最终，我们想到了钻石——被普通百姓公认的、世界上最有价值感的饰品。

就这样，“生命水”这个具有保健功能的高档饮品与人们生活中最珍贵的饰品——钻石邂逅了！

经反复斟酌，我们确定了**“多喝生命水，每日赢美钻”**的主题促销活动。

2001年11月26日至2002年2月11日期间，凡鞍山市区居民购买龙兴“生命水”，均可获得龙兴公司与金玉堂珠宝楼的诚意回报：

（1）免费获得经上海市珠宝饰品质量监督检验站鉴定的20分钻石1颗，价值人民币3800元（以市价折后优惠价格计），每周产生10名幸运者。

（2）50%以上的参与者可获得金玉堂珠宝有限公司800元钻石抵购券，均在金玉堂珠宝店内已打5.8折后的基础上进行抵购，每次最多可集齐三张，一并抵价2400元。

未中前两项者，可按指定时间到四隆广场领取“生命水”4瓶。

每周10颗钻石，从2001年11月26日至2002年2月11日，需要100颗，如此大量送钻石，得花费多大的促销成本？这难免令许多人心生疑问。

事实上，我们采取的是二批模式，将国内一手大批量购进的钻石，以活动的形式，直接大幅度折卖乃至“奖赠”给消费者。我们的实际采购进价要比市场价低很多，而当时鞍山市的钻石零售商是在钻石饰品进价（已不是钻石的一手进价）基础上加200%作为零售价。相对6万箱库存价值300万元的产品，以及库存不兑现而带来的损失而言，我们是以榨干钻石中间商价格水分的方式进行低成本促销。

四、大创意，“小”执行

“喝生命水赢美钻”活动具备了足够的吸引力，那么接下来应该怎样做，才能让吸引力转化为疯狂的销售力呢？

以钻石促销活动这个单点做突破，以系统营销做支撑，这是这场营销极限战的基本方略。

其一，项目组咨询专家亲入龙兴生物任职营销总监，带练队伍，贴身

作战。

在“台湾军团”引咎退返台湾之后，龙兴生物的销售队伍几乎为零，除几名执行人员之外，无一人能够在实际执行方案时调度和管控全局，甚至局部管控的人员也极其薄弱。为此，项目组咨询专家亲入龙兴生物担任营销总监，兼反季促销总指挥，紧急招聘、培训、带领近20名销售人员，组建起一支营销团队。

其二，政策上推拉衔接，吸引消费者广泛参与。

为了加快销售速度，控制活动在奖品上的花销，在不抵消消费者以小搏大热情的前提下，我们对消费者设置了一次购买2箱生命水（需要120元~144元）的门槛。

在渠道政策上，考虑龙兴生物在鞍山市内仅有三家个体户批发商，终端覆盖率极低的情况，我们设置了2项基本的促销政策。

在活动正式面市之前，龙兴生物业务人员采取“扫街”的方式，散发对店主比较有煽动性和诱惑力的印刷单，按片区、分批次、大范围召集各类经销商（以零售店为主），约定时间到龙兴生物参观厂区及流水线，听取龙兴生物次年市场计划与本次钻石促销计划。

在销售政策上，采取现款、代销灵活选择，以20箱为单位现款买进，48元/箱，代销50.4元/箱。

其三，点面结合，立体作战。

现实中，有许多的促销活动尽管创意不错，力度不小，但效果总是不理想，究其原因，会发现两个最主要的问题：

一是重促销活动本身，轻视广而告之，促销活动就像空谷幽兰，静悄悄地开与败。

二是公关、渠道等方面配合少，营销行为没有体系化，最后导致活动在某个环节或某几个环节“卡壳倒带”，草草收场。

在“生命水”的反季促销中，我们从一开始就明确了多维立体作战的方针：

在广告方面，通过手机短信及当地的报纸、电视、广播告知活动信息，报道活动新闻及兑奖信息。

在公关方面，配合“新鞍山，新生活”理念，展开年货送到家、希望小学捐赠、全家欢游鞍山等活动，增加与消费者的互动参与性，制造大量的新闻热点。

在地面活动方面，克服了在零下30多度的户外陈列堆码“生命水”产品可能带来的问题，第一时间确定了当地四隆广场的场地，设计了钻石鉴定专家当场鉴定、公证人员现场公证、捐款希望小学、模特钻石表演，以及“钻石智慧星”、“钻石健康星”、“钻石勇敢星”等互动节目。

在终端方面，通过召开终端动员大会、张贴活动海报、标贴、生动陈列等一系列销售氛围营造措施，借活动之势，强力推进渠道建设和终端推荐行动。

事实上，比较能反映本次活动精彩之处的是此起彼伏、一轮接一轮的新闻炒作。在“生命水”反季促销开展前，我们确定了多维度的循环炒作方式，在以“喝生命水赢美钻”的话题之外，还结合了圣诞、元旦、春节等节日需求，以及珠宝钻石商可能产生的反映，幸运儿证言，老百姓由诧异、不信到相信至参与进来的心理激荡过程等，设计了若干话题，并准备了相应的软文进行系列宣传，如图2-6所示。

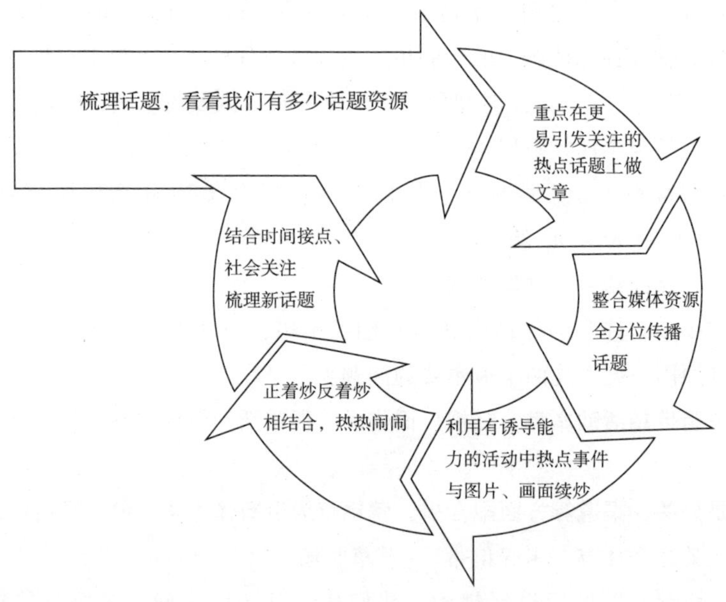

图2-6　多维循环炒作图

在媒体炒作方面，我们做了很多打动人心的话题，现列举部分软文标题：

《钻石恒久远，“生命水”长留！——龙兴公司诚意钻石回报行动全面展开》

《买水送钻石，鞍山本地饮料企业冬季重拳促销》

《龙兴公司总监答疑“生命水”冬季钻石酬宾活动》

《首批钻石幸运星集体亮相四隆广场》

《赠奖钻石当场兑现，四隆广场挤爆棚》

《钻石给水做促销，鞍山珠宝商集体发飙》

《十个幸运的鞍山人！——“多喝生命水，每日赢美钻”首批幸运星亮相》

《鞍山黄牛炒“水票”：都是钻石惹的“火”》

《为拿800元钻石礼券，沈阳市民纷纷驱车来鞍山》

《活在鞍山几十岁，钻石年请您看巨变》

《今年备年货：好水、钻石+好运》

《春节龙兴无人休，加班生产生命水》

《谁说东北人冬天只喝酒》

《送女友钻石，钱不够买水凑》

《忽必烈长寿的秘密》

……

五、 做咨询做成了股东

联纵智达的咨询专家正式进入“生命水”极限销售挑战项目的时候，距离销售活动的正式开展只有1个月的时间，可谓时间紧任务急。但通过上述行动，我们仅仅用了56天就完成了预定3个月完成的任务，6万多箱即将到期的产品全部销售一空，实现销售收入300余万元，且均现款。

不仅如此，我们还利用这56天的时间，在当地及周边市场为龙兴生物构筑了完整的营销网络，为龙兴生物带出了一支69人的营销队伍，增加了股东、政府、银行的信心，获得了新的投资，将龙兴生物带出了生死存亡的沼泽地，迈向了发展与壮大的新天地。

因此，也奠定了联纵智达与龙兴生物（现优格股份，以下统一称优格股份）长期合作的基础。为感谢联纵智达长期而有效的帮扶指导，企业赠送何慕老师数百万股份，并选举何慕为该公司副董事长。

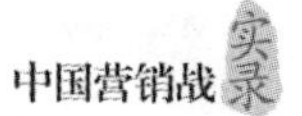

10 优格（2）：二道茶，20万元换来5亿元

借助糖酒会巧造势，一个新鲜出炉的饮料产品也能签约5亿元，这是联纵智达在继-30°卖水之后，为优格股份创造的又一个奇迹。

2001年的11月，在操作“生命水”冬季攻势的同时，联纵智达专家组也在另外一条线上战斗，即如何为优格股份规划操作，从而获得更多消费者的认可、经销商的认同，以及如何打造贡献现金流的产品。

一、快乐追随，打造“心品”二道茶

如图2-7所示，中国的饮料市场已经经历了碳酸饮料、矿泉水、茶饮料、果汁饮料及功能性饮品5个阶段。在2001年，茶系列饮品正处在金牛期，即产品教育基本完成，进入了市场收获期。基于饮料市场的市场机会，以及结合优格股份本身的研发、设备、渠道等资源进行分析、对接，最终决定进入茶饮品市场。

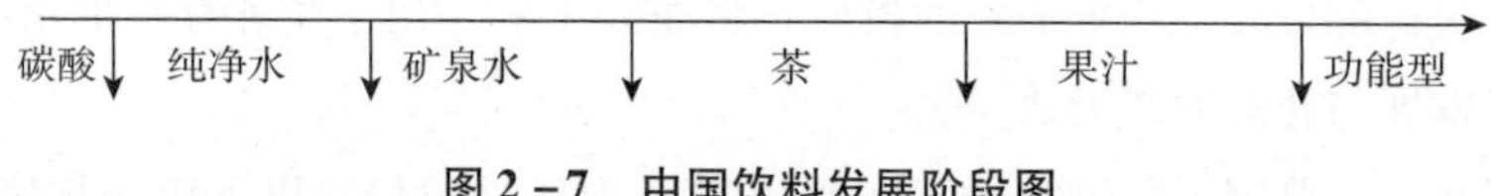

图2-7 中国饮料发展阶段图

作为一个后来跟随者，怎样才能与众不同，怎样才能在康师傅、统一、娃哈哈等大牌的高压之下，杀出一条血路来？

回归到最基础的营销产品上，项目组咨询专家决定，首先要为优格的茶饮品找到一个与众不同的USP。

中国是茶叶的故乡，也是最讲究茶道的国家，中国茶道有“一道是水，二道是茶”的说法。也就是说，喝茶讲究的人，总是把第一遍水倒掉，而把第二道茶作为最有营养和品质的好茶。这引起了我们的兴趣，并最终成为关注焦点。经过与优格股份技术人员沟通，以及深入的论证，**我们终于找到了优格**

茶饮品的 USP——二道茶。

所谓“二道茶”，就是采用先进的工艺，经过“一道”的过滤之后，采用“二道茶”之精华，因此使茶饮品更具茶香和营养，恰到好处，口感最佳。在消费者测试中印证了我们的这一提法。30 岁以上的消费者普遍对“一道是水，二道是茶”这一说法具有认同感，低年龄段消费者对这一概念也比较好奇，通常一次沟通即可获得认同。大多数消费者表示，通过企业及科研人员的努力，“二道茶”制造工艺和提取技术是可信的，保障了优格茶饮品的高品质和口感。

“二道茶”的概念在营销中被证明是很有穿透力的成功 USP，但对当时的项目组咨询专家而言，找到了 USP 仅仅只是优格股份产品规划的开始，品牌名称、广告沟通主题等都是需要进一步解决的硬骨头。

经过一系列的测试，我们将优格茶饮品的品牌命名为“心品”，广告语确定为“爱你就喝你”，功能需求依据消费者对茶饮品心理需求排序定为特别工艺、特别解渴和特别营养，在品类上构成了二道冰红茶、二道蜂蜜绿茶、二道柠檬绿茶、二道乌龙茶、二道梅子红茶和二道梅子绿茶，合计 6 大系列，12 个规格，加上原有两个品种，优格股份产品至此阵容整齐，已经具备向全国进军的能力。

二、 重点演练， 给经销商想要的

通过优格股份科研人员的努力，“二道茶”制造工艺和提取技术获得成功，有力保障了优格系列茶饮品的高品质。在 2002 年西安春季糖酒会前夕，高品质的“心品二道茶”正式亮相。

参加 2002 年糖酒会，优格股份给我们的任务很明确，“请你们来就是要出成绩，我们定的指标要过亿元”；然而其投入也很明确，“以尽量节约开支为原则，费用最好不超过 20 万元”。

20 万元的投入，过亿元的销售额？对于一个新企业、新品牌，要以如此少的支出达到如此高的招商目标，这在当时无疑又是一个艰难的课题。

要想取得好的招商效果，就必须掌握经销商的心理，知道什么东西是他们想要的。在经过一番盘点分析之后，我们发现经销商的关注点主要集中在 7 个方面，根据重要度依次为：产品力及市场容量，获利空间，广告力和品牌力，促销计划的可行性与实效性，企业实力及规范性保障，后续市场支持和竞品的竞争力。针对这7点，我们在招商手册中做了客观分析和对比，力求做到授人以“渔”的效果。

打造产品力：“心品二道茶”是中国茶文化和现代科技的结晶，有世界一流的生产线，WORK流程式管理，中国、日本、澳大利亚三地研究机构联合研发，保证产品的内在品质。

获利空间：我们打出了“做一个快乐的追随者”的口号，产品的零售价与同类产品相比偏低，但经销利润却相对较高，让经销商赚钱，给消费者实惠。

广告及品牌力：各大卫视广告的空中支持与更多机动灵活的地面促销和宣传，足以打动消费者。

促销支持：由国内实战派营销咨询企业——上海联纵智达咨询有限公司全程服务，设计适用产品促销活动40余个，创意新颖，具有极强的可操作性和针对性。以“生命水”的冬季销售为例，优格产品的营销方案力求出奇制胜，简单实效。

企业背景与实力：东北首家拟上市公司，整体投资近2亿元，无论在资金、设备、人才方面都不算是一个“小个子”。

后续帮控：50人组成的营销队伍，个个都是业内的好手。优格股份制定了理性而又实际的经销商深度帮控与分销政策，产品一旦占领渠道，立刻杀入市场一线，与经销商并肩作战。

在一边准备各项政策和实战手册的同时，我们对与重点经销商洽谈的营销人员进行了特别的培训和现场模拟实战演练，以便他们能够在现场应付自如。

三、淡化干扰，拢聚四海经销商

在进行招商手册准备及模拟演练的同时，我们选择了部分针对性较强的媒体进行提前造势，如在《新食品》等杂志上刊发“心品二道茶”的产品广告。为了节省费用和开支，我们并未进行大规模的媒体广告，而是把部分媒体刊登的广告设计稿、对优格股份的新闻宣传报道、企业文化故事内容等印刷成大量宣传单，进行特定人群的二次传递，在细处、深处打动经销商。

2002年2月26日至3月8日，我们完成了所有关于西安全国糖酒交易会参会方案设计及准备工作，由在优格股份担任营销总监的联纵智达专家薛宝峰担任总指挥，下属的20余人组成4个职能组，于3月10号抵达西安，有条不紊地按计划展开设点布局、公关、宣传诱导、谈判等工作，在这些工作上坚持如下三个原则：

一是效果凸显原则。在设点布局上，西安会议有30个分会场，我们重点选择了陇海大酒店、西安宾馆和主会场，并在主会场——西安最繁华的南线梯次布下三个展位，其他会场则采取向流动人员投放10万份传单及相应媒体支持的方式拢客。

为减少传单流失，我们采用唐装茶道、美女花轿等形式发放传单，80个唐装美女组成壮观的阵容，表演着“一道是水，二道是茶”，这种促销方式媒体都甚感新鲜，《三秦都市报》和《华商报》纷纷进行了采访和报道。如此热烈的场景，让众多经销商感受了我们的实力，对此赞叹不已。

二是最小耗费原则。关注影响效果的关键节点，在需要效果凸显的地方重点投入，以最恰当的方式实现目标，并强调先合理后节约，合理比节约更重要。

比如在西安糖酒交易会组委会提供的资讯中，仅唐装美女一项的预算就达到5.8万元，每个促销小姐每天120元。在满足使用的前提下，优格股份找到礼仪公司，将单人价格降为每天80元。后又直接与西北联合大学学生接洽，将单人价格下降为每天40元，同时在每个岗位的使用时间精确到小时。经过此种方式，唐装美女总计耗费1.085万元，仅此一项就节约了4万多元。

三是全程调控原则。我们事前确定了清晰的招商策略，即“做一个快乐的追随者”，以“追求丰厚的利润，追求可靠的企业，追求长久的伙伴，追求火爆的市场，追求旺销产品，追求优惠的政策，追求可传承的事业”这七条支线与经销商沟通对接，同时要求整体谈判节奏必须合理有序，且全程可调控。这些策略和措施保证了优格股份在糖酒会招商的进行，并且取得了非常好的效果。

经过“生命水”冬季销售和前期强化培训，优格股份谈判人员个个精气神十足，在招商现场，他们专业而精到地把产品线、研发、生产技术与工艺、企业理念、企业背景实力、广告支持、营销帮控等进行全面讲解，并现场解答经销商各种疑问。

同时，具体展示了市场操作的系列方案，如《市场实操手册》，精细到经销商选址、办理各类手续指导、企业组织框架与职责、人才的引进与管理、各项费用的控制与管理等；《促销实战手册》里列举了40多个具体、实操型的促销活动，内容精细到广告文案、设计和软文的撰写以及活动控制等，其中很多富有创意且具有实操性的方案让经销商连连称奇。

此外，我们还准备了产品CF片（电视广告）现场播放，加上大量的宣传单和经销政策讲解，使经销商感受到我们的决心和能力。最终，经销商基本形成五大认可，即：认可产品品质，认可产品形成系列（参加西安糖酒交易会的30余家茶饮品生产企业多数只有红茶、绿茶两个品种），认可“二道茶”的概念及工艺，认可公司市场推广方案及经销商政策，认可公司实力。

四、看未来，依然任重道远

在10天的西安糖酒交易会中，优格股份“心品二道茶”累计签约5.0385亿元，而参加此会的费用也不到20万元。至此，我们圆满完成了“二道茶”的招商。

但我们也非常清楚，尽管西安糖酒交易会现场签约超过5亿元，然而一般情况，其履约率仅为10%～20%。此次糖酒会招商的圆满完成也仅仅只是优格股份进行全国市场拓展的第一步，未来，我们依然任重道远。

11 海通卡依之：品类创新，再造蓝海

通过对卡依之品牌和目标消费者的重新定位，对包装的重新设计，以及一系列关于传播推广方案的实施。卡依之推出市场后，销量每月增长 16.2%，终端数量增加了近 10 倍，终端网络大致成型。无论是渠道终端，还是电影院等特通渠道，都出现了点名购买的消费热潮。

一、出口转内销受挫

海通食品集团股份有限公司（下简称海通）是一家以果蔬加工为主的“农业产业化国家重点龙头企业”。公司创建于 1985 年，于 2000 年设立股份有限公司，并于 2003 年 1 月在上海证券交易所上市。主营有速冻蔬菜、脱水蔬菜、果蔬罐头、浓缩果汁、调理果蔬、保鲜蔬菜、腌渍果蔬 7 大类、200 多个品种的卡依之系列食品，产品销往日本、美国等国，享誉海外。

在海通的发展历史中，杨梅汁一直占据着重要的位置。实际上，海通做杨梅汁的理由也比较充分。

首先，杨梅特有的保健功能虽然早已被越来越多的国内外人士认可和接受，但形成市场化、商业化的产品几乎没有；

其次，一线城市对杨梅汁的认知也是比较高的，作为一家上市公司，海通开拓国内市场可以平衡外贸风险。

最后，更关键的是，海通在杨梅加工行业上游积累了大量的资源和优势。

早在 2008 年，海通杨梅系列饮料——“新海通园”（根据杨梅原汁浓度分 50% 果汁含量的杨梅饮和 100% 果汁含量的杨梅汁两种），就已经在华东地区（上海、江苏、浙江、山东）悄悄上市，但销售渠道仅限于餐饮及部分商超。

海通对国内市场的试水如表 2 – 1 所示。

表 2－1 海通历年来对国内市场的试水

经历代	名称表示	推出年份	代表产品	备注
第一代	路佑 杨梅汁	1993 年	350ml 缩紧缺罐（三片罐马口铁）	路佑果汁系列产品之一
第二代	梅之源 杨梅汁	1998 年	5133 马口铁罐（三片罐）	澄清汁，mx 工场加工
第三代	梅滋味 杨梅汁	2001 年	280ml 缩紧罐（三片罐马口铁）	澄清汁，mx 工场加工
第四代	百分百 杨梅纯汁	2003 年	1000ml、500ml 利乐包、3L 塑料	混沌果汁，中试工场加工
第五代	新梅通园 杨梅汁（饮料）	2006 年—至今	1000ml、500ml 利乐包，2L 涂铝袋，500ml 杨梅饮（利包），248ml 玻璃瓶	混浊果汁＋澄清汁（冷链、冷冻、常温），绿色食品，QS
第六代	杨梅（果汁饮料）系列产品	2009 年—	以上，等等	以上＋有机食品

在 2009 年，为了扩大销售规模，海通计划把杨梅系列饮品根据不同的包装、规格、果汁浓度区分不同的产品系列，销售渠道主要为商超、便利店等各类终端渠道。

按照规划，在未来的 5～10 年间，海通努力塑造成为“中国杨梅王”，成为中国乃至世界杨梅加工领域的领跑者，杨梅产业化加工的先行者。

海通虽然有宏伟大志，但以出口为导向的市场操作难以撬动国内市场。最终，由于对国内市场的了解与认识不足，销量与预期产生了较大偏差。经历了市场残酷的考验与挫折，海通向我们吐露了心声：“我们将其定位在功能性果汁饮料上，这个小品类是否有足够的市场容量？我们内部梳理后，杨梅汁是最容易转换成商品的，我们在上游有足够的优势，但下游怎么发展经销商，怎么让消费者动心？”……

基于以上问题，联纵智达从 2009 年 2 月开始了项目作业。

二、 行业透析 找寻机会

基于海通对杨梅汁市场容量的担忧，项目组首先对果汁市场与果汁偏好消费者进行了深入翔实的调研，得出如下结论。

结论一：目前国内果汁饮料市场处于快速发展期。

纯果汁市场的发展阶段如图2-8所示。

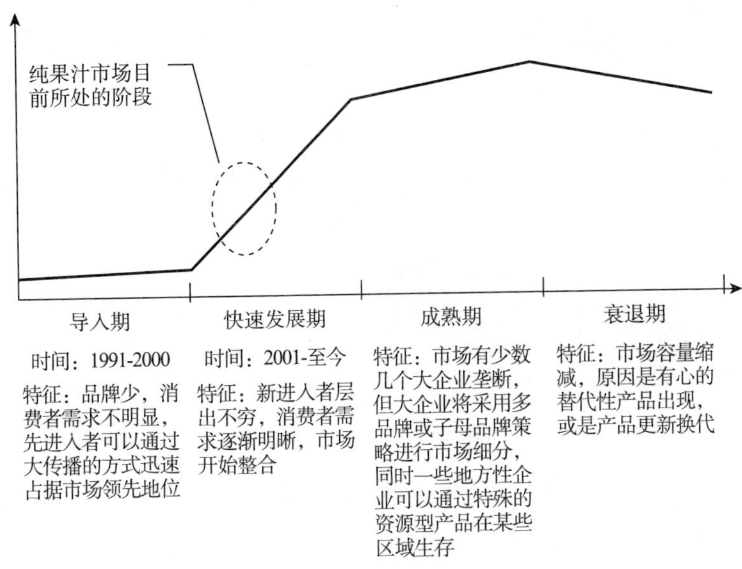

图2-8　纯果汁市场的发展阶段图

（注：图中的至今指项目进展的2009年）

在快速发展期，首先，消费者需求在明显增大，市场容量以每年20%的速度递增；其次，市场上的生产环节成员众多，品牌众多，竞争激烈，但市场格局没有固定；最后，市场正在不断细分，但是细分市场尚未成型，消费者还需要引导。

结论2：国内果汁市场容量还有很大的发展空间。

整个市场的生产商可以分为四个群体：

一是领导者。汇源是纯果汁市场的绝对领导者，但这种领导更着重于市场份额上，汇源还没有形成对纯果汁行业的价格、产品研发、发展方向、资源控制等全方位的领导。

二是挑战者。味全、光明100、娃哈哈作为挑战者，正在努力改变市场秩序，这些品牌在全国虽然具有一定的影响力，但总体上还没有具备像汇源一样的全国性影响力。

三是跟随者。以茹梦、大湖等为代表的品牌，在若干区域内具备品牌影响力，可以说是准区域品牌。

四是区域性群体。在公司所在的区域具备比较强的影响力，厂商数量巨大。

纯果汁生产商格局如图 2－9 所示。

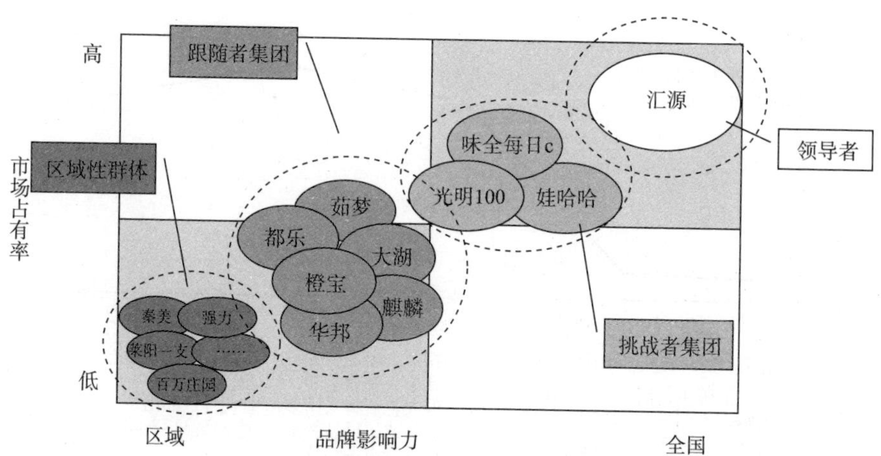

图 2－9　果汁市场上生产商格局图

不同地区纯果汁品牌的分布情况如图 2－10 所示。

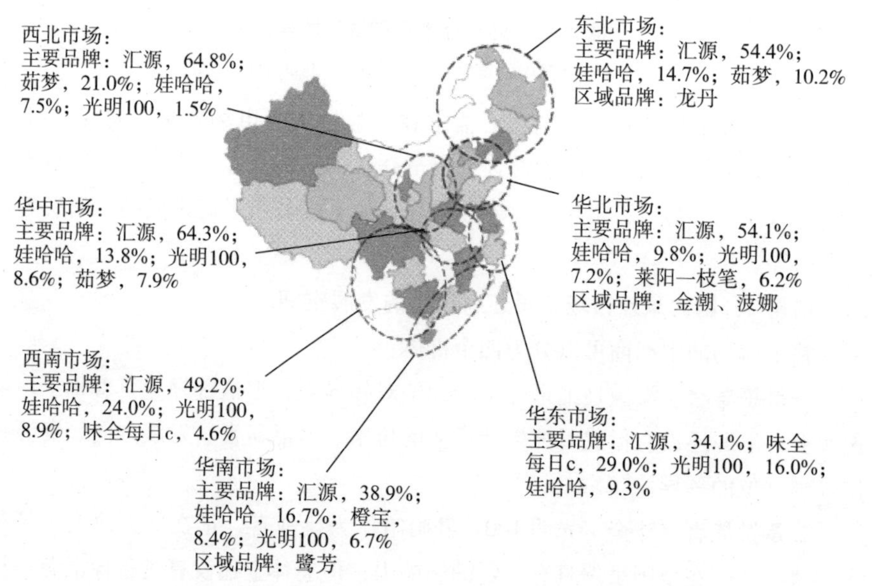

图 2－10　不同地区纯果汁品牌的分布情况图

结论 3：从市场渗透率上看，纯果汁市场并没有被广泛认同，甚至和果汁饮料相比，也有很大差距。

饮料市场各品类的市场渗透率如图 2－11 所示。

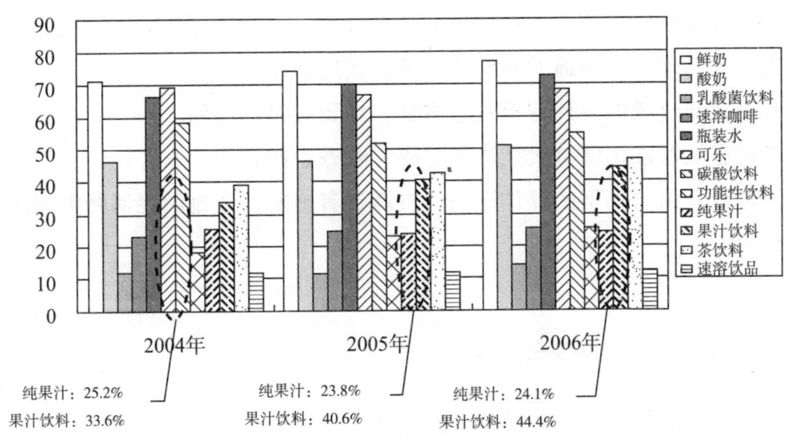

图 2－11　饮料市场各品类的渗透率图

结论 4：从每周饮用量上看，纯果汁和果汁饮料的饮用者的周饮用量相差无几。

各种饮料周饮用量如图 2－12 所示。

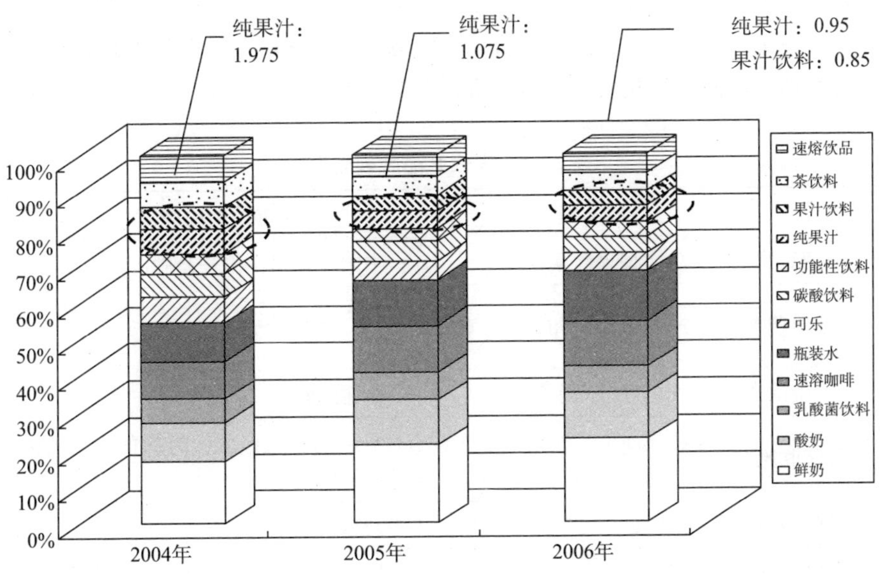

图 2－12　各种饮料周饮用量图

饮用纯果汁的消费者，其饮用频次并不比其他饮料低，甚至还高于果汁饮料。从图 2－12 可以看出，纯果汁市场有限的根本原因是纯果汁的消费人群比较少，因此，纯果汁市场未来还有很大的空间可以挖掘。

经过以上情况的分析，我们认为，以目前海通的资源和能力，通过传统的产品，用传统的操作模式，在中国的饮料市场上运作杨梅汁，不仅非常困难，且投入巨大。未来，海通的杨梅汁业务模式应该是：

一是突破传统的果汁业务发展方式，找到独特的出路。

二是全面区隔汇源等大型竞争对手，避开直接竞争。

三是改变由上而下的操作思路，由消费者出发，通过满足消费者需求形成营销策略。

三、 品牌落地　整合传播

根据品牌的发展历程及消费者的认知过程，对于卡依之品牌的应用，在本阶段，将主要集中在以杨梅汁、蓝莓汁、桑葚汁为代表的珍稀果汁产品。等到品牌达到一定高度，消费者也对其认可时，卡依之品牌可以延展至稀缺果汁相关联的产品，如果冻等。

但卡依之品牌一定要紧紧围绕着“中国珍稀果汁第一品牌”的定位进行延展，如橙汁、苹果汁等大众性果汁产品及水和特殊用途饮料均不适合应用。

考虑果汁行业的整体发展现状、竞争格局，与海通在国内行业下游链条的不足，项目组制定了相应的传播策略和方案，如表2－2所示。

表2－1　卡依之品牌规划调整

	原品牌规划	改进后的品牌规划
品牌定位	功能型果汁饮料	中国珍稀果汁第一品牌
目标消费者	20～39岁都市白领女性	25～35岁城市女性（主要传播沟通人群）
品牌传播语	气色好，喝杨梅汁	给你好脸色
品牌联想	高品质的、时尚的、东洋风格的	专注的、品位的、时尚的、天然的、日式的、关爱的
品牌核心		天然、健康
品牌个性		品位、时尚、天然

（一）传播整体策略

基本策略就是：**造势借势第一，促销推广第二，广告传播第三，**如图2－13

所示。

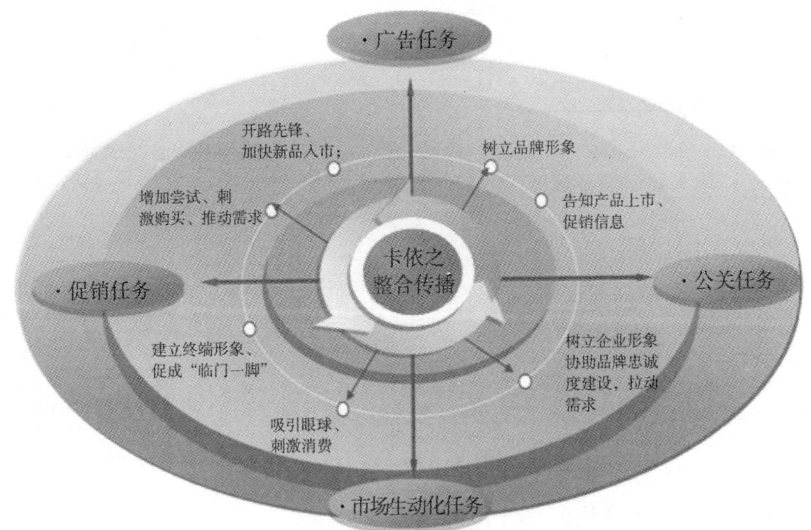

图 2－13　海通卡依之整合传播图

（二）传播原则："集中"传播及投放原则

传播内容"集中"：

（1）每种新产品选择一个利益点集中传播（杨梅汁：好口味，养肠胃）。

（2）每次只重点推广一个品类或单品。

媒介资源"集中"：

（1）在目标群关注度高的媒体资源，广泛并深入地影响目标群体。

（2）在重大时机资源，形成时机点的品牌提示。

媒介时机选择"集中"：

重点资源投放在重点时机，即"新产品上市"和"杨梅节、防暑季及节日销售旺季市场"。

媒介排期形式"集中"：

（1）在同一投放资源，形成竞争阻隔，突出传播声量。

（2）在同一投放周期，形成某一阶段的集中声量传递。

（三）整合传播规划

具体规划如图 2－14 所示。

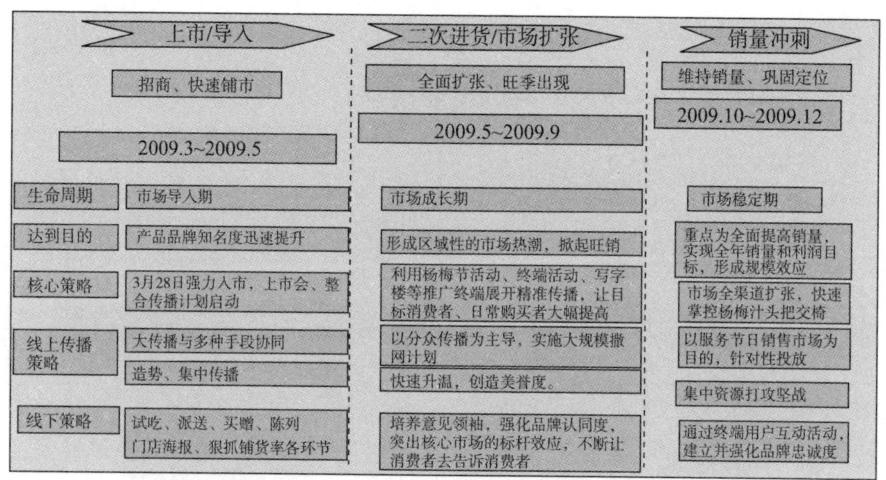

图 2－14　海通卡依之整合传播规划图

（四）包装全面提升

在市场调研中，我们经常听到这样的声音："你们的杨梅汁很独特，市场上没有，我们愿意和你们长期合作，一起开发这个市场。但是你们的杨梅汁包装太土，不上档次，很难卖出高价……"为此，我们开始对海通卡依之进行包装的全面升级。

1. 品牌代言人的创新

在竞争如此激烈的快消品行业，卡依之需要代言人高举高打，考虑目前情况，联纵智达为卡依之设计了可爱、快乐、健康卡依之娃娃形象，如图 2－15 所示，在后期再聘请一线明星做代言。

图 2－15　海通卡依之娃娃

2. 产品包装提升

卡依之产品包装提升如图 2－16、2－17 所示。

图 2－16　原海通杨梅汁产品包装（100%果汁含量）

图 2－17　海通卡依之产品包装部分展示图

（五）品牌落地执行

1. PR 传播安排

PR 传播安排如图 2－18 所示。

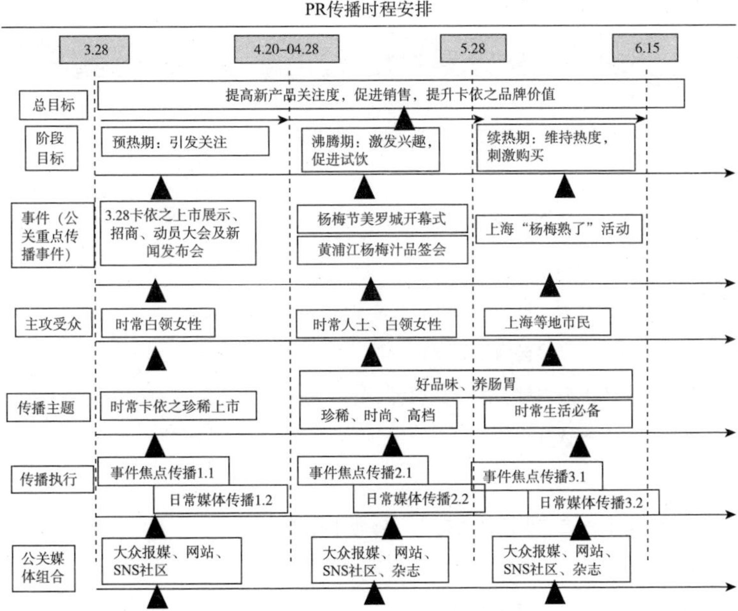

图 2－18　海通卡依之 PR 传播安排图

2. 活动策划

海通卡依之活动策划（一）

预热期（3.28~4.20）新闻标题炒作

3月28日活动策划

活动主题：卡依之杨梅汁上市推介新闻发布会/业务大会。

活动目标：正面发稿引发媒体关注；事后炒作维持推广热度。

大众报媒

- 《饮料企业转攻本土市场，慈溪杨梅引爆地方经济》
- 《应对金融危机，卡依之自有一套》
- 《卡依之领跑国内高端饮品市场》

网络杂志

- 《好喝的饮料上市啦》
- 《天然饮品关注肠胃健康》
- 《时常新口味，酸你没商量》
- 《外销转内销：卡依之杨梅汁宁波上市》
- 《卡依之杨梅汁宁波上市，开拓长三角市场》
- 《卡依之发布会，杨梅汁成主角》

海通卡依之活动策划（二）。

沸腾期（3.28~4.20）新闻标题炒作

4月28日活动策划

活动主题（一）：首届上海、宁波、慈溪三城杨梅节启动仪式。

活动内容（一）：

- 邀请三城相关行业协会领导参加；
- 现场观众互动“快饮大赛”；
- 拟邀请明星：五月天、加油好男儿；
- 饮卡依之杨梅汁，新鲜杨梅送到家；
- 杨梅节代言人（上海白领）海选活动启动；
- 千家终端百万大赠饮。

活动主题（二）：卡依之“黄浦江杨梅夜”杨梅汁品鉴。

活动内容（二）：

- 邀请三城时尚类杂志、媒体主编；
- 畅游黄浦江，畅饮杨梅汁；

→ 邀请三城时尚先锋人士。

广告策略建议：以电梯媒体为主、以高校及商业区DM为辅、以框架传媒为主要媒体。

广告时间：4月第2周、4月第4周。

大众报媒

- 《卡依之杨梅汁，引领行业新格局》
- 《三碗不过岗？加油好男儿》
- 《阿拉杨梅节—第一届三城杨梅节在沪正式启动》
- 《阿拉杨梅节：上海人的节日》
- 《好男儿“献身”阿拉杨梅节》

网络杂志

- 《卡依之杨梅汁，引领饮品时尚消费》
- 《天然饮品风尚劲吹，带动慈溪旅游经济》
- 《江上品梅汁白领新生活》
- 《好味道，“男儿”也爱喝》
- 《黄浦江上众人皆为杨梅醉》

海通卡依之活动策划（三）

续热期（5.28～6.15）新闻标题炒作

5月28日活动策划

活动主题：盛夏的果实——杨梅熟了

活动内容：

→ 现场观众互动“吃杨梅”大赛；

→ 拟邀请明星：加油好男儿；

→ 饮杨梅汁，新鲜杨梅送到家；

→ 买“卡依之”杨梅汁，参加北纬30度杨梅故乡之旅；

→ 杨梅节代言人（上海白领）海选活动结果揭晓，发放纪念品（证书、奖品）

大众报媒

- 《三碗不过岗？加油好男儿》

网络杂志

- 《今天，你酸到了吗?》

3. 论坛炒作创意和工作安排

引爆期话题	➢《酸甜可口，新的选择》 ➢《考考你，中国十大传统饮料》
沸腾期话题	➢《杨梅体，酸死你不偿命》 ➢《杨梅体，酸溜风走红网络》 ➢《五一大发现，旅游出行必备饮品》 ➢《“五月天”齐畅饮（现场图片）》
续热期话题	➢《盛夏难熬，喝什么最解渴》 ➢《女人，喝什么饮品可以美容》 ➢《酸甜解渴，帮助消化》 ➢《盛夏的果实——杨梅熟了》 ➢《好男儿伴你清凉一夏》

⇨ 确保不少于10万次点击和1000个回复

4. 促销推广

促销推广时间安排如表 2－3 所示。

表 2－3 促销推广时间安排表

事项	时间
招商会	山东 4 月 17 日 ~4 月 18 日， 江苏 4 月 24 日 ~4 月 25 日
防暑季节促销主题活动	6 月 21 日 ~9 月 15 日
酷棒、申江导报、地铁 DM、胡椒蓓蓓（与系列 DM）及活动	
餐饮台卡、试饮、人员导购	
商超人员导购、买赠、试饮、神秘顾客	上市、五一、六一、 十一（中秋）、春节、防暑季
商超陈列、TG 台（样板终端建设）、流动车终端建设	
团购	五一、十一（中秋）、春节、防暑季
美食频道、网络（1 号店、上海热线）直销	

5. 媒介选择

生活中，消费者与媒体接触的时间如图 2－19 所示。

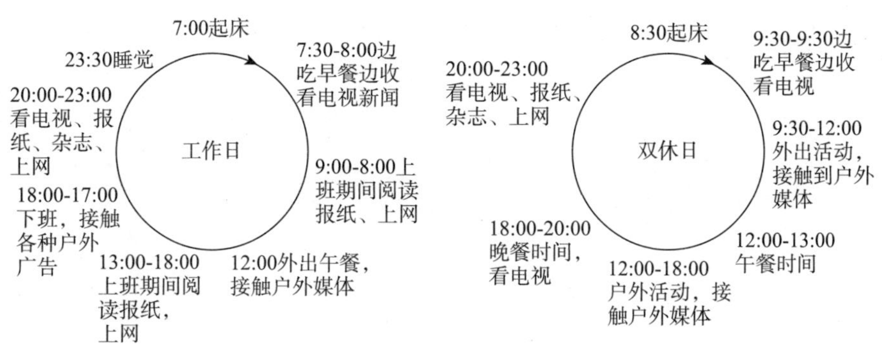

图 2－19　日常媒体接触时间图

从图 2－19 可以看出，在不同时间点选择不同广告形式非常重要！工作日最有效的媒介形式：电视＋报纸＋网络＋户外广告＋短信；双休日最有效的媒介形式：电视＋户外＋网络＋短信。

四、 一炮走红　赢得成功

此项目获得客户的高度认可，同时卡依之推出市场后，每月销量的平均增长率为 16.2%。终端数量从 16 家增加到 140 家，终端网络基本成型，成功超出预期。卡依之在上海一炮而红，无论是在渠道终端，还是电影院，都有消费者点名购买。

我们总结并分析其中的成功要素为：

（1）**品牌规划与定位清晰明确**。卡依之以 25～35 岁都市丽人为目标顾客群，定位于“中国珍稀果汁第一品牌”，而非功能性果汁，这样避免了与红牛、日加满等功能性饮料的侧翼竞争，也避免了与汇源、可果美的正面冲突，同时，也表达了饮料的珍贵性，为产品延展起了指引性的作用。

（2）**传播手段创新且聚焦**。卡依之并没有采用传统的快消品营销手法：用上百万元费用请一线明星，在中央电视台做广告轰炸，再进行全国线下招商。卡依之把上海作为传播主区域，首先立足于长三角地区。项目组确定的“卡依之”娃娃在终端也受到广泛喜爱与认可。

（3）**执行到位**。任何好的策划都需要执行到位才能发挥作用，在联纵智达与卡依之合作的 100 天里，项目组与市场部同心协力，把策划方案的每一环节和细节贯彻落实到位。

第三章
香烟·白酒

- 12 郑烟（1）：“黄金叶·大河之尊”新品上市百日攻坚战
- 13 郑烟（2）：“黄金叶·世纪之光”老产品升级改造
- 14 红塔山：少点儿，好点儿
- 15 今世缘：从“十运会”到“食运会”

12 郑烟（1）："黄金叶·大河之尊"新品上市百日攻坚战实录

在帝豪和红旗猛虎的强势拦截下，郑州卷烟总厂（以下简称郑烟）打造出"黄金叶·大河之尊"挽救局面，新产品一出炉就被推向"虎口"。在有限的资源条件下，大河之尊能否担当企业重任？联纵智达从新品定位、渠道、定价，以及营销体系构建、终端拦截、品牌传播等方面开始了全面梳理，并通过实施"百日攻坚战"，力挽狂澜，让郑烟一举摆脱猛虎的威胁，反败为胜，销量一路飙升。

一、严峻形势：推出新品挽狂澜

郑州卷烟总厂是河南三大卷烟企业之一，已经具有50年历史。旗下的黄金叶、沙河品牌曾一度列入36种名烟行列，成为热销大江南北的全国知名品牌。然而，随着烟草行业竞争的加剧，郑烟慢慢地失去了领先的优势，尤其是黄金叶品牌，战线一路收缩，逐渐成为河南省内的一个区域性品牌。然而即使是在河南市场，黄金叶的形势也不容乐观，在家门口郑州，被另两个竞争品牌帝豪和红旗渠夹攻，市场举步维艰，仅占不到30%的市场份额。这一份额远远低于其他区域品牌占据家门口80%以上的市场份额。

黄金叶品牌市场地位的丧失，存在多方面的原因，郑烟不仅在市场运作理念与手法上滞后，更重要的是，价格频繁调整，质量经常波动，产品视觉符号混乱等，给品牌带来了硬伤。

在严峻的形势下，郑烟于2004年4月，推出了一个具有分水岭意义的新产品——定价在10元区间的"黄金叶·大河之尊"，希望通过大河之尊的推出，完成黄金叶中高档品牌的定位，同时希望通过这个子品牌的运作，激活黄金叶这一主品牌。

在这样的背景下，联纵智达进入郑烟，为其提供新品上市咨询服务。本次咨询的目的非常清晰：一是大河之尊品牌的上市及后续的市场运作，二是通过对单品的运作，逐渐扩大范围，激活整个黄金叶品牌。

项目组进入作业后发现，大河之尊的市场情况不容乐观。同一档次、同一价位的竞品——帝豪和红旗渠犹如两只拦住去路的猛虎。尤其是帝豪，通过近十年的运作，已经在消费者心中建立起良好的品牌效应。在郑州，甚至在河南市场稳居龙头地位，成为消费者的首选品牌。价格是十元的硬包装的红旗渠虽然不如帝豪劲头十足，但是凭借着品牌的优势，稳稳地坐住了市场老二的位置。

就在大河之尊上市的第三天，红旗渠抛出了又一个十元档的子品牌——天河之星，是针对大河之尊的阻击品牌。大河之尊可谓是前有堵截，后有追兵，形势相当严峻。

二、新品上市：找定位、选区域、定策略

摆在项目组面前的任务，不仅是大河之尊单品上市，更重要的是通过该品牌运作，对黄金叶品牌及整个产品线起到提升作用。基于这样的目的，在产品的诉求上，**要以全局的眼光进行提炼，为后续黄金叶品牌的提升留下充分延展的空间。**

黄金叶品牌地处中原，而中原文化的精髓在于黄河，黄河文明的博大精深无疑是黄金叶品牌定位的一个制高点。用黄河文明做代言不仅浑然天成，而且契合中高档卷烟日益重视的精神追求。在夜以继日的创意与头脑风暴之后，融合黄河文明与黄金叶品牌的诉求——“黄河厚载，金叶天成”，作为黄金叶的品牌之根浮出水面。这一品牌口号的提出，不仅为包括大河之尊在内的整个黄金叶品牌指明了方向，而且在日前很多烟厂过度追求“飘逸”、“成功”、“辉煌”的喧嚣中独辟蹊径。

郑烟此前对黄金叶品牌的市场定位是“立足河南全省，指向全国”。但项目组分析郑烟目前的资源配备和黄金叶品牌的辐射能力之后认为，处于弱势地位的黄金叶品牌不能急攻冒进。应从区域市场，也就是家门口郑州市场着手，突破一点，带动全线。以郑州作为样板，通过郑州市场的成功，带动周边市场以至河南市场，分步实施。**在郑州市场的具体投放上，采取中高档卷烟“控点、控量、控价”的办法，**针对烟草销售业绩良好的商户实施“三控”投放。

在营销策略上，针对新品上市，采取六级推进为纲领的策略组合，如图

3-1 所示。所谓六级推进，就是针对从烟厂到商业公司、到终端，直至消费者的整个价值链的各个环节采取针对性的措施。这一策略安排，改变了烟厂片面重视商业环节的弊病。

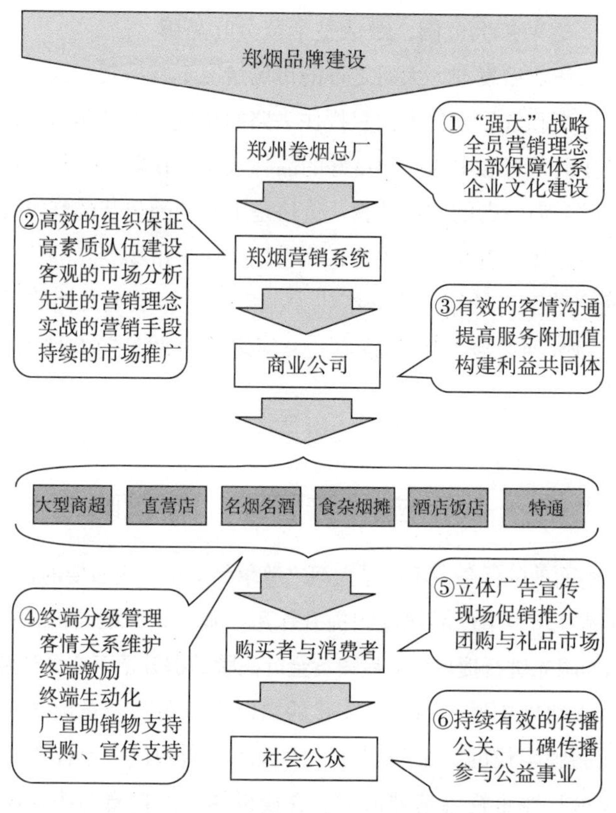

图 3-1　郑烟品牌建设六级推进体系图

以六级推进为策略总纲，在初期上市中，辅以"说说就中奖"、"宣传品吸"、"蜂窝营销"、"悬念广告"、"商业培训"等一系列活动，保证了上市的铺货效率和终端的推介率，以及消费者对新品的认知率，顺利完成上市铺货与初期消费者的宣传教育。

三、深度营销：营销新模式和样板市场打造

（一）四大问题困扰市场

铺市在顺利地进行，访销量也正逐步趋于稳定，但是项目组并没有因此而

舒心。相反，随着与企业合作地深入，随着对企业的了解更加透彻，项目组感到深深地不安。

第一，郑烟作为传统的国有企业，特别是在烟草专卖体制下，从操作理念到组织设置，都具有明显的重商业轻市场倾向。

第二，在渠道下沉的过程中，我们发现，在长期重商业轻市场的经营环境下成长起来的营销人员，缺乏市场运作的技能。郑烟急需一支既精通市场运作，又懂烟草行业的营销队伍。

第三，由于烟草行业实行专卖体制，较耐消品、快消品及其他行业有明显的特殊性。因此，必须为郑烟量身定制一套适合烟草行业特殊性的营销模式。

第四，大河之尊虽然已经顺利完成上市，但是作为一个承载着历史使命的品牌，不能因为完成了上市就一了百了。大河之尊需要一剂强心针，给烟厂、消费者、商户以信心，冲破四面楚歌的市场窘况，在郑州市场找到自己的位置。

（二）百日攻坚，决战郑州

面对问题，项目组联合郑烟的高层，毅然决定打响“百日攻坚，决战郑州”的战斗，打造郑烟营销新模式。此战旨在通过一百天的郑州市场运作，初步打破黄金叶品牌在郑州市场的僵局，夺回家门口市场，同时建立一套适应营销新理念的体系化营销模式。

此计划得到郑烟高层高度认同，郑烟领导显示出了非凡的魄力，立即召开动员大会，建立“百日攻坚”指挥中心，号召全体员工行动起来，全力支持“百日攻坚”战。

1. 建立市场导向的营销组织体系

健全组织体系、重组营销体系内部流程是项目组切下去的第一刀，也是最具战略意义的一刀。

一个以商业为导向的组织，无论怎样向其灌输市场理念，即使他们竭尽全力进行市场运作，但是，最终依然会回到商业导向中来。因此，要想做到以市场为导向，就必须在组织设置上体现市场导向的功能。原有的郑烟营销组织体系，虽然有销售公司专门负责市场工作，但销售公司是非常明显的商业公司导向的组织，整个企业的营销体系中缺乏一个类似“市场部”、“营销中心”的组织进行专业的市场调研、市场运作、营销资源调配等市场管理工作。

项目组在企业高层的配合下，对郑烟的营销组织体系进行了局部调整，建立了具备营销资源调配功能的“策划管理办公室”，下设不同的功能组别，每个组别配备具备相应技能的主管及职员，各个组别都设有明晰的职责及分工。围绕策划管理办公室，又针对内部及横向部门进行了业务流程的设计和局部重组，如图3－2所示。

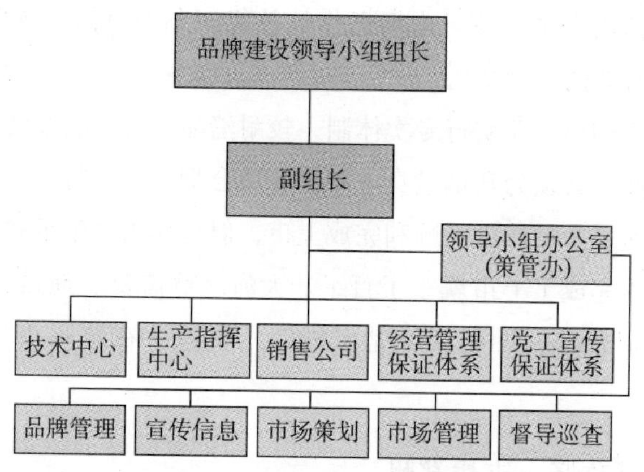

图3－2　新的营销组织体系

组织的重组及流程的重建，不仅仅为“百日攻坚”这个阶段性活动提供了保障，而且成为郑烟营销系统建设的一项内容，成为黄金叶品牌建设的坚实保障。

2. 终端拦截，奇兵制敌

终端制胜无疑是被炒得沸沸扬扬的市场运作手法，终端拦截也已经在快消品行业屡试不爽。但是在烟草行业，终端却平静得出奇，尤其是在河南的烟草终端。或许是因为商业渠道是中流砥柱，或许是因为竞争的层面不同，烟草企业在河南终端的建设，可以用“荒漠化”来形容。

项目组敏感地意识到，抢占终端资源将具有非比寻常的意义。事后来看，集中火力强攻终端，成为拦截甚至赶超竞品的有效措施。

郑州烟草市场的终端主要分为三类：超市、大型连锁卖场和名烟名酒店，其中星罗棋布的15000多家名烟名酒店构成烟草终端的主流。

名烟名酒店是整个终端环节的重中之重，要抓好这一块，就必须建立一支专业化的终端巡访队伍。

项目组敦促郑烟组建了一支20人的终端巡访队伍。通过前期的铺市磨练，这支队伍已经具备了一定的市场巡访技能。进入“百日攻坚”后，又对他们进行了强化培训，进一步加强了巡访队伍的巡访水平。通过“扫街”及数据的对比分析，排摸出销售十元卷烟最具实力的2000多家商户，逐一建立商户档案，并将郑州小区划片包干，每人负责一个片区，每人的巡访内容均要做到成点、成线、成图；同时建立严格的巡访制度与绩效考核制度。

此措施起到了立竿见影的效果，一时间，郑州的烟草终端几乎成了黄金叶的终端。专柜、堆头有奖陈列，海张贴报，放置展架等宣传物料，实施终端分级奖励活动，设立形象店等措施，将郑州的烟草终端做到了竞品难以企及的地步，不仅扩大了黄金叶品牌的知名度与美誉度，销量也获得了180%的增长。而同时上市的天河之星，已经被打压到了最底层。

除了商户外，大型商超也是宣传品牌的良好场所。我们选择郑州地理位置佳、客流量大、消费档次高、辐射能力强的大型商超，派驻导购员开展现场导购推介和宣传，取得了相当好的效果。销量提升非常明显，实现了单店销量超过帝豪，整体销量持续增长的目标。

2004年8月，大河之尊比帝豪同期增长73.5%，比7月提高23.5%；红旗渠同期增长257%。

2004年9月，在派驻导购员的8个商超里，大河之尊的销量为1607条，比2004年7月增加960条，增幅为150%；大河之尊与帝豪的对比势已经超过80%，比7月提高了30%，与帝豪的销售差距明显缩小。金博大、丹尼斯（人民店）、世纪联华（碧波园）三个商超，大河之尊销量超过帝豪，其中金博大非常突出，2004年7月大河之尊销量为168条，2004年9月增加到572条，是2004年7月销量的340%，超过帝豪178条。

2004年10月，大河之尊与帝豪的对比势为70%，金博大、丹尼斯（人民店）、世纪联华（碧波园）三个商超单店销量继续超过帝豪。

除此之外，大型连锁商超的进入与铺货也显示了黄金叶品牌形象的提升。

3. 多管齐下做传播

传播是烟草品牌制胜的重要途径。很多知名烟草品牌的崛起，依靠的就是大规模的传播。由于郑烟的资源限制，难以像其他品牌那样进行大规模的高空传播。项目组根据郑烟的资源情况，因地制宜，在地面传播上围绕销量提升、消费者认可度提升、品牌认知度提升三个方面开展了一系列的工作，如图3-3所示。

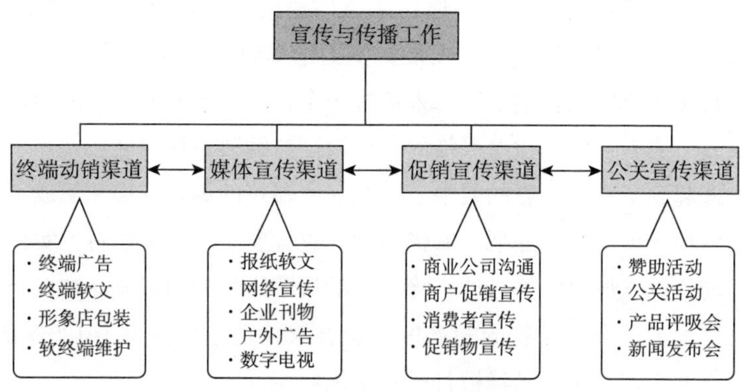

图 3－3　郑烟的整合传播

通过扩大终端陈列与展示，DM、POP、X 展架等终端助销物的使用，向消费者、商户和社会公众进行面对面宣传。通过公关事件及新闻媒体报道，提升企业形象和品牌形象；针对重点商户开展联谊活动，加深商户与郑烟的合作深度，进一步扩大郑烟和黄金叶品牌的影响，通过商户的影响力提高黄金叶品牌的美誉度。同时开展形象店建设，集中力量，吸引眼球，起到事半功倍的效果，企业形象和黄金叶的品牌形象得到了极大的提升。

4. 商业公司培训

商业公司是烟草行业渠道中的特殊层级，也是烟草专卖体制的标志，烟草企业都会针对商业公司做大量的工作。要做好烟草营销，不做好商业公司的工作简直就是痴人说梦。联纵智达项目组也在商业公司的培训、厂商信息的互动、顾问式销售等方面，加深了与商业公司的合作，从利益导向的厂商合作模式，向嵌入式的合作模式转变。

四、实际效果：销量与形象双提升

通过 100 天的努力，“百日攻坚，决战郑州”取得了出乎意料的效果。大河之尊销量稳步增长，黄金叶品牌的整体形象得到了大幅度提升，如图 3－4 所示。

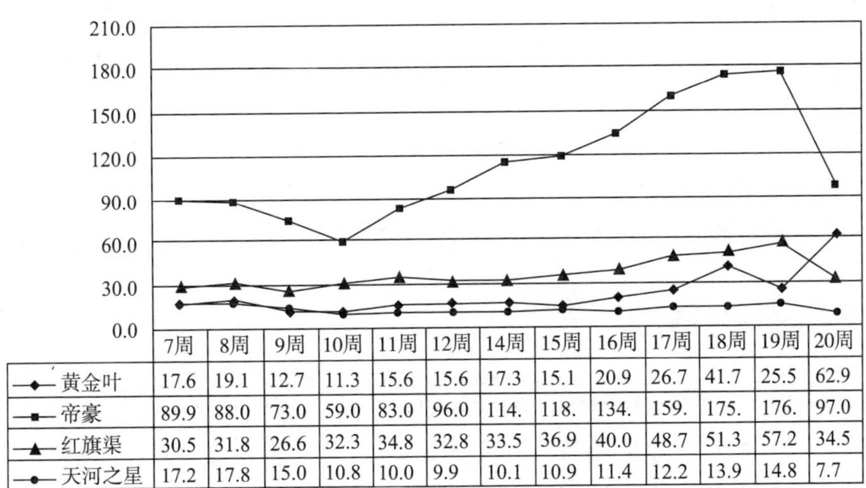

	7周	8周	9周	10周	11周	12周	14周	15周	16周	17周	18周	19周	20周
黄金叶	17.6	19.1	12.7	11.3	15.6	15.6	17.3	15.1	20.9	26.7	41.7	25.5	62.9
帝豪	89.9	88.0	73.0	59.0	83.0	96.0	114.	118.	134.	159.	175.	176.	97.0
红旗渠	30.5	31.8	26.6	32.3	34.8	32.8	33.5	36.9	40.0	48.7	51.3	57.2	34.5
天河之星	17.2	17.8	15.0	10.8	10.0	9.9	10.1	10.9	11.4	12.2	13.9	14.8	7.7

图 3－4　“百日攻坚”周销售趋势图

此外，通过对郑州市场的运作，结合郑烟和烟草行业的特殊情况，项目组整理了一套兼顾行业与企业的《河南郑州卷烟总厂体系化营销模式报告》，为企业的市场活动奠定了扎实的管理基础，这是比销售增长更具战略意义的事情。

13 郑烟（2）：“黄金叶·世纪之光”老产品升级改造实录

一个濒临退市的卷烟产品，通过重新定位，从产品改造到包装、品牌、传播、渠道等的整合营销，快速成为热得发烫的畅销品。

一、 庞大市场 激烈竞争

2005 年，河南烟草市场发生了一系列具有战略性意义的事件。许昌卷烟厂实现了对南阳卷烟厂的战略性重组，随着战略性重组的结束，南阳的豫烟开始逐渐退出市场；新郑烟草集团开始将目光投向了更广阔的全国性市场，大传播带来大运作，产品也随之涨价升级。

与此同时，位于省城的郑州卷烟总厂开始进行大规模的战略性调整。郑烟决策层根据市场发展的需要，审时度势提出了“做强黄金叶，做大沙河”的发展目标，而其中做强黄金叶最重要标志就是树立“黄金叶·世纪之光”在整个销售中的核心地位。由此可见，黄金叶·世纪之光承担着振兴郑烟的重任。

黄金叶·世纪之光产品已经在市场上销售了较长的时间，但是由于口感、包装、传播等一系列问题，导致产品销量始终达不到理想的状态。那么郑烟下一步应该如何应对呢？是再次推出新品取而代之，还是对原有产品进行全方位改造呢？

在此问题上，联纵智达的咨询专家团队与郑州卷烟总厂各级领导经过科学地研究和分析，最后达成一致意见：对原有黄金叶·世纪之光产品进行改造升级。

二、 产品改造 品牌提炼

（一）产品改造

围绕黄金叶·世纪之光产品优化和升级的主题，项目组首先建议郑州卷烟厂从品质、包装、口感方面进行产品改造。

在产品品质方面，新版黄金叶 · 世纪之光采用了云南高原烟叶，通过国际一流的分组技术工艺，开创了河南省内中档香烟高档生产的新纪元。

在产品包装方面，黄金叶 · 世纪之光采用了高档香烟品牌红河 V8 使用的横板包装，给消费者创造前所未有的超值感。在色彩搭配、纸品材质、印刷工艺、图案造型等多方面给消费者大的视觉冲击，以此增强产品的终端动销力。

在产品口感方面，郑烟聘请国内著名的品吸专家，对香烟的香味持久、吸味浓淡程度及余味的处理程度进行全方位调整，创造了河南中档香烟品吸少有的配方调整纪录。并在目标消费者中进行了为期 4 个月的“品吸、品味”活动，创造了郑烟单品香烟品吸的最长时间纪录。很多消费者盲吸新品之后，都以为是十元以上的中档香烟，然而它的实际市场售价仅为 4 元。烟草行业专家经过评吸认为：新版世纪之光体现了当代国际流行烤烟型卷烟特征，烟草自然香突出，香气量足，口感醇正柔和，余味清新干净，劲头适中，无杂气，无刺激，是烟草产品中一款不可多得的新品贵族。

（二）品牌提炼

中档香烟消费群，大多数都有较为稳定的收入来源，他们接受过一定程度的文化教育。但在各自的工作岗位上，辛勤劳作却没有得到很高的社会地位。他们中有工人、普通公务员、农民、小商贩，也有在校大学生。他们的生活是平凡的，但他们却拒绝平庸。

项目组对中档卷烟消费群进行了深入研究分析后，从他们的生活状态、收支水平、消费行为、潜在需求等方面逐一进行分析，抓住这一群体的共同心理特征，创造出“我赢我未来!”这一响亮的品牌传播口号，让他们喊出自己的心声，表达他们希望赢得尊重，赢得考验，赢得自己亲手创造未来的共同愿望，体现昂扬向上的激情，如同朝阳迸发出的万道光芒。在发音和语调上铿锵有力，语句格式上也采用开放式的格式，便于品牌延伸。同时“我赢我未来!”也代表了郑烟人对做好企业、做强黄金叶品牌的信心和决心。

“我赢我未来”代表了这个时代人们的独立和自信，这一品牌口号在多种传播方式的带动下，迅速引起消费者的兴趣，甚至成为当地一些年轻人的口头流行语。

三、光芒上市　立体传播

（一）新品上市营销策略

新产品研发的成功，给郑烟人和项目组以极大的信心和动力。随即，新烟上市进入了紧张的备战状态。

然而摆在眼前的问题是：老产品尚未退市，新品如何上市？应先从什么区域开始投放？营销人员应如何调配？

通过对以往的操作经验和竞争对手综合分析，新版世纪之光产品上市最终确定下来。

首先，采取分级投放的营销策略，先在市场底子较好的 A 类市场进行投放，再逐一投放 B 级市场，而后再逐渐向下辐射。

其次，在不同的市场分别采取新老产品共存、平稳过渡和产品更新换代强行过渡的办法，让新版黄金叶·世纪之光逐步取代老版世纪之光。

（二）新品上市的品牌传播活动

配合新品上市，我们开展了一系列品牌传播活动。

（1）出租车传播。

上市之初，针对省内各地市的出租车司机开展了品吸派赠活动。一方面出租车司机本身也是黄金叶·世纪之光的目标消费群体，同时，出租车司机与乘客接触很频繁，对黄金叶·世纪之光的推广和宣传非常有力。因此，每位出租车司机均可在登记车牌号之后，免费领取一包新版黄金叶·世纪之光，以及一份印有黄金叶品牌 LOGO 的精美车用挂表，并在每台出租车的副驾驶位的工具箱上方张贴黄金叶·世纪之光广告车贴。几千辆出租车载着黄金叶·世纪之光的广告行驶在城市的各个角落，起到了非常好的传播效果。

（2）广播传播。

通过收音机广播宣传，引来了大量的品吸者，他们欣喜之余，对新版黄金叶·世纪之光的口感纷纷赞扬。

（3）目标消费场所派发。

项目组组织专门的团队，在河南省内各地生意较为火爆的饭店、夜场、酒吧舞厅等场合，进行香烟品吸和 DM 派增活动。

（4）**公益活动造势。**

黄金叶·世纪之光上市正逢“世界反法西斯战争、中国抗日战争胜利60周年”，电视、报纸、广播、网络等各大新闻媒体都对这一主题进行大密度地报道。

经过周密地研究，我们决定在黄金叶·世纪之光上市之际，举行“我手写我心，我赢我未来——纪念中国抗战胜利巡回万人大签名”公关活动。在全省130多个县市，1000多个乡镇，巡回开展万人大签名活动。在签名活动举行前，通过省级电视新闻、报纸软文及活动公告等方式，进行前期的传播预热，广泛地吸引消费者的关注，号召民众参与签名活动。在签名现场，通过彩虹门、气球、标语横幅、爱国主义宣传画、宣传车广播宣传等方式渲染现场气氛。

同时，在签名过程中插入了品吸和黄金叶·世纪之光的品牌宣传。并充分地调动当地的新闻媒体资源，在活动前、中、后进行了大密度的报道和宣传。活动结束后，就将收集到的各地签名条幅，捐赠给抗战纪念博物馆，并再次进行新闻媒体的软文投放。通过这场轰轰烈烈的公关活动以后，新版黄金叶·世纪之光的知名度、美誉度都得到了大幅度的提升。

（5）**媒体软文铺垫。**

在河南省发行量较大的报刊媒体进行多次关于新版黄金叶·世纪之光的软文报道。从产品研发、市场反响、事件纪实等多个角度进行了大量软文的撰写和发布，并通过记者的采访报道，使新版黄金叶·世纪之光品牌和相关的品牌事件有效地传达给全省的消费者。在其他宣传方面，还采用了电视广告、广播、X展架、产品DM单、跳跳卡、POP海报和终端摆货相结合的方式在有些地级市场、县乡级市场，则采用跨街条幅和街道广播等方式进行了较为密集的宣传轰炸。

（6）**强化终端陈列。**

由于新版黄金叶·世纪之光的包装版面采用横版设计，所以在终端的陈列方面，也基本采用横放，或采用金字塔式的“3、2、1”，“4、2、1”的陈列方式，或2盒、3盒竖立上下排列贴柜陈列的方式。在各个终端，在众多的香烟品种之中显得鹤立鸡群，抓住了每一个消费者的目光。同时，在各个重点终端提供导购服务，导购人员派发产品DM，组织消费者现场品吸，向消费者介绍新版黄金叶·世纪之光。

（7）**增强市场监控。**

项目组分小组深入河南省内不同的市场，进行新版黄金叶·世纪之光上市的市场监控工作，对于当地出现的问题现场进行解决。灵活地运用当地媒体和其他传播途径，实行一地一策的方针，为新品的上市扩大在当地的影响力。并同当地烟草商业公司进行深入对接，听取商业公司、商户及消费者对新品上市所提出的意见和建议，最终将主要问题进行汇总，在会议中进行讨论研究，并以最快的速度解决问题。

四、 疯卖奇迹　源自整合

在市场走访中，消费者除了反映黄金叶·世纪之光的产品质量好、服务细致周到外，还夸奖新版黄金叶·世纪之光的社会效益。

经销商普遍反映，能订购到新版黄金叶·世纪之光感到非常荣幸，而且调拨价与批发价差距大，此产品市场需求很大，经销也有劲头。

零售商户反映，新版黄金叶·世纪之光卖得快，所以进货也勤，与其他同档次、同价位卷烟相比，吸烟的人愿意买，不压货，赚钱多。

有不少消费者都说，这烟好抽，味很纯，能得到物质与精神上的双重享受，而且4元钱一盒，很划算。

看到良好的市场反应，看到销售量猛增，项目组成员和郑烟人都感到欣慰和满足。

很快，新版黄金叶·世纪之光就在市场上卖疯了，产品在全国20多个省市自治区热销，催货订货电话不断，车间更是加足马力生产，仍然是供不应求。原本濒临退市的黄金叶·世纪之光，在联纵智达咨询团队和郑烟领导层的齐心协力下，经过产品整改，市场策略调整之后，成功上市而且火爆热卖，创造了国内中档卷烟的市场奇迹。

五、 一线手记： 咨询项目过程管理和结果控制

2004年4月，我们开始进行郑烟这个咨询项目。该企业是一个重新组合的新企业，领导人血气方刚、意志坚定，希望通过一个崭新的产品冲破现有的市场格局，恢复原有品牌在早期市场神话般的魅力；企业领导层也认识到这次新品上市只能成功不能失败。所以作为企业新品上市这个重大项目来说，项目发展是否能够得到有效的结果控制，必然和项目进行过程中的良好管理分不开。企业也希望通过推出新产品打造适合该企业发展的营销新模式，为拓展全

省市场做准备。

新产品进入老市场本来就是一个非常艰难的过程，产品上市后有很多问题。其实对于这样一个卷烟企业来说，同一个品牌，在老产品尚未完全退出市场的情况下快速推出新产品，它不同于新产品新市场那样操作——一切均可重新开始。没有前期其他老产品市场营销活动的影响，更有别于老产品新市场和老产品老市场的操作模式。所以，这样一个新产品上市的项目管理和控制就会非常困难，而且充满变数。

对于卷烟行业来说，黄金叶·世纪之光的成功上市，可谓是一个精细化营销运作的典范。

8 个月长期驻外的企业贴身咨询经历，让我们对咨询项目的过程和结果有了更多的思考。过程和结果同样重要，做任何事情，必须先有一个过程，才能获得一个结果。只有对过程的有效执行和把控，才能获得良好的结果，从事件的逻辑发展上审视过程比结果更重要。项目活动的各种组合体现在营销过程的管理和控制上，而不是一个简单的结果呈现，这是企业运用各种营销推广和媒介传播寻求发展的不同阶段性策略，必须从战略的高度和企业发展全年规划的角度去评估重大的营销项目推进过程和执行结果。

14 红塔山：少点儿，好点儿

只有确立了以品牌再造为核心的品牌战略，只有坚定不移地进行品牌传播和实施品牌制胜的策略，才能解决红塔山品牌老化带来的一系列根本问题。

2000年，红塔山以439亿元的品牌价值第六次位居中国品牌之冠，红塔山可谓风光无限。然而"高处不胜寒"，作为国内行业的领跑者，红塔集团也承受着巨大的压力和挑战。面对烟草业的紧缩政策，面对各地方政府对地产香烟的大力支持，面对国内层出不穷的竞争对手，面对竞争日益激烈且复杂的市场环境，红塔集团更需要时时刻刻把握大局，避免出现任何决策失误。

深入了解企业和市场的现状才能对未来进行规划，基于这样的目的，2001年5月，联纵智达受红塔集团的委托，就红塔山品牌及营销现状进行了一次初步盘整，旨在真实客观地把握现状，为决策提供参考。由于时间和项目内容的限制，我们主要针对红塔集团的部分外部营销环境进行了调研和把握。

红塔山在人们心目中到底意味着什么？红塔山品牌定位和传播的现状如何？红塔集团的营销状况和渠道状况如何？红塔山销售势头减缓的真正原因在哪里？带着这些问题，我们开始了红塔山品牌诊断之旅。

一、调研与基本判断：品牌老化已成事实

（一）终端调研：挤到角落里的烟草"大王"

作为消费者和产品直接接触的场所，终端的好坏直接决定了销量，同时，终端对于产品宣传、品牌传播、分销渠道策略的制定都有极为重要的意义。

本次调研主要选择东北和华东的若干大中城市，走访的终端共选择150家，其中包括：街边小店、宾馆饭店、商超、烟草专卖店等。

在调研中发现：

（1）红塔山的铺货率较高，在 86% 以上，与三五不相上下。

（2）但在各类终端，其终端硬件较差，摆放位置不明显，基本在边角位置、没有任何宣传或促销品。而三五的宣传画和灯箱则占 37%，此外，万宝路、大红鹰均有宣传品。

（3）调查营业员发现，主动推荐红塔山的仅有寥寥几人，而推荐三五、万宝路、红河、利群、大红鹰等均超过红塔山。

（4）在问及销量时，大多数营业员表示，红塔山的销量并无明显优势，已经逐渐下降，不同于以往。

（5）在问及为什么会造成这种局面时，大多数营业员表示，红塔集团人员很少来终端了解情况，近年来，促销活动少之又少，而其他烟厂，尤其是一些新的品牌，无论在利润还是活动支持上都好于红塔山。

由此可见，红塔山尽管仍然保持着较大的销量，但在终端的绝对优势已经不复存在。由于缺乏必要的终端维护工作，昔日的烟草大王已经渐渐被摆在了烟草柜台的角落。红塔山多年的忠实消费者尽管仍然一如既往地购买红塔山，但因为新品牌的冲击而尝试新品的烟民也不在少数。面对洋烟、地产烟等后起之秀，红塔集团灵活主动性不强，在终端上已处于“被动防御”的状态。

（二）经销商调研：烘托气氛为主，赚钱为辅

经销商调研是了解产品分销状况的必要环节，对于制定分销渠道策略、了解营销状况有非常重要的作用。我们共选择 12 家经销商，包括：烟草批发商、烟草专卖商、零售商。

调研中发现：

（1）67% 的经销商把经营的重点放在其他烟草品牌上，而不是红塔集团的品牌。

（2）75% 的经销商认为红塔集团的政策不灵活，利润不高，支持较少。而经销商倾向于扶持本地烟草品牌（因为本地烟的盈利和支持较大），只有一家经销商表示经营红塔集团的烟综合收益好，主推红塔集团的烟。

（3）对于红塔山品牌，超过 50% 的经销商认为品牌形象老化是销售量降低的原因，在高档烟里，红塔山的高档形象优势已经日渐衰弱，大红鹰、黄山、芙蓉王、利群等均对红塔山造成冲击。

（4）经营红塔山的主要原因在于市场需求仍在，红塔集团的实力和红塔山的品牌影响力仍然十分巨大。

由此可见，因为渠道环节竞争的加剧，红塔山现有的渠道政策不具有灵活主动的特征，许多昔日里对红塔山无限忠实的经销商开始培养其他品牌的经营优势，只是出于红塔山的忠实烟民和红塔集团的影响力，而把红塔山作为烘托气氛的工具，却不是主打产品。

（三）消费者调查：只想到了云烟

品牌是属于消费者的，它永远存在于消费者心中。要梳理红塔集团的品牌形象，就不得不了解烟民的看法，我们分别采用随机街头寻访和小组座谈的方式对消费者进行调查。

在调查中了解到：

（1）知道“天外有天，红塔集团”广告语的烟民占26%，对于广告语的具体含义，大多数人表示不知道。

（2）当问及看到红塔山时想到什么？100%的人想到云南、云烟、红塔集团，想到红塔图案的有84%，想到红塔集团标志的仅占27%。

（3）对于红塔集团和红塔山，大多数烟民表示“有钱，实力雄厚”。87%的消费者表示不知道红塔山的文化内涵和故事，说不出红塔山品牌的具体含义。

（4）在选择烟草第一品牌时，34%的人选择了万宝路，23%的人选择了三五，尽管选择红塔山的有19%，但与中华、玉溪不相上下。

（5）90%以上的烟民认为红塔山存在形象老化的问题，红塔山亲和力不足，缺乏与消费者的沟通。

由此我们发现，红塔山品牌形象老化已经是事实，在消费者心目中，红塔山的高档烟价值感逐渐降低。最主要的是，红塔山在对外形象塑造中缺乏和消费者的沟通，形象生硬，没有亲切感。

二、 资料收集与研读分析

除了掌握一手的调研状况，我们也收集了大量烟草行业的数据，结合红塔集团提供的部分资料，进行了深入的研读，以便对烟草行业和红塔集团的判断更具有客观性和准确性。

（一）红塔山和烟草行业的历史时期

红塔山的发展，贯穿着中国现代烟草行业的发展历程。

（1）**在没有名牌的时代，香烟卖的是质量。**那时候的红塔山，因为独特的制烟工艺和优越的自然环境而备受消费者的青睐。

（2）**在名牌欲出的时代，香烟卖的是附加值。香烟体现消费者的身份、地位和气质，这时的红塔山抓住了历史机遇，改善制烟工艺，扩大规模，因为始终坚持贵族化路线，使红塔山一举成名，优势明显。**

（3）**在名牌辈出的时代，香烟卖的是感觉。**于是有了三五的“醇和满足”、大红鹰“新时代的精神”、白沙的“我心飞扬”、黄山的“天高云淡”等等。而此时，“红塔山”虽居品牌之首，却没有提炼像样的感觉。

（4）**在品牌制胜的时代，香烟卖的是文化。**文化更具体，更深入，是集历史、质量、附加值、感觉为一体的意境，于是才有万宝路的长盛不衰。从品牌战略上看，万宝路的“百年历史传奇、男子汉气概的精神、西部牛仔的表现”体现的是一种立体的“万宝路世界”。而此时的红塔山，虽有六百年历史传奇，丰厚的文化渊源，却没有任何立体的传播和表现。

（二）红塔山的发展为什么减缓

从表面上看，红塔山销售势头减缓和全球环境、行业整体萎缩、竞争加剧等因素有较大关系。但从本质上说红塔山的问题，一方面在于“历史原因”所造成的积习已久的官商作风和落后的市场营销观念；另一方面是缺乏品牌观念，没有做出以品牌战略为核心的发展方向。

（三）红塔集团存在的常规问题

由于一直处于行业的领跑者地位，红塔集团环顾四周，未有敌手。多年来，经销商对红塔山趋之若鹜，消费者对红塔山忠贞不贰，因此，红塔集团的“坐商”观念深厚。由“坐商”观念带来的是“等市场”、“以产定销”等一系列观念，因此，缺乏现代的市场营销意识就不足为奇了。正是因为缺乏竞争观念，缺乏现代市场营销观念，红塔集团与消费者的沟通很少，生硬的形象延续至今，对于经销商缺乏灵活的销售制度，对于市场的反应速度较慢。在竞争日益激烈，并且在越来越市场化的烟草行业来看，红塔集团的问题一一暴露。

（四）红塔集团存在的战略问题

2001年左右，由于烟草行业的萎缩和大环境等多方面因素的影响，红塔集团进行了多元化发展的战略选择。在这个过程中，红塔集团投入了很大的精力和财力拓展新的领域。然而，由于缺乏统一的品牌识别、品牌区隔、品牌传播，红塔集团的品牌力不但没有得到提升，反而在弱化红塔集团的金字招牌——红塔山的品牌价值。

红塔集团在多元化发展的同时，对烟草这一安身立命的根本领域和其他领域的品牌融合、品牌共生、品牌推广几乎没有整齐划一的动作。因此，在多元化战略下统一品牌形象，提升红塔及红塔山的品牌力是历史的必然选择。

三、红塔山怎么办

解决常规问题，就要用常规的方法，红塔集团需要转换经营思想，理顺自身的机制；在营销体系规划，销售网络建设上多下功夫。

我们相信，这些常规方法，不仅行之有效而且显效迅速，我们也相信，只要红塔集团能够积极果断地把这些武器用足用活，短时期内，红塔在方方面面都会有令人振奋的改观。

然而，当我们解决了常规问题之后，红塔山的品牌地位依然受到威胁，红塔山的未来依然不够明朗。我们相信，只有确立了以“红塔”品牌再造为核心的品牌战略，只有坚定不移地进行品牌传播和实施品牌制胜的策略，才能解决红塔集团的根本问题。因为，品牌优势，才是红塔集团独一无二的优势。

（一）开创“红塔意境”：红塔山品牌推广局部建议

过去的红塔山习惯于走“正气”和“大气”的传播路线，让消费者感觉与己无关，相距甚远，也因此缺乏亲和力。如何本着“深入浅出、雅俗共赏”的原则使产品的品牌形象得到深刻的表达，从而有力地感染、影响消费者？红塔山的品牌再造究竟从何入手？就是我们面临的核心问题！

（二）安身立命，唯有红塔文化

可以说，红塔文化是红塔山品牌的核心部分，因为红塔文化是红塔集团唯一的优势。宣传红塔文化，正是深入了解红塔山品牌的优势所在。

我们挖掘到：红塔集团具有独一无二的生产工艺，独特的地理环境和自然条件，600 年历史渊源和 40 年无数人验证的优秀品质，众多的传奇故事，6 年的至高荣誉。一言蔽之，红塔集团生命力的源泉就是红塔文化，在中国的烟草行业里，没有哪一个品牌可以与红塔山相比。过去，红塔集团以其独特的文化优势造就了红塔品牌。而将来，在产品同质化日益严重的情况下，品牌优势更是红塔集团安身立命的法宝。

我们认为，红塔集团的品牌再造就是要从红塔文化地挖掘和概念的再提升做起，可以总结的话题如：

“天生我材必有用”——得天独厚的优质烟草种植土壤和气候，“植物王国”的地理环境、种植条件，国内最大的烟草种植基地。

红塔的来历、历史典故、起名原因及企业整个创业历程：百年前的故事——红塔的来历；“云烟”之乡的美誉——20 世纪 50 年代前的一次评比使得玉溪获得了“云烟之乡”的美誉；“山因塔而得名，塔因山而生辉”——四十年的风雨历程记载着红塔人的荣辱兴衰；昔日滇中高原山脚下的“卷烟车间”，今日名誉中外的产业巨龙……

当地文化资源的开发——阿诗玛传奇故事，当地民间传说，民俗风情的开发利用（有些甚至可以重新拍成电视剧）。

对红塔历史和文化的总结与传播无疑会进一步增加红塔的品牌价值，然而面对品牌形象的老化，红塔集团更应该推陈出新。总结历史是为了更好地开拓未来，新时代的红塔集团应该有新的品牌形象。

（三）品牌要素的核心：品牌内涵

很长一段时间里，红塔缺少一个品牌诉求的核心，因此，找到并传播这个核心将是品牌战略之本。基于此，我们对红塔山原有的品牌基础要素进行了总结：

➢ 源于独特的地理环境和自然条件。（产地）

➢ 有独特的生产加工工艺。（技术）

➢ 600 年的文化渊源和经数亿人的检验。（品质）

➢ 有独特的香型和感觉。（功能）

➢ 得到公众承认的中国第一品牌。（地位）

尽管红塔品牌的基础元素有着无可比拟的优势，但品牌始终是以消费者为核心的。因此，找到和提炼红塔品牌的内涵，是品牌基础要素整理的核心工作。针对红塔的目标消费群，我们对红塔的品牌内涵进行新的提炼：

➢ 为成功人士所享有，象征着身份、地位和尊容。（档次）

➢ 体现成熟、稳健、卓尔不群的个人风格。（风格）

➢ 是政府领导（公务员）、企业家、学者最喜爱的烟。（地位）

➢ 公众场合必抽的烟。（环境）

新的品牌内容，旨在于亮相初始就霸气十足又不失亲和，彰显烟草业“老大”的风范。

（四）品牌传播策略：弘扬“红塔意境”

新的品牌策略只是对原有内容的提升和创新，只有通过现代化的营销手段进行包装推广，才能真正在消费者心目中完成延伸。离开了品牌的传播，一切变得毫无意义。由于烟草广告的限制，如何突破旧有的传播手段成为我们思考的核心内容。

（1）从烟的生活空间开始：开创“红塔意境”。

美国总统肯尼迪说过：“不要问消费者能为你做什么，先问一问你能为消费者做些什么?”那么红塔到底能为消费者做点什么呢？于是，我们想到了烟可以存在的空间——吸烟场所。

禁烟已成为全世界的话题，越来越多的公众场合规定不许吸烟。于是，一些较上档次的场所（机场候机室、火车站候车室等）设立了专门的吸烟室。但大多装修简易，环境（排烟、烟灰、卫生等）不良，吸烟者身处其中，不但不能体会吸烟带来的快感，反而有劣等公民的感觉，受尽“虐待”。于是我们想到，改善烟民的吸烟环境是不是体现了红塔品牌的关怀？改善烟民的吸烟环境，使吸烟真正地成为无忧无虑、潇洒自得的享受，这正是红塔品牌集团关心“上帝”（即消费者）的体现，同时，红塔品牌集团此举完全也是为了让不吸烟的人免受二次侵害。

把机场、车站等吸烟处进行装修和环境改善，并命名为“红塔意境”，不仅让世界各国的烟民享受“红塔相伴的感觉”，更主要的是，此类场合正是红塔山香烟目标消费群最集中的地方，信息（广告）的有效送达率达到了百分之百。

（2）少点儿，好点儿：亲切化诉求打动消费者。

推出红塔山低焦油含量烟是为了消费者身体健康着想，区别一贯的“大气”和“正气”的诉求，使红塔品牌与消费者的距离越来越近。

在广告诉求上，建议红塔集团推出亲切化诉求口号：

“少点儿，好点儿!”

“红塔提醒您，吸烟有害健康!”

“别在家人面前吸烟!”

……

在公关活动设计上，以体现拼搏进取、不断超越的精神为主。

采取以赞助体育赛事、开展企业发展战略研讨、热心公益事业等多方位的组合树立企业形象。如：“迎接挑战，为自强者加油”世界杯竞猜活动，“红塔山”杯国产汽车拉力赛，“红塔山”高尔夫球全国巡回公开赛；中国顶级企业对话等。

在终端促销上，针对性地开发红塔的烟缸、烟盒、烟嘴、小型红塔烟专柜等附产品，进行回馈消费者活动，并开展有奖热卖等，不断配合广告及公关活动整体进行。

总之，体现亲切的诉求为主线，拉近和消费者之间的距离。

我们知道，一次简短的品牌诊断，一些局部的品牌建议，对于红塔集团的发展作用极为有限。然而无论如何，这些都源自我们的专业立场和责任感。新世纪的红塔山能否顺利地成为国际舞台的品牌巨人，需要红塔集团全体员工的努力，需要社会各界的支持，让我们祝福红塔一路好走!

15 今世缘：从“十运会”到“食运会”

在终端被竞品全部买断，广告资源悉数被抢占的情况下，江苏今世缘酒业有限公司（以下简称今世缘）新产品巧借十运会之机，创办“食运会”，不仅全面瓦解市场壁垒，而且反客为主，不费吹灰之力，顺利将新品打入南京餐饮终端，赢得餐饮经营者和食客的青睐。

南京白酒市场历来被川酒、徽酒和以“三沟一河”为代表的苏酒所垄断。今世缘作为苏酒的一分子，自 1996 年进入南京市场之后，曾经杀出重围异军突起，在 1998 年创造过 9000 万元的销售规模。

但到 2005 年，今世缘在南京的销售连连受阻，销量下滑严重，2004 年销售额只有 3000 多万元。

为了再创佳绩，今世缘希望通过在 2005 年中秋节之际推出新产品重振品牌、重拾河山，但是，新品应该如何上市呢？于是今世缘酒业牵手联纵智达，助其新品上市。

一、终端市场被封杀，广告资源被挤占

具有十几亿元市场容量的南京市场，历来都是白酒企业的必争之地。当时，无论是气势浩大的四川军团，还是后劲十足的徽派白酒，以及崭露头角的苏派白酒，都把这个六朝古都当作必争的市场、必抢的阵地。

2005 年，南京市场更是热闹非凡，高端市场的“茅五剑”在艰难中前进，中档市场的徽派白酒——口子窖、百年迎驾、高炉家酒、百年皖酒等品牌，也被自认为很值得称道的“盘中盘”压得气喘吁吁，而占有“地利”的苏派白酒则逐渐壮大，稳步前进。

当时间临近 2005 年第十届全国运动会，南京白酒市场更是硝烟弥漫，连空气都是紧张的。数十亿的关注人群，几十万的到场观众，奥运的实战演习，

国家领导人的空前关注，每一家嗅觉敏感的企业都能嗅到“十运会”潜藏的巨大商机。

今世缘要重振河山，自然不能错此良机。但现实是残酷的，我们发现今世缘酒业被众多竞品围追堵截，几乎失去了夺此商机的机会。

（一）推广困境：同行业的广告、促销铺天盖地

（1）苏酒赞助“十运会”1500万元，成为“十运会”独家酒类赞助商。

早在“十运会”召开的几个月前，苏酒就投入1500万元与“十运会”组委会签订了排他性的赞助协议，不让任何酒类企业信息进入“十运会”现场，今世缘根本不可能从正面传播的角度借势“十运会”。

（2）洋河大手笔全方位覆盖户外媒体资源。

洋河在正面借势不可能的情况下，采取对地面户外媒体的全方位覆盖，在南京各高速路入口及主干道投放了大量的户外广告牌。一时之间，“洋河蓝色经典，为十运健儿加油”的广告牌遍布金陵城的大街小巷，基本没有给其他白酒企业留下任何机会。

（3）口子窖、百年迎驾等品牌加固盘中盘，终端死磕。

口子窖、百年迎驾、高炉家等品牌坚持“盘中盘”，守住终端不放，并加大了酒店终端的促销力度，一时之间到处都是促销，遍地都是酒水促销员，开瓶费从1元飙升到5元、8元，各种抽奖也此起彼伏。

（二）渠道销售困境：主要酒店终端被竞品买断，原有酒店终端积极性受挫

川酒、徽酒和苏酒通过买断经营等方式，垄断了南京几乎所有主流的酒店终端。雪上加霜的是，今世缘酒业原有的酒店终端在众多竞争品牌糖衣炮弹的攻击之下，推销今世缘的积极性明显受挫，而今世缘的新品要想进入其他的酒店终端却无处下手。

终端被封杀、广告资源被挤占，今世缘新品如何才能抓住“十运会”商机，如何撬开坚冰一样的南京市场，成为摆在联纵智达项目组面前的最大难题！

二、“食运会”：撬动市场的如意金箍棒

齐天大圣孙悟空的金箍棒上可捅天、下可定海，长短、大小随心如意。谁

有办法，谁有能力获得和运用这样的武器，无疑就能在市场上“翻江倒海”。今世缘在南京市场终端被封阻，广告资源被挤占，难道还能找到这样的“大杀器”？

（一）创新源：回归商业的本真——供需

酒是吃喝的一部分，而“十运会”最多的是什么？是人！人最基本的需求又是什么？吃喝！吃喝从来不分家，尤其是白酒，更是和餐饮、聚会、饭局紧密相连。抓住了吃的环节、抓住了餐饮市场就等于抓住了白酒市场的七寸！如果能通过一系列活动成功打破排他性的壁垒，今世缘的新品上市就有成功的胜算。

“民以食为天”，这可是大事！在“十运会”期间，几万名运动员与十几万名观众的吃喝问题如何解决，这不仅关系南京市政府与江苏省政府的组织能力，还直接关系一座城市的形象。因此，政府希望能进一步提高和展示南京餐饮业的服务水平、就餐环境、菜肴质量，树立南京旅游餐饮业良好文明的形象，将一个环境优美、热情好客、文明高雅的新南京的风貌展现在世人面前。

要打破市场壁垒，就必须得到广大餐饮客户的积极响应与支持。

（二）突破口：中国“十运会”，南京“食运会”

供需集合价值地带的营销驱动如图 3－5 所示。

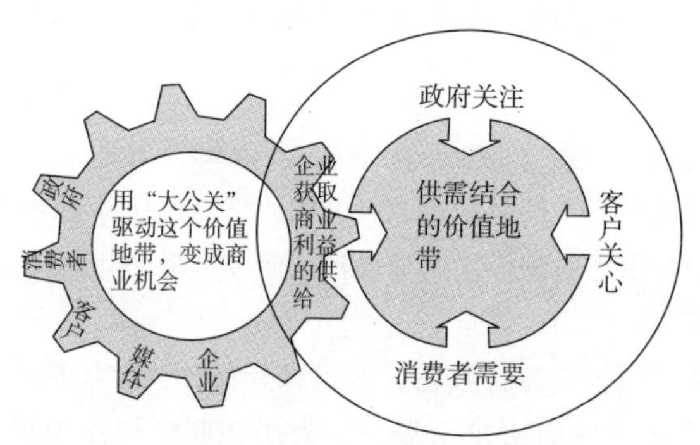

图 3－5　供需集合价值营销驱动图

要想整合供需，就必须找到供需集合的价值地带。结合前述，如图 3－5 所示，我们找到了其中所蕴藏的供需结合的价值地带。可是怎样驱动这个价值地带，并为今世缘实现这个实实在在的商业机会呢？

运动员赛场拼搏——酒店餐场拼搏；

聚集全国运动员——搞定数十万就餐人；

政府关注吃喝——企业关注吃什么、喝什么；

吃—食—十，中国“十运会”怎么少得了南京“食运会”！“食运会”这个绝好的创意逐渐清晰地浮出水面，项目组成员为此兴奋不已。

但我们没有把创意仅仅局限在“食”的本身，而是在“食”之外寻找和运动会相联系的东西，把产品内涵和产品精神贯穿到整个公关活动的始终。

（1）缘（友谊）。

因为“十运会”，全国各省的体育健儿共聚宁城，很多国际友人来到了南京，并且在“十运会”之前，两岸人盼了50年的和平统一迈出了具有历史意义的一步，南京人们期待已久的地铁也在“十运会”期间开通了……这一切机缘的巧妙聚合，不正是今世缘品牌文化所主张的吗？

今世缘紧紧抓住这个“缘”字，将友谊、团圆、美好生活融于一体，进行了一系列公关宣传，如图3－6所示。

图3－6　今世缘招贴广告

（2）搏（拼搏）。

“十运会”是一场全国各省运动员之间运动竞技的大聚会，更体现了中华民族在体育方面的拼搏精神，我们能不能联合南京餐饮企业搞一次餐饮竞技方面的拼搏活动呢？一方面为金陵美食强势品牌搭一个集中展示、各显神通的平台，另一方面也可以向全国人民展示新南京和新金陵人的精神风貌。当然“无利不起早”，我们不仅要做好“食”的文章，还要做好“运会”的文章，把食、缘、搏三者结合起来，在“食运会”上做足文章。

三、连环八战，今世缘反客为主掀热浪

今世缘酒业围绕“食运会”，运作了“八大主题活动”，“八大餐饮企业参与条件”等“食运会”运作规则，内外整合，多管齐下，在南京“十运会”期间掀起了火辣辣的热浪。

（一）八大“食运会”主题层层推进

1. “食运会”开幕式

充分借势“十运会”，“十运会”的开幕式同时也是“虎踞金陵，共赢天下”的今世缘新品推广会。在开幕式上，南京市高层领导和300多位酒店老总悉数到场。

2. “食运会”新闻发布会

这是本次活动媒体聚焦的起点，通过发布会我们把本次“食运会”的意义、特色、宗旨、具体活动安排向社会作了全面的介绍，拉开了“食运会”的序幕。最终赢得社会广泛关注，共有30多家媒体参与报道。

3. 百家名店名菜评选

公正、公平地评比南京餐饮业的服务与菜艺，通过消费者短信投票、业内专家的权威点评、公证处公证等方式，对所有参与本次活动的餐饮企业进行全方位综合水平的评估，最后评出四十家南京名店、八十道金陵美食名菜，并且通过权威机构对这些金牌名店与金牌名菜进行授牌和颁发证书。为了保证活动的宣传力度，在电视台的18频道开设短信评选发送平台，每周至少两次向南京市民公布短信投票动态。评选的奖项包括：最佳口味奖、最佳创新菜品奖、最佳组织奖、最佳服务奖及最佳人气奖。为了确保消费者参与的积极性，每周在电视上对消费者的短信号码进行一次抽奖，奖品为今世缘酒、现金或酒店就餐券。

4. 南京市餐饮业总经理高峰会

在这个活动中，300多位南京本地酒店经理参加峰会，就如何突破餐饮业管理难题，打造餐饮业强势品牌进行深入探讨，共商南京餐饮经营大计。

5. 庆十运，迎奥运万人签名

为了迎接2008年奥运会在首都北京的召开，在活动期间，我们号召所有

就餐的人参与迎奥运签名活动，力争突破吉尼斯纪录。最终，把签名结果转交北京奥组委，提前献上一份奥运大礼。

6. “冠军早知道”

我们专门组织了新闻采访车，对“十运会”冠军进行第一时间的跟踪报道，并且同时组织冠军代表团到“食运会”比赛现场进行金陵美食品尝。让所有关注“十运会”与“食运会”的人快速获得冠军信息。另外，还及时前往运动员下榻宾馆，向冠军及相关人员赠送今世缘酒，并免费提供一次庆功宴，通过媒体对此进行跟踪报道。

7. 食运快讯，情缘快递

为了加速对活动的二次传播，我们专门为本次活动编辑《金陵食运快讯》杂志，对参与本次活动的餐饮企业进行全程的跟踪报道，全面展示南京餐饮企业的精神风貌，向来到金陵的运动员及旅游者推荐金陵美食。并对活动过程中的花絮进行多角度、全方位的二次传播，同时还编辑金陵美食宝典与美食地图，引导消费者对饭店的选择。

8. “食全食美”总动员

我们还举办了为“江苏冠军赠酒”、“为江苏体校教练献礼”等活动。为了保证活动期间消费者能够积极尝试和购买，我们设计了“食全食美”总动员的有奖促销活动，在所有参与活动酒店进行有“吃”有奖系列活动，只要在活动期间，在活动指定酒店消费，就有机会中大奖。

以上所有活动，由于准确地把握了各个利益群体的需求，得到了政府的鼎力支持、媒体的热情报道、消费者的积极参与，更得到了南京各餐饮企业的快速响应。

（二）反客为主，拟定八大招募条件

按照市场规则，本应是今世缘新品为酒店进场买单，而今巧借“食运会”，今世缘不仅免去了大量的进场费用，反而向各零售终端开出了一系列特殊条件。由于南京餐饮企业踊跃报名，积极响应，热情程度大大超过了我们的想象，所以我们反客为主，对参与企业大胆地提出八大条件，以实现今世缘新品顺利上市、拦截竞品终端的目的。

这八个条件包括：

（1）年营业额不低于400万元；

（2）需要交纳报名费2000元；

（3）必须在活动期间悬挂今世缘的条幅等助销物料；

（4）必须在餐桌上摆放“食运会”宣传资料和《金陵食运快讯》；

（5）为今世缘酒上柜并提供特殊的展示位；

（6）允许“食运会”巡视员（今世缘促销员）进场；

（7）首批进货不得低于10箱；

（8）环境卫生条件达标，并提供菜品参赛。

在整个公关活动中，今世缘酒业“狮子大开口”，牢牢掌控了活动的主导权，销售推广环节的监控权，以求在每一个可能的销售点实现最终的销售。尽管有如此种种的苛刻条件，各酒店终端依然踊跃报名，因为他们清楚，能够参加这样的盛会，对于提升自己的知名度和营业额有着极大的作用。

当然，投入是需要回报的。对每一家入围参与活动的企业，我们也做出了承诺：有资格参与评选南京名店名菜，享受今世缘免费赠饮等促销待遇，享受“食运会”团体广告和入围“南京美食宝典”，为参赛酒店在“食运短信大舞台”上建立互动平台，等等。

经过严格的筛选，我们将近百家C类酒店挡在了门外，共选定了A类店164家、B类店187家作为参加本次“食运会”的代表酒店，基本覆盖了南京餐饮的主流市场，活动报名大获成功。

参加活动的酒店示例如图3－7所示。

图3－7　参加今世缘活动的某酒店

四、 十面威风， 今世缘颠覆常规铸经典

“食运会”全面满足了政府、酒店、消费者及企业自身的四方需求，在看似矛盾的需求中找到了平衡点。因此，今世缘酒业得以成功地借势“十运会”，巧办“食运会”，颠覆了传统的新品上市推广和传统进店习惯，做到了顺利突围和名利双收，成就了“四两拨千斤”的公关传奇！

活动后，我们总结了 10 个方面的成就：

（1）今世缘新品成功登陆南京市场，低成本、快速进入 300 多家酒店终端。

（2）原有酒店终端客情巩固，销量增加 30% 以上。

（3）上百条新闻的轮番报道，上万条的信息挂满网络，今世缘知名度和美誉度迅速上扬。

（4）“走别人的路，让别人无路可走”，在竞品买断的酒店终端里强势陈列了一个半月。

（5）互动让利，成功抢夺了竞品的游离消费。

（6）18 家新开业酒店无成本进场。

（7）新品当期销量 2000 余件，超过预期 84% 。

（8）激活、活化了今世缘这个南京市场的老品牌形象。

（9）通过项目组专家多次对今世缘营销人员的实战培训及“食运会”高强度的实战拉练，提升了今世缘酒业营销队伍的专业素质。

（10）今世缘和“食运会”得到南京市和“十运会”组委会的高度赞扬，获得了良好的社会效益。

第四章
乳业

16 沈阳乳业（1）：商战连三年，智谋值千金

从2000年到2002年，沈阳乳业有限责任公司（以下简称沈阳乳业）与联纵智达进行了2年多的合作，在沈阳的乳业大战中，留下了一段颇令人称道的故事。

一、高端新品上市，沈阳乳业找来联纵智达

沈阳乳业成立于1999年初，公司成立伊始，账面上只有50多元，除了几家支零破碎、生存难以保障的乳品加工厂之外，几乎一无所有。但沈阳乳业在一年多的时间里，便完成了对整个沈阳市低档包装液态奶市场的整合，在沈阳市的低端保鲜奶销售市场上占据了绝对的领先地位，其品牌辉山奶也在沈阳具有一定的知名度。

辉山奶是塑料包装，保质期只有几天，销售受产品线限制，销售地区半径始终停留在沈阳市区，这严重影响了辉山品牌的市场定位及拓展空间，阻碍了企业的进一步发展。

2000年初，沈阳乳业从瑞典利乐公司引进了先进的生产和包装设备，生产利乐枕产品，向中高档包装的液体奶市场进军。

为了打响新品上市第一炮，沈阳乳业请联纵智达策划"辉山"利乐枕的上市，双方由此展开了长达两年多的合作。

2000年5月，联纵智达全面介入"辉山"利乐枕鲜奶上市推广工作。

此时，利乐枕的包装已在运输途中，离产品的正式上市只有30天的时间。虽然没有在合同中明确说明，但沈阳乳业口头上对联纵智达表达了他们的市场期望：力争2000年下半年完成销量1800吨，平均每天10吨。而企业为此准备投放的广告促销费用仅有几十万元。

2000年5月1日，以何慕为首的联纵智达"辉山项目组"一行6人抵达

沈阳，双方的合作正式开始。经过一个月的高强度工作，联纵智达提出了“辉山”利乐枕上市推广方案。

二、 沈阳液态奶市场扫描

尽管已经进入了2000年，沈阳市民对液态奶的消费意识仍很淡薄。在全国大城市中，沈阳市民人均消费液态奶的数量最低。1999年，沈阳市人均液态奶的消费只有7千克/年，远远低于全国城市居民的平均每人22千克/年，更不要跟西方发达国家人均100千克/年相比了。

沈阳市场液态奶（含鲜奶、酸奶、钙奶等）主要以散奶、塑料袋、塑料瓶、玻璃瓶、利乐枕、利乐包、屋顶包等包装形式出售。不少市民误以为散奶最鲜，因此，遇到违章贩卖的散奶便大肆抢夺，散奶每天销量约有10吨。辉山奶在塑料袋装鲜奶和玻璃瓶装酸奶上占据绝对优势，占沈阳80%的市场份额，但其他中高档品种处于空白状态。

2000年，沈阳市场上利乐枕包装的鲜奶只有龙丹、帕玛拉特和三元这三个品牌，但厂家市场投入较少，没有专项广告宣传，终端促销不力，市民尚不了解，接受度低，因此销量并不大。据估计，三个品牌利乐枕包装鲜奶的总销量不到2吨/天。但全国知名牛奶品牌的利乐包品种繁多，有光明、伊利、蒙牛、帕玛拉特、子母等数十家，在沈阳市场的总销量约为20～30吨/天。

沈阳乳业营销资源有很多优势，具有深厚的消费者基础：

（1）在消费者心目中，沈阳乳业具有近乎“标准制定者”及“执法者”的行业地位。

（2）沈阳乳业和当地媒体关系良好，且垄断了当地大部分奶源。

（3）沈阳乳业还拥有沈阳本地最为先进的液态奶生产设备，可以保证产品的产量和质量。

（4）在市场基础方面，沈阳乳业有独有的地域优势和分销渠道。

（5）还有很关键的一点，企业员工具有极强的吃苦耐劳的敬业精神和服从意识。

不过，沈阳乳业的劣势与不足也很突出：

（1）营销组织不健全，机构设置不合理，必要部门、岗位及人员严重匮乏。

（2）营销管理不科学，奖惩机制过于简单，组织与团队的合力不佳，难以承担沈阳乳业的进一步发展及高度市场化运作的重任。

(3) 产品档次较低，高中端产品匮乏，单一品类产品获利能力差，市场拓展能力受到严重阻碍。

(4) 分销网络畸形，商业主渠道（商场、超市、便利店、小卖店等）拓展力度极其薄弱。

(5) 对经销商的管理及帮控手段单一。

(6) 价格体系不科学，难以适应一般商业渠道运作。

三、妙计频出，初战告捷

在这种情况下，推广利乐枕并不是一件容易的事，况且，利乐枕产品本身也并不具有绝对的市场优势。

(一) 普及乳品常识，激发潜在消费

利乐枕作为塑料袋装奶向利乐包、屋顶包过渡的中间产品，填补塑料袋与利乐包、屋顶包的中间空白，兼有两者优点的同时，也兼具两者的缺点。因此，就利乐枕包装而言，并不具有明显优势和突出的卖点。首批利乐枕辉山纯包装只有500ML/袋一个规格，不适合一人一次饮尽，开袋后贮藏不便。由于这些特点，仅以利乐枕包装为突破口的诉求方式显然是势单力薄的。

同时，“辉山纯”只是在包装形式上有所改变，其他诸如“加钙、更新鲜、更纯、更浓、更方便”等均不足以形成鲜明、突出的卖点，难以对消费者构成强有力的冲击和诱惑，在广告宣传和新闻造势方面也较难体现辉山纯独特的个性。

项目组提出，方案设计的促销宣传活动要多以液态奶、饮奶、奶业为主题，而较少直接涉及“辉山纯”产品自身。这样做的目的是尽可能地激发液态奶潜在消费者，让更多的人了解经常饮奶的好处，扩大液态奶的消费群体。而对“辉山纯”产品的销售促动，则更多地体现在硬媒体及三类媒体广告投放、终端铺货和促销等方面，在销售终端突出“辉山纯”的优势卖点，激发消费者的购买欲望。

(二) 软文开路，引“奶”出山

“辉山纯”产品上市的宣传推广费用较为有限，因此联纵智达采取了以

“物美价廉”的新闻造势及软文为突破口，以公关促销、三类媒体（招贴、POP、DM等）、人员推广、终端促销、实物促销为最主要手段，辅助以适当的大众媒体广告的策略，从而形成全方位、立体式的宣传促销攻势。

在明确了上述思路后，我们很快就策划了几个软文的主题，其中之一就是“‘奶卖不过水’引发的思考”，当时，鲜牛奶的价格（主要是指袋装奶和瓶装奶）比有些瓶装水还要低。借助“奶卖不过水”话题，讨论“借船出海”，可以引起人们对牛奶营养价值的充分认识。为此，项目组准备了一系列的文章题目，如：

《由奶卖不过水引发的思考》（以记者或观察家的身份写）；

《奶浓于水》（以营养学专家的身份写）；

《我为什么不喝奶?》（请普通读者投稿）；

《送奶就是送健康》（以送奶员身份写）；

《牛奶加工何止“27层净化”》（以牛奶生产厂的身份写）；

《一瓶水里有多少广告费?》（以广告或市场学专家的身份写）；

《奶业的思考》（以经济学或企业家的身份写）；

《辉山水好奶更好》（以沈阳乳业的身份写）；

《三山六水一分田，牛奶资源令人忧》（以牧场主或养牛大户的身份写），等等。

由于软文炒作是一种“小火慢炖”、“润物细无声”的渐进式促销手段，不能指望一两篇文章就能引爆市场。所以，后续还拟备了近百篇相关软文，延绵不断地陆续推出。短期内软文集中轰炸的效果非常明显，很快在沈阳掀起一股关于牛奶的讨论热潮。

（三）三大公关活动，直击主要消费群体

在新闻炒作之外，我们还花大力气进行公关促销活动的设计。

公关促销与新闻炒作相似，容易让消费者在“不知不觉”中对企业和产品产生好感和购买欲望，且可以节省企业的费用开支。考虑沈阳乳业所担忧的暑期销售不旺以及原有的“市民看乳业”活动的已有影响等因素，项目组设计了三个公关活动方案。

1. 健康食谱大赛

由联纵智达创意，沈阳乳业牵头，联合中医大营养学专家、新闻媒体等单

位开展“辉山杯都市家庭健康食谱大赛”活动。

在报纸上刊出活动内容与细则，请读者参与，提供以科学、营养为基础的家庭健康食谱（分早餐、中餐和晚餐），并在报纸上公布优秀的食谱，号召广大读者参与评选。

聘请中国医科大学营养学专家作为评委，评选出12个获奖食谱（早晚一杯牛奶自然是其评价标准之一，但我们没点名是辉山奶），将获奖食谱公之于报端；并对入选者和积极参与者给予奖励，奖品为微波炉、电饭煲、排油烟机等厨房用具，以及辉山订奶券；并借此向市民大力推荐评选出的“都市家庭健康食谱”，对辉山奶地推荐达到“无声胜有声”。

2. “新世纪好媳妇”评选

考虑辉山纯软袋包装不方便携带，500ML容量不适合一人一次饮尽，超纯、超浓的品质和适中的价格等特点，我们将辉山纯主要目标消费群定位在经济条件在中等及中等以上、追求生活品质和品位的家庭（3~5口人）。此类家庭饮奶的场所多为餐桌，而直接购买者多为家庭中的女主人。所以，辉山纯的第二个公关活动就是“新世纪好媳妇”评选。

沈阳乳业、报社、市妇联联合推出“新世纪好媳妇评选”活动。首先，对新世纪好媳妇的标准进行讨论，从而确定好媳妇的评选依据，在《沈阳晚报》开辟“小康生活标准”专栏。最后，选择一名最优秀的入选者（形象气质要出众），作为沈阳乳业的形象大使，对日后的促销活动、海报制作等形成直接帮助。好媳妇评选标准中，自然会有“关心家人健康，选择健康食谱”之类的条目，以此衔接评选“都市家庭健康食谱”活动的余热，并为好媳妇与辉山纯之间的对接埋下伏笔。

3. “合家欢”系列促销活动

这个活动以“沈阳人——辉山奶——自然亲”为主题，对中等及以上收入的家庭，发挥辉山的地方品牌优势。推出**“本地的企业本地的牛，本地的牛奶自然鲜，本地的品牌自然亲”**等诉求，有效化解外埠实力派企业在高端产品（利乐枕、利乐包、屋顶包等）方面的竞争力，拉近沈阳市民与辉山奶之间的距离，使沈阳市民了解沈阳乳业，增强本土亲近感。

针对学生放假期间家长停止给孩子订奶、购奶的现象，项目组提出宣传口号**“今年暑期不放假——学校放假，营养不能放假”**，告诉家长注重孩子的营养健康必须持之以恒，不能因放假而放弃对孩子的营养保健。

具体实施时，非常注意实际效果：于学校放假前10天招贴或悬挂在校园或学校门前，利用学生放学时段，将宣传手册分发给家长和学生，提醒家长重视暑假期间的孩子营养。在快放学的时候，会有众多家长等在校门前，尤其是小学，此时“无聊”的家长一般会较为认真地阅读手中的宣传资料。

此外，还举办“辉山夏令营”，与沈阳电视台生活频道合作，在暑假期间推出“辉山暑期乐园”专题节目，以此提高中小学生对牛奶的了解，养成常饮奶的良好习惯，扩大辉山乳品在中小学生中的影响，同时，反过来影响家长对辉山纯奶的指名购买。

此外，项目组还精心设计了“辉山纯”的上市新闻发布会。当时恰逢“沈阳放心奶工程”实施一周年，我们建议将“辉山纯”上市新闻发布和“放心奶工程”实施一周年的庆祝会合二为一。这样可以借政府的宣传机构，迅速扩大“辉山纯”的知名度。

（四）借船出海，广告宣传巧用“钙”

在广告宣传方面，项目组设计了一个既省钱又颇具实效的办法。形象地说，就是直接搭乘“钙帮”顺风船，即当举国上下一片“补钙”的呼声时，只要说一句“牛奶是自然界中最好的钙源”，并沿用沈阳乳业原有的广告定位语——**“一天一杯辉山奶，一生一世不缺钙”**，便可达到借势发力、事半功倍的效果。后面这个口号，虽美感不够，效果也不太理想，但却是沈阳乳业长期积蓄、沈阳人妇孺皆知的，且其促销作用十分直接和有效的。在企业对媒体投入十分有限的情况下，继续沿用一段时间，可以最大限度地发挥其“余热”。

在具体的广告媒体方面，则选择了全面出击的办法：在卖场大量张贴海报及POP，派发DM单，户外广泛利用车体路牌广告。同时，公司还制作一些宣传小册子，并对送奶员的服装、送奶车等重新设计，突出“辉山纯”的形象。一时间，沈阳市内到处都能看到“辉山纯”的身影。

（五）强力出击，终端促销获完胜

以上这些是比较长期的计划，而“辉山纯”的上市还需要一个具有强烈震撼力的“亮相”，为此，项目组专门设计了一个大型的终端促销活动。

在辉山纯正式面市前三天，在《沈阳晚报》上发布告知广告：凡在××日购买辉山纯奶的消费者，均可获得沈阳乳业免费提供的××名牌优质新鲜面包（一袋或几个，零售价格要超过一袋“辉山纯”的价格）。

辉山纯上市前两天，要求送奶员在投递辉山袋奶的同时，将辉山纯的宣传单一并投入订户奶箱。并对老订奶户推出两袋250ML塑料袋奶换一包零售价更高的500ML辉山纯，同时把“辉山纯”的市场零售价也告诉他们。

上市伊始，选择沈阳市内30余家KA卖场，对实际购买人群进行现场实效促销。在广告词上，套用百姓较为熟悉的电影《列宁在1918》中的语言**“会有的，都会有的，面包会有的，一切都会有的”**，将其变换为“会有的，牛奶会有的，面包会有的，一切都会有的”，进行幽默诉求。

“辉山纯”上市的那天，项目组工作人员和沈阳乳业高层一起来到沈阳的一个家乐福超市，观看实际的销售情况。刚进店的时候，大家心里还有点忐忑不安，担心会出现冷场，但很快，这种担心就烟消云散了。

在当天，家乐福店内的液态奶卖区几乎成了“辉山纯”的天下，“牛奶+面包”卷起抢购狂潮，补货员的上货速度明显跟不上消费者的购买速度。其他几个售点的人员也不断打来电话，敦促尽快送货。结果，辉山纯上市第一天，沈阳市内几大卖场就创造了销售5吨的佳绩。而在此之前，其他几大品牌的利乐枕产品在沈阳市场每天总计销量还不足2吨。

很快，沈阳乳业独有的“奶道”也快速跟进，不到3个月，“辉山纯”的日销量就达20吨/天（至2002年5月，已达70吨/天）。而且预期的“不谈利乐枕，只记辉山纯”的“狭隘”目的也基本达到。习惯精练语言的沈阳人已习惯地将500ML包装的辉山纯叫作“大纯”，将后期推出的250ML包装的辉山纯叫作“小纯”。

同时，在2000年暑期，专供学生用的辉山学生奶销量达到了1999年销量的3倍以上。到2000年年底，辉山奶在沈阳市内的销售终端销量翻了一番，日销量达到180吨。

“辉山纯”的上市策划大获成功。

四、 再牵手： 营销管理体系规划

健全的营销队伍和组织管理体系是任何推广方案有效实施的根本保障，没有队伍和管理做基石，再好的方案都将化为“水中月，镜中花”。随着企业快速地发展，沈阳乳业营销队伍及管理已明显落后于市场的发展和变化，于是，当“辉山纯”成功上市之后，沈阳乳业又与联纵智达开始了新一轮的合作。

“辉山纯”成功上市，除了优秀的新品上市策划之外，与国企员工吃苦耐劳的敬业精神也密不可分。但除了敬业、吃苦精神之外，沈阳乳业的营销队伍和营销管理体系已远远跟不上市场发展的步伐，甚至已经成为限制企业发展的瓶颈之一。

沈阳乳业管理层缺乏承上启下的中间环节，出现严重的断层，公司高层事无巨细，什么事儿都必须亲自抓。他们一方面要承担企业长远发展规划、调度资金、协调相关部门、规划新厂等战略决策层面的大事，另一方面还要为新品研发、上市推广、广告创意甚至处理经销商投诉这样的具体事务费尽心机。

在与公司高层领导的交谈中，我们得出这样的观点：沈阳乳业到底能走多远，全在于我们拥有多少优秀人员和管理手段；沈阳乳业要做大、做强，要走出家门面向全国，单凭目前这支队伍是很难胜任的，趁目前发展势头正猛，我们必须加快营销队伍与管理体系的建设。

在达成共识的前提下，联纵智达于2000年9月再次派“大兵”进驻沈阳乳业，开始了“沈阳乳业营销管理体系全面规整与设计”的咨询服务作业。

五、 欲建营销队伍， 先定市场格局

我们的思路是，根据沈阳乳业的市场拓展方向搭建新的营销体系，期望两者能贴合得天衣无缝。

由此，我们先制定了沈阳乳业市场拓展三部曲。

第一步，攻打本土市场，实现区域垄断。建议短期（一年）内仍将沈阳市区作为重点市场，固守家门，扩大鲜奶消费群，做区域垄断者。

第二步：夯实辽宁省内及周边区域。周边地区可暂时以“经销商导向”为开发原则，即大力开发合适的经销商，将市场运作交予经销商，由沈阳乳业提供指导和帮助，加强对经销商的管控力度，提供海报、POP、促销品等促销工具，更多的市场投入则以经销商为主。

第三步，拓展东北三省城市市场。东北之外的区域，选择性打造“样板市场”，少作投入，以磨炼队伍、总结经验和教训、提炼运作模式为主要目的，为今后大规模运作全国市场奠定基础。

为了确保沈阳市场液态奶的区域垄断者的地位，保证80%～90%以上的市场份额，项目组建议辉山奶在沈阳市场液态奶层面上应采取“全面竞争策略”，竞争对手包括在沈阳市场的全国一线品牌，本地其他液态奶企业，非液态奶类乳制品等。

“全面竞争策略”就是不单一锁定某一个或某几个竞争品牌，而是以除辉山奶之外的所有液态奶以及液态奶的可替代产品生产企业为竞争对手或假设竞争对手，站在沈阳市整个液态奶行业甚至政府的高度，以“全民健康大使”的身份和形象，针对沈阳市民开展一系列的说服教育工作，大力宣传日常饮奶的好处，极力推广液态奶——当然，前提是必须与辉山品牌挂接。

六、夯实市场，搭建合理营销体系

根据半年多的了解和深入交流，结合沈阳乳业实际状况以及未来 5 年发展规划，项目组开始着手全面打造沈阳乳业的营销体系。

设立**“沈阳乳业营销中心”**，该中心的规格高出其他部门半级，以此凸现营销工作在整个企业内部的高度与重要性，也便于营销主管人员与其他相应部门的横向沟通与协调。由公司副总直接担任营销中心经理，营销中心内部设置了 6 个运作部门。

由于液态奶分销通路特殊，“奶道”与商超等一般商业渠道的运作模式和管控方法差别很大，故建议将两个部门平行，统一归营销中心管理。这就使得沈阳乳业较一般的食品企业的基层营销部门多了一些。由此，带来对中层管理人员数量、专业对口性、实际操作能力等方面的要求。

在接下来的几个月里，我们多次与公司高层管理人员进行面对面的沟通，讨论沈阳乳业的营销组织架构、岗位设置、人员招募等问题。在取得一致意见之后，先后设计并递交了多份作业设计文案，如《沈阳乳业分销通路规整与设计》、《沈阳乳业营销会议制度手册》、《沈阳乳业市场人事招聘及业务培训手册》、《沈阳销售部营销手册》、《外埠销售部营销手册》、《沈阳乳业新市场开发原则与流程手册》、《直送营业部营销手册》、《市场部工作手册》、《辉山品牌零售终端生动化管理标准执行手册》、《沈阳乳业营销人员绩效考评标准与实施细则》等。

旧的经验式的营销管理被改造成了科学的、系统化的管理制度，沈阳乳业的整个营销体系健全严密了很多。

七、品牌延伸：借力“辉山”，巧创副品牌

在改革营销体系的同时，我们还建议沈阳乳业应尽早对品牌进行规划与设

计，这其中包括对辉山的再造。

建立一个强势品牌是非常不易的，绝非是起一个响亮的名字，狂打一通广告那么简单，这是一个错综复杂、细致入微、持之以恒的系统工程。但一个好的品牌名称是成功的基础，其真谛在于创建一个独特的、能够引起顾客共鸣的“声音符号”，推动企业价值建设，增强品牌的认知度，给消费者留下独特的、积极的印象。在沈阳市民看来，“辉山”无疑具备了一个好名称的基础。

但一个企业，依靠一个品牌独撑天下，还是过于单薄，而且风险巨大。我们的做法是，开发沈阳乳业副品牌。

辉山品牌由于深得天时、地利、人和，通过沈阳乳业人艰辛的努力，已成为沈阳市民最为喜爱的地方品牌之一。于是，我们在用足“辉山”已有影响力的前提下，巧妙的进行品牌资产“转移”——趁辉山品牌正火之时导入副品牌。

初期以“辉山××”的联合品牌形式面对市场，待××在辉山的照耀下逐渐被消费者熟悉和喜爱时，再将两者剥离，让××成为一个独立的品牌，从而完成新老品牌的交替和品牌的升级。而且建议××这一副品牌在初期用于辉山系列产品中的高档奶部分，借以拉升××品牌的市场形象。

与沈阳本地及周边地区杂小乳制品企业相比，沈阳乳业的实力和企业规模都堪称“巨人”。尤其是投资两亿元，全套引进当时世界最先进乳品生产及包装设备，以及竣工的辉山新厂区，日产能可达400吨，堪称国内单体乳品制造企业之最。

但是与光明、伊利、三元等具有上市公司背景的大企业相比，沈阳乳业的实力与科技背景还是难以与之抗衡。尤其是地处沈阳这个曾经以重工业闻名全国的城市，生产科技、历史背景、企业联想等都很难找到突破口。

在奶源方面，沈阳就更不占据优势，一想到沈阳，许多人就想到烟囱林立、满天灰尘，与“内蒙古大草原”根本无法相提并论。

当然，我们也可以跳出产地、奶源、技术等地缘背景，给辉山及其副品牌“强加”一些纯粹感觉上的内涵。但这样诉求太绕弯子，且震撼力不强，竞争力不足，这种想玩感觉而到了最后却没了感觉的失败企业比比皆是。

“一生一世不缺钙”的广告语一方面已不适应当时的市场环境，同时也受到了当地一些“责任感特强”的老先生们的质疑。据说沈阳两会期间就有代表对此提出了意见，并通知各大媒体停播这一类语言的广告。因此，辉山不变也不行了。

面对“好牛好奶100%”的上海光明、“来自内蒙古大草原”的伊利、以价格和终端促销见长的北京三元等国内乳业巨头的大举进犯，以及当地二三类厂家在渠道与终端方面的蚕食，沈阳乳业除了在产品品质、品种与价格上予以迎面阻击，在分销渠道和销售终端上建造壁垒，在宣传、促销、公关和广告上发挥集中优势之外，还必须在品牌塑造方面标新立异，优于其他竞品品牌。然而，在提炼辉山及其副品牌核心价值与核心诉求时，项目组一度陷入了僵局。

在进行辉山副品牌创意时有一段小故事。

当时，沈阳乳业研发了一个口感非常不错的产品“辉山酸乳酪”，我们建议给这个产品起个副品牌，权当尝试。而沈阳乳业的老总更关心的是这个产品的广告语应该是什么，说希望以后沈阳人一进酒店别先喝酒，应该先点“辉山酸乳酪”。联纵智达创意总监张明辉听到这句话，一下子睁开他那双小眼睛说“好！我们这个产品的副品牌就叫‘仙点’，组合起来叫‘辉山仙点’！”。

接下来又陈述了他的理由：

首先，“仙点”字面解释就是神仙的点心或神仙点的食物，而牛奶正是大自然中除母乳之外人类最好的食物，加之沈阳乳业生产工艺的“巧夺天工”，不就是仙点吗。

其二，从发音上看“仙点”和“鲜点”同音，是说我们的奶比别人的要“鲜一点”，这说明牛奶的品质好呀。

此外，至于酒店奶的广告语就叫——进酒店，先点“仙点”……

沈阳乳业以往的广告词取得过较大的成功。“一天一杯辉山奶，一生一世不缺钙”之类的产品功效诉求，虽然显得有些老土和直白，但在市场启蒙阶段，这种单刀直入、赤条条的功效诉求也确实起到了快速的拉动作用。随着全国人民日常饮奶量地逐步上升，以及沈阳乳业连绵不断地说教，沈阳市民人均饮奶已由1999年的7kg/人/年增长到2002年的14.3kg/人/年。虽然与南方一些城市比较仍然偏低，但在三年中发生如此之大的变化也不得不称其为“奇迹”。

八、 硕果体现暖心窝

从2000年5月到2002年5月，两年多的时间里，沈阳乳业无论是在区域市场的拓展规划方面，还是在沈阳市场的宣传与竞争手段、队伍建设和渠道网点扩张方面，都认真、扎实地坚守着新的经营策略。两年多的时间里，我们不间断地为沈阳乳业提供专业的营销咨询服务，双方的合作也取得了巨大的成功。

截至 2002 年 5 月，辉山奶在沈阳液态奶的市场占有率已达 90%，日销量近 300 吨。且由于奶源价格相对低廉，生产及市场费用相对较低，辉山奶的利润率也大大高于国内其他品牌，2001 年销售收入 2.9 亿元，利税 3678 万元，预计 2002 年利税可达 6000 万元。根据为辉山乳业做上市改造的华泰证券评估，仅辉山品牌积累的价值，就不少于 1 亿元。2002 年，沈阳乳业已跻身中国乳业五强。而 2001 年央视调查显示，辉山奶的区域品牌忠诚度高达 95.3%，为全国乳业第一。

17 沈阳乳业（2）：辉山从“营养”、“纯”到“新鲜”的变身实录

在我们为沈阳乳业服务的3年时间里，对辉山液态奶做了三次核心卖点的提炼，从这三次核心卖点提炼，就可以管窥液态奶的快速发展过程，也能在一个实际案例的基础上，更加直观地阐明影响产品核心卖点提炼的诸多因素。

如果你去和小学生讲博士论文，结果会如何？我想，他一定愣头愣脑地看着你，心里想这人说的都是什么呀？有病！同理，作为一个产品的拥有者，企业该如何和消费者沟通呢？最简单的方法就是用消费者的语言与消费者沟通。

当消费者还不知道牛奶对身体有何好处的时候，如果你告诉他喝牛奶，就是有面子、有档次，你认为有多少消费者会买牛奶，我想肯定不多。

显然，消费者的语言只是让产品诉求更加贴近消费者，更有亲和力。要最终获得消费者的认可并产生信赖，还必须考虑产品的特性，行业的发展状况，产品所处的竞争背景，产品所处生命周期的阶段等等诸多因素。

不同的时期，消费者有不同的特点，所以我们必须卖“不同”的牛奶。

一、第一次提炼：“营养”，让消费者真正认识牛奶

1999年的沈阳，液态奶企业不多，整个市场不大，消费者对牛奶的认知度低。沈阳市民对液态奶的人均消费量，仅相当于国内同等城市平均水平的三分之一（沈阳为7千克/年，全国城市平均为22千克/年）。有趣的是，沈阳人对奶粉的消费容量却很大，折合成液态奶相当于270吨/年。这种现象说明沈阳市场的液态奶的市场空间非常大，但消费者对牛奶的认知度极低，甚至不知道液态奶和奶粉

之间的差别，因此会产生大量消费奶粉的现象，这也给液态奶销售带来障碍。

为什么会出现这样的状况呢？

经过进一步了解，我们发现：沈阳市场缺乏强势品牌的介入，由于现实的市场容量小，当时国内有实力的厂家如三元、伊利、帕玛拉特等均觉得沈阳市场犹如“鸡肋”，因此不愿大举进入，沈阳市场缺乏对液态奶产品的宣传和培育。没有电视广告，没有报纸软文，没有小册子，消费者根本得不到关于牛奶的信息，因此，认知度低是现实。

要培育沈阳液态奶市场，首先需要解决的问题，是告诉消费者液态奶是什么。但如何告诉，却是一个需要技巧的问题。

沈阳市场处于产品教育期，专家组认为，告诉消费者喝牛奶的好处是第一步，只有消费者知道牛奶是个好东西，才会购买牛奶。于是，我们为辉山牛奶锁定的第一个卖点就是“营养”。

看看我们准备的大量关于牛奶营养的软文题目，其宣传攻势可见一斑：

《鲜牛奶和奶粉的区别》

《喝鲜牛奶的100个理由》

《喝辉山奶，让孩子更聪明!》

《牛奶补钙最经济》

《牛奶的12个保健功能》

《牛奶让我如此的美丽》

《常看电视，特别需要喝牛奶》

《牛奶有助儿童的智力发育》

……

在媒体组合上，采用软文炒作的方式进行，电视媒体进行少量的品牌提示，而利用大量的软文进行主题宣传，配合DM，牛奶营养常识手册，社区宣传，甚至设立了牛奶营养知识的咨询电话。这种采用保健品的玩法来宣传牛奶的方式很快起到了效果，大量消费者打电话询问牛奶知识，一些牛奶营养小册子进入家庭，很多消费者开始尝试购买液态奶。

一年花了70万元的宣教成本，却把市场的销售额扩大了1倍以上，2000年底，辉山完成了接近1亿元的销量，宣传初战告捷。

在当时，恰逢补钙保健品大行其道，我们也顺理成章地搭了一把“钙帮”船，推出了辉山牌高钙奶，甚至打出了广告“一天一杯辉山奶，一生一世不缺钙”，大举宣传“牛奶是最好的天然钙源”，等等。

在2002年对沈阳消费者的专项调研中，消费者把补钙作为牛奶的第一大功能，很多孕妇、老人、小孩正是因为这个原因，接受并开始“一天一杯辉山奶”。看来，是我们搭乘“钙帮”船，对消费者起到了诱导的作用。

二、 第二次提炼：“纯”， 卖的就是差异性

经过一年多的宣教，消费者对牛奶的好处知道得越来越多。这时，我们开始考虑新的卖点，因为当消费者都知道牛奶有营养的时候，你再叽叽歪歪没完没了地说，肯定会引起消费者的腻烦。

教育期的问题在于液态奶有营养，可是那是整个液态奶的事，并不是辉山独有的东西。因此，消费者不一定购买辉山牌的牛奶。于是，当地的一些杂小厂家也开始见缝插针，加大市场推广力度，这对辉山极为不利。怎样突出辉山的特点，又能再次给消费者以鼓舞，是当时面临的问题了。

在产品的教育期，我们需要告诉消费者“液态奶好”，让消费者相信牛奶是个好东西。在这个问题基本解决了之后，**我们必须解决“为什么”辉山牛奶好的问题。**

在调研中我们发现，消费者对产品品质的要求很高，很多消费者担心一些杂小厂家在牛奶中掺水，导致牛奶被稀释而不纯，因此更加信赖有实力的厂家。

由此，我们得到了很大的启发。

首先，液态奶好，营养来自什么？这个问题显然容易回答，来自牛奶本身的奶源可靠、奶的品质正宗、不掺水等等。其次，液态奶好，可是消费者获得这些营养的好处依然没有解决，因此，牛奶的品质是消费者最关心的。

因此，**我们把“纯”作为第二个核心卖点进行诉求**，开始大张旗鼓地告诉消费者辉山的牛奶更纯，更让人放心。对纯的诉求，赢得了消费者的信赖，获得了较好的效果。

我们认为，整个行业渐渐成熟之后，市场特征是竞争者开始出现，并且快速增多，众多品牌都想分得市场一杯羹，行业众多产品开始出现同质化。这个时候，产品该如何与消费者沟通呢？

（1）竞争者出现，但竞争者相对还比较弱，突出自己的产品特点，比竞争者领先是这个时期的任务。

（2）消费者在众多产品中进行选择，产品只有与众不同才能打动消费者，因此，核心卖点的提炼应该围绕着产品的差异性进行。

（3）核心卖点不但要突出自己的品牌特点，同时要能打击直接竞争者。

（4）在进行核心卖点提炼时，产品特点不一定是独特的，因为同质化程度高的众多产品，要让产品独特并不是一件很容易的事情，但是**一定要将竞争者没有讲出来的特点第一个讲出来。**

（5）突出产品特点的核心卖点，也是区隔竞品，建立消费者忠诚度的前提。

三、第三次提炼："新鲜"，领先、阻击竞争者

2002 年，沈阳乳业已经成当地液态奶的老大，市场份额处于垄断的地位（份额占据 80% 以上，有时甚至达到 90%）。然而，一个突出的问题却摆在面前，强势竞争者利用高端产品开始蚕食市场，主要用的是"屋顶包"。

竞争者抢占高端市场，建立产品的高端形象，逐步向其他包装系列扩张，很显然采取的是"单点突破，全面撼动"的市场进入策略。在高端市场打击竞争者是辉山不可回避的现实，最好将竞争者消灭在萌芽状态。

（一）确定新鲜度为核心卖点

消费者最关心的产品属性。

当消费者已经知道辉山牛奶有营养，而且纯的时候，接下来会关注什么呢？为此，我们对消费者购买牛奶的消费行为进行了调查，调查结果如表 4－1 所示：

表 4－1　产品属性对消费者购买牛奶影响度

产品属性	重要程度（%）
新鲜	60.5
营养丰富	54.3
来自无污染的草原牧场	51.5
纯正、天然的	28.1
口感细腻柔滑	27.9
口味纯正	19.8
奶源优质	18.6
牛奶的颜色是白色	10.0
采用最新的加工工艺	8.3
采用先进的保险包装	7.9
闻起来奶味很香	5.7

调查结果显示：沈阳消费者最关注的是新鲜程度，营养和奶源的选择等属性紧随新鲜程度之后，对工艺、包装和气味的关注相对要弱很多。

根据这个结果，我们再看看竞争者如何？

新鲜度，竞争品牌的软肋。

从消费者购买产品的属性看，竞争品牌和辉山“屋顶包”在产品其他属性上并没有很大差别，而牛奶的新鲜度是影响消费者购买的第一因素，围绕这个因素，将我们产品的新鲜优势做透彻成为此次作业成败的关键。

竞争品牌产品从生产线到零售终端的过程如下：

生产线—仓库—长途运输—沈阳市经销商—零售终端。

在这个过程中，最大的时间消耗在两个环节：长途运输和沈阳市经销商配货。由于竞争对手距离沈阳市最近的生产厂家有几百公里，这就要消耗竞争厂家1天时间。同时，由于竞争厂家是外埠企业，对沈阳市采取的是经销商制，由大经销商向销售终端放货，这个配货时间又将耗去1天左右的时间。再加上在厂家仓库里周转的时间，竞品从生产线到零售终端至少要2~3天。

辉山“屋顶包”从生产线到零售终端的过程如下：

生产线—零售终端。

辉山是本土企业，直接做终端，产品可以直接从生产线上运送到零售终端，最多只要12个小时。

优势在比较中产生，在所有产品属性中最受消费者关注的新鲜度上，辉山产品占尽了优势，这是竞争者最易被我们攻击的软肋。新鲜度成了我们这次上市运作的核心，那么我们又该如何在价格、产品、渠道、促销等方面将辉山“屋顶包”的新鲜优势发挥得淋漓尽致呢？

（二）新鲜度核心卖点的营销方法

鉴于以上的调研和分析，我们很自然得到了这次作业产品的核心卖点：**家乡的牛奶最新鲜！**主打新鲜就成了我们本次产品上市的主要卖点。

（1）为什么是家乡的牛奶？

辉山品牌的“屋顶包”在沈阳市是一个弱势产品，市场占有率不到10%。但是在其他包装奶方面，辉山有着很好的品牌效应，如利乐枕、百利包等产品，有60%以上的市场占有率，是家乡消费者普遍接受的产品。

突出家乡概念，不但巧借了品牌优势，还给了新鲜一个充分可信的理由。

(2）引入副品牌——“珍の鲜”。

辉山品牌在“屋顶包”的延展处于弱势地位，要借原有品牌效应，又要突出“屋顶包”的新形象，我们必须引入一个副品牌，给消费者全新的形象。“珍の鲜”成了新的副品牌名称，主要缘由是：

隐意“真的鲜”，珍：珍奇、珍贵；鲜：一语道破天机；在副品牌加入符号の，增加了时尚的气息和流行元素。

在组合上，采用主品牌辉山来带副品牌的方法，即：辉山珍の鲜屋，新鲜上市！

(3）新鲜的支撑体系。

辉山珍の鲜屋为什么新鲜？对此，我们分别从奶源、品质、包装、运输时间四个方面进行阐述。

奶源方面：当地的天然牧场，百分百好牛好奶，突出本地的地缘优势——做“HS”牌。

奶质方面：辉山科学地饲养牛的方法和先进的设备、厂房等足以支撑奶质本身的优越性。

包装方面：因为“屋顶包”的独特包装技术工艺（高温灭菌程序和包材等的不同），决定了“屋顶包”牛奶最新鲜。

运输时间方面：本地的运输条件决定了其“12 小时到餐桌”成为可能。

为了对新鲜进行进一步的权威认证，我们建议沈阳乳业快速联系当地的乳业协会，并进行相关的配合。最后在我们的包装上，出现了一个“沈阳乳业协会新鲜认证”的小红章。这枚小红章，再次给我们的“新鲜牌”注入有力的佐证。

在核心卖点的提炼上，一定要结合自己独特的优势资源，做到核心卖点所诉求的产品特性是竞争者不具备的。在挖掘产品独特优势的时候，要善于发掘企业那些未被发现的资源。企业或许存在着各种资源，在资源的遴选上，一定要关注资源的差异性，这个资源是竞争者没有的。

在企业资源的独特性上提炼出的核心卖点，往往会成为竞争者不可逾越的障碍，也是打击竞争者的利器。一个不起眼的资源优势如果合理放大，可以淋漓尽致地运用到营销策略的多重组合当中，使产品的整体领先，达到全面阻击竞争者的目的。

四、 新鲜之后， 还有更新鲜的卖点

在不同的时期卖“不同”的牛奶，就是充分地结合了影响产品推广的诸多因素，如：产品的特性、行业的发展状况、产品所处的竞争背景、产品所处生命周期的阶段等，最终达到将市场做大做强的目的。

产品不同，卖点也不同，在推广辉山纯牛奶系列产品时，我们循序渐进，分别对“营养、纯、新鲜”做了诉求。事实上，随着牛奶产品线延伸和新品的开发，还有很多诉求可以选择。

当消费者已经知道了你的牛奶“有营养、纯、新鲜”之后，你还有什么卖点？例如针对酸奶可以诉求美丽，针对一些目标指向青少年的可以诉求时尚，等等。

新鲜之后，肯定还有更新鲜的卖点，那就要看产品情况、行业状况、目标消费者情况、竞争者状况，等等，只要明确了市场背景，再结合自己的特点和优势，用最容易与消费者沟通的语言将诉求表述，一定能给产品赋予更多的新元素。

18　沈阳乳业（3）：利乐公司卖什么 

瑞典利乐公司是全球知名企业，世界500强之一，它的包装材料、饮料加工设备和灌装设备畅销世界。1985年，利乐（中国）公司（以下简称利乐）成立，自此稳固地占据着中国市场。在其辉煌背后，你是否知道，利乐公司到底是卖什么的?

一、读不懂的利乐

利乐在中国很低调，除了那句“找到利乐，找到新鲜”的广告语偶尔见诸电视之外，有关企业的零星报道并不多见。真正了解利乐，源于我们为沈阳乳业的服务。

作为一家专业营销咨询机构，2000年5月，我们开始介入对沈阳乳业的营销服务。但先期与我们洽谈此项业务的并不是沈阳乳业的负责人，而是利乐的大客户经理周传毅，这出乎我们的意料。

作为一家包装材料的供应商，为什么要介入沈阳乳业的营销活动呢?

沈阳乳业成立于1999年，在沈阳市保鲜奶市场是绝对的“老大”。2000年初，沈阳乳业从利乐公司引进先进的生产和包装设备，开始进军中高档液体奶市场。我们的工作就是全面负责沈阳乳业辉山牌利乐枕液态奶的上市推广。

2000年5月1日，辉山项目正式实施，项目组一行6人抵达沈阳。接待我们的就是周传毅。

访谈足足进行了6个多小时，周先生从牛奶营养成分的构成、对人体的好处、其生产加工工艺与流程、销售的主要渠道与环节，一直讲到世界发达国家牛奶消费现状、中国液态奶发展趋势，以及沈阳市液态奶市场实态和辉山奶在当地的实际处境，等等。思路清晰、数据翔实、如数家常，令我们赞叹不已。周先生的话刚一讲完，现场的6位作业组成员无一例外地全都操起手机通知家人："明天开始给家人每人订份奶……"除了对行业资讯与技术的娴熟之外，周传毅先生的"推销"能力也令人折服。

由于辉山利乐枕要在2000年6月初上市，留给企划作业的时间不足一个月，时间十分紧迫。大量的市场调查及信息整理任务繁重，项目组成员白天要与相关人员进行深度访谈、走访经销商和终端，查看市场，晚上又要汇总信息，进行讨论，头脑激荡，每天只睡两、三个小时。令我们感到惊奇的是，利乐的周传毅自觉成了"编内"成员，全程陪同，协助我们工作，同样一天睡两、三个小时。就连最遭罪的事儿，他也不拉下。

为了了解鲜奶的整个物流过程，项目组成员不得不从晚上8点开始，对液态奶的整个生产流程：牧场收奶→车间生产→成品入库、出库、装车→站收货、配货、发货→零售商提货、上架→送奶员送奶上门→订奶户意见反馈等进行全程跟踪，跟踪往往需要一整夜。运气差点，有时遇到一幢楼只有7楼才有一个订奶户，于是一阶一阶爬上去再走下来。送奶员们个个体格健壮，训练有素，三阶并作一步跨，而我们这些习惯乘电梯的"小白领"可就辛苦了。一宿下来，人就像散了架，腿肚子在哪儿都找不到了。而周传毅也换了一身运动服，拿着数码相机，全程陪同，毫无怨言。

接下来一个多月，每次项目组成员抵达沈阳，周传毅都提前赶到，参加讨论、协助制定方案，其投入程度不逊于沈阳乳业和我们咨询公司的任何一位。而且，平时周传毅与沈阳乳业的领导交谈，很少提及设备、包材和款项的话题，谈论的多是市场营销、企业管理、队伍建设、发展战略等内容。

我们有时感觉，周传毅似乎有点"不务正业"，乳业的事都有他的"掺和"。

从周传毅的言行中，我们开始品味利乐、认识利乐、重新审视利乐。时间越长，了解越深入，我们越觉得利乐很"怪"。

辉山利乐枕支付给我们的项目经费，利乐公司支付其中一半。经了解得知，沈阳乳业的学生奶设备也是利乐白送的，甚至"辉山学生奶项目"的负责人，也是利乐出高薪从瑞典聘请的。在随后的两年间，我们与沈阳乳业接连不断地合作了七、八个项目，每次合作，利乐都全程介入，并主动承担一定费用。

我们头脑中不断出现这样的问号："利乐到底是卖什么的?"

二、 不按常理出牌的利乐

按理说，利乐仅仅是包装材料和设备的供应商，是产业链中的上游企业，沈阳乳业仅是利乐众多客户中的一家，沈阳乳业经营管理和营销的好坏似乎与利乐关系不大，利乐为什么又花钱又费力地干这些“分外事”呢?

按习惯思维，产业链中的上游产品供应商，对应的是中下游生产企业。通常的情况，供应商就像送女儿出嫁，“嫁出去的女儿泼出去的水”，至于能生什么样的孩子，生多少，成不成材，以后怎样，一般是不会考虑的。

而利乐偏偏不按常理出牌，不仅要把女儿嫁出去，还要投入极大的精力，关心她们的成长。

利乐公司的营销理念是：与客户共同成长。

利乐摒弃了“铁路警察各管一段”的营销模式，放下跨国公司的架子，以全面帮扶的方式，加固下游产业链条。这是一种不容拒绝的温情主张，一种具有震撼性的营销理念。我们通过周传毅对沈阳乳业的全面帮扶，深刻体会到利乐将这种理念扎扎实实地贯彻到了行动之中。

这样的主张极具杀伤力，它不是以入侵者的姿态介入，也不抢占你的市场份额，反而是无偿援助式的，以跨国公司的丰富经验和员工（项目负责人）过硬的专业素质、高度的责任感和投入感帮助你的企业成长。这对正在成长中的中国企业来讲，绝对是个不容抗拒的“大馅饼”。

由此我们不难看出，利乐公司的营销已不再局限于自身产品的市场与推广，**而是把营销目标的发力点集中在客户成长上**。

由此可见，周传毅作为利乐的代表，做了那么多看起来“越俎代庖”的事，也就毫不奇怪了。

因为跨国公司深知，专业化的公司在专业领域提供的解决方案是最好的。也正因为跨国公司的显性需求，所以不管走到哪里，后面总跟了一大批诸如毕马威、德勤、麦肯锡、奥美等专业顾问机构。

“与客户共同成长”，使沈阳乳业尝到了甜头。当然，利乐公司的包装材的销量也在大幅攀升，甚至有几次到了断货的程度。

与客户共同成长的理念，颠覆了传统营销观念，深刻改变了营销的诸多内在操作本源。

三、解读“大客户伙伴模式”

与客户共同成长，说起来好听，做起来很难。怎样才能不让它仅仅是一句时髦的口号，真正做到与客户共成长呢？

全球最大的零售商——美国沃尔玛公司有一个著名的二八原则，即一家商店80%的销售额是由20%的商品创造的，店主的任务就是分析这20%的商品是什么。

这就是现在颇为流行的大客户价值原则。

利乐的经验与沃尔玛的原则相似：与大客户建立富有成效的关系，把优势资源向20%的大客户集中，与客户共同成长。

在我们为沈阳乳业提供后续服务的两年多时间里，我们经常看到除了周传毅先生外，利乐公司的设备专家、技术专家、包装设计专家、人力资源专家以及财务专家频繁往返于利乐公司和沈阳乳业，共同深入生产和市场一线，共同发现问题，寻找解决问题的方法，有时还一起接受培训，开联谊会、庆功会等。

利乐的大客户伙伴模式超越了简单的产品供应层面，从以产品为导向的供求关系，转为紧密的业务合作伙伴关系。

（一）传统的供应商与购买方的关系

传统的供应商与购买方的关系如图4－1所示。

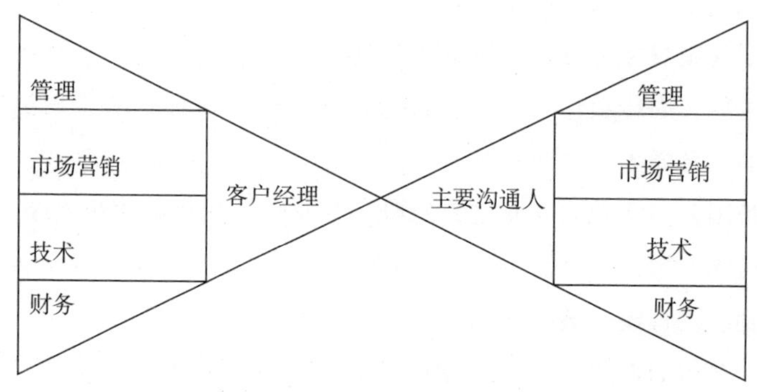

图4－1　传统的供应商与购买方的关系

图4－1体现出传统供应商与购买方的关系（初级客户管理阶段）：供应商与购买方直接接触的只有客户经理（项目负责人），而购买方也只有个别人

（总经理、采购人员等）与供应方的客户经理直接接触。

这种模式的主要缺陷有二：

一是双方的后台工作（管理、营销、技术等）及信息需要通过客户经理或主要沟通人进行二次传递，既在时间上造成了延迟，也很有可能因多次传递而导致信息走形，时效性与实效性降低。

二是彼此的合作关系完全维系在个别人身上（请注意：上图中双方接触只是一个点），合作关系较为脆弱，一旦客户经理或主要沟通人发生变化或彼此丧失了“良好感觉”，两家企业的合作关系就有可能发生重大危机。

（二）合作伙伴型的客户关系

合作伙伴型的客户关系如图4－2所示。

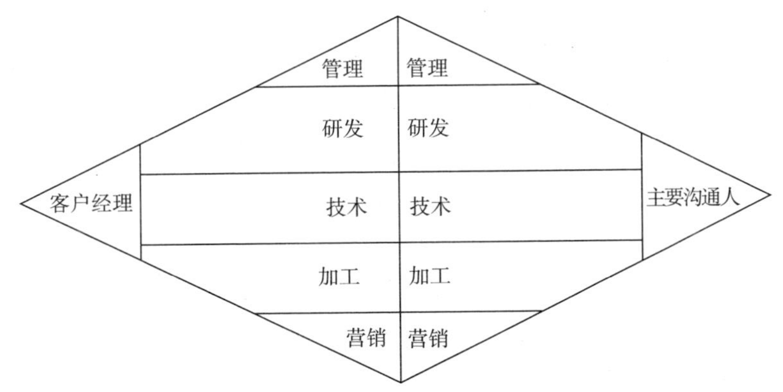

图4－2　合作伙伴型的客户关系

图4－2表示的是合作伙伴型的客户关系（亦称“有学识的业务合作伙伴”）。与第一种模式相比，两者最大的区别在于客户经理或主要沟通人全都“退缩”到了双方接触面的后端，两者由简单的项目洽谈与交流者转变为本企业要素与资源的调度者，即供应方的客户经理以项目为单位，整合、调度和协调本企业相关人员（研发、技术、营销等）与相应资源，按照规范的流程与方式，让其与对方每一个相对应的部门或个人直接接触，相互学习、相互交流、发现问题、解决问题，从而保证了产品供给和服务的准确性和及时性。

同时，双方的接触也由“点”转换为“面”，既保证了服务的深度，又使彼此合作关系由个人转为团队，关系更加牢固和紧密（即便单个接触点上有所偏差，也不会影响全局）。

（三）镶嵌型客户服务关系

镶嵌型客户服务关系如图 4－3 所示。

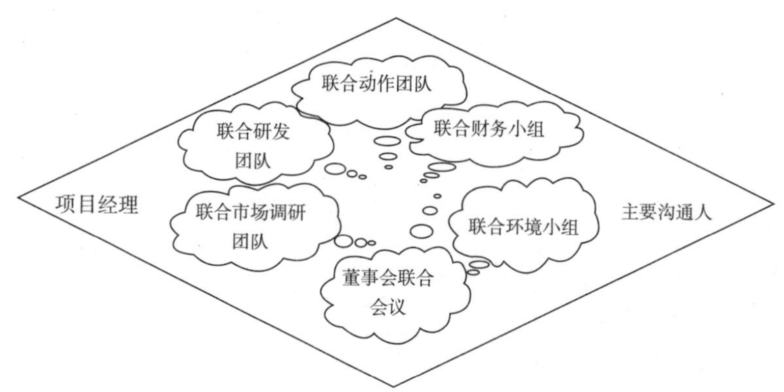

图 4－3　镶嵌式客户服务方式

图 4－3 表达的是最理想的合作方式（镶嵌式客户服务）：你中有我，我中有你，让你“察觉不到买卖的痕迹”，彼此真正成为一家人。

利乐与沈阳乳业的合作伙伴关系当时正由合作伙伴式模式向镶嵌式模式渐进。这种新型模式不仅仅是在沈阳乳业一家运用，在蒙牛等其他国内合作伙伴中早已全面推开。

利乐在输出产品的同时，更多的是输出企业文化、管理模式、运营理念，在对合作伙伴全面输入管理、研发、技术、加工、营销过程中，利用优势资源全方位整合客户存在的问题，在相互的市场努力下，实现共赢。

这种新的营销模式，使跨国公司较快地深入到本土企业中，成为分不开的“哥俩好”。显然，这是一种高级的深度营销方式，也是非常可怕的。

“我们通过有效的大客户管理，使客户实现业务利润的增长，从而达到我们使客户满意的目标。”敬业精神极强的周传毅对此做出解读，“一切让客户满意，是公司对客户经理的基本要求，也是我们衡量工作好坏的重要标准。”

当时，国际上的几大著名跨国公司都在实施利乐这样的大客户管理，如 IBM、宝洁、NEC、联邦快递等。这不是一种简单的流行，而是高度成熟的产品市场催生出的深度营销趋势。

来自客户的评价最能体现伙伴模式的价值，国内一位企业老总说：“一个变化，与一年前非常不同的变化，我们有了很大的进步，在与利乐携手努力下，公司销量和利乐的产品种类都在增长……对此我们感到非常满意。”

我们深深地感到，合作伙伴式的深度营销，它不是一种旗帜，而是一种入骨髓的发展力量。

在长期的营销实践中，我们常深感中国的企业在营销环节上的薄弱，有很多的营销理念需要重新界定，有很多的营销短腿要补，有很多的营销病症需要治。如果我们的企业再不注重提高营销的运行质量，再不从固有的模式中创新营销，或再简单地把营销图解成“广告传播＋渠道管理”的简单模式，学费可能会更昂贵，与跨国公司的差距也会越拉越大。

面对WTO之后国内市场竞争的新格局，我们不应该再只是空喊“狼来了”之类的空泛之辞。我们需要觉醒，需要借鉴，需要学习，需要创新，需要在我们传统的思维与运作模式中注入新的因子。否则，面对已经或即将蜂拥而至的诸多个利乐，我们的忧虑已不是如何发展与壮大，而是如何生存的问题了。

营销理念到了从根本上变革的时候了！

19 多喝乳业：淡季不淡，引爆旺销

终端对手强势进攻，处于防守的云南多喝乳业有限责任公司（以下简称多喝乳业）四面受敌。为此，项目组采取了连环促销战，完成了“定奶”、“抢钱”，成就淡季不淡的销售效果。

一、终端失守，寄望促销

在我们介入之前，多喝乳业形势严峻，部分产品在终端失守。

在白奶市场，多喝乳业主要的竞争对手——云南乍甸乳业咄咄紧逼，多喝乳业白奶在重点市场始终处于不利位置。

在“个旧”市场，多喝乳业25个牛奶专卖店不敌竞争对手5个专卖店；果味酸奶在局部市场表现强劲，但由于没有促销支持，难挑大梁；高端佐餐奶前期投入巨大，属于典型的明星类产品，同样由于没有促销支持，加之管理薄弱，导致投入很大，流失也很快，形成恶性循环。

联纵智达帮助多喝乳业推出“浓情多喝，香飘红河”系列活动。借助活动，抢夺市场，增加订奶户，提升销售额，成就淡季不淡的目的。在巩固老客户，抢夺新客户的同时，改变多喝奶在红河州的形象。并借此锻炼队伍，提升企业整体形象，为新品上市奠定市场和人员基础。

在这次活动中，温暖、人性、系统是基调。

二、促销活动五连环，淡季夺城

在淡季进行“浓情多喝，香飘红河”活动，趁竞争对手不备争夺市场。此活动共分五个部分，如图4-4所示，从整合传播造势，到全面启动系统活动，一气呵成，环环相扣，不给竞争对手任何喘息的机会。

图4－4　促销活动五连环

第一环，造势：推拉结合，全面运用当地各项传播资源，预热市场。

第二环，专卖店：对多喝专卖店终端实施分类管理，进行生动化陈列，打造全新多喝形象，塑造良好的销售氛围。

第三环，学校：公关入市，塑造良好企业形象，对消费者进行攻心策略，培养下一代年轻消费群，为销售进行扎实的铺垫。

第四环，社区：通过社区活动，向消费者展现亲和力，塑造最优形象，直接拉动销售。

第五环，奶点：在前面的基础上，资源聚焦，全面收网。

（一）宣传造势先行

活动前5天，针对活动主题与产品卖点，我们开始进行系列硬广告与软文投放。与媒体进行深度合作，开辟百姓生活栏目中的健康专题，进行牛奶消费的科普教育，并且针对竞争对手提出了牛奶的“四要四不要”的竞争性诉求：

要干净牛奶，不要纱布牛奶！——牛奶不干净，怎会有健康！多喝乳业拥有云南省唯一一台净乳机，可去除牛奶中的异味、体细胞、绒毛、杂质等。

要营养牛奶，不要油腻牛奶！——牛奶不被吸收，怎会有营养！多喝乳业运用高科技牛奶均质机，可击碎牛奶中影响消化吸收的粗大脂肪，使多喝牛奶口感更柔滑，不油嘴，不发腻，更不易胀气。

要放心牛奶，不要奶缸牛奶！——设备保证质量，奶缸里产不出放心奶！多喝乳业拥有红河州唯一一套达到国际一流技术标准的全封闭杀菌设备，确保消费者能喝到真正的放心牛奶。

要科技牛奶，不要土法牛奶！——能力决定品质，没技术产不出好牛奶！多喝乳业拥有云南省唯一一名拥有乳品硕士学位的孙志海总工程师，公司还拥有国际标准的乳制品实验室和国际化、花园式厂房。

由于红河州的报纸发行量有限，为了最大化地发挥传播效果，我们把所有报纸广告及软文都进行了加印，并要求各个战区在所有专卖店的活动过程中进行免费赠阅；在公司近300家专卖店中进行订户赠阅；对所有社区进行地毯式地户户投放，在全州13个市区的近百个社区的近5万户居民中进行全面的投放，最大化的把媒体资源运用到活动中；为了更好地配合媒体，我们同时在全州13个市所有县城所在地的重要街道悬挂活动条幅，最终要让所有目标区域内的消费者都知道活动信息。

多喝乳业的宣传单如图4－5所示。

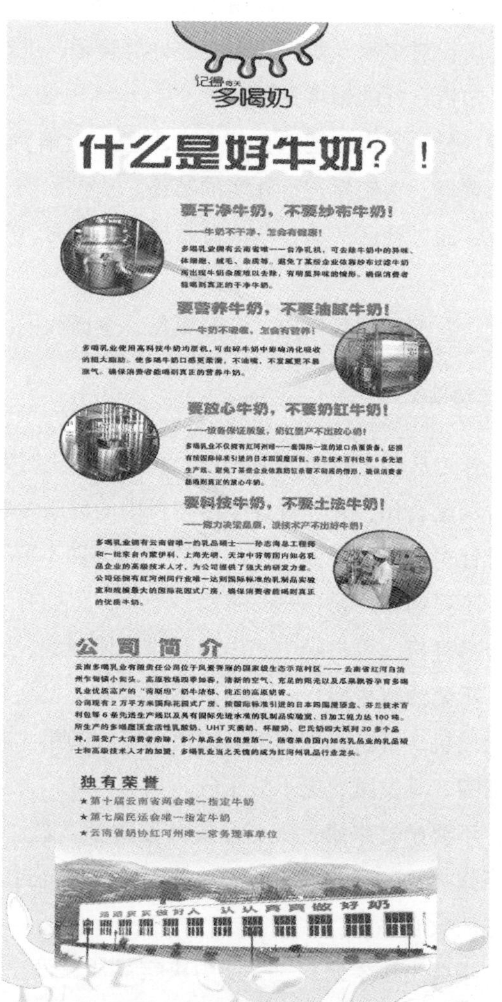

图4－5　多喝乳业的宣传单

（二）专卖店促销续热

在预热市场后，需要推动消费者购买，随后，我们在专卖店举行的“家庭订奶促销活动”全面启动。

（1）**《温馨之家》奖励计划**：活动期间订多喝温馨之家卡（一个月），送价值6元的超值防漏杯。

（2）**《欢乐之家》奖励计划**：活动期间订多喝欢乐之家卡（三个月），送价值28元的精美五件套烹调碗。

（3）**《VIP之家》奖励计划**：活动期间订多喝VIP之家卡（六个月），送价值58元的经典七件套碗具。

此外，老顾客再送价值6元的卡通果条产品，新顾客再送价值3元的卡通果条产品。

我们运用ABC分类法则对专卖店进行了全面的分类管理，重点专卖店给予资源与政策倾斜。比如，A类专卖店在活动期间，由企业配备专职促销人员3名，财务1名；B类专卖店配专职促销员2名。

各项准备工作做好后，所有专卖店实施终端软硬生动化工程。

硬终端的生动化：所有专卖店重新规划店内陈列，冰柜内产品陈列全部系列化，每个专卖店要在显眼处粘贴至少6张以上海报，店门口两边摆放2个关于活动与产品形象的展架，店内悬挂条幅一条，在专卖店500米内进行DM派发。

软终端的生动化：对所有专卖店工作进行系统化、流程化梳理，所有工作人员必须严格按照流程执行，比如消费者订奶时应该先做什么，如何收款，如何向消费者介绍订奶卡的使用，提示消费者取奶时应该先用镊子夹取，再用干净毛巾擦一次等。

通过前期的活动和传播，促进社区公众对多喝奶的关注和了解，培养与消费者之间的感情。

（三）“香飘校园”，借船出海

学生一直是多喝乳业关注的目标消费群，“香飘学校”活动主要是通过与学校师生的互动，建立学校消费者对多喝乳业品质、品牌的认同。并且让学生把活动信息带回家，为下一步香飘社区活动打下坚实的基础。

校园活动一：免费品尝，营养不放假

印制课程表，课程表背面为多喝乳业产品信息，由班主任老师将课程表发放给学生，学生凭借课程表可以获得多喝乳业赠送的果条一个和签字笔一支。

建立多喝希望助学计划、多喝学生健康计划和优等生奖励计划，在指定学校推出关于贫困生与优等生赞助计划。A 类学校为学生人数为 1000 人以上，给 5 个特困生和 5 个优等生名额；B 类学校为学生人数 1000 人以下，给 3 个特困生和 3 个优等生名额。给每个特困生资助学费 800 元，并赠奶一个学期；对每个特优生 300 元现金奖励，同时赠送多喝奶两个月。

通过免费赠饮吸引学生关注，针对特殊学生群的资助和奖励计划，建立学生消费群品牌忠诚度，形成学生、家长、企业之间的互动，促进销售。

校园活动二："红河小记者，欢乐多喝行"行动

我们与红河州教育局合作，在红河州所有学校选拔"红河小记者"，进行为期两天的"欢乐多喝行"活动。

活动的内容为：第一天上午参观多喝乳业高原牧场，下午参观现代化生产基地，晚上参加多喝乳业牛奶品尝活动和牛奶知识竞赛；第二天白天体验牛奶生产过程，进行"我是多喝小小科学家（或工程师）"演讲，并让"小记者"自己动手做牛奶，做完相互品尝，晚上在合田民俗村举行篝火晚会。活动结束后，"小记者"撰写多喝见闻，获奖作品将在报纸上刊登。整个活动邀请《红河日报》、红河电视台进行全程报道，吸引社会关注。

（四）香飘社区促销增温

我们对红河州 13 市县所有社区进行全面的清盘，选择合作社区，这次活动中最关键的是说服社区居委会支持和参与活动。经过多方努力，最后确定了两种形式：

（1）社区座谈会。

邀请社区有影响力的意见领袖参加"浓情多喝，香飘红河"主题座谈会。受邀对象必须是社区意见领袖，如居委会主任、领导人家属、物业负责人以及教师、医生等有公信力并且善于传播的人士。我们首先就多喝乳业在产品品质、包装、服务、价格等方面的问题，征询消费者意见和建议。同时，社区访谈员就多喝乳业现在状况跟消费者进行正面地沟通，并针对消费者的疑问进行回答。最后，选择社区荣誉质量监督员，在每一个社区产生一名荣誉质量监督员。

通过这个活动，把企业最新的产品、质量、技术、设备等信息传播开，同时增强社区消费者对多喝系列产品的信心，形成有利于多喝产品消费的市场氛围。增强老顾客消费多喝牛奶价值感，培养新顾客认同感，吸引游离消费者，形成科学的与社区消费者沟通的管道，为未来新品快速被市场接纳、认可奠定牢固的沟通基础。

（2）免费品尝，免费抽奖。

开展“寻人启事”，利用社区门牌号抽奖，然后贴出“寻人启事”（中奖名单），通过“寻人”制造轰动效应。在整个活动中，设置了5%的中奖率，奖品为20元左右的产品和礼品，借此拉近多喝乳业产品与消费者的距离，展示多喝乳业实力，消费者品尝产品口味，建立公众信心。配合专卖店的“金牌订奶户”等活动，达到吸引眼球、话题传播的目的。

（五）盘点疏漏奶点并全面收网

经过前面的宣传和活动推动后，我们进行自我盘点，寻找疏漏的地方，查漏补缺，实现渠道的全面强势覆盖，达到销售的稳步增长。

我们发现还有部分情况需要扭转。首先，部分消费者对多喝还是将信将疑；其次，活动中部分专卖店的火爆场面对周边竞品的客流量没有影响。因此我们要单刀直入，围截竞品奶点，并全面收网。

我们的抢夺战主要围绕终端奶点进行，并通过感情拉拢与利益诱惑达到目的。

策略一：巩固自己的奶点。

盘清自有奶点的地点和销量情况，针对此制定销量梯级奖励政策，提升自己奶点的单元销量；继续提升多喝奶在自有奶点中的品牌形象，完善自有奶线服务体系。

策略二：抢夺竞品奶点。

抢夺竞品奶点的目的是抢夺新客户，盘查、摸底竞品奶点，宣传我们的活动和产品，初步建立客情关系。然后给予充分的政策扶持，帮助其进行销量和利润分析，用利益来诱惑奶点。同时安排奶线人员送货、铺货，把我们的货铺入竞品奶点。这些争夺战，可以一对一、面对面地跟进，降低购买门槛。

我们还针对性地对终端进行服务宣传（活动POP、活动DM、陈列、卫生等），如图4－6所示，并安排人员协销，深入地了解客情，随时宣传我们的产品和最新政策。另外加强了消费者激励，两袋为一门槛，每买两袋巴氏奶送一袋果条。我们还针对性地推出撒手锏活动——“超乎你想象，说说就有奖”，只要你针对消费者主动推荐多喝奶，就会获得奖励。多喝的工作人员扮作的消费者悄悄跟踪，如果恰好在你推荐的时候，被工作人员听到，就可以得到现场大奖。为了防止作假，我们扮作消费者人员不断地换人、换区域。

图4－6　多喝乳业的终端活动

“浓情多喝、香飘红河”的整合营销传播活动首战告捷，成绩单如下：

2005年1月13日，个旧市场白奶销售额一天就达120000元；

2005年1月14日，个旧市场的最好的专卖店订奶回款达28000元；

2005年1月17日，个旧有一个年近九旬的消费者一次性订多喝奶3年；

2005年1月18日，红河州五大战区仅五天时间销售额就突破700000元；

2005年1月19日，红河州一个多喝用户一次性订奶达10年之久；

2005年1月20日，红河州五大战区新客户数量突破8000户；

2005年1月23日，红河州五大战区白奶回款十天时间突破1000000元。

20 新希望乳业：刘永好的整合难题

经过一番跑马圈地，刘永好已经为新希望乳业的整体布局搭建了庞大的框架。但是，所收购的企业是否能够形成有效的合围之势，又该如何进行品牌、通路、产品和生产的紧密整合，从而完成新希望乳业的“战略溢出”，并形成营销战略的组合聚变？

一、 收购后的整合难题

2004 年，根据新希望的战略规划，集团介入乳品行业，确定“用 3 ~ 5 年时间，做成全国最大乳业联合体”，“用 5 年时间，成为中国乳业三强”。从 2001 年 11 月控股四川阳坪乳业开始到 2004 年，新希望先后控股 11 家乳品企业，分别是安徽白帝、重庆天友、四川华西、长春苗苗、杭州双峰、河北天香、青岛琴牌、杭州美丽健、云南蝶泉、昆明雪兰等。2004 年，在东北、华南等地的收购行动也在紧锣密鼓的筹备与进行之中。可以说，在中国乳品历史上，刘永好的收购速度和出手的大气都是空前的。

2004 年新希望控股的 11 家企业多为地方乳品企业，大小不一，状况各异，分布区域为东北（苗苗）、华北（天香、琴牌）、华中（白帝）、华东（双峰、美丽健）、西南（天友、华西、阳坪、蝶泉、雪兰）等区域。从区域上看，除了华南、西北区仍是空白之外，新希望乳品基本已涵盖了中国五个行政大区。但仔细研究，我们发现，抛开传统行政大区划分概念，新希望在 2004 年控股的乳品企业集中于两个地区，一个是以巴蜀、云南为主，另外一个是集中于沿渤海、黄海线，中原以下至南方还是空白，对于具有战略意义的西北，新希望还没有介入。

在 2004 年，新希望乳业在国内市场的整体布局上搭出了框架，但还没有完成对中国乳品战略区域的整体合围。

新希望已控股和参股的近10余家地方乳制品企业存在较多的优劣互补与长短重复之处。在资源整合的速度与力度上，新希望是滞后而乏力的；在战术与技巧层面，仍然存在较多和较大的整合空间。

二、 品牌资源的整合

（一） 品牌资源整合之难

对于想在液态奶领域一展宏图的新希望来讲，没有一个叫响全国的品牌将严重制约新希望乳业下属10余个乳品企业的资源整合，造成严重的资源与资金浪费。

2004年，新希望乳业在品牌方面面临着以下三个难以回避的难题：

（1）属下品牌杂小，难撑全国江山。

新希望收购的10余家乳品企业各自拥有一个甚至多个品牌，其中除了天香在酒店奶方面拥有相对广泛却不够响亮的市场知名度之外，其他几乎都是出了本省甚至本市便无人知晓的地方性品牌。即便是天香，在酒店奶方面的品牌影响也远远逊色于同一层面的妙士。可以说，以新希望属下的10余家乳品企业品牌现状，要想扶持其中任何一个，使其成为全国性强势品牌，难度都很大。

新希望强势介入乳品领域经媒体爆炒之后，虽然在一定范围内提升了地方军在全国范围的知晓度，但此类报道仅仅传递一种市场动态与经济信息，并没有给消费者太多购买新希望乳品的理由。所以，对新希望乳业和被收购企业，品牌建树与对产品销售的帮助作用也是有限的。

（2）新希望品牌内涵与原有基础，难以（也不宜）延伸至液态奶领域。

新希望原有品牌的内涵与基础，对新希望乳品销售所能带来的帮助并不十分理想。严格讲，液态奶应属于农产品范畴，但绝大多数消费者会将其划归到饮料、食品等大品类范畴。若没有超群的创意与传播，新希望原有的农业内涵对液态奶产品的销售并不会带来直接的帮助。同时，知晓新希望的人大都了解其是一家从事饲料产品经营的企业（至少是做饲料起家的），而“饲料”与“牛奶”之间的关联不仅对产品销售没有帮助，甚至还会起反作用。

因此我们认为，新希望作为统一后的乳品企业名称无可厚非，尽管它能够证实企业的实力、信誉和追求，但作为液态奶产品品牌则是弊大于利的。

(3) 新希望在收购乳品企业时许诺的“三不”，将是品牌归一的规则障碍。

新希望在收购许多企业时都承诺了诸如“三不”之类的条件，其中往往包括了“不放弃或改变原有品牌”这一条款。作为取得收购成功的一个筹码，在一定时期内发挥原有品牌影响，短期内是可以理解的，但从长远看来，十几个品牌混打天下的局面是必须要改变的。于是，这又为新希望统一品牌增加了一条难以规避的规则障碍。

（二）品牌资源整合策略

要解决这些矛盾，我们建议新希望乳业实施**“联合品牌”（或称“复合品牌”）的策略。**即由新希望乳业（总部）注册一个全新的乳品品牌，如××牌，在区域市场与当地的下属企业原有品牌组合使用，如：“××－华西”，“××－双峰”，“××－白帝”，“××－琴牌”等。此外，对于在当地原本就没有什么品牌影响力的被收购企业，则可视沟通状况直接起用新品牌。

与之相应，新希望在央视等全国性媒体上投入的广告宣传将全部聚焦××新品牌，而不下挂任何区域品牌，但在各个区域进行广告宣传时，则力推组合品牌。由于有全国性媒体的拉动，且不违反当初的“三不”约定，相信大多数地方企业能够接受这一建议。

这样一来，便可以在借用各区域原有品牌基础上，达成对新品牌建设的目的。一旦新品牌成为名副其实的高知名度强势品牌，我们便可以与老品牌脱钩，逐步取代和统一纷乱的地方品牌。

根据以往的经验推测，在保证相对强势的媒体广告投放的前提下，新品牌从推出到统一一般需要2～3年，甚至可以压缩到1～2年以内。

必须提醒的是，在规划和创意新品牌时，必须慎而又慎。既要遵从常规的品牌命名原则，又要考虑到与十余个含义与语调（包括方言）各异的现有品牌的协调组合。这看似一件“几个字创意”的小问题，实则是一项系统工程，并将对新希望乳业的后期运作造成深远影响。

三、 产品与生产的整合

结合世界发达国家经验与国内乳品消费增长趋势分析，未来的液态奶消费必将以低温保鲜产品为主。作为发展中的中国乳品市场，在相当长的一段时期内，常温产品仍旧有极大的市场需求空间。由于新希望收购的大多是地方品牌的城市乳业，各自行销半径都相对有限。于是，采用巴氏灭菌方法的短保质期鲜奶（一般保质期在2~7天，且需冷藏）自然成为其主销产品，而超高温灭菌（UHT）的长保质期奶（保质期在1~6个月）则相对处于弱势。这种产品结构，与保鲜奶必然成为城市消费主流的发展趋势是极其合拍的。但对于同处一地或临近的同门兄弟来讲，这种产品重合则是极为不利的。

品牌、广告、通路、物流等诸多资源不能共享暂且不讲，“皇军打伪军”的窝里斗也一定是难免的。

因此，新希望在以巴氏杀菌的低温保鲜奶为重点产品的同时，也决不能忽视对UHT长效产品的开发与推广。否则，必将失去极为可观的市场与销量。

实际上，从新希望介入乳业的基础条件、介入方式、扩张速度、企业结构、资源状况、市场环境等方面看，均与当时国内其他乳业巨头有本质的区别。

“收购（或新建）→整合（品牌、资源）→联动→全国（市场）→前三甲”应是属于新希望自己的战略发展思路。而在这其中的“联动（新希望乳业内部企业的呼应与联合）”，区域垄断者与市场扩张者并存，便是很好的策略搭配。华西、天友、白帝等品牌自然应该承担区域垄断者的角色。当然，所指区域并不一定是单指其所在城市，而是指以其所在地为半径的相对集中区域。蝶泉则最适合承担市场扩张者的角色，此扩张也并非是指必须占领全国，而是在运费等综合成本允许的前提下，相对扩张自己的市场半径，并与其他兄弟企业互补与联动。

（一）通路资源的整合难题

在分销通路方面的整合，新希望很明显是滞缓和落后的，仅举几个很小的例子予以证明。

在成都和杭州，新希望均有2家乳品企业，但2家企业各自都拥有完整的市场运作班子，机构与人员的重复暂且不讲，仅就渠道建设与终端拓展方面，就存在较多的重复与浪费，两家各自组建分销网络，在与家乐福、华联、联华等大卖场和连锁超市沟通时，要分别支付各自的进场费、条码费、促销费等，这些看起来“不大”的费用，在整个新希望乳品体系中累积起来，每年费用不少于数百甚至上千万元；

再如，河北保定的天香酒店奶行销全国，而它在成都又必然会遇到华西麾下的怡爽（酒店奶品牌）的拼争，两次缴纳的进场费、促消费和赠送的冰柜等费用暂且不讲，渠道与终端层面的竞争甚至“窝里斗”就难以避免。

当然，这还只是表现在通路方面的一些小问题，其他诸如行销区域的规划、产品线的组合、销售队伍与渠道的共享、物流体系的整合运用、通路口碑的联合打造等等，都是新希望必须整合的重要内容。

除了上述的三个方面，新希望还面临队伍与人才的整合以及体制与管理的变革等诸多问题。刘永好此番调集了国内乳品行业的精兵强将，快速组建了一支乳业“梦之队”。

值得一提的是，当时新希望乳业中高层管理团队似乎以乳品专业的技术专家、产品研发、生产管理与宏观决策者为众，而具有丰富市场运作经验，能够切实进行市场规划、拓展与管理，能够亲自带兵打仗的实战型高级营销人才则相对匮乏，人才结构相对失衡。我们都清楚，结构的力量是无穷的，**只有结构合理、长短互补的团队才是优秀的团队**。新希望乳业这种“头重脚轻”的人才结构，必然对实际市场业绩的达成带来不利影响。

另外，新希望原有体系那些“一顶草帽两脚泥”，勤勤恳恳卖饲料的子弟兵，如何与乳业的外来空降兵达成高度融和与协作，也是刘永好不得不思考和权衡的难题之一。

刘永好闪电般快速收购的11家乳品企业，大多是一些传统国有或集体企业，且在空间上遍布全国8个省份，由此而带来的文化、理念、体制、管理等方面的问题错综复杂。仅从媒体的公开报道便可获知，被新希望收购的企业高层人员集体辞职，新希望派驻的财务人员在新企业找不到自己的位置，甚至发生生产工人集体罢工、停产等事件。这对于一心专注于快速收购、快速行进的刘永好来讲，不啻敲响了警钟。

（二）新希望布局原则与实施手段建议

新希望乳业虽然在短时间内构筑了一个遍及大半个中国的乳品网络，但是这种布局还存在很多不足。在关于新希望乳品全国布局方面，我们提出以下五点意见：

（1）划小区域，以点带面。

建议以省份甚至城市为布局单位，这并不是主张扩大收购或控股数量，而是指“集中优势兵力，各个击破”。

比如在成都，新希望收购了阳坪（虽在眉山洪雅，但应属成都商圈）和华西两家乳品企业。同在杭州，收购了双峰、美丽健两家企业。我们认为这种方式无论是对快速布局，还是对收购后的整合运作，都不是好的选择。不如在成都邻近的绵阳或是浙江南部的温州、金华收购另外一家。这样做既可以形成区域互补、区域联动，也可以避免收购后的“窝里斗”，减少资源浪费。

（2）不求多但求强，不为奶源所困。

新希望应尽量寻找当地较为强势的乳品企业。这里的“强势”并不是单指新希望入主之前就必须是当地第一，有优质奶源等硬件指标，还应该综合考虑该企业整体的发展势头是否处于强势——“腐朽的老大”与“活力四射的老二或老三”，我们宁可选择后者。**在选择收购对象时，新希望更应该关注的是欲收购企业经营者的综合素质、经营理念、管理水准、对新希望企业的认可等软件指标。**

我们不否认奶源对于液态奶企业的重要性，国内绝大多数乳品企业是靠向农户收购奶源为主的，而饲养户对乳品企业的忠诚也许并不比每公斤多加 2 毛钱来得可靠。尤其是在黑龙江等北方区域，奶源问题在短期之内可以找到快速而实效的解决方法，这并不应该成为新希望收购乳品企业的首选条件。

（3）收购与新建同等重要。

在当时新希望已控股的十余家乳品企业中，我们认为对于部分企业来讲，现金并不是制约其发展的关键要素。产品研发、质量把控、成本管理、企业管理、人员素质、市场营销等一系列问题都是决定企业处境的重要因素。如果一个企业在以上几方面都存在问题甚至积重难返，那就不如重新建造一个全新的企业。有时候，改造的难度并不小于新建。

（4）尽快填补华南、西北等区域空白。

除了要将已归于新希望麾下的现有十余家乳品企业快速地做大做强之外，在新希望下一步的全国布局中，对华南、西北两大区域也应予以足够的重视。

华南作为全国 UHT 长效奶销量最大的市场，以及具有较高的消费水平，自然会在新希望乳业的整体布局中占据相当重要的地位；而西北地区虽然目前人均消费小包装液态奶的数量相对较少，但增长势头迅猛。尤为关键的是，相对于华东、华南地区，西北地区拥有奶源优势，当时已有诸如恒康、银桥等西北乳品企业杀入全国争战。新希望此时在西北区域布下种子，一方面可以拼抢迅速放大的市场，同时也能对西北地区“拼命三郎”的乳业新军，在其家门口予以有效阻挠和拦截，从而降低新希望未来的市场压力。

（5）收购手段要高、中、低相结合。

必须承认的是，新希望在政府、金融等高端方面的运作水准与沟通技巧比较高。需要补充的是，当时中国的商业环境仍未进化到“资和”境界，尤其是新希望欲收购的对象十之八九都是国有或集体企业。因此在很多时候，“人和”会成为影响合作关系的第一要素。

企业一线当家人，无论是出于对企业的依恋、对员工负责，还是出于对自身权力或个人利益的保护，都极有可能对被收购产生本能或理性地抵触，这必将会对收购结果与收购条件造成或多或少的影响。尤其是在收购成功之后的工作服从与配合方面，更会直接影响新企业的经营成果。

因此，除了由上至下的运作之外，新希望还应加强对企业具体经营者的沟通、说服甚至诱惑。这些听起来简单的手段，在实际的运作中往往会起到重要作用。

21 贝因美：创建公关沟通的“宪法范本”

一、国产奶粉之殇：浊浪滔天，清者难清

2008年9月12日三鹿三聚氰胺奶粉事件爆发！一时间，中国奶粉行业乱象横生。

落水者（问题企业），或推卸责任，或自我开罪，或直接认错，或亡羊补牢。更有甚者，乱泼脏水，企图转企业危机为行业危机，转国产奶粉危机为全球奶粉危机。

在岸者（暂无问题企业），有的趁火打劫，违规涨价。

部分媒体捕风捉影，寸水三尺浪……

凡此种种，使得消费者草木皆兵，倍感茫然，对国产奶粉的失望情绪迅速蔓延。

贝因美是少数通过了国家质检总局三聚氰胺专项抽检的国产知名品牌，但“覆巢之下岂有完卵”，在整个行业浊浪滔天的环境下，清者自清根本就是一句空话，市场上对贝因美的猜疑风卷而来。

质疑者，兴风作浪，混淆视听：“电视上虽然没说你们奶粉中有三聚氰胺，但是我还是很不放心地去检查了，但还是发现了，希望你们给全国人民一个说法……”“一个做米粉起家的企业能相信它的质量吗”。

要挟者，见缝插针，忙里添乱：“只要贝因美敢在电视或公司主页上发布信息……如果贝因美不敢发表这样的声明，我想贝因美也没什么好说的……”

暗示者，身份不明，真假难辨：“吃贝因美的家长尽快去医院给宝宝查查，网上在说有人因吃贝因美得了肾结石……”

推理者，似是而非，主观武断：“这个企业是私人企业，很多问题曾经出现过，但是他们企业主背后有高官，早就下了命令不能监督这个企业，不能报道这个企业了。所以，妈妈们尽量选择别的品牌。”

……

三聚氰胺奶粉事件曝光后，贝因美董事局主席谢宏博客撰文指出：“中国奶粉行业需要自我救赎。”受到网络强烈关注，网络转载率、跟帖率和专题调研很多。但是在获得广大网民赞赏的同时，质疑者乃至谩骂者也很多，贝因美陷入开口即错、不说也错的两难境地。

二、正面直击，展示值得信赖的公众形象

舆论的战场就是大众的大脑，你不占领舆论的战场，就等于拱手默认。谣言止于智者，恐惧源于无知，大众最大的恐惧是对恐惧本身的恐惧（如非典）！最大的疑惑是对疑惑本身的疑惑（如对贝因美真相的揣测）！当时，大众大脑里的信息太混乱，负面信息特别多。解决此问题，需要多波次、强有力、可自我传播的正面焦点信息输出。建议从以下几个方面着手：

实证：奶粉危机源头在奶源，以及从进厂到出厂的整个生产环节，贝因美可邀请大众实地参观奶场和生产基地，破除疑惑。

官方表态：需要企业的官方表态，如企业社会责任报告、申明等，正面回应，破除疑惑。同时，也需要政府的官方表态，增强企业背书的权威性。

辅证：与以上相关的公关活动和传播，如“育婴专家节”活动、母乳研究中心成果发布。

贝因美召开一年一度的“育婴专家节”，贝因美和联纵智达公关研究后一致认为：借“贝因美16周年庆暨第四届育婴专家节”、母乳研究中心成果发布会的契机，发布中国婴童行业第一个企业社会责任（CSR）绿皮书为核心，形成多波次正面信息输出，渠道覆盖报纸、网络和电视，强势传达贝因美“久经考验、值得信赖”的品牌形象，将真相公之于众，让谣言不攻自破。

三、企业社会责任报告：是展示，更是承诺

企业社会责任（Corporate social responsibility，简称CSR）是指企业在创造利润、对股东承担法律责任的同时，还要承担对员工、消费者、社区和环境的责任联纵智达公关对企业社会责任报告有自己的独特解读。

在欧美，CSR 是一系列社会运动推动的产物，各种社会力量推动 CSR 的内涵不断发展完善。我国随着市场经济的迅猛发展，CSR 发展从导入期、观望期进入发展初期。但国内 CSR 发展更像一场悄无声息的革命，因出口需要，开始主要是外向型企业越来越重视 CSR 认证工作，国内大多企业 CSR 缺失严重，CSR 意识淡薄。这在此次行业危机中表现得尤为突出，已经成为社会潜在的不和谐与不稳定的因素，对企业经营与成长形成障碍。

企业发布 CSR 报告有三个层次：

最高层为企业宪法境界，把社会责任作为企业宪法的一部分，向公众公布自我目标，让公众监督自我实现。

第二个层次为传播形象境界，总结为主，内外兼重，具有传播价值，对于未来的方向不重点阐述。

第三个层次为完成任务境界，只是企业应对当前需要的战术手段，是传播式的作秀承诺，空乏不切实际，多是告诉公众“我”准备做什么。

因主动 CSR 意识淡薄，国内的 CSR 报告主要为后两个层次。

CSR 报告面世是一个“非一般”的系统工程：非一般的调研，通过二手资料研读、内访外调等形式，系统整理 CSR 信息；非一般地创作、规划以上信息，进行富有创意的企业本土色彩描述和包装设计；非一般的传播，快速高效传播富有社会责任感企业形象。

在非常时期，发布企业社会责任报告，具有事件公关和危机公关的双重属性。联纵智达建议，贝因美应以报告为媒介，促进与利益相关方的对话，更应摆脱“报告止于报告”的束缚，将报告内容化为实际行动，并将报告作为企业管理体系的一部分。

经过讨论，项目组和贝因美高层决定，借“16 周年庆暨第四届育婴专家节”之机，发布《贝因美企业社会责任绿皮书》，作为企业最官方、正面、权威的表态。这将是中国婴童行业第一个企业社会责任（CSR）绿皮书，是问心无愧的真实展示，是欢迎监督的盛情邀请，是敞开胸怀的心灵对话。一个负责任的企业，在民族产业被所有不信任的眼光怒视之时，仅这份坦诚、自信就应该赢得人们的喝彩。

决议通过之后，贝因美公众事务部与项目组立即开始了紧张的《贝因美企业社会责任（SCR）绿皮书》撰制工作。

经过充分的企业内部调研和大量资料研读，联纵智达决定，在绿皮书中，将贝因美的责任心通过具体实在的专心、爱心如实地展现出来，这也是大众最关心的所在。

《绿皮书》用客观的材料、平实的语言，向全世界申明贝因美“用爱心、专心和责任心为孩子提供放心食品”的坚定立场，并介绍了贝因美在顾客价值、行业责任和社会公益等方面的努力，阐明贝因美“生命因爱而美，世界因爱而美”的企业社会责任（CSR）大爱观。贝因美不是空洞的宣誓，是切实的行动，更是由自律到主动欢迎他律的邀请，体现君子坦荡荡的气魄和情怀。

《绿皮书》前言部分创新地绘制了《贝因美核心精神图谱》，它是魂，让我们清晰地看到一个主张“生命因爱而生，世界因爱而美”的企业灵魂，如图4－7。

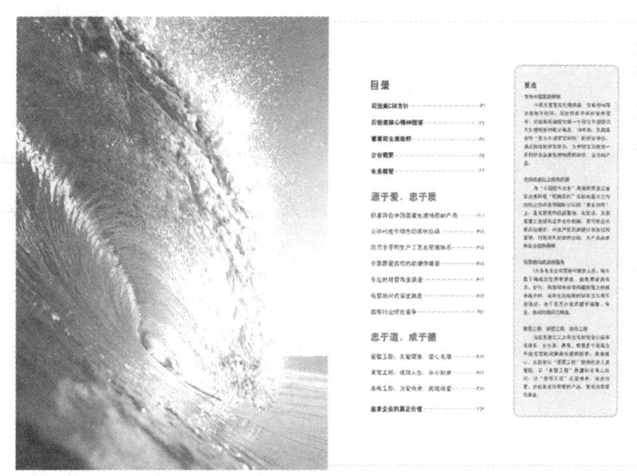

图4－7　贝因美企业社会责任绿皮书目录

正文部分主要由《源于爱，忠于质》和《忠于道，成于德》两部分构成。

前者介绍了贝因美从产品研发、原料采购、生产加工、质量监控、销售渠道、售后服务到整个婴童产业健康的发展环境等方面，为确保婴童产品和服务的科学性与安全性所做出的努力；后者介绍了贝因美“育婴工程”、“爱婴工程”和“亲母工程”三大常态化社会公益事业体系。

绿皮书以《追求企业的真正价值》作结语，指出：“一个企业的社会责任最重要的是做好本分，你的本分是什么？就是更好地满足目标顾客的产品需求。其产品和服务具有科学性和安全性，这是婴童业中最核心的价值和特性，应该成为全行业的基本行为规范。婴童行业负有特别重大的社会历史责任，关乎个人幸福、家庭和睦、社会和谐、民族兴旺、国家富强，绝不能唯利是图！否则，后果将是灾难性的。

四、“企业宪法”，发聋振聩的行业责任

疾风知劲草，危难显英雄！

2008年11月11日，“贝因美16周年庆暨第四届育婴专家节”如期开幕。11月18日在贝因美婴童生活馆（北京）全球概念店发布《中国婴童行业首部企业社会责任（CSR）绿皮书》。

发布会延续了贝因美“生命因爱而生，世界因爱而美”的企业理念，把主题定为“因爱而美”。发布地点为贝因美全球概念店婴童生活馆，不仅展现贝因美专注婴童事业的企业理念，更形象展示了贝因美“生养教”理念。

发布会邀请全国青少年食品安全行动委员会等相关政府部门、专家参加，还邀请了由贝因美赞助的4名聋哑儿童参加，并和贝因美代表一起按下贝因美企业社会责任报告绿皮书的手模。国家发改委公众营养与发展中心主任、全国青少年食品安全行动专家委员会副主任委员于小冬教授发言，提高食品质量是一项社会系统工程，需要发挥政府支持、监管到位、企业自律和舆论监督的综合效应，贝因美集团发布企业社会责任绿皮书，对食品行业尤其是婴童行业具有重大示范意义。

贝因美集团董事局主席谢宏在接受记者采访时说：“这是一份迟到的奶粉企业‘救赎宣言’。”谢宏指出，“《贝因美企业社会责任（CSR）绿皮书》将是贝因美企业宪法的一部分。此次绿皮书中总结出来的好的措施、经验我们要严格落实，不足之处要严加改正，新的规划要向公众兑现承诺，向公众公布自我目标，主动接受公众监督。从这个意义上而言，绿皮书就是贝因美的企业宪法。”

现场还邀请了中央及北京地区的主流媒体、财经媒体见证，保证了会议现场的传播效果。此次传播共选择了34家平面纸媒、28家网络媒体及2家电视媒体，其中平面媒体基本覆盖了全国一、二级城市。本次平面媒体传播中共发布29135字，其中1000字以上的稿件共发布了11家，占发布平面总数的44%，在网络传播27家实发网络中，配图率达100%，如图4－8所示。由此可见，无论是传播字数还是传播深度都达到了很好的效果。

贝因美首发绿皮书

践行企业社会责任

企业声音

为孩子提供放心食品

专家表示

婴童食品需要开展社会系统工程

用爱心、专心和责任心为孩子提供放心食品

贝因美发布首部婴童企业社会责任绿皮书

图 4－8 媒体对贝因美的报道

与《贝因美企业社会责任（CSR）绿皮书》发布相呼应，贝因美在“16周年庆暨第四届育婴专家节”期间，开展育婴专家公益讲座、爱国亲子游、母乳研究成果报告会等众多活动，形成多波次信息传播，真诚地与消费者沟通，与媒体互动，在化解负面攻击和猜疑的同时，树立贝因美“负责任的企业公民”形象。

在随后的2009年，贝因美相继开展了发布《中国亲子文化蓝皮书》、主办“成功生养教”论坛，启动“幸福天使基金”，组织“爱国亲子游”、“爱心大使中国行”、“中国幸福家庭评选”、“婴童行业创富大赛”等公益活动。

2009年11月11日，贝因美17岁生日之际，再次修订发布《贝因美企业社会责任（CSR）绿皮书》，总结了贝因美上一年度所取得的企业文化、产品研发、员工价值与顾客价值、企业责任与使命等方面的成就与进展。

2007年，贝因美总销售额374022.9万元，其中婴童食品的销售额为356151万元。

2008年，贝因美进入第三次创业期，启动领导品牌战略。2008年前三季度贝因美完成395034.3万元销售额，到年底实现500000万元的年度总销售额目标。

2009年，贝因美市场规模继续迅速扩张，跻身同行业全国三甲，更获得“最具社会责任感企业”、“老百姓最喜爱的十大婴幼奶粉品牌”等殊荣，贝因美原定在2010年实现的主营收入100亿元的目标，提前到2009年完成。

《贝因美企业社会责任（CSR）绿皮书》的两度发布，为婴童行业掀开了勇担社会责任，促进行业自律的篇章，成功化解了行业引发的公关危机，成为贝因美的“企业宪法”，为贝因美、顾客、经销商等合作伙伴、股东、员工、政府、行业协会、公民社会、地区社会乃至竞争对手的公关沟通提供了一个权威范本，得到广大媒体、大众和政府机构的认可。成功的公关，是贝因美近年来迅猛发展的最大推手。

第五章
农产品·农资·食用油

- 22 咯咯哒：韩伟集团，“咯咯哒”快跑
- 23 得利斯：打造青岛样板市场
- 24 德农种业：从零开始做化肥
- 25 利农种业：三湘打虎记
- 26 铁骑力士：铮铮百日，踏遍川渝
- 27 良友海狮：上海市场王者保卫战
- 28 香驰：天下五谷香，滴滴益健康

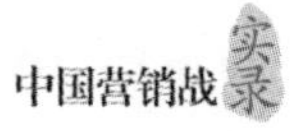

22 咯咯哒：韩伟集团，“咯咯哒”快跑 

连小孩都知道，“咯咯哒”是鸡下蛋时常叫着的一个象声词。如今，不仅我国的消费者，就是日本、韩国、东南亚等国家和地区的消费者也都知道这是个小小的鸡蛋。但是，咯咯哒在发展中，依然遇到了产品、渠道等营销问题。

2007 年 11 月 30 日，大连韩伟集团有限公司（以下简称韩伟集团）营销总监王爱武找到联纵智达，希望我们在营销咨询方面给予一些建议，并解决企业的市场问题。

韩伟集团始建于 1982 年，经过近 30 年的发展，已成为以畜牧业、蛋粉深加工业、海洋生态产业和生物有机肥业为支柱的大型企业集团。主打产品咯咯哒鸡蛋热销全国 100 多个大中城市，以及日本、中国香港、东南亚等国家和地区。而这次韩伟集团找到我们，就是要解决咯咯哒鸡蛋存在的实际问题。

那么，韩伟集团究竟需要解决什么问题呢？联纵智达又是如何解决的呢？

一、企业头上的三座大山

当时，企业面临的核心问题有三个：

第一，咯咯哒在进行全国布局的过程中，为满足每个地方的销量，涉及在各地建养鸡场的问题，但并不是每个区域市场的销量都能支撑一个养鸡场。如果市场的销量不够，建厂就有很大的问题，但如果不建养鸡场，又难以提升市场销量。在这样的悖论面前，企业不知何去何从。

第二，直营意味着巨额的资金占用。咯咯哒营销中心已经有 11 个分公司，采取的全是直营模式，一个经销商都没有。咯咯哒 2 亿元的销售额，6000 万元的应收账款，60 天到 75 天的账期，直营就意味着巨额的资金占用，导致资金周转缓慢，资金使用价值和使用效率低，最终造成巨大的财务费用和账款风险，延误了咯咯哒的发展步伐。

同时，咯咯哒还在做上市准备，在公司上市前，无论是从上市的业绩报表来看，还是从上市的题材来看，咯咯哒都必须要解决这样一个问题：如何改变业务模式和渠道模式。

第三，咯咯哒在大连处于垄断的地位，销量非常好。沈阳与大连距离非常近，销量也非常大，但是其他区域销量就很平淡。那么，如何推动其他区域的销量？这就需要从产品到品牌，再到渠道、终端、人员、组织结构、销售技能等进行全方位地改进，以此完成根据地之外的销量提升。

这三个问题犹如三座大山，压制着咯咯哒的良性发展。

二、 市场解决　四面破局

我们的工作分为两个阶段：第一个阶段是调研和规划阶段；第二个阶段是样板市场打造和快速复制阶段，其中包括市场招商、队伍建设等工作。

市场走访后，我们得出一份非常翔实的市场调研报告，提炼、总结了终端销售话术。随后，我们又进行了整体营销战略的规划，并从下面几个专业板块展开。

（一）产品线规划

我们把很多概念都赋予到产品上，由此对产品线进行了重新规划。

为了提升各区域的销量，必须在产品规划上下功夫。但实际上，因为各个区域的消费习惯不一样，比如北方消费者喜欢红皮蛋，南方则是粉壳蛋和白壳蛋受欢迎，各地对农家蛋的叫法也不一样，有的叫土鸡蛋，有的叫柴鸡蛋，有的叫笨鸡蛋。甚至在一个家庭购买鸡蛋过程中，不同家庭成员的使用习惯也不一样。

我们针对消费习惯的多样性规划和创新产品线。因为蛋的营养元素可以通过饲料进行调节，比如给鸡吃富含锡元素的饲料，那么它产出来的蛋里面锡元素的占比就会相对高一些，所以就有了富锡蛋、高铁蛋，等等。此外，我们还针对不同家庭，推出了儿童蛋、精装月子蛋或者说孕妇蛋，等等。针对不同家庭购买频次和单次购买量的不同，选择了 6 枚装、10 枚装、12 枚装、15 枚装和 18 枚装，然后再往上创新，又有了礼品装。

同时，我们在产品包装上进行创新。“云南十八怪”里，有一怪就是“鸡蛋串着卖”，其实就是把鸡蛋用稻草缠起来，可以拎着卖，这比起我们用塑料袋盛装，既环保又方便携带。谁说这样的包装不可以进超市呢？这样的包装进了超市以后，作为土特产，代表着原生态的、农家的、有机的概念，可以走高端路线。

咯咯哒的产品规划如图 5－1 所示。

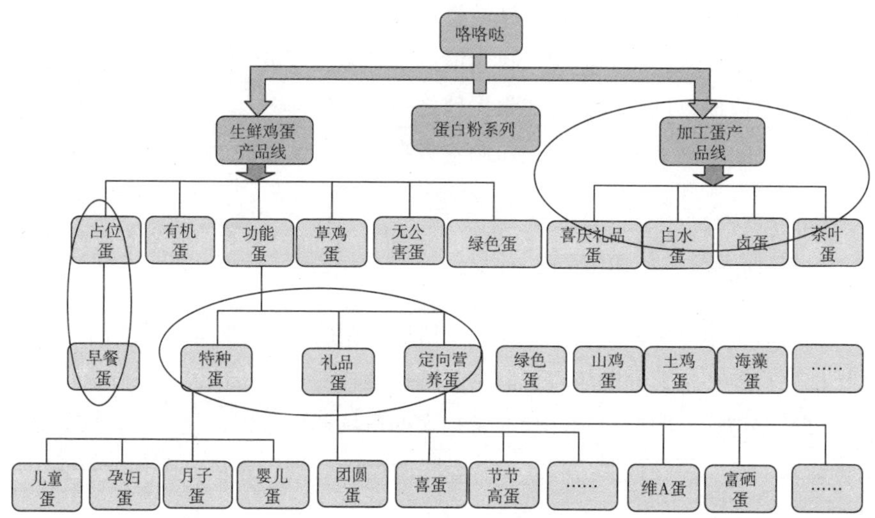

图 5－1　咯咯哒的产品规划图

在这样的产品规划下，主营业绩的增长已经不成问题。

（二）渠道规划

咯咯哒作为品牌蛋，此前一直不走农贸市场，认为在农贸市场销量不好，因为有非品牌的散装蛋竞争，不具备竞争优势。实际上，农贸市场有一个非常好的特点，现款现货。为此，我们就开始大力发展农贸市场的专营专卖、品牌屋、专柜等，并在充分研究农贸市场的小店老板、营业员和消费者之后，提炼出农贸市场专卖系统的沟通话术和促销方法。

我们改变以前大卖场的全直营模式，大力发展经销商，当地有分公司的，其职能就从直接服务卖场演变成帮助经销商。此时，经销商转化成物流商，解决了应收账款的问题，完全可以变成现款现货。

我们将卖场的经销商和农贸市场的经销商分开，一个叫专业经销商，一个叫综合经销商。在这样的渠道规划下，咯咯哒形成了新价值链体系和价格体系，解决了业务模式和渠道模式问题。

为此，我们把企业利润摊薄，当企业把这一部分利润转给经销商的同时，也让经销商承担账期带来的财务费用和卖场的各种损耗，等于分摊了企业风险，降低了企业经营费用，保障了企业资金回笼。

（三）成功复制

把产品线和渠道模式规划好后，剩下的事情就相对好办了。由于前期我们研究了各种终端类型和不同的终端业态，并针对每一种终端业态提炼了标准的售卖方式和市场打法，还形成了各个区域市场的标准动作。此时，成功复制就变得相对简单而快速了。

（四）品牌梳理

我们对咯咯哒的品牌进行了重新梳理。品牌原来的广告语是“好山，好水，好鸡蛋”。虽然这种说法不错，但是缺乏支点。我们在此基础之上，做了进一步延展，给咯咯哒规划出了“好鸡蛋”标准。比如：鸡种好蛋就好、饲料好蛋就好、环境好蛋就好、快乐的鸡下快乐的蛋……诸如此类。并演变成各种终端地面的推广语言，如图 5－2 所示。

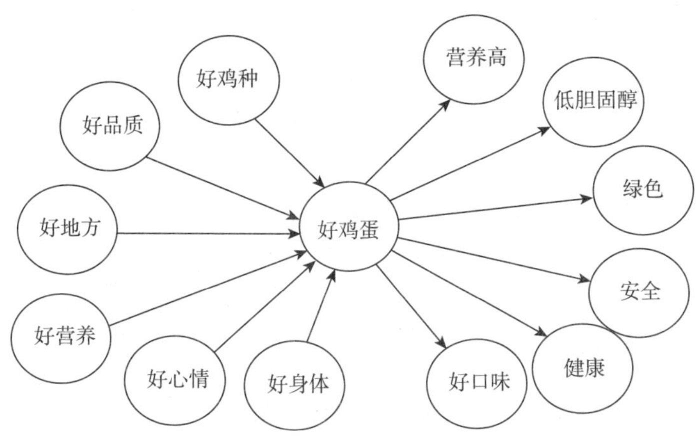

图 5－2　咯咯哒好鸡蛋的品牌主张支撑点

实际上，除了这些战略性规划外，我们也非常注意细节。比如，在进行远程销售的时候，因为鸡蛋是易碎物品，为此，我们建议把蛋托做得更厚一些，增加抗震性能。仅这一项建议，咯咯哒的破损率就由原来的 8% 降到了 3%。蛋托加厚的费用与损坏费用相比，就显得微不足道了。

三、 效果突出 样板成功

我们花了4个月的时间，提交了一份整体的营销战略报告。包括产品、渠道、终端、区域市场、组织架构、人员、绩效，等等，总共提交了19份文件。我们打造的样板市场，仅仅3个月，其销量就同比提升了40%，环比提升了30%。

咯咯哒品牌建设期媒介组合策略如图5－3所示。

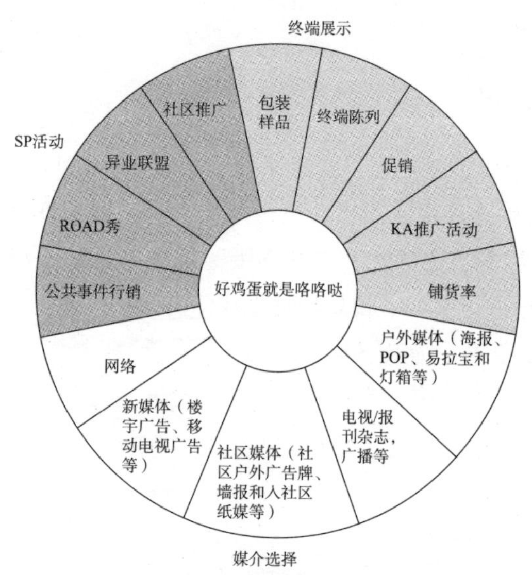

图5－3 咯咯哒品牌建设期媒介组合策略

四、 一线手记

大处着眼，小处着手，众志成城，盘活资源。

2007年11月30日，联纵智达与咯咯哒开始第一次沟通，拉开了合作的序幕，经过47天双方公司高层和项目成员的反复沟通和确认，达成了一致的合作目标和方式。2008年1月17日，项目正式启动。

在项目启动会上，我们作了项目启动报告，对第一阶段合作的目标、内容、方式、工作计划进行了介绍，并阐述了前期沟通后对项目的理解，这些都得到了企业高层的一致认同。随后，韩伟集团董事长韩伟先生和联纵智达董事长何慕先生分别进行了热情洋溢的发言，并对项目组提出了具体指导意见。项目启动会当天，项目组即进入了内访外调的实质性工作。

经过近一个月的内访外调，项目组在 2 月 28 日提交了《企业诊断暨市场研究报告》，对咯咯哒所处的行业环境、竞争环境、消费者环境及咯咯哒自身资源进行了梳理和盘整，为项目进一步地深入，为达成目标的路径、方法和手段提供了丰富而翔实的第一手资料。

随后，依据科学的逻辑思考路径和双方对项目合作内容的界定，项目组陆续提交了包括营销战略、品牌战略、产品线规划、终端管理与培训、招商策略、区域样板市场营销方案、组织架构与人员配置、关键岗位说明、营销总部管理制度、分公司营销管理制度、后勤管理制度、沈阳分公司绩效考核体系在内的共计 13 份报告。在此期间，严卫国老师应韩伟董事长之邀，为公司高层作了题为《打造中国蛋业第一品牌》的演讲，何慕老师于 4 月 22 日为公司高层作了题为《企业成长的烦恼》的演讲。

随着服务的深入和对咯咯哒的市场、人员、组织、绩效、管理各方面的深入了解，我们逐渐对咯咯哒的成功基因、成长基因、成长中的障碍有了清晰的认识和积极的应对办法，这些认识和解决之道都记录在报告中。我们有理由相信，按照我们规划的路径和方法一路前行，咯咯哒必然会获得高速增长。

诚然，在前行的过程中，我们会遇到障碍、桎梏，甚至是风险。但是改革中的企业、创新中的企业又有谁一帆风顺，不曾遇到困难？蒙牛用了 6 年的时间创造了中国企业高速成长的“奇迹”。

第一阶段我们从大处着眼，进行了营销各层面的梳理和规划，第二阶段我们将从小处着手，帮助咯咯哒将这些被双方认可的规划和方案变成市场的实际动作，盘活我们所能利用的一切资源，凝聚我们所能凝聚的一切力量，众志成城，共同打造中国蛋业的第一品牌！

23 得利斯：打造青岛样板市场 

一、背景：双汇空出市场份额

山东得利斯食品股份有限公司（以下简称得利斯）是一家以生猪屠宰、冷却肉、低温肉制品、调理食品加工为主的大型食品专营企业。

这是一家从乡镇企业成长起来的拥有辉煌历史和荣誉的民营企业，在国内最早进行低温肉制品研发和销售，董事长郑和平先生被业内尊称为“中国低温肉制品第一人”，公司被确定为首批农业产业化国家重点龙头企业、中国肉类十强企业、中国食品行业百强企业，获得中国驰名商标、中国名牌产品、中国最具市场竞争力品牌、山东省政府质量管理奖、首届省长质量奖等各项殊荣。温家宝、曾庆红、吴官正、吴仪、回良玉、乔石、田纪云等党和国家领导人先后视察公司并给予高度评价。2010 年 1 月 6 日，公司成功登陆深交所中小板，成为山东省第 100 家上市公司。

2011 年是中国肉制品行业的多事之秋，随着双汇“瘦肉精”事件爆发，第一品牌双汇短时间内市场占有率极度萎缩，空出巨大的市场份额，全国性品牌和各区域品牌纷纷发力，伺机扩张江山。在此市场背景下，2011 年 5 月，得利斯和联纵智达签署合作协议，就营销系统全面提升进行战略合作。

二、介入：着力样板市场打造

作为刚刚上任的新一届领导班子，得利斯高层对本次咨询服务寄予厚望，希望通过联纵智达的全方位介入，短时间内全面提升营销系统的战斗力，快速抢滩全国肉制品市场。

企业高层对项目组提出了“打破常规的咨询模式，直接解决具体问题，最好省去前期大量的调研时间，边干边进入状态”的工作要求。出于对肉制品行业的深入了解和深厚沉淀，以及对项目组团队专业素养的自信，我们接受了这一挑战。

（一）打破常规，直切要害，快速破局

经过初步的内部了解，项目组认为，要完成得利斯交给的任务，必须解决企业当前所面临的实际问题：

（1）**得利斯是典型的生产导向型企业。**企业产品的价格制定权和促销决定权在生产部门，而非市场和销售部门，生产和销售之间缺乏有效的协调和沟通，导致很多市场问题无法得到及时解决。

（2）**企业的营销中心刚刚组建，很多人员都是从其他部门抽调过来，虽然充满工作激情，但缺乏实际的市场操作经验。**

按常规，要先解决企业内部的问题，号准企业脉搏，对症下药，制定适合的策略和方法。但是，由于企业管理层要求“直接解决具体问题，短时间内提升营销体系战斗力”。而且得利斯此前和一家知名营销咨询公司有过短暂的合作，没有取得预想的效果，导致了企业从上至下对外脑的质疑和不配合。项目组决定打破常规，深入市场，直切要害，快速破局。

（二）落子“样板市场打造”

如何破局？项目组认为唯一的选择就是“用事实说话”。企业内部的问题是多年的历史因素逐步沉淀而成，作为外脑，没有审慎的观察和了解，没有清晰的解决思路，没有最高层的充分授权，是不可能改变企业现状的，只有用实实在在的业绩说话，通过市场的良性反应才能赢得企业各个层面的认可和支持，才能为未来企业内部的革新赢得时间和话语权。

鉴于以上的思路，项目组和客户高层沟通后，制定了**“由外而内，先局部后全局，以营销带动管理，先销量提升后总体规划”**的实施策略。由此，得利斯项目的第一颗棋子，落在样板市场打造方面。由项目组负责操盘打造样板市场，成为项目成败的关键一着棋。

如何选择样板市场？项目组内部经过讨论，认为所选择的样板市场必须具备如下条件：

（1）样板市场必须具有代表性，它存在的问题其他市场都会存在，解决这一样板市场的操作思路对别的市场具有可复制性。

（2）样板市场要具有可操作性和示范性，选择运作正常的市场做样板只

会是锦上添花，即使运作得非常成功也没有足够的说服力。

(3) 样板市场还要具备一定的成长基础，不能是扶不起的阿斗，只有这样，才会有前后鲜明的对比。

(4) 样板市场要有足够的市场地位，它的成功对企业能够产生巨大的影响力。

鉴于以上各方面的考量，通过查看企业以往各区域市场的销售统计数据，项目组决定选择青岛作为样板市场，并且选择企业利润最大的低温肉制品业务进行突破。

三、过程：多管齐下，拿下青岛市场

（一）青岛市场诊断

虽然企业要求省去大量的调研时间，但是项目组认为“没有调研就没有发言权”，只有找到问题才能解决问题。项目组不能按照以往的项目经验生搬硬套，所以，在制定青岛样板市场打造方案之前，利用3天时间进行了深入的调查和了解。短暂而宝贵的3天，项目组成员马不停蹄地走访了青岛城区、即墨、莱西和城阳的代表性终端卖场和流通市场，和当地的经销商、厂家业务人员以及促销人员进行了深入的座谈。

经过梳理，项目组对得利斯在青岛的现状有了一个整体了解。

(1) **青岛市场是得利斯走出诸城的第一个外埠市场。**由于历史原因，青岛的消费者对西式低温肉制品接受度高。青岛人均收入水平较高，健康意识强，低温肉制品有很大的市场提升空间，所以，无论从情感上还是从市场发展空间来看，青岛市场对于得利斯都具有重大的战略意义。

(2) **青岛市场吸引力极大，全国及山东各区域肉制品企业如双汇、雨润、喜旺、金锣等纷纷入驻青岛，加上本土的波尼亚，竞争异常激烈。**得利斯的市场份额排在喜旺、波尼亚和金锣之后，处于第四位。

(3) **得利斯产品有一定消费者认知度，但是其主要消费群体年龄层次偏大，大部分集中在40岁以上。**由于缺乏产品的及时更新换代以及有效的品牌传播，年轻消费者对得利斯的品牌认知十分模糊。长此以往，得利斯在青岛市场存在消费者断层的巨大威胁。

(4) **由于低温肉制品的冷藏要求，得利斯的销售渠道只局限于KA卖场，**

随着卖场的费用压力越来越大，市场地位后移，得利斯在整个终端市场的话语权越来越低，对核心终端的掌控力不容乐观。

(5) **由于以往总部市场职能的缺失，企业对青岛市场整体发展缺乏清晰的策略**，办事处管理随意，造成市场资源投入虽然不少，但效果却不佳。

(6) **青岛的销售团队士气较低迷**，对市场前景没有信心，促销人员的素质和工作积极性与竞品相比也明显落后。

(7) **经销商团队良莠不齐**，由于得不到企业的指导和支持，对市场前景感到迷茫。

项目组调研还发现，尽管得利斯在青岛市场存在诸多的问题，但也存在很大的优势和机会。竞争对手的市场地位不稳固，对终端的掌控能力也并非铁板一块。得利斯的产品品质深得消费者的认可，在青岛有广泛的品牌认知。得利斯所在地诸城距离青岛最近，得利斯作为上市公司，有丰富的资源投入。这些因素增加了得利斯在青岛市场的胜算。

（二）多管齐下，重拳出击

项目组综合研判后认为，得利斯在青岛完全有机会铸造辉煌，关键看我们运用怎样的手段点燃这个市场。

5~7月是销售淡季，中秋国庆两节是低温肉制品销售旺季。项目组为青岛市场制定了阶段性的工作计划：淡季蓄势，旺季图量，从几个方面谋势以图旺季大爆发。

（三）重设绩效机制，激活队伍战斗力

再好的策略也需要人去执行，经过前期的访谈，项目组认为要提升样板市场，顺利实现破局，**必须首先解决业务团队的积极性问题**。而企业的绩效体系严重束缚了业务人员工作的积极性，得利斯当时的绩效体系单纯以销量为基数拿提成，而由于终端和区域本身销售情况的千差万别，造成只要分配到好的终端和区域，业务人员的收入就高，完全和业务人员本身的努力无关，这种不公平的考核机制严重打击了销售团队的工作积极性。

项目组重新规划了青岛市场的绩效考核体系，制定了新的管理办法，对办事处的组织架构以及各个岗位的责、权、利进行了清晰的规划，并按照“月度任务目标考核+月度专项考核”的方式，对办事处从主任到基层业务人员

进行全面考核。

月度任务目标考核是按照每月的任务完成率，办事处主任的任务，一月一定根据以往的月度数据以及当前的实际市场情况和资源投入，由企业营销总监与办事处主任协商确定，以保证总体目标任务的合理性。而办事处所有业务人员的工作目标则由办事处主任和各渠道、各片区业务人员共同分解制定。

月度专项考核则根据每月的特定工作要求进行专项的考核，比如退货率、终端形象建设、核心产品的促销安排、每月报表的提报等，都要纳入考核项目。

这样的考核方式既让全体业务人员有了清晰的工作目标，明白工作要求，又兼顾了结果和过程。

（四）挖掘潜藏“黑马”，锁定“拳头产品”打市场

任何策略都需要有合适的载体，也需要聚焦有限的资源。而对于样板市场来说，必须有明确的拳头产品承载企业的品牌形象，充当先锋的角色，吸引消费者的关注，进而带动企业其他产品的销售。同时拳头产品的选择也是对市场机会的判断，意味着样板市场突破的方向，如果拳头产品选择不当，再多的投入也是事倍功半，相反则会事半功倍。

拳头产品打市场，最理想的是投入新品。由于时间关系，新品研发已经来不及，项目组只有从企业已有的产品中选择“爆破手”。

在已有产品队伍中选择爆破手，项目组和得利斯高层出现了分歧。企业高层要把当时在青岛销量最大的产品——无淀粉火腿作为爆破手，而项目组则想选择销量排名前三位都没进的美极香脊。经过充分沟通，最终企业高层同意了我们的方案。

为什么选择未入前三甲的美极香脊做爆破手？项目组给出了解释：得利斯无淀粉火腿虽然在青岛市场销量最大，但是跟进品牌众多，已经陷入同质化的竞争状态。而且从产品生命周期来看，已经到了成熟阶段，提升的空间有限。

而美极香脊由于特殊的工艺要求，很好的口感和高品质的外包装，具备极大的市场潜力。更重要的是，只有一家企业参与竞争。美极香脊目前销量虽然排名落后，但是客户的重复购买率较高，自主购买率也不错，在企业没有主推的情况下，产品销量占比逐年递增。这些说明，美极香脊拥有巨大的生命力，

是一匹未被发现的、潜藏的"黑马"。

如何将美极香脊的这些优势化为清晰的卖点？如何将"实实在在一块肉，看着非常实惠，口感也不错"的消费认知，变为可以广为传播的广告诉求呢？经过连续多次的创意会，最终项目组提炼出**"美极香脊，纯粹至脊"**的品牌诉求，获得了企业高层的高度认可。围绕这一产品诉求，项目组和联纵智达品牌设计部门的同事进行密切沟通，创意了一系列的终端宣传物料。为了充分调动促销人员、业务人员和办事处经理各个层面的积极性，项目组专门制定了关于美极香脊推广的奖励实施办法，并纳入每月的专项考核。

（五）因地制宜，多点突破，全面激活渠道

如前文所述，低温冷却肉的主销渠道只能局限在 KA，而卖场的费用日增，那如何使资源投入收益最大化？**为此，项目组制定了"城区取势、郊县取量"的策略。**

我们首先对青岛地区所有卖场数据进行统计，根据肉制品总体销量、卖场人气，以及得利斯历年的销量、进场 SKU、货架占比、客情关系、费用投入、未来发展潜力等维度进行综合打分，对卖场终端进行逐一盘点和分类。

其次在城区选择具有一定基础的核心 A 类终端，进行资源聚焦，实施重点突破。进而在局部市场树立标杆，打造第一品牌影响力。**增加郊县市场投入，利用竞争对手覆盖不足，终端费用相对较低的特点，对郊县市场 AB 类终端全面覆盖。**

为了强化得利斯在终端的销售氛围，项目组专门制定了各类终端的陈列标准，要求业务人员和经销商必须按照此标准进行陈列，安排营销中心专人进行每月的评估，纳入对业务人员和经销商的专项考核。

资源的聚焦投入，明确的工作要求和绩效考核，充分调动了业务人员和经销商的积极性，很快，得利斯在终端卖场的品牌形象得到了明显提升。

（六）"七件"促销大礼包，撼动消费者心灵

在人员、拳头产品以及渠道建设等问题解决后，促销就成了旺季实现销量突破的关键。

企业高层希望项目组能全面创新，改变以往打折促销和发放赠品的单一形式。在快消品行业，要全面创新促销形式很难，而通用的促销形式之所以被各

个厂家所使用，恰恰说明该形式的有效性。项目组认为**好的促销活动一定要能和品牌相挂接，销量和品牌传播职能一个也不能少**，另外在创意层面，局部要和竞争对手形成差异，从而吸引目标消费者的关注，最关键的是促销活动必须要有可操作性。

2011 年是得利斯建厂 25 周年，作为中国低温肉制品的开创者，25 年的发展历程是得利斯深厚历史底蕴的最好明证。通过消费者研究发现，购买低温肉制品的消费者，很多是家庭主妇，低温肉制品和厨房用具之间也有着天然的联系。

项目组经过多次创意，最终将得利斯中秋国庆促销活动的主题确定为"得利斯感恩25周年大回馈——满25元赢厨房电器大礼"，将奖品的一等奖设置为烤面包机、煮蛋器、热水煲、豆浆机、电压力锅、家用烤箱、电饼铛等7件厨房小电器构成的大礼包。由于奖品数量多，且多为时尚小电器，对目标消费者特别是家庭主妇，有很大的吸引力。一个7件套奖品，给消费者赚得盆满钵溢的效果，这也和其他的品牌企业单纯打折促销以及赠品搭赠的模式形成了差异。

另外，为了放大这一活动的影响力，项目组制定了专门的线上线下推广计划和促销活动执行手册，对促销活动所有参与人员进行了宣讲和培训，并安排营销中心专人负责监督各项工作的落实推进。

四、结局：成功树立样板市场典范

经过2011年6月、7月的市场铺垫，通过美极香脊这一拳头产品拉动，得利斯在青岛市场逐步放量。中秋节当月，青岛市场总体销量第一次超过得利斯的根基市场——潍坊市场。在此基础上，整个团队再接再厉，乘胜追击，2011年青岛市场打了一场漂亮的翻身仗。

更关键的是，无论是销售团队的积极性，促销人员的积极性，终端的品牌形象，经销商的认可度，办事处管理规范性，业务人员的专业技能以及营销中心的职能建设都得到了充分的提高。

得利斯高层专门安排了其他各区域的办事处主任到青岛进行了参观学习，并着手向其他区域市场复制推广。

由于篇幅限制和保密需要，关于得利斯青岛样板市场打造的全过程在此不能全面解析。但窥一斑可见全貌，通过此文我们最想向大家表达的是：**相同的人员，相同的资源投入，但是不同的策略，会得到不同的结果**。由此可见，营销并非单纯是资源总量的比拼，更是对资源投放效率的比拼。作为企业的营销策略制定者，应该通过市场调查研究，明确真正影响业绩的关键因素，抓住主要矛盾，有的放矢，聚焦投入。本案再一次证明，人、团队是最关键的因素。

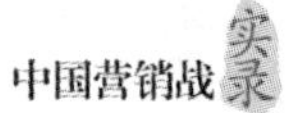

24　德农种业：从零开始做化肥

联纵智达在接到德农的咨询信息时，德农所能提供的只有资金，而关于具体生产哪种化肥、怎么安排生产线、需要什么样的人员、怎样定价、怎么销售等一系列问题都没有指导意见，这个项目的难度可想而知。

一、背景：除了钱，什么都没有

万向德农（更名前叫华冠科技），中国种业的领导企业之一，中国玉米种子市场占有率第一。这样一家深耕种业的企业，如果有一天说要进入化肥行业，肯定让人感到惊讶：化肥行业与种子行业虽然都属农资行业，但两者的生产、营销体系完全不同，没有设备、没有相关人才、没有渠道，一切都要从零开始构建。

万向德农为什么要进入化肥行业？这还要从万向德农所处的行业说起。

种业是万向德农的主营业务，在激烈的种子行业中，德农凭借“郑单958”玉米种子，迅速在种子行业中突围。“郑单958”是2003～2004年中国种业界跃出来的一匹黑马。到2006年，“郑单958”是我国种植面积最大的玉米品种，全国已累计推广近5亿亩，占全国当年玉米播种面积的30%以上。德农种业是拥有“郑单958”经营权的公司之一，与其他两家拥有同样权利的公司相比较，北京德农公司拥有自己的生产基地，实力最强，规模最大。2006年，该公司种植“郑单958”达到3000万亩以上，占全国玉米种植面积的10%。大大超过了之前中国玉米种子企业排头兵——山东登海种业公司保持的6%～7%市场占有率。

万向德农在种子行业已经发展到了顶端，公司高层居安思危，提出多元化发展战略，扩大主营业务，计划向化肥行业进军。

德农为什么选择联纵智达为其提供进入化肥行业的全程咨询服务？这得从德农与联纵智达的合作历史说起。

德农把这个非同一般的项目委托给联纵智达，是源于之前两次良好的合作经历。第一次是为德隆正成种业提供咨询服务，双方合作很成功，后面又续单2次，前后服务共3年。第二次是为德农种业“郑单958”项目提供服务，有与德隆正成种业合作的成功经验，所以合作更加顺利。当年的服务，德农种业“郑单958”在市场上卖断了货，虽然取得“郑单958”经营权的公司还有另外两家，但完全被德农压制，消费者一提到“郑单958”就认准了德农，以至于认为另外两家公司生产销售的“郑单958”都不正宗。

可是，这次的咨询项目与以往任何一次都不同。

我们在接到德农的咨询项目时，德农所能提供的只有资金，我们需要提供覆盖从产品生产到销售、从物料到人员等企业运营中所有环节的解决方案，且必须要有很强的落地操作性。

二、 选择一个好产品

在与德农签订服务合同后，项目组马上投入市场调研和分析，第一次提案并不顺利，德农高层看到提案后不满意，认为提案理论多实施少，德农需要的是可以马上拿过来用的解决方案。为此，项目组成员围绕方案的落地性再次进行了提案的编写，并形成了以下基本框架，如图5-4所示：

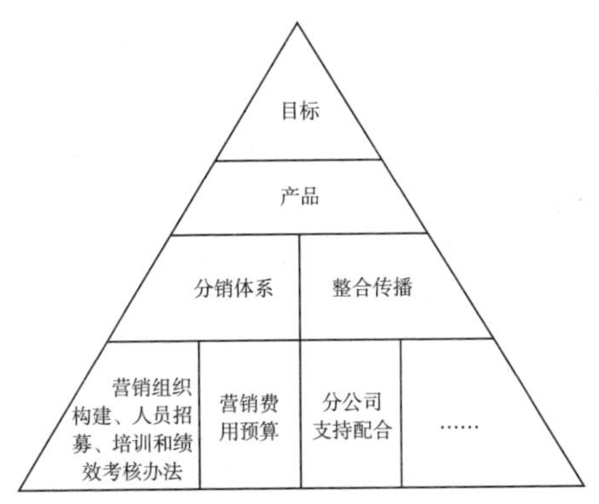

图5-4　德农种业的作业框架

整个咨询服务过程都是为了达成一个目标，这个目标是由客户提出，并经过我们论证是可行的。为了达到这个目标，必须要有一组好的产品来支撑，项目组通过对行业发展趋势的预测和竞争产品的研究，确定一个适合德农的产品组合。产品必须到达最终消费者手中才能实现其价值，这就需要建立一套快速、有效的分销体系，把产品“推”到消费者面前，同时通过一系列的创新整合传播方法，把消费者与产品的距离“拉”近。为了更好地实现方案的“落地性”，我们把人、财、物的分配和整合具体化，从而使这个新产品业务能有条不紊地快速运作。

对于首次涉足化肥行业的德农而言，最重要的是要确定生产什么品类。通过对化肥市场的深入调研，我们放弃了生产设备成本高，产品同质化严重，竞争激烈的单元肥料；放弃了进入门槛低，容易被模仿的混合肥，**选择了具有政策优势和行业优势的复合肥作为德农的主打产品。**

发展复合肥有政策优势，同时复合肥行业保持着高于化肥行业总体增长水平的发展速度。当时，国内复合肥约占化肥总量的30%，而以欧美为代表的发达国家，复合肥占总量的平均水平达70%，国内复合肥的发展也会朝这个方向，因此复合肥还有很大的增长空间。最重要的是，行业面临重新洗牌的机遇，谁能最快实现产品的差异化，谁就可能在这个行业中实现突围。

锁定复合肥之后，接下来要做的，就是如何实现产品的差异化问题。

我们认真研究了复合肥行业的各种品类，同时结合德农做种子的经验积累，对这些概念进行了整合，提出了一条差异化路线：德农种业拥有目标区域市场内销路最畅、消费者口碑最好、渠道有效覆盖程度最高、种植面积最大的玉米种子——“郑单958”，这一有力武器无疑坚定了德农坚持走差异化道路的战略构想。于是我们提出，**首年度将主打“郑单958玉米专用复合肥”这张牌**。通过差异化营销策略的建立，德农的品牌形象无疑将更为鲜明突出，细分市场最大份额的获取也无疑将更为直接有效。

表5-1是我们提出的产品组合，以及上市原因、核心卖点、营销策略与适销区域。

表5-1　营销参照表

2007年上市产品	产品种类	上市原因	核心卖点	营销策略	适销区域选择
“郑单958”专用系列肥	“郑单958”专用复合肥	1. 依托“郑单958”玉米种子强势市场地位 2. 经销商与消费者对该产品概念高度认可 3. 该产品类别竞争对手无法模仿跟进	958专用肥，微量元素	主导型上量，高价格、中价差、中毛利、高推广	通辽、松原、四平、长春、白城

续表

2007 年上市产品	产品种类	上市原因	核心卖点	营销策略	适销区域选择
“郑单958”专用系列肥	“郑单958”专用营养复合肥	1. 依托“郑单958”玉米种子强势市场地位 2. 消费者对测土配方概念的认可 3. 该产品类别竞争对手无法模仿跟进 4. 区域 + 土壤	“958专用 + 营养肥”概念，微量元素突出产品形象，走高端路线	突出产品形象，走高端路线	通辽、松原、四平、白城
	“郑单958”专用二元追肥（对标尿素）	1. 市场仍有对于958复合肥的追肥需求 2. 二元追肥是一个用肥趋势，未来发展不可限量（论据）	底肥追肥都用958，根据958特性设计更科学的追肥	深挖958自身潜力，捕捉施肥各周期商机，定价方法：成本加成 + 产品力溢价	通辽、松原
非“郑单958”专用系列肥	通用复合肥	1. 跟随市场主流产品 2. 渠道利润补充品 3. 增加渠道产品组合	微量元素技术（微量元素、造粒技术）、非技术	依靠产品静销力，随销型；低价格、高价差，公司低毛利	通辽、松原、四平、长春、白城
	玉米专用复混肥	1. 依托“郑单958”玉米种子强势市场地位 2. 经销商对该产品概念高度认可 3. 消费者对该产品概念接受度很高 4. 结合当地用肥习惯，而这种需求是短时间内不可改变的	1. 高钾：抗倒伏、抗病，（需要同技术人员沟通） 2. 德农对玉米更专业	突出区域市场定制产品形象	松原、四平、长春
	密植型玉米专用肥	1. 用于非德农958种子的玉米耕地 2. 抓住密植型这一独特特点	密植型专用	主导型上量、中高价格、中价差、中毛利、高推广	通辽、松原、四平、长春、白城

为了更好地落地实施，我们根据各目标市场的化肥使用习惯，进一步实施了目标市场适销产品组合，对主广告传播语进行了提炼，对产品外包装提出了建议，并确定了产品价格。

三、 营销渠道和传播推广内容的选择与落地

营销渠道和传播推广就像两只无形的手，一只手把产品“推”到消费者面前，一只手“拉”近消费者与产品的距离，如何使这两只手更有力道？我们围绕以下几点展开，编写了具体的落地方案。

为了跳出行业营销体系同质化的困局，项目组对德农化肥应该实施的销售方案进行了创新，提出了两个方案：种肥终端联动销售方案和驻村代表协助销售方案。

（一）种肥终端联动销售

德农作为化肥行业的新进入者，具有以下局限性：行业品牌影响力有限；短期内无法形成规模生产，产品品类数量有限；销售终端——各地经销商与德农化肥也是第一次合作，两者之间的关系比较脆弱，单店营业能力有限，终端覆盖率也有限。如何在短期内，弥补德农化肥的短板，是决定德农进入化肥行业成败的关键因素之一。

化肥属农资领域，而同属农资领域的种业，德农做得很成功，在终端有很强的影响力。我们于是借助种子既有优势资源，创新出“种肥终端联动销售”方案，如图5－5所示。

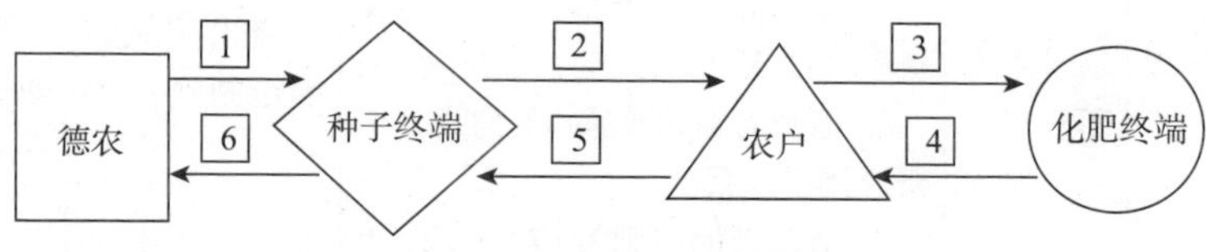

图5－5 终端联动销售模式

首先，德农公司将设计完成的售种卡（共四联）配送给种子终端，在农户购种时，德农种子终端告知农户，凭售种卡（给出四联）购买德农化肥可以抵扣部分种子款。有这种优惠政策，农户必然会到德农化肥终端了解情况，这便迅速提升了德农化肥的知名度。农户凭售种卡购买化肥后，化肥终端按销售量在售种卡（四联）上签字盖章，自己保留售种卡（留存联），并将售种卡

（剩余三联）返还给农户，这样农户凭签字的售种卡可到种子终端兑现抵扣款，抵扣款由种子终端先行垫付。结算期内，种子终端凭售种卡到德农结算，结算按政策进行。

为保障方案的良好执行，使“郑单958”种子终端对德农化肥的推荐力度落到实处，项目组为此规划了“四重的组合式”控制手段。

第一重：四联售种卡。分别为返还联、客户联、留存联、财务联，最终分别到达种子终端、农民、化肥终端、分公司。各联都需具有编号、客户姓名、联系方式、购买种子数量和金额、购买化肥数量和金额、签字盖章区、化肥终端信息、种子抵扣金额、种子终端信息等必要内容。在推荐成功的情况下，返还联和客户联应由化肥终端签字盖章确认，并明确化肥销售数量。分公司定期收回返还联，在核算时将返还联和留存联相互对照进行核算。

第二重：销量总控。销售季中的随机核对，对化肥终端进货量和经化肥终端确认的销售量进行核对。销售年终，对化肥终端进货量和经化肥终端确认的销售量进行核对。

要点1：留存联结算量=返还联结算量=财务联结算量。

要点2：同一化肥终端确认的结算量≤此化肥终端进货量－此化肥终端库存量。

第三重：德农抽检。以电话和上门相结合的方式进行随机抽检，同农民核对具体情况。要点：结算量小于总量的50%，不抽查；结算量为总量的50%～80%，抽查10%；结算量大于总量的80%，抽查20%。

第四重：农民告知。以终端告知为主，传单告知为辅，分别以终端POP和DM为载体，向农民进行方案告知，务必让农民明确可获得利益、实施办法等情况；同时，让农民明白售种卡必须保留，以保障其利益。

（二）“驻村代表协销”进行贴身推销

德农化肥的驻村代表是这样一群人：帮助德农化肥销售终端扩大影响和提升销量的“驻村特派员”，取得德农化肥颁发的资格认证和授权。驻村代表是德农化肥销售终端的延伸，是贴近农户的宣传员和服务员，是对活动忠诚的销售员；他们本身是农户，每天与农户生活在一起，更了解农户的需求，更能“对症下药”，并取得农户信任，对德农化肥销售终端的销售更具有无以比拟的说服力和推动力；是德农化肥分销网络体系的成员，直属于德农化肥终端开发和管理，是为终端店创造效益的“一线尖兵”。

德农化肥对驻村代表的要求：

（1）在当地有良好的人际关系，口碑较好，如一些村、组的领导，或是当地种植大户，自身的用种量比较大。

（2）有积极进取的发展意愿，并能付诸行动。

（3）懂农业生产技术，是本村广大农民的楷模和信赖的对象，且乐于传播技术，与左邻右舍保持良好沟通。

（4）必须是本村土生土长的农户，最好是大姓家族，这样其固有的亲缘关系网络就会比较庞大，容易取得本村农户的信赖。

（5）有固定的住所和通讯地址，有较现代的通讯和交通工具（摩托车）等，以便公司的管理和沟通。

（6）性别最好是男性，但不排除女性。

（7）学历最佳在初中以上，能读书看报，看懂德农化肥的相关资料，不要太年轻，最好在30～50岁左右，稳定安全。

驻村代表的工作内容：

（1）在该村将德农化肥推广的品种开展试验示范工作，为公司产品推广打好基础。

（2）组织村民参加德农组织的推广会，让消费者认知公司实力和产品优势，增强信任感。

（3）组织当地村民到德农化肥销售终端（该驻村代表的上线）购买德农化肥。

（4）为购买德农化肥的农民提供技术咨询指导服务。

（5）在当地积极宣传德农化肥品种优势、资源优势、企业优势，扩大德农化肥影响力，提升公司和产品的品牌、口碑。

（6）对德农化肥产品重大质量问题及时、真实上报，对较小问题当场解决，在合约期内只能销售德农化肥产品。

驻村代表开发的基本原则是德农化肥负责提供资源、授权、资料和培训，终端店负责具体开发、管理和出货（销售），权利逐层下放，逐层帮控。开发流程如表5－6所示：

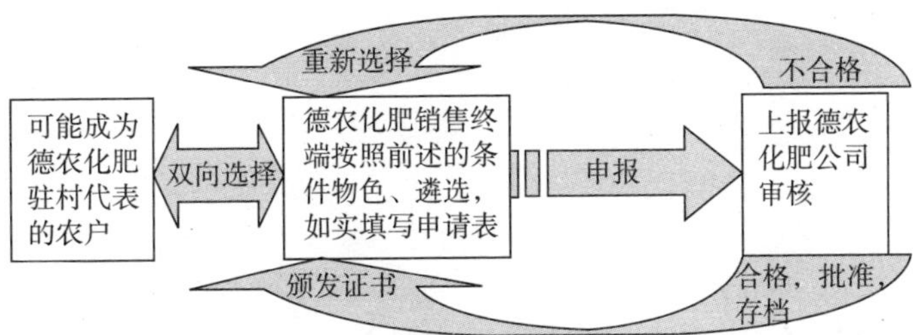

图5-6　驻村代表开发流程图

经过联纵智达与德农化肥的密切配合，德农化肥在第一年就超额完成预定目标，化肥业迅速成为德农继种业后的又一支柱产业。

25 利农种业：三湘打虎记

湖南利农种业有限公司（以下简称利农种业）在强手如林的三湘大地，能成为“打虎英雄”，全靠整合各方资源，利用整合营销手段，通过绩效优先，制定科学合理、操作性强的产品、价格、推广和分销策略，并利用会议营销、预收定金等强势手段抢占渠道，终于成功地从众多“猛虎”嘴里抢了一块肥肉，并把自己变成一只猛虎。

中国是传统的农业大国，种业一直在传统计划经济的保护下生存。随着市场经济的推进，让中国的种业经营者意识到，只有参与世界种业市场的竞争，中国的种业才能茁壮成长。在强烈的市场意识感召下，为了挣脱计划经济的襁褓，中国大地上上演了一幕幕惊心动魄的种业大战。湖南作为全国最大的水稻省份，自然成了各路诸侯争夺的主战场。

在湖南，汇聚了众多知名种子企业，有中国“杂交水稻之父”袁隆平院士而名声大振的隆平高科（上市公司）和前身为湖南省种子公司的亚华种业（上市公司），他们的总部都在湖南长沙；神农大丰虽然公司的注册地在海南，但实际上生产基地和主要销售市场都在湖南；金健米业（上市公司）地处湖南常德，以订单农业见长，以向农户预约收购优质粮的方式牢牢占据着部分水稻种子市场。

显然，**湖南水稻种业市场已经形成“一山有四虎”的格局，**加之全国各地稍有实力的企业都想在湖南市场有所建树，这让湖南种业市场变得硝烟弥漫。

利农种业成立于2000年，只在湖南省内市场经营。在“四虎相争”的湖南市场，利农这样后来的“小兄弟”要想占有一席之地，绝非易事。

利农种业成立初期，通过高价租赁当地国有种业公司的方式，快速占领了郴州地区市场。但由于粗放式的经营管理以及各种人为因素的影响，整体市场表现并不理想，短短三年时间就换了三任总经理。

如何在三湘大地站稳脚跟，成了利农种业亟待解决的问题。2003 年 10 月，利农种业找到联纵智达，希望能帮助他们在强手如林的湖南市场抢占一席之地。

项目组介入后，通过一系列全新的攻略，在猛虎林立的三湘大地进行强势突围，经过 8 个月的时间，就帮助利农取得了不俗的业绩。截至 2004 年 6 月 15 日，利农种业共销售水稻种 300 万公斤，比 2003 年翻了一翻多；玉米种的销量从 2003 年的 1.5 万公斤增加到 8 万公斤；代理商增加到 40 家左右；此外，稳定的终端客户由过去的 500 家提升至 2000 家，其终端店的形象在湖南种业界也是一流的。

一、 五指合拳， 三湘打虎

2003 年，项目组根据市场调研情况和利农种业本身的客观实际，把湖南市场划分为三种类型：重点市场，实施直营终端精耕细作；次重点市场，对代理商和终端实施深度帮控；非重点市场，充分发挥代理商的资源优势，采取协销的方式逐渐渗透。

同时，对现有和已进入的市场，主要采取巩固、提升、拓展相结合的策略；对尚未进入的市场，主要采取步步为营和全面推进相结合的策略，扩大市场的有效覆盖率。

此外，项目组还为湖南利农拟定了“转变观念，重塑形象，网络快建，创新营销”的十六字经营方针。

二、 业务整合， 绩效为先

针对利农存在的人员冗杂、效率低下的问题，项目组首先根据种业行业终端客户数量多且分散、区域市场差异性大的特点，确定在长沙总部设立销售、市场、物流、行政、财务、生产、质检七个职能部门，下设各销售分公司，形成高效快速决策的组织体系。

其次，对所有人员进行逐个面谈和个性、职业规划测定后，依据测定结果对原有的组织和人员做了优化调整，重新确定了各岗位责任人和职责。

最后，经过各方面梳理，将总部人员精简到 15 人，其他人员实施有步骤地分流，充实到各分公司和新开发的市场中去。

此外，项目组还从完善绩效考评入手，将之前员工“每月固定薪资＋年底模糊奖金”的薪资制度调整为“基本薪资＋每月绩效工资＋业绩提成”的综合考核办法。这种全新的薪资制度和激励考核办法，打破了利农公司当前“一潭死水”的局面，充分调动了各个员工的积极性。

三、整合营销，深度帮扶

2003年左右，中国的种业是一个刚刚开放的行业，尚未经历市场化洗礼，加之执法部门监管手段有限，执法环境不完善，市场营销策略较为缺乏，创新存在风险，使得种业企业习惯性地采取赊销、降价、返利等市场常规手段。此外，该行业大部分从业人员都具有国有种业公司的背景，缺乏应有的营销创新能力。

针对以上情况，项目组为利农种业拟定了切实可行又有创新性的市场经营策略，从产品差异化策略，具有竞争力的价格策略，立体推进、协同作战的推广策略，以及深度分销、重点帮控的分销策略等四个方面合力作战，一举打破种业藩篱，让利农种业在同行业里脱颖而出。

四、产品策略：产品差异化

改变过去单一经营水稻种的局面，将利农种业体系内的三大优势产品玉米种、棉花种、油菜种推向市场。通过丰富产品种类，不仅拓展了利农种业其他长线盈利产品的业务，而且也增加了终端客户的产品供应，有利于吸引更多的农民朋友。

在市场推广过程中，项目组依照适合的区域和市场潜力，将有限的专有品种分配到目标区域，并做好试验、示范、推广工作，在销售中大力诉求其专有、高产的形象，通过优质的专有品种提升品牌形象，促进大路品种的销售。

此外，还组织农业部门工作人员、客户、农民等到示范田进行实地观摩，以期获得农业执法部门的支持，客户的销售兴趣和信心，以及农户的购买意愿，为第二年大规模推广高溢价的专有品种打下坚实的基础。

在推广策略上，项目组全方位树立同质产品差异化的推广理念，并在包装、促销、传播、卖点提炼等软件上下功夫，对原有包装重新进行设计，颠覆了过去“农民只关心种子，包装袋只是容纳种子的容器，没有任何其他作用”的观点。

针对以前在卖种子时，除了品名和技术指标外，基本不再有其他宣传手法的现象，项目组打出了“买利农种，就是买放心种”、“优质的种子，利农的种子”等诉求口号，力争通过差异化宣传实现市场破局。

在包装上，项目组推出了精品包装，用精选的种子（比普通包装的种子发芽率稍高）配以高档的包装袋，并对包装上的宣传与诉求用语也进行了提炼，最终选用“100%精选新种”的全新诉求突出精品包装，用以提升品牌形象并获取高溢价。与此同时，还制作了精品包装横幅和海报，横幅广告语是：100%新种，100%优质——湖南利农“精品”好种隆重上市；海报宣传语是：“买种子，选‘精品’，更优质，更放心——湖南利农精品好种隆重上市”、“100%精选新种、100%达到国标、100%优质放心”。

五、价格策略：实施有竞争力的价格策略

鉴于大路品种严重供大于求的市场形势，项目组采取了大路品种与隆平高科、亚华种业等公司保持同等价格水平线的跟随策略，力求避免挑起价格战，以便保持利润。

针对专有产品，采取封闭运行的方式，即事先不公开客户的折扣率，客户全部按照零售价提货，销完后再根据客户对价格的执行情况返利，以此提高渠道成员的利润空间和公司的获利能力。此外，建立健全的终端档案制度，建立价格反馈渠道和分公司的价格调整权限，根据市场变化灵活调整价格。

六、促销策略：立体推进、协同作战

在促销策略上，遵循实效、实际、简单和易行的原则，改变过去“有产品，无推广措施”的局面，从而变静态销售为动态销售。

为此，项目组采取了各种促销方案组合策略，针对销售压力大的品种，率先在水稻种子行业采取“刮刮卡”有奖促销的方法，以每2公斤种子配一张刮刮卡的方式，将产品发放至终端，配以促销条幅、海报、摸奖箱等辅助物吸引农户的注意。其中，一等奖为价值5000元的摩托车，二等奖为价值2000元

彩电，三等奖现金50元，四等奖现金5元。

“只要花同样的价钱购买利农种业指定品种2公斤，就可以摸一张奖券，多买多得”，这对本来就要购买种子的农民来说具有非常大的吸引力，抽不中的哈哈一笑，抽中的就立即分烟请客，这种场景顿时形成了热点。此外，我们还不失时机地将中得大奖的信息在全省进行告知和扩散，良好的口碑效应更激起了农民参与的积极性。

在这次活动中，各种宣传物包括条幅、海报、立牌、光盘等，统一发放至所有的销售终端，以加大市场推广和促销力度。其中，促销横幅广告语是“买利农好种，中幸运大奖”、“湖南利农种业‘好礼’相送”、“好运一刮就来，摩托等你来开——买湖南利农好种，中幸运大奖”等。海报宣传语是：“超级惊喜，好种好礼！”

七、分销策略：深度分销、客户帮控

在分销过程中，不断加大对具有实力和影响力的县级代理商的开发力度，开发完成后采取“贴身帮控”的办法，帮助代理商巩固网络，提升销量，扩大市场占有率，并对代理商的终端实行定期寻访和帮扶。

对直营终端，分为专卖店和特许经销店。

首先，按照该定义和规范对所有终端进行梳理、规范，通过有效的帮扶手段、激励措施及资源保证，让当时数量很少的专卖店能够在与利农种业的合作中获得利润。

其次，让大部分的经销店通过与利农种业的尝试性合作，巩固其忠诚度，并逐渐转化为专卖店。

最后，想方设法地帮助专卖店和经销店提高利农种业产品的销量。

为防止新的营销方法和手段被对手模仿或采取应对措施，我们对所有的营销策略和市场推广方案都采取了严格的保密措施，特别是在终端发力的促销方案上，一直到铺货后、开始销售的12月才与市场见面。短短2天之内，1000多套鲜红的条幅和海报突然出现在全省各县乡1000多家终端店的门头与店内，成了一道亮丽的风景线。当竞争对手回过神来之时，销售已经开始了。

八、 会议造势， 地面跟进

一般企业开拓市场喜欢采取广告轰炸、人员分区域拜访洽谈的方式，但该方式费用高、耗时长，且不容易赢得客户的忠诚度和长久合作的稳定性。结合利农种业的实际情况，由于总部对费用的限制以及利农种业在人员数量与谈判能力上的不足，因此，采取传统的区域市场客户开拓和分销网络搭建方法显然是不可行的。

通过对网络客户关心问题的侦测以及对其潜在需求研究之后，项目组发现：**客户在进行农业生产资料的经营中，除了希望获得现金折扣和公司的直接经济支持外，对新的营销方法和经营知识的渴求也非常强烈**。此外，苦于环境的限制，使得他们无法了解行业的状况和未来的发展趋势，因此他们都希望能够与有实力和发展潜力的公司合作。

一向先知先觉的隆平高科在2003年10月就开始在各区域召开大规模的经销商会，邀请的主要对象为各代理商、终端客户、各乡镇农技站人员等，几乎把所有能邀请的客户都邀请了。隆平高科的会议主要内容是品种介绍、新销售激励政策的颁布以及新品种示范观摩等，并且对与会者赠送了相应的礼品。

实际上，普通的经销商会只能使与会者维持最多一个月的热情，而此次经销商会预估种子会有较大幅度的降价，销售季节将会随之推迟，因此隆平高科的经销商会显然开得过早；并且，该会议未能脱离“吃饭、喝酒、送礼品”的通俗做法，也没有能引起客户兴趣及共鸣的讲座、培训，因此钱花了不少，但实际效果却并不佳。

摸清了网络客户的真正需求和主要竞争对手的缺点后，项目组便很清楚地知道了应该如何满足客户的需求。**“将经销商会开成营销理念与知识的培训会，开成展示公司实力与诚邀合作伙伴的推广会”** 就成了利农种业召开经销商会的宗旨。由此，项目组专门编写了相关讲座和培训教材，如《种业行业状况与未来发展趋势》、《走进利农》、《利农种业的营销策略和市场模式》、《双方合作的方式和利益》和《种业零售店专业销售技巧》等，以供经销商会时所用。

此外，项目组利用2003年11月短短一个月的时间，连续在长沙、郴州、怀化、永州、邵阳、常德等地召开了十多场区域分公司客户培训交流会，被邀请参

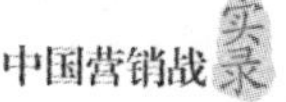

会的不仅有代理商、终端客户，还有农业系统的执法人员等。最终，依靠对最佳时间点、会议内容以及经销商需求等关键点的把握，赢得了良好的渠道反响。

九、 预收定金， 一石二鸟

农民购买种子一般从下一年的1月开始，在当年，大部分农民认为种子会降价，故购买时间会相应延后，即推迟到开始播种时再买。以往种子公司在11月末就开始向终端商户铺货，但考虑同样的情况，终端客户大多不愿意提前进货。

一方面是客户持币观望，一方面是众多的种子企业对终端客户进行争夺，然而种子的销售季节只有短短的4个月，如何将库存的种子成功售空成了摆在大家面前的一道难题。

一般而言，终端客户的首批进货数量相对稳定，占当年销量30%以上，而且一旦先进了某一家公司的种子，就不再从其他公司进货。于是，如何让终端客户先进足自己的货，挤占对手的份额自然成了各种子公司都在运用的手段。一时间，各种业公司纷纷使出浑身解数，提前召开经销商会，提前通过人脉关系与终端店主打好招呼，提前上门拜访（有的公司老总亲自上门），到最后，只要终端客户愿意收下种子，价格自然也可以协商。

反观利农种业，由于2003年的遗留问题（2002年陈种入库时未作应有的标识和管理，堆放混乱，使得2003年种子包装和物流工作严重滞后），预计小包装种要到12月末才能供货，比竞争对手整整晚了一个多月。而且一旦网络客户的第一批进货赶不上，则后果不堪设想。为扭转这种不利局面，项目组趁着经销商会余温未退的优势，开始强力推行“客户订金提前收取计划”。

客户订金提前收取计划内容如下：

（1）各业务单位必须在2003年12月15日前开发完成自己所负责区域的客户，并签定相应合同。对代理商、专卖店和经销店，应根据合同目标量以每公斤3元的标准收取订金，凡在2003年11月15日前交订金的客户，可享受订金金额5%的折扣；凡在2003年11月15日～2003年12月31日间交订金的客户，可享受订金金额2%的折扣。

（2）各分公司和业务单位按所负责区域的目标量3元/公斤的指标承担订金收取额度目标，如该分公司的年度业绩目标量是30万公斤，则订金收取考核目标为 30×3=90 万元。各分公司经理 2003 年 10、11、12 月份的绩效工资将直接与订金收取的达成率挂钩，即 3 个月绩效工资的总数 =3×绩效工资基数×定金收取达成率（可超过 100%）。

（3）由总部领导分区域亲赴市场一线与分公司共同完成该任务。

由于前期成功的经销商会、市场计划的拟定等已经为客户带来了良好的影响，网络客户对利农的市场表现信心十足。再加上 5% 的优惠，对客户产生了很大的吸引力。只不过由于行业内从未有此做法，开始时有些客户持怀疑态度，担心能否兑现。为消除客户的疑虑，项目组首先从忠诚度比较高的客户着手，说服其带头缴交订金并签署了专用的合同。通过这种示范效应，以点带面，最后利农共收取定金约 400 万元。

十、现款交易，抢占资源

为了避免应收账款的风险及维持公司正常的资金周转，通常习惯的做法是将“现款交易”作为一项交易政策和公司制度执行，把资金安全作为唯一的目的来考虑的。这是应公司或老板的要求，不得已而为之的“铁律”。其实，这是一种单向的片面的行为，缺乏系统支持保障，并常常以牺牲其他利益为代价，成了营销人员不得不背的额外负担。

但如果为了开发有实力的客户，提前锁定客户，争夺网络客户资源，使利农更有竞争力，单纯把资金安全作为现款交易的目的显然不行。为了达到包含以上所列的众多目的，以取得全面竞争优势，**项目组采取了一系列的方法和手段，使客户在认同利农种业的经营理念，并对未来合作充满信心的基础上，自愿接受“现款交易”**。通过“现款交易”营销策略的实施，利农种业的经营管理水平、形象及整体竞争力得到了很大改善。

26 铁骑力士：铮铮百日，踏遍川渝 

一、三足鼎立的川渝饲料市场

中国是传统的畜牧业大国，养殖业作为畜牧业的重要分支，对中国畜牧业的发展起着重要的推动作用。在人们对肉类产品需求不断上升的背景下，饲料行业作为养殖业的“给养队伍”，必然随着养殖业的发展而茁壮成长。但不可避免，日益茁壮的市场必然带来激烈的市场竞争。

川渝是我国的饲料大省，其饲料生产企业近1200家，这些企业盘踞在自己的地盘上，伺机而动，相互厮杀，都想从巨大的市场蛋糕中分得一杯羹。在这上千家的企业中，正大、新希望、双胞胎三家最为突出。

正大，中国饲料十大品牌之一，是养殖户心目中的“高档货”，其产品稳定性首屈一指。

新希望，20世纪80年代开始起家的第一代民营企业，品牌基础好，影响力大。占据四川新津的地利，自然有其他品牌惊羡的“群众基础”。

双胞胎，虽然总部位于江西，但其独有的产品特点及经销商捆绑方式使之快速红遍大江南北。

在三足鼎立之下，铁骑力士——一家总部位于四川绵阳，创建于1992年，全国建有51家分（子）公司，员工5000余人的高科技企业集团，自然逃脱不了这场规模浩大的战争。

二、竞争格局：乡镇级市场激烈“厮杀”

作为铁骑力士集团的合作伙伴，联纵智达通过近一个月的市场调研，对川渝饲料市场的整体状况及养殖户的购买行为进行了深入了解与分析，以希帮助其实现破局。

就饲料产品而言，竞争主要集中在三、四级市场，其渠道已经下沉到乡镇一级，更有部分竞争厂家已将触角伸到了村级代销点。这些厂家在区域中表现状况呈现“一山有四季、十里不同天”景象。某个镇上正大饲料的市场占有率遥遥领先，但相隔不远的地方，新希望的市场份额又独占鳌头，市场“碎片化”现象十分严重。

就养殖户而言，其采购行为的一个典型特点是：**非专业人员的专业化购买**，即养殖户在购买饲料时，并不具备专业化的水平分辨产品的好坏，购买行为受外界的影响非常大。尤其是养殖量较小的养殖户，习惯上紧跟规模养殖户，完全依葫芦画瓢。

在这种情况下，如何在一个乡镇市场中迅速上量、快速突破，是项目组面临的巨大挑战。在与铁骑力士高层及销售团队充分碰撞的基础上，“市场攻坚五连环”新鲜出炉。

三、 百日攻坚第一环： 做调研

市场攻坚五连环是将一个区域市场开发划分为紧密相连、环环相扣的五个环节，在一个较短的时期内（通常为100天），确保市场快速突破的方法。

为了实现预定的目标和任务，我们从其销售团队中抽调部分精英，“组建铁骑力士攻坚队”，展开百日攻坚大战。

在整个川渝，市场的碎片化是其主要特征，因此，做好市场调研工作是攻坚工作开展的第一要务。在攻坚队队长的带领下，攻坚团队成员进驻乡镇市场，对乡镇的整体市场状况进行深入地了解，得出以下结果：

在产品维度方面，各厂家的产品趋于同质化，养殖户在短时间内无法对产品质量的好坏做出评判。

在渠道层面，一个乡镇上大大小小的饲料经销商数目多达十几家，经营的品牌差异非常大。但真正突围的经销商只有3家，其余仍处于迷茫阶段。

在促销的角度，主要是以买赠为主，变化也仅体现在赠送的礼品上。

在养殖户方面，村级市场中养殖户的规模大小差异性大，养殖规模从几头到百头以上不等，养殖户的分布也相对分散。

在养殖户购买饲料的决策方面，以感性购买为主，农村市场中负责养殖的主要是女性，其本身感性色彩较浓；而由于养殖户本身的不专业性，致使在选择和购买饲料时，没有固定参考的标准分辨饲料的好坏，仅仅追随养殖规模大的养殖户的步伐购买饲料。从某种意义上讲，规模养殖户是“意见领袖”，对养殖户的购买行为起决定性作用。

在对整体市场了解清楚之后，我们同铁骑力士团队一起制定了明确的市场开发计划。

首先，需要在诸多经销商中选择一家“门当户对”的经销商，作为我们村镇市场开发的落脚点，而经销商的选择不以短期内实现的销售额作为标准，关键是经销商要有强烈的市场欲望和不怕辛苦的“拓荒者”精神。

其次，明确乡镇中5个养殖基础相对较好的村落，作为村级立足点，并以这5个村落为中心进行片区划分，并明确责任人，一周时间内，对所辖片区的养殖户进行第一轮的扫荡，对于一些规模养殖户进行登记，明确在短时间最可能产生购买行为的养殖户。

时值6月，骄阳似火，但铁骑力士“兄弟伙”毫不在意，炎炎烈日主动请战，工作推进一帆风顺。一周后，我们终于迎来了可喜结果。

四、百日攻坚第二环：定目标

目标就是方向，根据养殖情况汇总的结果，项目组做出决定，先从5个养殖基础较好的村中建立一批“示范户”（“示范户”是指在养殖户中，养殖规模相对较大，养殖结果或行为言语对周围其他养殖户具有一定辐射影响作用的群体）。这些示范户是推动其他养殖户购买的“意见领袖”，对我们工作的顺利进行和突破起至关重要的作用。

除此之外，另一关键问题是如何用好示范户，使其真正对周围养殖户形成辐射。面对这一问题，项目组决定，通过会议营销的形式展开。会议转化率也成为会议营销质量高低的一个衡量标准。

最终，我们明确了市场攻坚的三大目标：

第一，在村中建立示范户数量至少5家；

第二，在村中召开会议的场次至少5次；

第三，每场会议的成功转化率都要保持在50%以上。

这就是传说中的“555”模式。

五、 百日攻坚第三环： 树信心

树信心，本质是建立示范户，通过建立示范户：

首先，树立小规模养殖户的信心，使其知道他们的“意见领袖”都已经使用了铁骑力士饲料。

其次，树立经销商的信心，要让经销商看到，我们初步的市场开拓是卓有成效的，让经销商看到希望，才可能完全配合我们的工作推进。

最后，树立我们攻坚队成员的信心，示范户的建立，是百日攻坚成功的第一步，是其成功路上的里程碑，如此，我们的攻坚动员才可能更热情地投入到市场中。

示范户建立说来容易，做起来并不轻松。经过项目组与铁骑力士攻坚团队的充分研讨，一致通过了建立示范户的方法，称之为**“称猪算账做实证”，**即通过阶段性的使用铁骑力士饲料，对本批次饲喂铁骑力士饲料的生猪，进行使用前及使用后的体重增长对比，并计算出其料肉比（每长一斤肉需要的饲喂量）。如此，就有充分的数据能够说明铁骑力士饲料的好处，这些示范户就顺理成章地变成了我们的“传播宣传员”。

为了确保“称猪算账做实证”的成功，结合铁骑力士以前操作的情况，我们做了提炼与总结。项目组充分利用晚上的时间，对做实证的操作细节及关键点进行紧急培训，尽可能提高实证户实验的成功率，对于可能出现的情况，做了充分的假设及对策。之后，我们的攻坚队员开始了为期半个月的示范户攻坚行动——称猪算账做实证。由于前期的充分准备及在实证过程中与示范户的充分沟通，最终效果非常好，成功率高达95%。

示范户不仅对铁骑力士饲料产品非常认可，对铁骑力士攻坚队成员的敬业精神亦是高度赞赏（铁骑力士兄弟伙深入到养殖户家中，给出很多养殖改进建议，甚至亲自动手示范饲喂方法与技巧）。

六、 百日攻坚第四环： 广造势

广造势，本质上是利用前期建立的示范户，辅以经销商门头、墙体、横幅、宣传海报、区域实证报、活动促销信息等传播手段，通过技术讲座、坝坝会（四川的俗称，本质上都是会议营销方式）的形式将一些散户集中在一起，通过示范户带头开会的形式将其集中解决，渲染市场气氛，实现对铁骑力士产品的购买。

建好示范户是成功的一半，但想在100天的时间里实现市场的快速突破，示范户的传播推广尤为重要，会议组织的周密性也非常关键。

项目组坚持与客户一起作战，由我们组织牵引，在紧锣密鼓中抽出1天时间专门对会议组织问题进行了研讨。最终，我们把整个会议划分为三个部分，即会前、会中、会后，对于每一阶段都明确指出了其关键点。

会前：会议开始前三天，一定要对参会人员进行登门拜访，并递送参会请帖。

会议开始前一天，对参会的示范户进行游说，引导其在会上发言，讲使用铁骑力士饲料的好处。更重要的是，要提前暗示这些示范户，在会上直接订购饲料。在这个环节中，为了调动示范户的积极性，凡是会上定料的示范户都给予一定的政策支持。这些都布置好以后，我们感觉还不够，在政策允许的范围内，我们又对前五名定料的示范户，根据其定料的先后顺序，设置了不同的奖项，刺激这些示范户在会上定料的积极性。

会中：会议中的控制也是很关键的环节。针对这一环节，我们做出了明确的工作子项目，责任人及时间，时间细化到分钟，在备注中进行详细说明。比如，参会养殖户早上9：00进场，进场同时，音乐响起，轻缓的，持续时间5分钟等。对会议中的技术讲座风格及主持人的风格，每环节如何连贯与过度都一一界定明确。

会后：对没有定料的养殖户进行拜访，趁热打铁，了解会中没有定料的原因，进行第二轮的开发及转化。对于已经定料的养殖户及示范户，同样要进行回访，了解饲料的使用状况，更重要的是要给养殖户以心理上的安抚，体现铁骑力士集团的服务精神，进一步深化与养殖户的关系。

经过会前、会中、会后的操作，该乡镇销售情况迅速升温，其新开发的经销商销量从零做起，两个月不到的时间里，其月销售额突破了37万元，成为在该镇上首屈一指的经销商，项目组和铁骑力士团队的心情愉悦之状态溢于言表。

七、百日攻坚第五环：常总结

广造势结束后，项目组就离开了一线市场，临走之前，我们给攻坚团队成员留下一道作业，那就是对做调研、定目标、树信心、广造势四个环节中的每一个环节进行会议总结，有问题的环节在执行过程中继续改进。如做调研环节是不是获得了准确的信息？目标制定是否合理？示范户是否能够真正建立并稳固？示范户的宣传推广工作是不是做得到位？每个关键点是不是还有提升的空间？如此，才真正完成了一个市场开发的 PDCA 循环。

后来，铁骑力士已经将“百日攻坚五连环”上升到公司层面，在川渝八大战区做推广，效果可想而知！

在那段陪同铁骑力士“兄弟伙”一线作战的日子里，虽然很苦，但苦中有乐。我们欣喜地看到，我们的付出让客户得到了回报，这也是咨询人一直追求的人生价值。

27 良友海狮：上海市场王者保卫战 

当年，上海良友海狮油脂实业有限公司（以下简称良友海狮）虽然勉强维持住了上海市场占有率第一的位置，但从整个市场表现及竞争态势看，良友海狮早已陷入了重重危机之中。为此，我们协助良友海狮打响了王者保卫战。

一、竞争对手虎视眈眈

良友海狮是上海良友集团下属的专注于食用油业务的国有企业，背靠母公司强大实力支撑和自己的努力，良友海狮逐步发展成为上海食用油市场的绝对王者，市场覆盖率超过90%，连续十余年在上海市场的占有率和销售额都处于领先地位，并多次获得国家级、部委级和上海市颁发的各种荣誉，拥有数目庞大的忠实消费群和稳定的渠道成员，并承担着上海市“食用油安全”的重任。

然而，对于上海这样一个容量巨大、用油高档、辐射力和引导力都极强的优质市场，有太多的竞争对手对这块“肥肉”虎视眈眈，并从各个层面进行着颠覆王者的行动，益海嘉里就是其中的代表。截止2010年，益海嘉里虽然在市场占有率上居于第二，但在绝对销售额上已经赶超良友海狮，成为同良友海狮并驾齐驱的领军品牌。

上海市场作为良友海狮的核心市场和大本营市场，对于良友海狮而言至关重要，不容有失。因此，打一场“王者保卫战”在所难免。近几年，海狮人做出了许多努力，但随着时间的推移，海狮在上海市场的王者地位非但没有得到稳固，反而与主要竞品金龙鱼的差距进一步拉大。危机时刻，良友海狮找到了联纵智达，在与联纵智达副总裁柴旭光老师的充分沟通下，达成了合作意向。由此正式拉开了“区域王者保卫战”的序幕！

二、 往日雄风不再， 今陷重重困局

当时良友海狮早已陷入重重危机之中，品牌老化，产品盈利能力低下，终端表现不力，外部竞争异常激烈等诸多问题都摆在我们面前，需要进一步梳理。

（一）外部市场已发生深刻变化

竞争对手不断发力上海市场，让良友海狮感受到了重重压力。嘉里、中粮等全国性、全品相食用油企业，将上海作为重点市场，不惜血本地将资源重点投入，以期将上海市场一举拿下。而多利、融氏等以单品类闻名的食用油品牌，也把上海视作大本营市场，人力、物力不断投入，以期打造成核心市场。

在市场走访中我们深刻体会到了竞品给良友海狮带来的巨大压力。

首先，竞争对手不断加大市场投入。比如在世博会期间，金龙鱼和福临门经常为争抢一个位置好的 KA 堆头而比谁出的费用更高。

其次，竞争对手加大了新品推广力度，且以完整的配套支持手段保证新品的热卖，如金龙鱼深海鱼油。

最后，竞争对手的终端推广手段更加丰富、更加系统化，从原来单一的降价促销，到整套的终端物料以及试吃、抽奖、买赠等多样化的促销活动。同时，整个上海市场的需求变化，也使得原来以“大豆油”为主销产品的良友海狮，在发展模式上受到了巨大挑战。

实际上，消费者对于食用油的关注度，正从原来对价格的关注逐渐转变为对健康、营养因素的关注，这直接导致购买食用油的偏好从最初的大豆油逐渐转变为调和油，继而演变到如今更多的营养油。此外，收入越高的地区对营养油的需求越大。因此，市区比郊县地区的营养油需求大。同时，随着收入提高，营养油的购买习惯正从市区不断向周边扩展。

以上两点，对于一直以来以大豆油产品为核心优势和以上海为核心市场的良友海狮来说，极为不利。

（二）终端表现不尽如人意

我们在走访中了解到，不管是从销量，还是从导购、堆头、排面、促销等方面看，良友海狮的终端表现整体不如嘉里粮油。

(1) 在超市系统中，良友海狮销量与竞品有差距，特别是在营养油上更明显。

我们从调研数据中发现，海狮虽然要好于多力、融氏等竞品，但是与金龙鱼差距很大，如表5－2所示。

表5－2 超市调研数据

门店销量占比＼品牌	金龙鱼	多力	融氏	海狮
云台路好又多	60%	8%	10%	15%
杨高南路家乐福	70%	15%	8%	3%
成山路世纪联华	60%	7%	8%	5%
中山南路农工商	25%	10%	5%	30%
老西门易买得	40%	7%	12%	30%
彭浦新村吉买盛	第一	第二	/	第三
大润发闸北店	第二	第一	/	第三
家乐福共江店	第一	/	/	第二
易买得宝山店	第一	/	/	第二

（2）良友海狮的终端形象与金龙鱼差距较大。

在市场调研中，我们切实感受到良友海狮的终端形象与金龙鱼有很大差距。比如在KA卖场，良友海狮排面堆头数量少，且位置差，堆头也不是长期的。同时，终端生动化形式、数量都少，不能形成视觉冲击，如表5－3所示。

表5－3 终端形象调研对比

门店堆头数（个）＼品牌	金龙鱼	多力	鲁花	福临门	融氏	海狮
杨高南路家乐福	2	1	1/3	1/3	/	1/3
上南路卜蜂莲花	1	1/2	/	/	1/2	/
中山南路农工商	2	/	1	/	1/2	1
鲁班路世纪联华	2	/	/	1＋1/2	1	/
老西门易买得	2	1/2	/	1/2	/	1/2
云台路好又多	2＋1/2	/	/	/	/	1＋1/2
沃尔玛南浦大桥店	2/3	/	/	1/2	/	1/3
吉买盛临沂店	2＋1/3	1	/	1/3	/	1/3
汇总：	14＋1/2	3	1＋1/3	3	2	4

（3）良友海狮导购人员比不上金龙鱼。

终端导购调研情况如表 5 - 4 所示。

表 5 - 4　终端导购调研对比

	海狮导购情况	金龙鱼导购情况
导购数量	近 2/5 门店无导购。即便有导购也是 1 店 1 名，由于是做一休一，有一半的天数无导购	基本每店都有金龙鱼导购，且不少店是 2 个轮换。保证每天都有导购在岗
导购培训	很多海狮导购工作多年也没有接受过系统性培训，也没回公司开过会	金龙鱼公司每月定期召开例会和培训会实施培训
导购话术	海狮导购往往没有专业话术，除了无法说出产品优势卖点外，很多术语也解释不清	金龙鱼导购比较专业，推销时能清楚地讲出产品的性质、卖点、优势

（三）困扰发展的深层次原因

我们深刻认识到，良友海狮当时所面临的问题不仅仅是简单的品牌问题或产品问题，而是一连串问题环环相扣，相互牵扯。因此，我们必须透过现象看本质，在重重迷雾中找到正确的方向，这样才能破除良友海狮的发展迷局。

（1）品牌认知老化。

长久以来良友海狮给消费者所留下的“大豆油”和“中低端”的品牌形象，使得良友海狮溢价能力和利润越来越低。

从良友海狮原有营销行为上看：对于大豆油产品，良友海狮为应对市场竞争，更多以低价策略实现上海市场的高占有率；而对于营养油产品，海狮在卖点提炼及推广上明显不足，错失品类占位的机会。

正是这种营销行为，造成消费者对良友海狮食用油品牌的认知更多停留在“海狮是大豆油品牌”、“海狮是中低端品牌”上。消费者调研数据显示，半数以上被调查者将海狮品牌比作“上海老阿姨”，而在各类油品中，认为“海狮的大豆油”相对较好的人数最多。

大豆油产品销量虽大，但已经处于微利甚至无利的状态，严重影响良友海狮利润。良友海狮在营养油上没有任何优势，造成**低价跑量无利润，高价售卖无销量**的窘境。

（2）**新品上市无力。**

海狮在新产品开发及推广上缺少市场导向，在缺少市场导向机制下所形成的新品上市方案，往往脱离了市场实际而导致很多问题的发生，最终以失败告终，图5－7是海狮新品上市的基本流程：

总经理：总经理直接与产品工程师讨论并确定开发怎样的新产品。（由于总经理与工程师对市场不熟，新产品往往一出生就是一个脱离市场且问题很多的产品。）	总经理：召集各部门总监，将已经确定的新产品告知，并让各部门做好上市配合准备。（各部门只能按照既定的产品制定相关方案，而无法对产品本身提出异议）	各部门：各部门在总经理（或营销副总）的协调下，进行新产品的上市工作。（由于前期缺乏讨论沟通，问题往往在执行过程中发现，甚至有些问题还不能解决）

图5－7　海狮新品上市模式

主要竞品金龙鱼在新品上市的整个环节上，已做到了基于市场导向的系统化和科学化。图5－8是金龙鱼的新品上市流程，从中，我们可以清楚地看出海狮与之的差距．

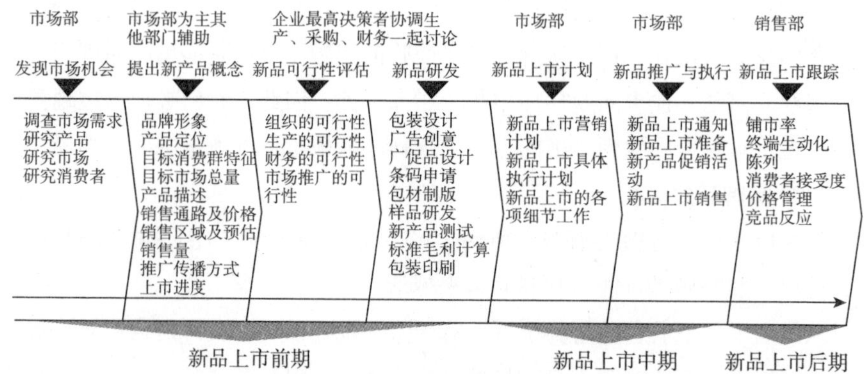

图5－8　金龙鱼新品上市流程

（3）**产品利润缺失。**

从产品策略上看，良友海狮本想以大豆油抢占份额，以营养油赚取利润。但良友海狮在营养油上优势并不明显，市场占有率不高。随着整个大豆油市场的萎缩，海狮大豆油销量也正逐步下降且利润极低。低利润严重限制了良友海狮在人员、市场等方面的投入，进而形成恶性循环。

因为没有利润，良友海狮无法在市场及人员等环节给予更多投入。

因为没有投入，不管终端推广还是广告传播上都无法得到更好的支持，使得营养油溢价能力不断降低。

因为海狮品牌及产品溢价能力低，特别是营养油溢价能力低，进一步影响了良友海狮的利润。

（四）关键问题分析——海狮缺乏上量的利润产品

海狮发展的关键问题是缺乏利润，无法实现投入，如图 5 –9 所示。

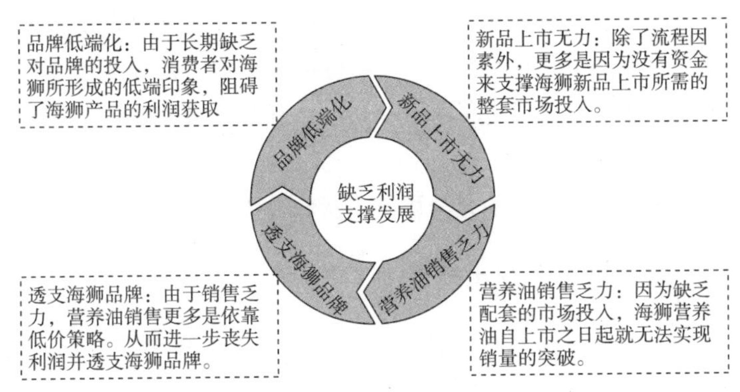

图 5 –9　海狮的关键问题

因此，海狮当前的关键问题是如何打造一款或一批上量的利润产品，即打造良友海狮的明星产品群。

三、 产品双提升， 品牌再塑造

核心问题找到了，但我们的工作才真正开始。通过数日的头脑风暴以及和良友海狮上下反复沟通之后，一套逐渐成熟的方案浮现在大家面前。

（一）良友海狮未来发展的战略导向

从外部市场看，由于消费者对健康、营养的关注使得营养油越来越被市场认可，且营养油的利润高，符合良友海狮未来发展需求。因此，营养油是良友海狮未来发展的机会，这一点是我们必须紧抓的。

从消费者需求看，随着消费者生活水平的提高，对于食用油在健康、营养上的需求越来越明显。

从产品属性看，经过这几年各大厂家对于消费者的广告教育，消费者越来越认可营养油就是代表着健康、营养的食用油。

从溢价能力看，当前，营养油的整体溢价能力要远高于大豆油和调和油，而利润是当前良友海狮发展所急需的要素。

同时，海狮大豆油在市场上已建立了相对优势，且企业资源也更多投入在大豆油上，因此对于良友海狮来说，大豆油的潜力挖掘也是必不可少的。所以，大豆油是良友海狮当时的立身之本。

通过以上分析，我们为良友海狮制定了未来发展的战略导向：一手抓大豆油，充分利用良友海狮目前大豆油在外部市场及内部资源的优势，重点解决大豆油的溢价能力；一手抓营养油，充分顺应市场需求，着力提升其中高端营养油的竞争水平。通过以上策略获取更多利润，打掉发展血栓，从而使得良友海狮进入良性发展循环。

简而言之，就是“大豆油充分挖潜、营养油快速成长。”

（二）良友海狮整体营销规划

未来发展的战略导向一旦明确，那么在“捍卫上海市场领导者地位”这一个总体目标下，包括产品、品牌、推广、渠道等一系列策略都能顺势而出，如图 5－10 所示。

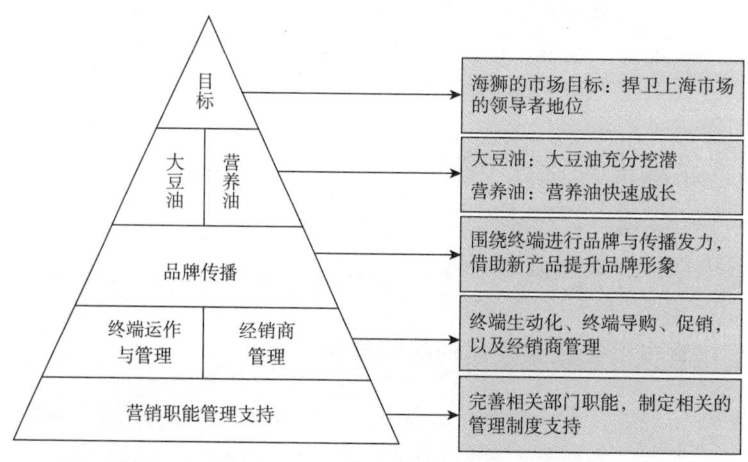

图 5－10　海狮整体营销规划

（三）产品提升策略——大豆油挖潜、营养油突破

1. 大豆油挖潜

我们通过对大豆油产品的立体布局，实现对海狮大豆油这一主力产品的充

分挖潜。

高端大豆油树形象——金海狮非转基因大豆油，在保证销量的前提下，更多是树立大豆油的高端形象，拉动品牌及其他大豆油。

中高端大豆油要利润——海狮精选大豆油，通过对新鲜大豆油的卖点提炼，实现大豆油的利润。

中低端大豆油跑销量——原有普通海狮大豆油，更多是巩固原有海狮大豆油的市场占有率。

2. 营养油突破

通过开发高端营养油新品，树立金海狮高端品牌形象，打开中端营养油的溢价空间，并拉动其销量，实现更多利润。

中高端营养油树形象、要利润——金海狮芥花油，通过推出一系列以“健康”为概念的营养油新品，丰富金海狮品牌内涵，打造营养油明星产品，获取更多利润。

中端营养油提销量、要利润——借助“海狮”品牌聚焦活化后的品牌力，拉动销量，以实现总体利润的提升。

（四）品牌及传播策略——品牌再造、价值重树

1. 品牌的总体策略

海狮品牌当时正面临以下问题，一方面品牌老化缺乏活力，无法给旗下产品带来更多的品牌溢价，另一方面，海狮产品也无法给品牌注入更多资产。

其实深层次看，海狮一直以来用主品牌做促销以扩大占有率，但随着低价策略的边际效应来临，我们发现该策略进一步实施的空间有限，这是形成当前品牌问题的根本原因。

针对以上分析，我们为海狮品牌制定了以下策略，以保证实现“大豆油潜能发挥”、“营养油快速成长”的企业整体发展要求。

海狮品牌进一步聚焦在中端、中低端，并通过精准的定位以及品牌活化，全力支撑大豆油的溢价能力。

金海狮品牌延伸覆盖至中高端产品，并通过中高端品牌形象的着力打造，实现对营养油有效带动。

通过对大豆油产品的立体布局，实现对海狮大豆油这一主力产品的充分挖潜。

高端大豆油树形象——金海狮非转基因大豆油，有一定销量下，更多是树立大豆油的高端形象，拉动品牌及其他大豆油。

中高端大豆油要利润——海狮精选大豆油，通过对新鲜大豆油的卖点提炼，提升产品溢价能力，提高整体利润率。

2. 品牌核心价值提炼

通过对食用油消费者、海狮企业及竞争对手做深入的分析，我们又对海狮以及金海狮品牌进行了价值提炼，以明确它们的定位、个性、传播语。

（1）对金海狮品牌定位及核心价值提炼。

金海狮品牌定位——健康食用油专家（中高端）。

金海狮品牌核心价值提炼——健康。

金海狮品牌个性——享受生活、注重健康、社会认可。

金海狮主传播语——“黄金品质·健康生活”。

为什么说是黄金品质？首先，“黄金”充分凸显了金海狮产品本身上乘的质量；同时，“黄金”的珍贵及稀有性能有效促动中高端消费者的感性需求。此外，“黄金”的“金”字取自金海狮，能使消费者形成较强的品牌联想。

为什么说健康生活？首先，紧紧扣住了“金海狮”品牌的核心诉求“健康”。同时，还倡导一种“健康”的生活态度，将原有的理性诉求进一步提升到精神层面。

（2）对海狮品牌定位及核心价值进行提炼。

海狮品牌定位——安全放心的食用油（中、中低端）。

海狮品牌核心价值提炼——海派风味。

海狮品牌个性——稳重大方、优雅得体、安心放心。

海狮品牌主传播语——“海派生活·上海味道”。

为什么说是海派生活？“海派”是一种上海的文化，代表着潮流与时尚。此外，“海派生活”是对一种生活态度的完美诠释。实际上，这些都对海狮品牌起到了活化的效果。使得海狮不再陈旧，不再老化。

为什么说是上海味道？紧扣“上海”这一主题，体现出海狮既是上海的名片，也是上海的骄傲。此外，不断对消费者强化“海狮”是正统的上海知名品牌，使之形成更多的品牌联想。

3. 整合传播策略

海狮正面临发展困局，要想突破，利润是关键。因此，从品牌传播角度看，海狮当前的品牌传播需求重点，应以产品推广为主，通过实效传播快速提升销量及利润，为企业能进一步发展获取必要的资本。

在对包括“竞品传播概况”、“消费者决策行为”、“海狮自身推广资源”以及“媒体环境”等传播现状进行多维度分析后，我们为海狮品牌制定了“以终端推广为核心手段，以产品销售为阶段重点，通过统一推广主题实现整合传播效应”这一实效传播策略。围绕这一策略，我们又为海狮品牌拟定了高低结合、环环相扣的“三步走”年度整合传播实施计划。一是公关先行：通过公关活动引发大众对于海狮的关注度，并利用媒体报道提升海狮的曝光率；二是广告跟进：利用广告将之前的公关效果放大、延伸，同时对终端销售起到良好的拉动效果；三是终端发力：以促销力、形象力、导购力所形成强大的终端推力，有效促进销量快速提升。

（五）终端提升策略——品牌再造、重树价值

在终端中，任何一种提醒消费者产品的存在，都能有效促进购买的行为。生动化陈列就是通过合适的陈列点、陈列位置及醒目的广宣品，吸引消费者的注意，并刺激购买。因此，立足终端才能有效发力。

我们不但为良友海狮制定了详实可行的“终端生动化规范”，包括产品陈列原则与规范、广宣品使用原则及规范和售点广告的应用原则，还创意策划了一整套针对食用油行业特点的终端促销规划，以推动良友海狮的终端提升。

28　香驰：天下五谷香，滴滴益健康

食用油市场的现状是，全国性品牌太少，大家耳熟能详的往往也只有金龙鱼、福临门、鲁花这三个品牌。那么，如何在这种行业寡头垄断的间隙中求发展？联纵智达就帮助香驰集团成功切入小包装食用油市场，让其提前3个月完成当年销售目标。

对于联纵智达人来说，国内食用油行业是一个既熟悉又陌生的行业。熟悉表现在大家日常三餐都会用到，超市里面各个品牌、各个油品琳琅满目。陌生表现在从专业营销人员角度来看，小包装食用油行业很奇怪，全国性品牌太少，耳熟能详的只有金龙鱼、福临门和鲁花。是什么原因造成了这个局面？除三大全国性品牌外，还有没有企业能撕开一块市场？

一、从散装到小包装的困局

山东香驰集团（以下简称香驰）是一家以大豆深加工和玉米深加工为核心，覆盖多个产业的综合性企业，是全国食用油十强企业。在董事长刘连民的带领下，香驰用20年的时间，从一个县属加工厂发展到年销售额逾60亿元的大型企业集团。

在2007～2008年度食用油行情的大起大落后，香驰意识到：如果还是继续坚持大豆油的初加工，继续以散装毛油为主的产品结构，将永远摆脱不了产业链劣势。在食用油产业链中，利润最高的是小包装产品。

在充分认识到小包装重要性后，香驰决定上马小包装。但同时又有一个问题摆在集团决策层的面前，就是小包装食用油如何去做？香驰以往的散油、豆粕、大豆蛋白等的销售模式，基本属于贸易型销售，而小包装食用油属于快消品行业，香驰营销团队绝大部分人对快消品运作没有经验，**要开发小包装产品，企业面临无团队、无产品、无渠道的“三无”局面**。因此，集团决定外请营销咨询公司，与香驰团队共同运营未来的小包装业务。在洽谈了逾50家国内咨询公司之后，又对联纵智达的5家客户做了调研，香驰最终确定把小包装产品的开发运营任务交到我们手里。

二、调研定向

2009年5月11日，香驰小包装项目正式启动，项目组开始进入外调环节，15天跋涉了8个省市的35个地区。由于香驰的作业人员没有快消品经验，我方咨询师还要在晚上专门给香驰人员进行市场调研培训，对白天市场走访中发现的问题进行沟通和交流，以帮助他们在市场走访过程中迅速成长，快速融入项目中。

通过本次调研，我们对华北小包装食用油行业有了基本的判断。嘉里、中粮、鲁花三家全国性企业占领着中高端市场，地方品牌则依托区域优势竞争中低端市场。整个市场的广告竞争、渠道竞争、终端竞争、促销竞争花样百出。

香驰的市场定位是什么？是去和中粮打规模战？或者和嘉里打终端战？抑或是和地方品牌打价格战？经过对香驰资源的深度理解和目前竞争情况的判断，我们确定了**“创新型跟随”**的基本竞争战略，即在跟随主流小包装食用油企业上量产品的基础上，实行差异化创新。

竞争战略的出发点是香驰产能以大豆油为主，因为如果抛开大豆油而去进行油品上的创新，就等于在一定意义上脱离了香驰的核心竞争力。同时，由于香驰小包装营销团队刚组建，如果刚上来就进行全新的模式尝试风险也太大。

三、破局一：产品定位

在为期一年的香驰项目操作过程中，项目组在产品、渠道、推广等营销的各个方面做出了许多创新的方法和模式，在此基础上，香驰小包装上市的第一年就取得了巨大成功，下面我们将一些亮点提炼出来和大家进行分享。

食用油的大类分为单品种油和调和油，由于嘉里与中粮多年的经营，在大豆油与调和油方面，其他厂家已基本没有创新的空间，因此新型厂家往往从单品种油进入，比较有名的如鲁花的花生油、多力的葵瓜子油。但其他厂家油品进入是与其生产能力相匹配，而香驰却只能生产大豆油，而大豆油的创新空间极其有限。**因此，我们只能在以大豆油为基油的调和油上做创新。**

在经过多次探讨、论证、消费者定量研究后，我们双方共同确定了“粗粮营养调和油”，主打健康概念，粗粮被普遍认为是营养健康的代表，有普遍的消费认知。以粗粮营养调和油为香驰主打的小包装油高端产品，同时辅以上量的大豆油，主攻山东礼品市场的花生油以及中低端的食用调和油等组成香驰产品群。这样，产品群内各产品之间分工明确、定位清晰、卖点突出，为香驰小包装的上市打下了坚实的产品基础。

粗粮营养调和油的包装宣传如图 5－11 所示。

图 5－11　粗粮营养调和油的包装宣传

四、 破局二： 目标市场确认

在食用油竞争中，物流费起着很重要的作用。所以，小包装食用油企业最佳运输半径是 500～800 公里，超过这个距离，昂贵的运输成本会导致产品竞争力下降。因此，在不设分厂的情况下，企业只能覆盖半径内的区域。香驰地处山东博兴，最佳半径覆盖山东、河北、山西、安徽、江苏等地。此外，香驰还有着多年的散油销售经验，在附近省份的渠道中也形成了一定的行业口碑。

在盘整香驰资源与食用油竞争状况后，确定了“山东为主，辐射华北”

的区域扩张策略。同时，由于需要运作样板市场与基地市场，因此我们还对各地区的资源投放与组织结构作了相应规划，以达到分步骤、分重点、层层推进的目标。

五、 破局三： 渠道突围

香驰的食用油小包装是新上项目，为了能让消费者迅速接触并购买到香驰食用油，渠道的架构建设是摆在项目组面前最急迫的事情。

当时，从渠道最普遍使用的类型来看，可划分为两种方式：一种方式是厂家直销，如电视购物渠道、电子商务渠道、开设直营店等；另一种方式是厂商间接对消费者，如代理经销渠道、连锁加盟渠道等。相比之下，直销虽然利润较高，易于掌控，但在资金、人员上的投入比较多。代理虽然市场投入少，风险小，但在政策执行和监管等方面的管理难度则相对加大。

那么，香驰食用油的渠道到底该如何选择？我们认为应从消费者角度进行分析和选择。消费者能通过某种方式接触到产品，并便利地购买到产品才是厂商真正的意图。食用油作为家居的日常生活消耗品，其购买途径多在住所附近的小店、街边店、超市，代理方式更利于香驰的市场拓展。

为了快速铺开销售渠道，我们决定组织一场招商会。

由于香驰以前都没有举办过招商会，所以本次招商会由项目组负责全程指导。以“香汇五洲，驰名天下”为标题的香驰小包装食用油2009招商会在山东博兴县博兴宾馆举行。由于会前统计可到场的渠道商超出宾馆的招待能力，故此进行筛选后，实际到会121家，现场气氛十分热烈。整个会议进展顺利，招商结果出乎意料得好，现场就签单10万箱，总计金额1000万元。

下面对本次招商的一些关键点做些说明。

整个招商团队分成四组：销售组、市场组、后勤保障组和集团支持组。销售组主要负责完成渠道商的邀请，确定最终参会人数及做出签约预期。

参会渠道商的数量和质量决定招商的成败，所以项目组对销售组成员统一进行培训，使销售人员做到：

（1）展示一个品质、责任、发展、和谐的香驰企业形象和品牌形象，让渠道商对香驰企业形象产生充分的信任。

（2）展示香驰成熟的生产工艺和生产技术及领先行业的产品，让渠道商对香驰的产品充满信心。

(3) 展现一个充满诱惑力的商业合作政策，让渠道商看到自己新的财富梦想与商业机会。

最终，建立起香驰在渠道层面良好的企业形象和品牌形象，尽最大可能增加与会经销商签约香驰的数量与质量。会后，还要对签约的渠道商进行催款、发货和长期合作洽谈。

六、破局四：促销实战

香驰食用油小包装促销经历了两个阶段，第一阶段，由于方案的设计在新颖性和执行性两方面都有不足，对于崭新的小包装团队来说，执行起来比较困难。第二阶段方案遵循“重实效，易执行”的既定原则，对小包装油的促销规划进行重新思考，帮助企业团队找到做促销的方法。

第一，将目前市场上流行的实效促销方式进行体系化的整理与归纳，作为今后香驰小包装油产品促销的指导方法，保证方案的可执行性。

第二，针对香驰小包装油品牌“天下五谷”的既定产品进行促销规划，将促销工作落到实处。

我们搜罗了市场上最具时效性、最易操作的促销方式，为香驰小包装油定制了一部“促销宝典”，并作为香驰打赢这场“促销大战”的有力武器。“促销宝典”分两种战术：第一种叫自销术，以捆绑买赠、特价为主的促销形式，产品属于自动销售状态，无须促销员主导；第二种叫助销术，以促销员为主导的销售。

自销术有：

(1) **价格直降**。降半价、大减价、加量不加价，直接体现产品降价信息，醒目易理解，属于基础性策略，以堆头、海报、外包装为信息载体。

(2) **增加产品附加价值**。赠品绑赠，产品本身没有降价，但是以捆绑精美的赠品吸引消费者购买，因此赠品的选择至关重要。赠品可以是同一规格产品或同一品牌不同规格产品，这样可以加强本品牌的宣传力度和增加产品试用率，也可以是目标消费者感兴趣的日用品。

(3) **降价加买赠的多点促销方案**。决胜关键点——产品自身体现促销信息，吸引消费者购买。

助销术有：

（1）**基础动作。**试吃，对于食品类产品，试吃是必不可少的一个环节，以最直接的方式展示产品利益，消费者最易感知并且操作相对简单，是最实效、最基础的一种促销方式。

（2）**自由发挥。**抽奖、买赠、小型路演、限时抢购等，促销形式可以根据不同产品的需求进行自由选择，属于非基础型促销策略，此类型的促销活动可以加大促销力度，对消费者更具吸引力。

（3）**辅助力量。**生动新颖的异型堆头，带来强视觉冲击，提示消费者促销活动的存在，可延长消费者停留时间，提升了解产品、体验产品的概率。这种促销术能迅速提高产品认知度、短时间内迅速提高产品销量。通过多种形式组合吸引消费者，提高参与度，增加产品销量。

“天下五谷”粗粮营养调和油卖点：粗粮好油，不含多余脂肪酸，负担少。依据“促销宝典”，我们把“天下五谷”粗粮营养调和油促销方案分为两种，第一种是常态化促销方案，特点是实效、易操作；第二种是集中化节日促销，特点是力度大、多式多样。

常态化促销方案是在人流量相对分散的时间，以成本低、简单、易执行的赠品捆绑形式，吸引消费者购买，提高销量。细化的方案有：

（1）捆绑小包装天下五谷粗粮营养调和油一桶，买大赠小是一种最易执行的捆绑手段，也是市场反响最好的促销方式，捆绑同一产品，有利于品牌宣传。

（2）捆绑天下五谷油壶一个，以目标消费群喜欢的实用型产品作为赠品，吸引消费者购买，油壶是家庭中常用的一种器具，具实用性，是主妇们喜欢的赠品之一。

（3）捆绑天下五谷礼盒一个，将五种粮食（小麦、大米、糯米、高粱、玉米）捆绑成“天下五谷礼盒”。与产品绑赠后，此赠品一方面可以与品牌名称相契合，另一方面可以让消费者感觉更加实惠，从而吸引其购买。

（4）捆绑其他日常用品，可根据当地目标人群的消费情况定。

集中化节日促销是利用节假日及周末人流量相对比较集中，而各品牌促销的高峰期，形式相对单一的捆绑买赠，不足以让产品在集中促销中脱颖而出。因此，需要多种形式的组合活动突出产品，吸引消费者。

（1）试吃型产品体验。粗粮好油做好菜，以新颖的产品体验方式吸引消费者目光，了解产品优势。

（2）社区行。“好油”进社区，举办“天下五谷粗粮营养调和油社区讲座”，以贴近消费者的方式，深度宣传产品特点，展示产品优势，协助周边粮油店和超市卖货。

（3）转奖。好油尽情吃，好奖疯狂“转”，以变相降价的手段刺激消费者购买欲望，达成销售。

（4）有奖游戏。好油吃不停，好运不停“翻”，以新颖、有趣的活动形式吸引消费者，聚集人气，营造气氛，再以奖品刺激消费者参与活动、购买产品的欲望，从而达到提高销量、传递产品信息的目的。

（5）限时抢购。粗粮好油30分钟超值大抢购，以“限时”为噱头，聚集人气，烘托抢购气氛，在短时间内集中提升产品销量。

为了激励终端全品项进货与长期进货的积极性，项目组创新使用“终端集卡有奖活动”的促销方案，2010年5月1日至7月31日，在每箱小包装天下五谷系列食用油箱子中均放入一张集奖卡，终端开箱时可收集此卡，每集齐一套“天、下、五、谷”4张卡，可换得5升装天下五谷粗粮调和油一桶。实际上，每个产品系列对应不同的卡片，如表5－5所示。

表5－5　产品系列对应集奖卡

月　份	产品系列	集奖卡
5月、6月、7月	天下五谷粗调	天、下
	天下五谷花调、花生油、玉米油	五
	天下五谷大豆油	谷

一般情况下，销售终端都是按照各产品系列的自然销售比例进行采购，而且销售状况好的产品系列能获得更好的促销支持，使得销售状况好的系列卖得更好，销售状况差的系列卖得更差。我们通过调整各卡片的比例，经销商提高获奖概率，会多采购平时销售状况差的产品系列，通过增强该产品系列的促销力度提升销量，最终实现全品项的销量提升。

在整个服务的过程中，香驰同仁体现出很强的学习能力与很高的执行力。

本次合作非常成功，公司提前3个月完成年销售小包装油1.5亿元的年度目标，基本在小包装油行业中站稳脚跟。更难得的是，通过本次合作，香驰培养了一批有实战经验的市场销售人员，积累了很多宝贵的行业经验。

第六章
餐饮·服务

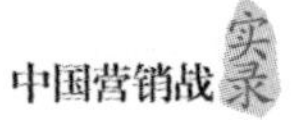

29 吉祥馄饨：破解陈旧连锁模式的增长瓶颈

在接到这个项目前，吉祥馄饨连锁已经做到了行业第一，仅在上海就有100多家连锁店，年销售额已经达到1亿元。然而，就在企业应该继续突飞猛进的时候，危机却开始笼罩着吉祥馄饨——企业出现了增长乏力的现象。

一、五大原因成就品牌

1999年元月，三位有着硕士学历背景的年轻伙伴成立了上海世好餐饮管理有限公司，开始了创业历程。至此，吉祥馄饨连锁的第一家店在上海诞生，并于同年年底在上海正式推出特许经营计划。吉祥馄饨通过现代化的管理及完善的特许经营制度，很快在全国各地开设了上千家连锁店，品种达到一百多种，一跃成为全国较有影响力的中式快餐连锁品牌。

分析吉祥馄饨连锁早期成功的关键原因，主要可以归纳为如下几点：

（1）**一个好时代**：当时由于上海及其他地区的经济快速发展，人民生活水平得到很大的提高，生活节奏的加快带动快餐业的蓬勃发展，加上当时的店面租金等成本普遍偏低，也成就了早期加盟店的较高利润率。

（2）**一个好产品**：早期创业找到了一个很好的缝隙产品，这个市场相对来说竞争很小，由于利润空间不大，产品又司空见惯，所以没有引起其他对手的注意。

（3）**一个好模式**：三位合伙人率先引入了当时才刚刚兴起的特许连锁经营模式，使得企业能够迅速扩张。

（4）**一个好宣传**：由于正好赶上当时政府全力推动下岗再就业的时机，吉祥馄饨连锁由于面积普遍不大（大约30平方米左右）、投资不大、管理简单、盈利能力较好而成为政府“4050再就业工程”的指定项目，在报纸、电视等媒体上得到了大量免费宣传的机会，很好地促进了企业发展。

（5）**一个好品牌**：应该说早期的吉祥馄饨在消费者心目中树立了很好的品牌形象，产品以其个大、品种多而著称。此外，VI形象统一、店面干净整洁等成为大家吃馄饨的最好选择。

随着市场环境的发展变化，当年造就企业成功的因素正在慢慢地消失，企业已经出现了增长乏力的现象。此外，整个快餐行业的形势也出现了显著的变化，而成就企业自身可持续发展的核心竞争力却还没有真正建立起来，吉祥馄饨品牌到底该怎么走？如何才能建立起自己真正的核心竞争力？

二、 增长乏力的核心因素是什么

2006年5月，上海世好餐饮有限公司找到联纵智达，请我们参与其旗下“吉祥馄饨”品牌打造单店营业力提升项目。

在启动项目前，我们首先要诊断吉祥馄饨品牌到底出现了什么问题？哪些问题是最紧急的？哪些问题是目前阶段能够解决的？于是，我们决定从消费者、企业自身、同类竞争对手等多个层面进行诊断。

（一）单店困境

从吉祥馄饨现有的单店营业状况来看，日平均销售额与2005年相比，整体水平持平。但单店盈利能力堪忧，日平均销售额在1000元以下的店铺数量占总店数量的比例超过30%，极大限制了加盟商的加盟积极性，阻碍了吉祥馄饨连锁规模化发展的步伐。实际上，单店业绩下降主要原因包括外部环境和内部因素两个方面。

外部环境。包括五个方面：①随着商铺形态的变化和城市变迁步伐的加快，适应吉祥馄饨现有业态的商铺越来越少；②商业地产处于高价位，租金涨价过快；③劳动力资源稀缺，成本增加；④能源价格上涨，经营成本过大；⑤消费者选择余地变大，对环境、多样性、服务等要求提高。

内部因素。包括四个方面：①缺乏体系化的营销手段；②劳动力不足，流动频繁；③选址不当，加盟体系等尚不完善；④管理粗放，缺乏必要的培训。

（二）消费者分析

我们认为，一个消费型连锁业态营业能力不佳，一定要从消费者角度去挖掘更深层次原因。为此，我们专门针对潜在、现有消费者及店长三个层面，组织实施了总计2035份问卷调研。

1. 从消费者选择快餐的趋势看

（1）从快餐消费价格来说，57.27%的消费者都能承受8～20元价格空间，说明吉祥馄饨在品类数量、产品组合创新、客单价上的提升空间较大。

（2）消费者对就餐便利性、时间、就餐环境、服务的要求不断提高，如果想从众多快餐中突围而出，提升服务力也是一个非常重要的因素。

（3）大部分消费者还是习惯堂吃，外带和外送相对较少，吉祥馄饨在这方面已经走到了行业的前面，还具有一定的提升潜力。

（4）对于快餐来说，口碑传播还是最主要的途径，如何利用好现有的途径？如何拓展新的传播渠道？如何才能提升客户满意度，做好口碑传播？

2. 从选择吉祥馄饨的消费者看

（1）高达75.56%的消费者籍贯来自上海、江苏和浙江。可以看出，上海作为基地市场的潜力还未得到充分拓展，江苏、浙江等潜力市场馄饨消费基础较好，可以保留作为我们新的利润增长点。

（2）虽然59.05%的消费者选择了一个月消费两次吉祥馄饨，但是老客户消费潜力提升空间依然巨大，需要做到两点：一是扩大上海网点布局密度，增强便利性；二是在新品开发、产品组合、产品创新等方面调整增加其消费频率。

（3）从选址层面看，我们的目标人群是比较集中的，这可以在以后的选址过程中给我们一些借鉴——适当聚焦开发，节省精力和资源。

（4）消费时间段主要集中在中午和晚上（分别为70.95%和48.10%），但是早餐、夜宵、午后休闲时段开发潜力巨大，需要在吃法、价格、数量、产品组合和创新上做出调整。

（5）从目前销售来看，高价位（8元以上）馄饨相对较少，但是从消费者对快餐尤其是馄饨能够接受的心理价位看出，高价位馄饨还是可以被顾客接受的，主要是要在产品组合、新品开发上做出调整，提升其价值和差异化程度。

（三）市场分析

在消费者调研的基础上，我们又对行业的一些优秀标杆企业如星巴克、肯德基等做了细致的研究，认为看似简单的单店业绩下降问题，实则很多问题是由于战略的短视所造成的，所以必须从战略高度看待单店困境。

1. 圈地 · 养马

吉祥馄饨连锁在上海基地市场的扩张步伐明显减慢的原因来自两方面：一方面，由于餐饮行业，尤其是连锁餐饮的发展与商业地产的变化息息相关，而由于对未来形势的保守估计错过了这次商业地产发展的大好时机；另一方面，资源的稀缺反过来让其发展变得束手束脚。

我们必须认清的事实是：在市场规模（购买量）及资源（商铺）相对固定的前提下，或此消彼长，或此长彼消。仅从这一点上讲，在市场挣拼上，我们坚信“进攻是最好的防御”。谁锁定目标消费群体抢得商铺资源，谁就能占据上风。吉祥馄饨必须重振往日雄风，先圈地——市场为王，后养马——利润为本，规划好市场布局，为未来发展蓝图奠定基础。

2. 专注 · 多元

吉祥馄饨一直以来坚持选择小面积门店，专注馄饨产品，这可以让加盟商以较低起点加入，并迅速扩张、规模化发展，专注应该是吉祥馄饨获得成功的关键性因素。但外界市场环境在变，商铺的形态与7年前早已不可同日而语。小店与低价值产品生存越来越艰难，在新的环境下寻找适合吉祥馄饨连锁业态的商铺范围越来越狭窄，成功签约率越来越低。所以我们不能再墨守成规，而是要转化经营思路，结合新的环境重新规划吉祥馄饨的发展，调整适应这种外界环境发展的业态，依托于馄饨在产品、店面、经营方式上创新，打造不同的门店形态。

3. 人性化 · 规范化

在与吉祥馄饨连锁的接触中，我们感受到一种非常人性化的氛围，这种人性化使得吉祥馄饨连锁的队伍非常稳定，人员忠诚度、责任感较高。但同时队伍整体老化，缺乏工作激情和学习、创新思想。员工处于放松状态，毫无危机感，对工作的要求完全取决于个人自觉意识，监督体系几乎为零。

适度的人性化是保证团队稳定的基础，但一个公司要想走得更远，真正站在行业的前沿，规范化是必然，也是必需，否则再好的战略目标也是白纸一张！

（四）市场布局

1. 缺乏对上海和外地区域战略性规划

上海作为重要的基地市场，无论在盈利贡献、示范效应上均具有重要意义。但目前网点规划随意，布点不够密集，缺乏样板店建设，导致自身在招商示范、营业模式总结等层面缺乏操作规范和标准。

2. 区域发展不均衡，空白点多

外地采取出售代理权方式，由于在对代理商资格审核、管理控制、总公司扶持上存在问题，各区域发展极不平衡，部分区域甚至出现空、稀、慢的特点，即空白区域多，网点密度稀，拓展速度慢，严重影响了吉祥馄饨连锁品牌的发展。

此外，缺乏对外地市场开发潜力、操作难度的评估分级，未在战略上保留作为未来新的利润增长源。

3. 网点开发速度慢，可能会丧失占位先机

中餐连锁已经步入快速占位时代，谁先取得稀缺好铺资源、谁先占据消费者内心，谁就取得市场先发优势。但是从吉祥馄饨连锁网点数量的开拓上明显可以看出，吉祥馄饨连锁速度偏慢，截至 2006 年，全国总共才发展了 400 多个网点，其中光是上海就占了 100 多个。

4. 样板店缺乏，导致企业在招商上、运营模式总结上受到限制

缺乏样板形象店的建设，缺乏标准化作业模式的提炼和输出，是吉祥馄饨缺乏对加盟店控制力的关键原因，更是吉祥馄饨无法做大的根源。虽然总部将一些直营店介绍给加盟商参观学习，但直营店彼此之间的管理模式具有一定差异。如：形象、经营模式、管理方式、文化及服务都不一样。

5. 缺乏对直营、特许、托管的比例规划

虽然上海市场对连锁经营模式进行了直营、特许、托管等多种模式的探索，但是规划上比较随意，没有实现最佳的比例规划，也没有实现对单店最佳的管理。

（五）业态模式

吉祥馄饨业态模式单一，不能根据周边环境（商务型、社区型、学校型、混合型等），以及目标消费群体特征进行分级，在面积、销售业态、品类、装修等方面进行区分。

1. 加盟模式

吉祥馄饨连锁特许加盟合同（尤其是外地代理合同）内容不完善，带来

的众多问题成为阻碍企业发展的障碍。合同的执行不坚决、不彻底，造成了对当地加盟商缺乏控制、用吉祥馄饨连锁品牌经营其他产品、不卖你的汤料（外地）、运作不规范和市场风险增大等问题。

在当时，基本都是加盟商自己带铺来洽谈，缺乏主动式的从商圈规划来考核加盟商的主动模式，也导致在加盟商的选择上受到极大的限制。这种被动的选择模式，不仅延缓了吉祥馄饨扩张的步伐和速度，也是不合格商铺出现的温床。

2. 加盟商选择

缺乏对加盟商全面的评估考核，其根源在于不合理的考核目标。由于商铺资源的缺乏，是否有商铺基本上成为唯一的考核指标，结果也就造成了后期在店铺管理和运营上的问题，使得关店率升高。

3. 商圈规划和选址评估模式

虽然吉祥馄饨连锁前期也曾做过商圈规划，但比较粗放，范围过宽，没有聚焦，未能跟实际结合。在上海及其他地区的扩张过程中，遇到的最大问题在于好的商铺难找。此外，由于吉祥馄饨连锁目前被动的选址思路，很难保证商铺来源的数量和质量。商铺难找从客观层面来讲，主要是由于城市动迁、商铺稀缺、租金成本不断增大、竞争对手抢夺有限商铺资源造成的。

但我们进一步研究却发现，为什么同类型企业，比如福建沙县小吃、桂林米粉等类似企业新店却发展得非常迅猛？带着困惑，我们又对类似的标杆企业做了深入研究，终于发现了问题所在——**其实商铺并不缺乏，而是我们在商铺信息来源、商铺的租赁决策速度及自身对成本的承受力上出现了问题。**

三、 以加盟体系为突破口重启发展动力

吉祥馄饨已经走到了十字路口，不加快发展步伐不行，乱发展也不行，因此必须首先找到吉祥馄饨连锁快速、健康发展的“拐点”。而要突破这个“拐点”，看似问题很多，但从目前来说，我们认为最实际、最迫切的就是商铺的来源问题，也就是加盟体系问题。

（一）业态模式创新

要从根源上解决商铺的来源问题，我们认为还是要从解决吉祥馄饨连锁经

营业态的创新入手，当小店与低价值产品生存越来越艰难时，为什么不尝试转化经营思路？

上海是一个有足够消费能力的市场，连锁加盟也并非只有单一产品才可加盟，我们可以尝试以馄饨为核心产品，针对不同的商圈类型，在店面面积、装修风格、经营品类等进行区分，实行四级开店方式。

（1）迷你型窗口类馄饨店。通过寻找低成本、人流聚集的场所，不失为一个渠道创新的思路，例如大型超市、批发市场、菜市场门口，类似久久鸭、街客、麦当劳卖甜筒。窗口类的迷你型馄饨店，自己服务、成本低、人工少，收益会非常高。

（2）现有的20～40平方米单一馄饨店。

（3）50～80平方米，馄饨、面、饭、汤、饮料等多种产品形态相近的小复合店。

（4）100～150平方米，以馄饨为核心的特色店。丰富品类，瞄准家庭的一日三餐做文章，主食精细化、特色化，并开发一些独具特色的产品品类。这样就不会完全受制于小商铺的限制，也跳出黄金地段小商铺难找的困扰，更灵活经营，更有经营价值。

从目前现实条件看，构建快速、即时的商铺转、租、售信息收集平台和快速决策机制是解决此问题更加实际有效的方法，通过对福建沙县小吃能够实现快速开店的分析，我们得到几点启发：

（1）并非缺乏商铺，看看上海每天开店、关店非常频繁的状况就知道，只是我们缺乏即时的商铺信息来源。

（2）由于组织的因素，决策机制缓慢，所以很难确保好商铺会被吉祥馄饨拿到。

（3）商铺转、租、售信息最快的来源对象永远是那些心怀创业梦想的准老板们，如何发挥他们的加盟积极性是关键。

（二）建立招商激励机制

由于问题核心在于要唤醒尽量多的潜在目标群体开一家吉祥馄饨连锁店的梦想，这就需要建立一套可充分调动准加盟商热情的招商模式，让他们自发去寻找商铺，这就必须要解决如下几个问题：

（1）扩大招商信息的发布源。变原来单一、低效的被动招商信息发布模式为有重点、多渠道的主动加盟宣传模式，提高各加盟商信息渠道利用度。

（2）**提炼招商信息的核心卖点**。站在准加盟商角度提炼招商信息的核心卖点，以“少、高、省、简”为核心卖点，通过各种渠道生动化表现出来，直击目标加盟群体的内心需求。

（3）**改进我们的支持功能，简化操作难度**。吉祥馄饨连锁目前的投资回报率已经不再是吸引加盟商的核心要素，可以从简化加盟商的操作管理难度入手，强化在选址评估、开店支持、后期管理扶持等方面的力度。

（三）聚焦式开发

当然，我们并不否认吉祥馄饨自身通过商圈规划寻找商铺的方式，但以目前的资源条件，单纯依靠企业自身寻找商铺资源实现快速发展目标是不现实的，如果能将主动的商圈规划、选址和加盟商紧密结合，那么将在吉祥馄饨店面拓展尤其是直营店的拓展中发挥重要作用。但考虑到资源条件，必须满足三个聚焦原则：

（1）聚焦于现有吉祥馄饨消费群体活动区域。通过前面的消费群体分析，我们基本可以看出商务楼群型、医院型、中大型学校或者混合型商圈，盈利能力相对较强。

（2）聚焦核心目标加盟商宣传。

（3）区域聚焦式开发。我们先对目标区域进行评估分级，集中开发部、人力资源部、督导部、企划部等相关部门，实行聚焦式开发，做到重点突出，开发一片成功一片。在网点布局上，我们建议采用“精耕上海基地市场、保留部分外地潜力市场，放开部分二、三级市场代理权”的三级开拓思路。

1. 店面选址聚焦

在目前资源条件下，主动式的选址方法一定是基于目标消费群分析基础上的聚焦式开发，方法有如下几种：

（1）主动在学校、医院、商务楼群或者混合型楼群附近寻找，主动跟周边的房产中介合作。

（2）对于纯社区型店，如果周边居民住宅楼较多，而外租的情况又比较多，周边又有如公交车站站点（较多公交车汇集）或者类似家乐福、沃尔玛等大型卖场等聚客点的可以考虑。

（3）对带商铺资源过来咨询，但还犹疑不定的准加盟商，可以采取给予一定介绍费、转铺费或品牌入股合作开店等方式，建议其转让店铺或者一起合作开店。

(4) 在前面聚焦式商圈规划的基础上，对店铺进行分级评估，确定重点店，对一些潜力较好的店铺实行聚焦式的主动宣传，做到定期发放宣传资料。

(5) 对一些店面位置较好但生意不好的店铺老板，或周边已经有经营餐厅等类似产业的老板，发放资料同时，争取做到面谈，深度沟通，主动“策反”。

2. 潜在加盟商聚焦

我们认为并非所有的潜在加盟商都适合做我们的加盟商，吉祥馄饨连锁加盟定位两类目标人群：

(1) 想轻松做老板，想赚钱但并不奢望赚大钱，希望管理难度小一点，风险小一点。

(2) 希望能寻求一个管理简单、操作难度低、不需投入过多精力第二副业的人（比如百色店老板是教师），对于这部分群体可以加上用托管模式打动他们。

（四）完善加盟体系

针对上面的两类人群，要想成功唤醒他们加盟的渴望，必须对整个加盟招商体系角度进行完善，如加盟宣传、加盟会组织、后期跟踪、组织支持等，哪个环节出了问题，都可能导致加盟失败。

加盟招商规划是风向标，是整个招商体系的灵魂，在公司年度计划的基础上建立科学的、有指导性的招商规划，对于提高招商质量和效率有着重要意义，所以必须做到“从战略规划入手，实行三个聚焦，强化战术执行，做好战术支持”四个环节（如图6-1所示）。

1.加盟宣传	2.加盟会组织	3.后期跟踪	4.组织支持
宣传内容	时间安排	数据库建设	组织架构
宣传方式	频率安排	跟踪体系	业务流程
宣传时间	内容安排		人员配备
宣传渠道	地点安排		考核体系

图6-1　吉祥馄饨连锁加盟招商整体规划

在这里首先有以下几个关键问题需要解决：

1. 充分利用好现有店面、加盟商的宣传功能

店铺是最重要、最直接、最形象、成本最低的宣传窗口。要想实现小成

本、高效率的招商，必须重点抓好店面和现有加盟商、店员这些重要的信息渠道。通过调研我们发现，很多的加盟商都是从店面获知招商信息，而且一般都有实地考察的习惯，所以如何让店面、加盟商、店员成为我们招商宣传的第一站就显得非常重要。我们建议从以下几方面入手：

（1）建立自己不同业态的形象店。

（2）围绕店面进行整合性加盟宣传。

（3）加大单页派发力度和频率，提高派发量，扩大加盟信息发布面。

（4）提高店员主动性，积极赠送单页，在顾客等待时间提供内部宣传资料《吉祥之友》，以供阅读。

（5）在店内和店外终端做加盟招商宣传牌、海报、宣传单页。

（6）在店招显著位置标示“吉祥馄饨连锁第×家吉祥加盟店”，向顾客展示吉祥的规模和品牌力的同时，说明吉祥提供加盟业务。

2. 在做好现有店铺招商宣传的同时，积极拓展其他招商渠道也极为重要

（1）现有加盟商

针对店员、加盟商做好加盟推荐的培训。此外，设置针对性的奖励机制。要鼓励加盟商多扩点，在政策上给予一定的支持，合作方式可以有多种形式的探讨，以此加大扶持力度。

（2）加盟展会

主动出击，参加与加盟、连锁相关的展会或其他展示平台，把××的加盟业务推到公众面前。

（3）网站

选择业内有一定知名度的网站，进行网络宣传，如中国加盟网、餐饮加盟网等。做好公司网站的加盟宣传工作，将加盟信息放在网页显著位置。条件允许的话，在百度、Google做竞价排名。

（4）合作伙伴

积极拓展业务合作伙伴，如上海市创业基地、加盟连锁协会等，在这些组织内进行加盟宣传。与其他连锁企业合作，共享客户信息，然后做针对性的宣传。

3. 加盟信息平台建设问题

吉祥馄饨连锁的加盟招商是一项长期工程，准加盟商信息数据库是一个极其重要的工具，对于准加盟商的甄选是必不可少的，而且数据库的建立便于对

准加盟商进行过程跟踪，也便于做数据积累分析及案例研究，为以后制定招商策略提供参考。

4. 加盟会组织安排问题

对于连锁加盟企业来说，完善细致的加盟会对组织工作非常重要，因为它直接决定着加盟商是否最终会选择吉祥馄饨这家企业，所以必须以营销的思维组织加盟会，必须在各个层面做到周全细致。

（1）会前

首先，做好加盟商邀约工作；其次，做好数据库的整理工作，区分重点和非重点加盟商；最后，做好会前相应的准备工作（人员安排、会议流程和内容、组织准备、设备等）。

（2）加盟会频率

从原来一周两次改为两周一次，提高单次准加盟商与会数量和质量，尽量做得精一点，组织得充分一点。

（3）时间安排

考虑准加盟商平时要上班，可安排在周六或周日下午，便于准加盟商安排时间。此外，增加单次加盟会时间，保证有充足的私下沟通时间。

（4）人员安排

充分发挥“打群架”效应，会前在确定重点加盟商基础上，将各个重点准加盟商责任到人。要做好个人与加盟商的沟通记录，专人做好会后跟踪。

（5）讲解人业务水平

要对讲解人进行细致认真的选拔，择优录取，做到专人专岗。此外，对讲解人、现场沟通人员进行礼仪、沟通技巧、话术、业务内容等方面的全面培训。

（6）讲解内容

除了介绍吉祥馄饨连锁基本内容外，加强对吉祥馄饨的优势、盈利分析、优秀专卖成功原因分享等加盟商关心的内容。同时，整个会议还应安排加盟商密切关注店铺经营问题，比如，怎么选址，如何做好吉祥馄饨专卖店，怎么管理人员等相关课程，增强其对吉祥馄饨认可度和信心。此外，要安排成功加盟商发言。

（7）考核和探讨

招商结果与每个人绩效挂钩，并定期做好个案的研讨和经验总结。

30　老娘舅：中式快餐的幸福方向 

不少品牌不是缺乏优秀基因，而是缺乏提炼和包装，将优秀基因“雪藏”起来，由此阻碍了其发展。

对于老娘舅，我们做的仅仅是将其优秀的基因加以提炼、外化，用最恰当的方式加以包装和表现，确定标准，制定适合他自身的连锁化发展路径，并打通品牌与消费者之间的心灵感应，从而为他铺就了连锁化发展的新捷径。

在江浙沪一带，人们常把那些有威望、讲公道的年长者称作“老娘舅”。但对长三角地区的上班族而言，“老娘舅”还有一层含义，那就是一家以经营健康绿色食品，以方便快捷著称，广受欢迎的中式快餐连锁品牌的名字。

老娘舅赶上了快餐业快速发展的好时候，且幸运地找到了准确的品牌定位，8 年时间，在浙江开了 14 家直营连锁店，且开一家火一家。

到 2008 年，图谋跨区域扩张的老娘舅，在第一站上海滩遇挫，一度陷入扩张的迷茫期。

同年 8 月，老娘舅餐饮连锁公司的几位核心领导人来到联纵智达办公室，道出了自己的困惑，向我们求援。

一、厚积薄发，图谋跨区域扩张

近年来，中式快餐搭上城市化进程和经济高速发展的快车，进入了高速扩张期。蒸功夫、永和豆浆、马兰拉面、乡村基、大娘水饺、新亚大包等中式快餐品在连锁化、品牌化的道路上走在了老娘舅的前面。步履稳健的老娘舅，在构建了良好的基础，完成标准化之后，也计划快速起飞，从江浙向长三角地区拓展，进而走向全国市场。

老娘舅餐饮连锁公司成立于 2000 年 11 月，截至 2008 年，老娘舅以湖州为中心，在浙江省内开了 14 家连锁店。

7年耕耘，老娘舅突破了中式快餐标准化难关，拥有当前最先进的中式快餐生产加工和物流配送中心，倡导“膳食均衡”理念，以“低热量、无公害、合理营养、健康饮食”为经营理念，并实现了60秒快速主动供餐模式，打破传统中式快餐的思维，使中式快餐标准化。行业影响力厚积薄发、呼之欲出。

二、 受阻上海滩， 联纵智达来取经

挺进上海滩，是老娘舅向外扩张的第一步。但是，在上海这个商家必争的城市，老娘舅的发展却举步维艰。

2008年，老娘舅在浦东新区八佰伴商圈开了第一家店面，由于消费者认知度低，只有打价格战，价格定位很低，但是除了就餐高峰期人满为患外，平时就没有什么人光顾了。老娘舅在上海的第一家店沦落成了一个普通的快餐店。

在湖州和浙江其他城市，老娘舅以“低热量、无公害”的绿色快餐形象和“60秒送餐速度”深受消费者欢迎和喜爱，拥有自己独特的核心竞争力及得天独厚的无公害基地供货渠道，与浙江省现代农业示范园区——南太湖绿叶无公害有机蔬菜、宁波万年青无公害菜心等原材料供应基地进行合作。可是这些得天独厚的优势，老娘舅却不知道怎么向消费者有效传递。

如何在强手林立的上海滩彰显老娘舅的优势，如何塑造老娘舅健康中式快餐的标示化品牌？8年来坚守区域市场的老娘舅运作班子思路全无。

面对这样一个有底蕴，特色鲜明的中式快餐品牌及良好的市场前景，联纵智达充满斗志和信心，欣然接受了老娘舅的委托，开始了精彩的老娘舅中式快餐品牌打造之旅。

三、 给老娘舅安上腾飞的翅膀

据不完全统计显示，我国快餐市场规模已超2000亿元，并以每年超过20%的速度发展。随着快餐市场的多样化，快餐企业的经营空间也在不断拓展，服务领域更加宽广。中式餐饮仍是经营主体，占78.9%。中式快餐处于完全竞争阶段，远未出现真正意义上的领导者，包括真功夫、马兰拉面和千禧鹤在内的前三名份额只占百强的17%，不到总体快餐市场的3%。而西式快餐却已经进入了寡头竞争阶段，肯德基、麦当劳、德克士、吉野家4家西式快餐

集团占据了42%的市场份额。

联纵智达通过深入的市场调研，发现中式快餐尚未形成领军品牌，差异化特色较强的老娘舅，有着极大的市场机会。

老娘舅要想后来居上，需要插上两只翅膀：一只翅膀是品牌塑造，另一只翅膀是风投资本。而品牌形象塑造，既是老娘舅腾飞的基础，又是核心动力。

四、诊断：找出老娘舅品牌与消费者认知之间的“断层”

要着手进行老娘舅品牌形象打造，首要任务是先了解老娘舅当下的品牌元素，以及在消费者心目中的品牌认知。通过对企业自身品牌元素的剖析，对蒸功夫、东方既白、嘉旺、永和豆浆、肯德基、麦当劳、德克士等对标企业的分析，以及大量的消费者调查，联纵智达项目组找到了老娘舅在消费者心目中真实的品牌认知。

老娘舅在江浙等传统市场拥有一批忠诚度高的消费者，但在新市场，还是一个无人知晓的新品牌，急需在视觉、形象、通路建设方面进行改造，在产品品质认知度、品牌忠诚度和品牌商誉方面均有待提升。

通过对浙江地区消费者调查发现，消费者对老娘舅的评价是方便快捷、价格合理、菜品味道不错，是吃饭的好地方，但种类偏少、形象模糊，“健康专家”尚未被广泛接受。老娘舅品牌的SI视觉系统，能营造出舒适的就餐环境，但简约、现代西式风格，与大多数快餐品牌雷同，缺乏个性，尤其是标识上的人物“老娘舅”形象过于老迈、瘦弱、晦暗，不能给人健康、慈祥、亲和的“亲情联想”，在空间设计、海报设计、音乐选择等方面还有待改进。

当前（指项目实施前的2008年——编者注）老娘舅在企业品牌形象、品牌架构及品牌管理体系方面存在如下障碍：①企业品牌形象认知面临“断层”；②品牌架构尚未建立，缺乏清晰的模式；③品牌管理体系缺失。

在品牌定位方面，消费者期望和公司愿望存在差异；在品牌识别方面，品牌名称、VI、SI与目标消费群的心理期望存在断层。

品牌力弱，核心元素体现不足，缺乏鲜明的VI和SI标识，消费者认知度低，是老娘舅品牌扩张遇阻的重要原因。

五、处方：明确品牌规划，打造鲜明的VI、SI系统

联纵智达给出的处方是：通过明确的品牌规划，打造鲜明的视觉沟通系统，作为前期启动工程，在品牌形象和销售结构等方面拉动老娘舅的扩张征途。

（一）品牌规划：找到“幸福”的方向

对于一个人格化、有内涵的餐饮连锁品牌，如何提炼其品牌价值，实施品牌规划？联纵智达项目组决定从“老娘舅”这一人们熟悉的形象入手，完成核心价值提炼，确立品牌定位、品牌主张、品牌承诺和品牌个性塑造工作，清晰品牌结构，建立品牌管理体系，从而为老娘舅品牌的长远发展奠定根基。

老娘舅：公平、公正的象征，朴实、亲切的外表下掩藏着一颗严谨而温热的心；他是一位值得信赖的朋友、家人，他是慈祥的长者，总是耐心地解答我们的困惑，拨正人生的航向；他是我们温暖的港湾，是我们幸福生活的保障。老娘舅餐饮用纯净、健康、营养的食物和宾至如归的氛围，让每一次就餐都是一次温暖幸福的心灵感受。

由此，联纵智达为老娘舅提炼出：

品牌核心价值：幸福的滋味。

品牌定位：幸福生活倡导者。

消费人群定位：生活在城市小镇、商圈的人。

品牌承诺：用心烹制幸福滋味。

品牌个性：朴实、亲和、活力、正直。

品牌形象：关怀的心，温暖的脸，活力的神。

忙碌的现代人普遍缺乏幸福感，作为中式快餐连锁品牌的老娘舅，以“幸福的滋味”作为自己的品牌价值，一方面既与餐饮的行业属性紧密相连，另一方面也暗合了人们内心的渴望。这样的品牌价值提炼，无疑高度贴合了“老娘舅”这一人格化品牌内涵。

如何理解“幸福的滋味”？项目组从以下几个方面进行诠释：

产品层面：体现老娘舅产品特征——家常味道，亲切的感觉，给人安全感、信赖感。

消费者层面：通过菜品及店堂氛围为消费者营造幸福的感觉。

企业层面：寓意老娘舅是一个乐观积极、致力为中国人谋求更多幸福生活体验的企业，也代表企业员工饱满、和谐的精神状态。

在此基础上，项目组洞悉消费者的精神特质和消费需求，进一步提出品牌主张：**舅餐，不将就。**在原料品质、营养搭配、烹饪技术、食品安全、贴心服务等方面都精益求精，绝不将就。

在品牌体验方面，立足老娘舅中式快餐属性及江南文化特色，打造**"老娘舅·幸福村会员俱乐部"，**为消费者搭建一个欢乐家园。在这里，每一个消费者都是至高无上的幸福村民，享有老娘舅为他们提供的一切福利，而无须承担任何义务。

（二）VI、SI 系统改造

在品牌视觉形象方面，深度挖掘快餐行业属性、目标消费人群和老娘舅的特点，创造独树一帜的视觉营销系统。对老娘舅目前的 VI 和 SI 系统进行提升，不仅给人以耳目一新的感觉，更要具备国际感、民族感和时代感。在此基础上，规范终端品牌推广体系，获得消费者认知。

VI 系统：首先从 logo 入手，将英文 old uncle 改为 uncle inn，将原来沧桑消瘦的老娘舅形象，简化线条，丰富肌理，营造慈祥和蔼健康的形象，并以中国特色的扇子为头像背景，加盖一枚书法风格、极具艺术气质的印章"老娘舅印"，突出浓郁的文化氛围，加强传播记忆。颜色上，以稳重温暖的深红和明快温馨的黄色作为基本色彩，体现出厚重、踏实、温暖、包容、愉快、祥和的幸福感。

VI 系统确定之后，首先改造老店，同时新店开张一律统一形象。在老娘舅的所有门店外墙、点餐区、就餐区、主题墙、蔬菜水果墙、印章墙、楼梯等场所，统一使用符号和 logo 标识。

自 2008 年 VI 系统打造完成以来，老娘舅一直沿用至今，迄今 200 多家门店，全部统一使用这套视觉识别系统。

（三）品牌推广方案

在品牌传播方面，确立"分时间，分空间，分人群"的品牌传播模式，"高筑墙、广积粮、勇称王"，确保品牌沟通的针对性与实效性。

传播目的：全方位落实老娘舅品牌核心价值，在终端建立老娘舅的幸福世界，通过品牌核心价值吸附现有顾客群，建立稳固的品牌关系。

传播对象：目标消费群，20~35 岁，中等收入，追求健康和高质量生活的都市白领。

传播策略：以各个门店为阵地，导入品牌的深度传播，在原有产品、QSCV（quality service、cleanliness、value）基础上进一步深化，构建立体的幸福消费体验. 并借助适当的事件营销，低成本提高企业知名度、美誉度，并最终促成市场目标的实现。

传播步骤：“城市优势品牌输出—长三角地区品牌输出—全国中式快餐一线品牌输出”三步走，按照市场成熟度（种子市场、明星市场、金牛市场、瘦狗市场）制定不同的传播方案。

六、疗效：成功插上腾飞的双翼

2008-2012 年，仅仅 4 年时间，老娘舅在长三角地区新开门店 200 多家。时至今日，老娘舅一直沿用联纵智达为其提炼的品牌价值、品牌主张和品牌口号，联纵智达设计的 VI、SI 系统，让老娘舅 200 多家新老门店的形象高度统一，深入人心。

老娘舅利用 7 年时间，以 14 家门店为基地，磨砺出了一个优秀的中式快餐品牌，构建了标准化体系，借助联纵智达的包装策划，实现了快速扩张的梦想，并成功获得风投青睐，插上了腾飞的翅膀。

31　浙报集团：品牌战略，系统整合 

客户的认可，说明了我们的价值。对于这次合作，浙江日报报业集团社长表示："我们双方的合作非常好，你们也是真心实意地在帮助我们，也相信我们双方都会有很大的收获。我发现联纵智达是下了很大功夫的，很多我们没有想到的都想到了。"下面，我们就把这个价值创造过程讲述出来。

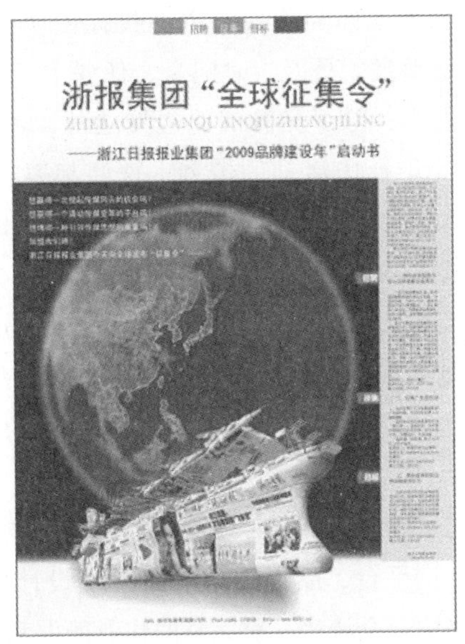

图 6－2　"全球征集令"

一、风云际会：在全球征集令中胜出

2009 年 3 月 2 日，杭州应标现场传来捷报——我们在"全球征集令"中胜出了。

时间回放到 2009 年 2 月 1 日，一封张扬而略显奇特的"全球征集令"

出现在《浙江日报》的报端（如图6－2所示），而它的发出者正是《浙江日报》的主人——浙江日报报业集团（以下简称浙报集团）。征集令一共三项内容，其中一项就是面向全球征集品牌战略咨询公司，为“打造中国一流传媒集团”进行品牌战略咨询。全国各大媒体和网站纷纷转载和热议，征集令的消息迅速扩散，浙报集团要实施品牌战略的消息迅速成为轰动传媒行业的重大事件。

门前的盛宴不容错过，获此消息，联纵智达立刻兵分两路，一路开始应标的争取和准备，与浙报集团联络，进行投标资格审定，并申请参加2月18日在浙报集团召开的投标说明会，一路立即着手进行国际国内传媒产业的现状研究。

浙报集团的审核异常严格，在数十家应标的咨询公司中，联纵智达成功通过预审，被邀请参加品牌战略咨询招标说明会。

2月18日，参加浙报集团品牌战略咨询投标说明会的同事带回了令人紧张和兴奋的消息。说紧张，是因为时间紧、任务重，浙报集团这次的对外招标涉及三个方面的内容，除了品牌战略规划之外，还包括VI系统的设计及5月即将举办的十周年社庆活动的策划，这些都要在应标文件中一一体现。说兴奋，是因为参加本次投标的都是国内外品牌战略咨询的大腕。据浙江集团后来的统计，参与本次投标的品牌咨询公司，三分之一是国际知名公司，包括罗兰贝格、美达设计，以及来自香港的futurebrand等，2/3是来自北京、上海、山东及杭州本地的知名公司，其中还有清华大学、中国传媒大学等著名院校的研究机构。能有机会与这些国际一流的咨询公司同台竞技，让人跃跃欲试。

总裁何慕亲自参与了项目投标的筹备会，并定下了应标基调。凭借联纵智达完整的品牌与营销咨询平台，品牌战略咨询、VI设计、社庆策划三个块面一起上，在投标建议书中说全说透，靠完整的作业能力和敢拼敢干的精神挑战国际品牌咨询公司。

接下来的日子，是一段痛并快乐的时光。筹备组的同事全身心地扑在工作上面，保持着隔天一会的高频率工作节奏。在成稿的最后三天，整组同事连熬了两个通宵。经过不到十天的努力，一份长达300多页系统全面、图文并茂的投标说明书终于呈现在了客户面前。

辛苦的付出获得了回报，在这场报业传媒界的首场品牌战略咨询的比拼盛宴中，我们有幸拔得头筹。

二、品牌审计：子强母弱，集而不团，大而不强，不管不理

初识浙报集团，我们认为这是一家绝对低调的区域传媒巨头。截至2008年底，集团的年营业收入已经接近30亿元，年利润接近3亿元，旗下已经形成了包括《浙江日报》、《钱江晚报》、《今日早报》、《城市假日》等在内的17报3刊1网站，共21家媒体，独资或控股的一级子公司26家、二级子公司25家，在实力和规模上已经处于国内一线报业集团阵营。

当我们满怀敬仰和激动的心情走进浙报集团，蓦然发现，屡屡在行业变革中有出人意料之举的浙报集团，竟然只是仅仅依靠经营领先而驱动成长的公司，在关键的公司成长要素——品牌上只是星星点点散落在少数的核心子媒体之中，以母品牌浙江日报报业集团为核心的品牌建设几乎归零。

而事实上，在现在中国传媒集团更多只是以行政参与组建的集团化背景下，浙报集团所面临的传媒业品牌战略问题，又颇具有行业典型性意义。

（一）隐藏在幕后的公司品牌：养在深闺人未识

在所有品牌家族的成员中，最有价值和生命力的品牌必然是公司品牌。这不仅是因为公司品牌具有不老的生命力，不容易受到产品生命周期、行业景气度及并购活动等的影响，更在于强大的集团品牌能够在资本运作、产业延伸、区域扩张等很多事关企业生死的重大战略举措中发挥关键作用。因此，在集团品牌战略中，集团品牌往往会受到战略规划的格外关注，以及费用投入上的额外礼遇。在传媒行业，集团品牌的作用更为明显。我们熟知的“新闻集团”、“贝塔斯曼”、“时代华纳”、“读卖新闻”等，都将集团品牌的打造做到了极致。

当我们基于这些来审视浙报集团时，却愕然发现“浙报集团”品牌被雪藏在了幕后。由于没有意识到集团品牌建设和管理的重要性，浙报集团之前并未给予公司品牌资产建设和管理以明确地位，有关集团品牌的建设活动仅限于间歇的形象宣传和零星的支持活动，没有系统的规划和持续的坚持。

正因为如此，如集团品牌远景、品牌使命、价值观、品牌识别等集团品牌建设中最基础和核心的部分均未形成明确、标准、规范的成文表述。在“我是谁”尚难准确回答的情况下，浙报集团的品牌形象在公众记忆中变得模糊不清，多年积累的品牌资产远不能匹配浙报集团当前的规模和实力。

（二）缺乏逻辑的品牌组合：集而不团，散而不聚

品牌组合发生效用的基础是优化品牌之间的关联和协同。在浙报集团，只有清晰的管理关系，却没有清晰的品牌关系。

《浙江日报》1949 年创刊，浙江日报报业集团 2000 年成立，从创刊到 2009 年的六十年间，从集团成立到 2009 年的九年间，浙报集团不乏精彩辉煌的历史，也曾创建过闪耀一时的子报品牌。但这个过程中，浙报集团的品牌宣传往往独立于子媒体之外，而子媒体的品牌活动也往往与集团品牌无关，这使其母子品牌的关系极其淡薄。实际上，子报品牌的辉煌没有及时反哺集团品牌。

我们在调查中发现，除了《浙江日报》之外，不少浙报集团的老读者都不清楚《钱江晚报》、《今日早报》、《浙商》等当地众多知名媒体原来隶属于浙报集团。致使集团品牌资产在企业的发展过程中没有得到有效积累和放大，而众多子品牌的品牌资产价值却随着往日辉煌的远去而逐渐降低。

相比母子品牌的关联，品牌之间的关联和协同显得更为艰难和混乱。尽管经典的品类战略和品牌定位理论认为，在每一个品类中都应该建立专属的独立品牌，最终使该品牌成为该细分市场的专家品牌，也就是说具有独立性的品牌更加有利于业务的成长。但集团品牌战略中的一个核心观点就是要在一个品牌平台内建立子品牌之间的资源与价值共享。

我们发现国内外一流的传媒品牌，如新闻集团的华尔街全球报系、南方报业集团的南方报系、21 世纪报系，以及 SMG 集团旗下的第一财经等报系平台品牌的成功都印证了一个观点事实，即**具有协同效应整合的平台品牌有着更强的作战效能。**

其原因在于，平台品牌凭借不同媒体形式和传播渠道能够从视觉、听觉、触觉等不同的角度创造更为广泛和多样的品牌接触点，带给读者更加丰富、更加频繁的品牌体验，更加有利于品牌名称被读者所记忆，更加有利于品牌核心价值被读者所感知，最终在读者心目中形成更为强烈的品牌印记。

但浙报集团之前并未引入平台品牌或品牌组合的思想进行子品牌的协同管理，因而在子品牌之间的相互协同上出现两种极端情况：

一种是根本无法协同。品牌定位雷同，相互竞争，强者恒强、弱者恒弱，强势品牌的资产价值没有得到最大程度的挖掘。

另一种是品牌之间随意协同，在内部人际关系的撮合下，不同档次、不同

定位、不同调性的品牌却频频联袂出场，品牌核心识别被模糊、品牌独特性遭到破坏。

（三）缺乏庇护，多而不强，各自为政，优势渐失

浙报集团旗下的子媒体品牌多达21个，且很多在自己的细分专业领域都处于领先地位。但这些品牌的品牌资产都集中在某一专业领域或者某个地域空间内，带有强烈的专业和地域特征。

例如，**《钱江晚报》**是“中国500最具价值品牌”，是省内最大的都市报，但几乎只在省内发行；**《美术报》**是国内美术领域的权威，但是由于读者群狭窄而盈利水平低下；**《浙商》**是国内商帮期刊的翘楚，但与主流财经期刊相比还存在太大的差距；各类地方党报如《东阳日报》等也都在当地雄踞一方，但都面临品牌形象单一、增长乏力等困境。

因而，对比收入水平，大部分报刊的年营业额仍在千万级徘徊，主要收入还是来自于《钱江晚报》和《今日快报》这两份都市报。

然而近几年来，《钱江晚报》和《今日快报》也面临着严峻的挑战，即来自杭州日报报业集团旗下《都市快报》的挑战。近年来，《都市快报》在杭州市场的读者接受度已经超越了昔日的王者《钱江晚报》。来自市场一线的调研显示了更为不利的消息，《钱江晚报》已经出现明显的老化倾向，读者认为《钱江晚报》的形象就像是一个年逾40、性情沉稳的中年男子。

浙报集团出于遏制《都市快报》的目的，推出了《今日快报》。一方面，由于内容雷同和渠道共用，与《钱江晚报》形成了一定的内部竞争；另一方面，《今日快报》市场份额增长缓慢，远低于《都市快报》，已经无法遏制《都市快报》市场份额的增长。

更大的危机来自全国市场的压力。随着新闻传媒区域政策的开放，条块分割、区域为王的格局正在被打破，全国化发展成为大多数报业传媒集团的努力方向，浙报集团也不例外。在浙报旗下21个品牌中，全国性品牌仅两个，还属于专业细分领域，其他皆为省域或县市品牌。相比而言，全国化扩展的战略目标显得更为艰难和急迫。

（四）品牌管理：不管不理，无为而治

浙报集团“全球通缉令”的另一项内容，就是招募浙报集团品牌副总监。目前，履行集团品牌战略管理的职能部门——浙报集团市场与品牌部，是在本

项目启动之前刚刚成立的。

在集团成立后的很长一段时间内，浙报集团没有设置专门的品牌管理部门，也没有设置专门的品牌管理岗位。很多品牌管理的关键职能，如品牌规划、品牌推广、品牌预算、品牌管控等，要么没有严格实施，要么就分散到了其他部门兼职执行，品牌管理职能被分化，整个集团的品牌规划、建设、监督、管理工作难以系统执行。

作为家长的浙报集团不仅缺乏对集团公司品牌的管理，对子媒品牌更是缺乏管控，各个子媒的品牌管理更多体现了“各自为政，无为而治”的特点，即根据自己的特点发展自己的品牌策略。在这种情况下，浙报集团旗下的子媒体呈现出不同的品牌发展阶段也就不足为怪了。

带着这些疑问和思考，我们开始了浙报集团品牌的重塑之旅。

三、 公司品牌走上前台： 用品牌战略驱动业务发展和组织管理升级

公司品牌的非凡意义注定了它将在品牌战略中扮演重要角色，既是领航罗盘，又是动力引擎，既要有普世的立身哲学，也要有鲜明的识别形象，更要有强大的品牌感召力。对于浙报集团品牌，我们认为不仅需要精心的包装——由内而外重塑品牌，还需要精彩的表演——创建与企业实力相匹配的品牌资产。

第一步：塑心，用品牌远景统御内外。

何谓塑心？就是为浙报集团品牌找到一根在惊涛骇浪中依然能够岿然不动的定海神针。它包含三个方面的内容：

品牌远景，它承载着企业的梦想，代表着组织内部和外部利益相关群体对浙报集团的期望，**既是对浙报集团品牌未来将是什么的明确表述，也是浙报集团品牌创建和发展的归结点。**对于浙报集团品牌而言，未来必须实现两大突破，一是在品牌载体上，实现以纸媒为主的单一媒体向包含网络、手机及其他创新媒体在内的全媒体延伸，二是在市场领域上，从以浙江省为主的区域市场向全国市场扩张，二者共同构成浙报集团现阶段品牌远景的核心——**“成为一流的现代传媒集团”。**

品牌使命，它隐含了企业的价值承诺，是浙报集团品牌未来将向社会提供何种价值、为公众创造何种价值、为利益相关群体带来何种价值的综合表述，**是指导浙报集团品牌及旗下子品牌开展品牌创建活动的根本哲学和最高宪法。**

结合浙报集团的行业特征，我们凝练了**"以传媒力量推动社会和谐与进步"作为浙报集团的品牌使命。**

品牌价值观，它规定了践行品牌价值承诺的商业准则，也是对浙报集团过往成功法则的总结，**是每个浙报集团成员都应该遵守和维护的行为规范。**基于浙报集团以往的成功经验和品牌使命所提出的新要求，我们将浙报集团品牌价值观归结为**激励贡献、追求卓越、整体视野、营造和谐、创业精神、营造和谐**六大要点，并加以高度提炼，以六大要素英文首字母相组成"MEMBER 精神"作为浙报集团品牌价值观的凝练总称。

一个远大的梦想，一份永远的承诺，一套坚守的法则，构成了浙报集团品牌坚强的"内心"。

第二步：画像，用品牌特质强化个性。

浙报集团是什么？浙报集团自己、相关利益群体及读者都未形成一致认识。因为浙报集团缺乏一个兼具视觉识别和理念识别的拟人化品牌形象，需要通过对浙报集团品牌本源的把握给出一个形象的描述。

在调研过程中，我们发现读者对于浙报集团的认知主要来自两个方面，一是来自于政府背景，与之相关的描述包括稳健、权威、实力强大、诚信等；二是《浙江日报》品牌形象向集团品牌的转嫁，例如，政府色彩、传统、中规中矩。

针对这些问题，浙报集团的品牌识别应如何规划？我们提出三大方向，一要拓展，突破背景限制；二要丰富，融入亲民元素；三要拔高，打开国际视野。基于此，我们将浙报集团的核心识别总结为：值得信赖、国际水准、引领潮流、品质不凡。

第三步：扮秀，通过品牌体验强化公司品牌。

酒香也怕巷子深，更何况被雪藏多年的浙报集团品牌更应该建立专属的品牌传播体验体系。但集团品牌的沟通对象不同于产品品牌，产品品牌主要面向顾客，而集团品牌需要承担全方位的沟通职责，除了读者，浙报集团品牌还要面对政府、投资者、商业合作伙伴等众多的其他利益相关群体。据此，我们为浙报集团提出了三大扮秀策略：

策略一：建立广域的集团品牌体验平台，充分关注每一次与政府、投资者、社会意见领袖、商业合作者及读者的接触机会，在关键的品牌接触点实施品牌战略沟通，强化集团品牌形象，使集团品牌体验无处不在。

策略二：建立以集团品牌为主的品牌传播计划，提高集团品牌的曝光率。

尤其是举办具有全国影响力的持续的品牌体验活动，提升集团品牌在全国的品牌影响力。

策略三：以集团品牌统御下属子品牌组织跨边界的品牌体验活动。强化母子品牌关联，加强品牌组合的协同。

塑心—画像—扮秀，浙报集团品牌完成了一次从幕后走向前台的完美转身。

四、品牌组合创造价值：删繁就简，寻找品牌成长真经

缺乏品牌组合管理的多品牌集团，就像一撮撮散落于沙漠中不加保护和管理的野草，参差不齐、各自分散，永远难成欣欣向荣之势。对于像浙报集团这样具备雄厚基础的多品牌集团，品牌组合管理创造的品牌资产价值将超越想象。

首先，从建立母子品牌的关联性入手，即品牌架构的问题。

实质上，品牌架构是一直以来被浙报集团所忽视的问题，在过去的成长中，严重影响了集团品牌资产的积累。我们分三个层面进行了梳理：

（1）**对于现有的传媒类品牌，**品牌名称难以更改，品牌影响力初步形成，短期内很难从集团品牌获得加速品牌成长的庇护力，这类品牌采用背书架构，以“浙报集团主办”为背书语，实际起到了增加集团品牌曝光率、提升集团品牌影响力的作用。

（2）**对属于投资类的非传媒类品牌，**如新干线投资公司，他们的业务拓展倚重于浙报集团品牌的背景和实力，这类品牌宜采用主副架构品牌。

（3）**对未来可能新增的媒体品牌，**集团品牌对子品牌的庇护力有助于新品牌的快速稳健成长，这类品牌采用联合品牌的架构，在借势集团品牌光环之时，保持新品牌一定的个性。

其次，要解决子品牌内部的协同问题。

最初，浙报集团并不存在品牌分组的概念，每一个子品牌就是一个独立事业单位，每个品牌各自为政。显然，这样的模式不仅在品牌组合管理上难以奏效，在业务管理上也困难重重，如管理幅度过大，集团资源难以整合利用，缺乏统一的战略协调等。

在意识到这些问题后，浙报集团对子品牌从专业角度划分为党报系、都市报系、专业报系，初步实现了业务管理的优化，但还需要品牌化的整合。

一方面是对报系进行品牌化，以一个统一的品牌平台来实现品牌和资源的整合，例如将都市报系统一纳入钱江都市报系之下进行统筹运作；另一方面是依托强势品牌延伸弱势品牌影响力和多方位覆盖读者需求，例如将浙江老年报注入钱江报系，借助钱江品牌把老年报从一张类似机关报变为一张平民报。另外，将手机报引入钱江报系，从线上线下满足读者需求，拓展钱江报系的品牌空间。

最后，以品牌组合来响应浙报集团全国扩张的战略目标。

一个显然的事实是，缺乏全国性子品牌支撑的浙报集团品牌，单靠集团品牌自身价值的建设是无法走向全国的。但在现有的品牌组合中，浙报集团还缺乏一个担此重任的品牌，因而创建全国性子品牌成为必然选择。

我们提供了两个方向的建议：

一是建立旅游报系，以江南的旅游资源为基础走向全国，这是可选项。

二是建立财经报系，以《浙商》为平台，通过并购整合逐步向全国扩展。

品牌组合，作为多品牌战略中最核心的架构，浙报集团才刚刚起头。

五、 创建平台品牌： 构建强势的竞争壁垒和扩张平台

所谓平台品牌，就是一系列功能属性相同或者目标顾客相近的子品牌或品牌元素所构成的一个品牌平台，又称保护伞品牌，寓意在主品牌的品牌光环下，可以实现伞内品牌空间的极大扩张。钱江都市报系就是浙报集团当前需要全力打造的主要平台品牌。此时，钱江都市报系的品牌建设面临四个方面的问题：

第一，钱江都市报系刚刚组建，旗下有《钱江晚报》、《今日早报》和《城市假日》三份报纸，品牌平台还需要进一步整合和充实。

第二，钱江都市报系依托《钱江晚报》而建，平台自身品牌影响力不足。

第三，核心品牌《钱江晚报》活力不足，品牌呈老化趋势，杭州市场的领先地位不保。

第四，《今日早报》与《钱江晚报》定位雷同，相互竞争，削弱了平台品牌的整体实力。

经过深入的分析，我们认为问题的核心仍然是如何实现平台品牌价值的最大化。平台品牌的价值提升就可以实现旗下资源最好的整合和品牌资产价值的最大延伸，就可以顺势解决子品牌影响力不足和相互竞争的问题。但当前局势

下，平台品牌还离不开核心品牌《钱江晚报》的支撑，于是我们提出了解决以上四大问题的两大核心。

一是对钱江都市报系品牌资源进行全面整合和提升。

我们对钱江都市报系进行了全面包装，从品牌远景、使命、价值观的角度构建了报系平台的品牌核心。

对品牌识别进行了重新的规划和提炼，剔除《钱江晚报》成熟老化的不良品牌联想，并引入吉祥物作为品牌象征物对平台品牌进行具象化和活力化，同时将旗下品牌统一更以“钱江”开头。

依托品牌平台下扩张品牌范围，不仅将老年报和手机报注入钱江都市报系之下，还进一步向广播、电视、网站、新媒体延伸。

在品牌体验方面，建立线上线下的品牌体验平台，同时开展以钱江都市报系为主体的品牌传播活动，最终树立一个全新的富有活力和感召力的钱江都市报系品牌。

二是对《钱江晚报》进行重塑和活化。

作为一个具有二十多年历史的都市报，《钱江晚报》在浙江地区有着深厚的品牌影响力，但随着岁月的流逝，读者群平均年龄逐步攀高，版面风格也略显沉闷。市场调研数据显示，这可能是导致《钱江晚报》市场份额下滑的主要原因。

对此，**我们提出了“出奇制胜、借势而为”两大基本策略**。我们认为别的报刊品牌不曾采用的策略，才是最有可能产生活动效应的策略，也是短期内提振《钱江晚报》品牌影响力的捷径。对比都市报业品牌普遍的品牌策略后，我们提出了明星代言、更替品牌主题logo、强化银弹品牌群三大创新策略。另外，我们还提出了两大借势策略：向明星借势，开辟明星专栏，吸引年轻消费者；向知名媒体借势，与其他媒体和知名栏目组建联合品牌，在更广泛的受众视野中创建品牌价值。

基于以上两大举措，再对《今日早报》进行差异化定位，内部竞争的问题也迎刃而解。

（后记：2009年6月，浙报集团与阿里巴巴共同推出《淘宝天下》杂志，并入钱江报系，现已经成为钱江报系打造全国性报系平台品牌的重要成员。）

六、 打造全国品牌： 平台品牌思维下的全国市场快速突破

在全国性品牌缺乏和现有品牌不足以承担创建全国性品牌影响力的背景下，创建新的全国性品牌成了浙报集团全国突围的必然选择，集团内部也在“以财经板块作为突破口”的战略决策上达成了一致认识。

事实上，浙报集团一直没有停止过财经媒体的全国突围。一条路径是以《浙商》杂志为跳板向全国渗透，目前已经成为商帮杂志中的领先品牌，但离国内主流财经媒体还相差甚远；另一条路径是引进或者并购国际性财经媒体，高举高打，快速覆盖全国市场，但未找到合适的并购品牌。财经媒体的全国化行动已经成为一块最难啃的骨头。

事实上，财经媒体市场已经成为竞争最为激烈的市场。

（1）《经济观察报》、《21 世纪经济报道》、《中国经营报》、《第一财经》稳居财经报刊大半江山。

（2）财经杂志竞争更为激烈，《福布斯》、《商业评论》携国际地位横扫高端市场，《财经》、《中外管理》、《第一财经周刊》、《经理人》等众多本土财经杂志已对中端市场形成了瓜分之势。

（3）财经网站层数不穷，传统媒体读者逐步被它们快捷的信息和丰富的资讯所俘虏。

（4）财经电视和广播也不甘示弱，开始通过出版和战略合作谋求向纸质市场的渗透。

在如此严峻的竞争环境中，浙报集团如何才能实现全国突围呢？

一个可行的思路是开辟新的蓝海，切出一块新的细分市场。我们发现，**尽管现在财经媒体数不胜数，但专门的财经文摘类杂志却少之又少**。在财经信息泛滥的社会中，一本经过严格筛选、具有很强针对性的财经杂志很有可能成为快节奏生活状态下现代都市人回顾热点、梳理思路的最佳读物。但仅有对路的产品而缺乏品牌的感召力仍然很难在群雄争霸的财经江湖中占据一席之地，因此我们的思路还必须回归平台战略。

与钱江报系品牌相似，首先仍是建立一个统一的财经报系品牌平台，但平台之下缺乏一个具有足够影响力的核心品牌，需要并购或引进具有国际声望的财经杂志来充当核心品牌，提升平台品牌的整体声望，重点面向高端市场。

（1）保持《浙商》杂志的差异化特色，形成平台品牌的差异化特色，同

时依托《浙商》的优质读者群向逐步向全国市场渗透。

（2）以高端财经杂志和《浙商》杂志为依托，打造财经文摘品牌，主攻普通财经读者。

（3）与财经节目和电视进行品牌联合，增加平台品牌的可视性和曝光率。

（4）打造财经门户网站，作为财经报系的在线互动平台。

最终，在平台战略的指导下，发挥横向庇护和纵向扎根的平台优势，树立浙报集团在财经领域的品牌大旗。

（后记：在项目结束以后，沿着构建全国财经报系平台的品牌战略，浙报集团与中央电视台合作，成为 CCTV 财经频道浙江唯一合作伙伴，并与胡舒立团队成立控股公司财新传媒，延伸托管《新世纪》《中国改革》，与《浙商》一同，构成了浙报集团财经报系的雏形。）

七、咨询价值：对于集团品牌需要的是量身定制的系统解决方案

浙江日报报业集团品牌战略规划项目的正式作业只有短短两个月，项目受到客户高层领导的极大关注，浙报集团社长、总经理、副总经理、集团品牌管理总监、核心报媒总监多次参与项目沟通和项目汇报，对项目的顺利进行产生了非常关键的作用，同时也对项目的成功给予了非常中肯和积极的评价：

浙报集团社长：“我是越听越深入，品牌以前对我们来讲是比较片面、比较模糊的东西，今天听下来，至少我的认识是有所提升的。我们双方的合作非常好，你们也是真心实意地在帮助我们，也相信我们合作双方都会有很大的收获。我发现联纵智达是下了很大功夫的，很多我们没有想到的都想到了，真是要非常感谢你们。”

浙报集团总经理：“总的印象是比较具体、比较全面和系统，相信会对我们品牌战略的推进起到很好的指导作用。”

浙报集团副总经理：“联纵智达的整个报告总体是好的，我们可以根据需要来选择部分逐步实施。”

浙报集团副主编、《钱江晚报》主编：“我今天听了这个报告确实感到集团层面应该建立统管品牌的市场和品牌管理部门来与我们下面的执行部门相对

接，下一步就请联纵智达的专家帮我们设计更具体的对接方式。”

浙报集团社长助理：“做得很专业，也很系统。”

浙报集团市场与品牌部主任：“报告中对于我们部门的职能界定非常清晰，整个报告做得很翔实，也很具有操作性，我们将有选择地逐步实施。”

客户的正面评价是咨询价值的最好体现之一。纵观整个品牌战略咨询过程，我们没有给客户提供什么绚丽的品牌演绎和精彩的传播创意，我们给客户提供的是完整的集团品牌战略体系、管理架构和系统完善的导入和实施方案。事实上，为了保证项目的系统性和完整性，在品牌规划的最初阶段，我们就根据浙报集团本次咨询的目的和特点，设计了“一大目标、四大体系、三大工程、四大平台”的总体品牌战略纲领（如图6－3所示）。

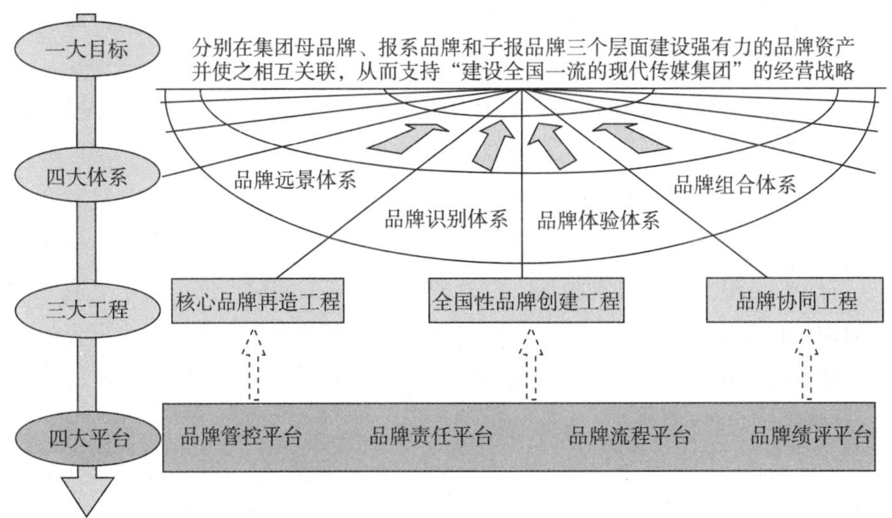

图6－3　总体品牌战略纲领

正如客户所言，为浙报集团引入系统的集团品牌战略管理思维，创建整体的集团品牌管理架构，并在系统框架之下提供针对性的整体解决方案，而非单点突破创意，这也许是本次品牌战略咨询的最大特点和价值之所在。

32 磁悬浮：营销“世界第一”

现代营销，既需要系统战，还需要打破常规思考模式，突破思维界限的超限战。从世界第一个投入商业应用的磁悬浮到第一个给磁悬浮进行营销咨询的服务机构，一切都是探索和创新，也因此，需要打一场又一场“超限战”，着力于发现创意点，寻找关键点，理清切入点和整合联结点，实现营销突围。

营销改写历史的项目。

有人说，磁悬浮是一个创举，中国人做了世界上所有国家都没有做过的尝试。

有人说，磁悬浮是一个标志，标志着中国在世界尖端科技应用领域的大胆实践。

2002 年 12 月 31 日，当上海磁悬浮列车启动之时，这个颠覆世界陆路交通工具的新篇章也由此开始。

每小时 430 公里的陆地极速，在诠释科技神奇的同时，也注定了上海磁悬浮的耀眼和夺目。实际上，耀眼与夺目更源于世界的普遍关注。作为世界的唯一，磁悬浮正式运营以来，已经接待了包括各国政要、经济学者、各行业专家、国外游客数万人观光、考察和体验。

磁悬浮在中国的商业化探索，不仅对中国的陆路交通发展具有导向作用，对世界磁悬浮的发展都具有里程碑式的价值。因为是前无古人，没有任何经验可以遵循，所以上海磁悬浮从运营伊始就注定了所有的一切都要在探索中创新。

无论是技术的成熟度与安全性，还是新商业运营模式打造，上海磁悬浮每天都在改写历史。上海磁悬浮的标准称谓是“上海磁悬浮列车示范运营线”，线路从浦东机场到上海龙阳路站，全长 30 公里。如果真正作为新一代陆路交通工具，30 公里显然是不够的，磁悬浮示范线的真正意义在于累积“示范”经验与效应：一是示范磁悬浮技术能否经得住长公里、商业化、大客流、高密度运营的考验；二是示范磁悬浮的商业化运营模式和价值。

解剖上海磁悬浮商业化运营案例，带给我们的不仅是特殊交通产品成功营销的个案，更大的普遍意义在于它给非特殊行业带来的营销启迪。

一、 战略定位： 磁悬浮是什么

磁悬浮＝交通工具？

从世界范围来看，高速客运交通的发展有两个选择：一是已经较为成熟并得到多个国家实际应用的“高速铁路”技术，二是近年来在技术上得到突破和快速发展，在应用上尚未高度成熟但又有很多独特优势的“磁悬浮”技术。

从本质来讲，磁悬浮显然是新型的交通工具。

但从营销的视角来看，由于示范线仅有30公里的里程，决定了它作为交通工具，解决的只能是部分往返浦东机场的人群和从龙阳路站到浦东机场阶段路段的交通问题，所以它在现阶段还是不完整的交通产品。

实际上，局限还不止于此。磁悬浮产品问世的市场运作初期，目标消费者对交通工具选择的关注点主要是方便，而磁悬浮列车由于自身存在换乘不便、配套服务不足、行李托运困难等缺陷，对目标消费者的吸引力较弱。

分析一下浦东机场人群对交通工具的需求，不难发现，磁悬浮还不能承担重要的交通使命：以出租车与自备车为主体的交通工具，满足了机场主要消费群快捷方便的核心需求，而以巴士为主体的交通工具，低廉的票价又满足了机场次要消费群经济实惠的核心需求（如图6－4所示）。更大的局限在于人们到浦东机场（或从浦东机场到市区）乘坐磁悬浮的交通习惯还没有养成。

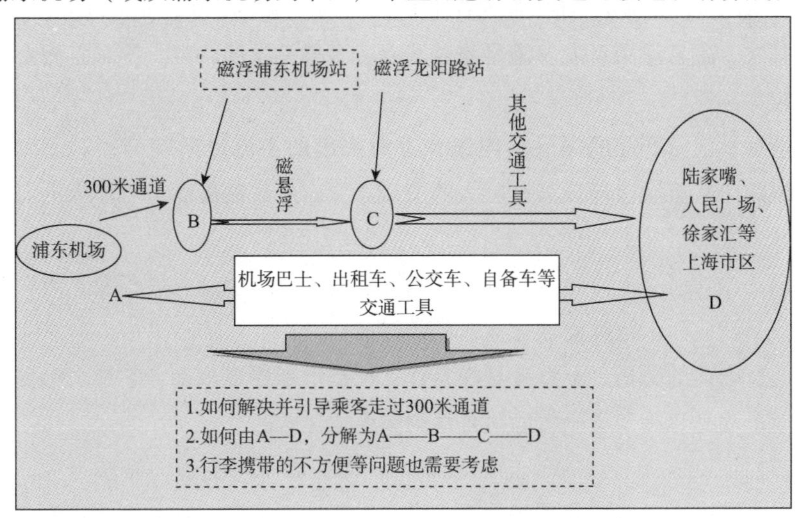

图6－4　消费者乘坐磁悬浮面临的关键问题

由此可见，上海磁悬浮的营销注定是在受限条件下突破局限的“超限战”。

磁悬浮=旅游产品?

我们再来分析一下上海磁悬浮给消费者带来的核心价值：由于其世界第一性、唯一性、高科技和试验性的特质，它本身又吸引了大量的观光、旅游、考察等非交通客流。据统计，在磁悬浮初期间断试运行的半年间，上述客流曾占据总客流的80%以上。因此，在相当长一段时间内，它又具有旅游产品的鲜明特征，如图6-5所示：

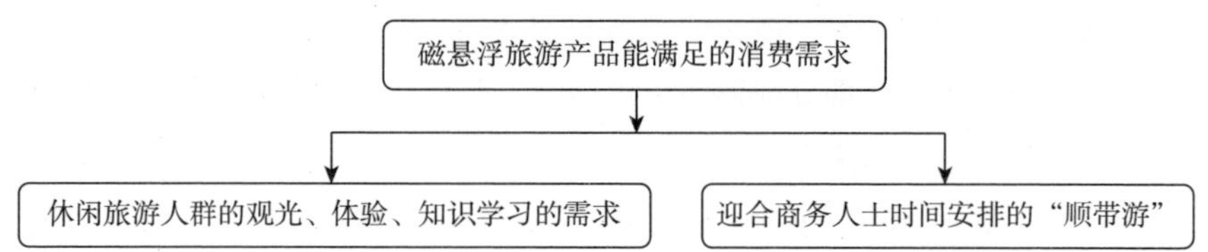

图6-5　磁悬浮旅游产品能满足的消费需求

磁悬浮旅游产品能满足的消费两个需求方向：一是休闲旅游人群的观光、体验、知识学习的需求；二是迎合商务人士时间安排的“顺带游”。

磁悬浮=“旅游+交通”复合产品

由此，我们可以得出三个结论：

首先，从对消费人群的分析来看，结合磁悬浮本身的旅游产品特征，磁悬浮面对的消费人群不是商务旅游人群或者休闲旅游人群当中的一个，而是包括了两者。

其次，磁悬浮项目能够满足旅游消费者多样需求的特征，使项目面对的消费群较为宽泛。

最后，旅游产品的深层次内涵和上海都市的主流气质吻合，对上海现代化、国际化甚至城市建设具有巨大的象征意义，从某种程度上可作为上海的代表性标志之一。

因此，如何对上海磁悬浮进行准确的战略定位，从而有效开发其潜在的商业价值，就成为示范线商业化运营的关键所在。

通过上述的分析，上海磁悬浮是什么已经清晰浮出水面：**它是全世界首条集交通、观光和旅游于一体的磁悬浮列车商业运营线。**

我们把2004年上海磁悬浮的战略定位于：**旅游+交通，旅游为主，交通为辅，**旅游观光是业务收入的主要来源。主导战略手段：**让其迅速成为上海旅游景点中的明星产品和上海继东方明珠之后的新城市名片。**

我们把 2005 年上海磁悬浮的战略定位于：交通 + 旅游，强化磁悬浮的本体价值——交通功能，交通为主，旅游为辅，业务收入主要来源于 60% 以上的交通客流。主导战略手段：配合市政府的规划，逐渐完善交通功能。通过大力度的市场培育、交通习惯的引导和综合价值组合手段运用，进一步凸现交通的核心价值。

二、品牌塑造：占位“世界第一”

上海磁悬浮的品牌价值核心在于它的独占性和唯一性，如何挖掘并提炼出卖点？如何与消费者进行有效沟通？经过大量的“头脑风暴”，我们把“在上海坐世界第一”（如图 6 - 6 所示）作为 2004 年品牌传播主诉求语，用来引导和强化消费者作为高科技尝试体验产品的价值。同时，我们把“从机场到市区，仅需 7 分 20 秒”、“最高时速 430 公里”和“凭机票 40 元”、“零高度飞行”等作为基本价值进行补充引导，彰显磁悬浮列车独特的品牌魅力。

图 6 - 6　磁悬浮旅游诉求广告

经过有效传播与推广，此诉求在 2004 年获得空前成功，从 2004 年 6 月开始，体验客流增长迅速，到年底日体验客流达到 6000 人次左右，重要节假日的体验、观光人群更是突破万人。

根据战略规划，并随着交通产品的日渐完善与成熟，到了 2005 年，上海磁悬浮的品牌形象从“体验导向”顺势延展到“交通导向”。

我们在原有品牌诉求的基础上，强化磁悬浮作为交通产品的核心价值并确定新的品牌主张：**“效率之选，就在上海磁悬浮”**（如图 6－7 所示）。

图 6－7　磁悬浮商务诉求广告

此外，我们还把**“坐磁悬浮，到浦东机场，又快又省！”**作为补充诉求，通过对比与直接利益点的传播突出磁悬浮作为交通功能的核心优势。

给消费者的三大利益点为：

省时——从龙阳路站到浦东机场仅需 7 分 20 秒，比的士快 4 倍；

省钱——持当日机票，仅需 40 元，价格是的士的 1/2；

安全——航空器的封闭环境，洁净、安全、舒适。

通过 2004 年和 2005 年成功的品牌塑造，上海磁悬浮不仅成为上海的新名片，也进一步凸显了交通价值与功能。到 2005 年末，交通与旅游人流的占比已经发生巨大的改变，交通客流跃升为主流。

三、 产品与价格规划： 超越单一票种的局限

上海磁悬浮作为特殊交通产品，虽然本身具有“独一无二”的价值属性，但我们在进行产品与价格规划的时候，还是充分考虑了与其他交通、旅游产品的对比性及接受度。

在试验示范初期，磁悬浮的票价比较单一而且显得昂贵，单程票价 75 元，往返 150 元，大量乘坐过磁悬浮的人反映价格偏高。

经过大量的市场调研和消费群分析，从2004年4月开始，我们把单程票价调整为50元，往返调整为80元，并推出航空出港旅客实施持机票单程40元的全年优惠活动。针对不同目标消费群体，采取了不同的产品与价格组合策略。

四、传播与公关：借势营销的典范

（一）巧借对比，树独特形象

在上海磁悬浮商业化运营初期，伴随着“在上海坐世界第一”的定位，我们巧妙地创意一组系列对比广告，传递了磁悬浮鲜明的品牌形象（如图6－8所示）。

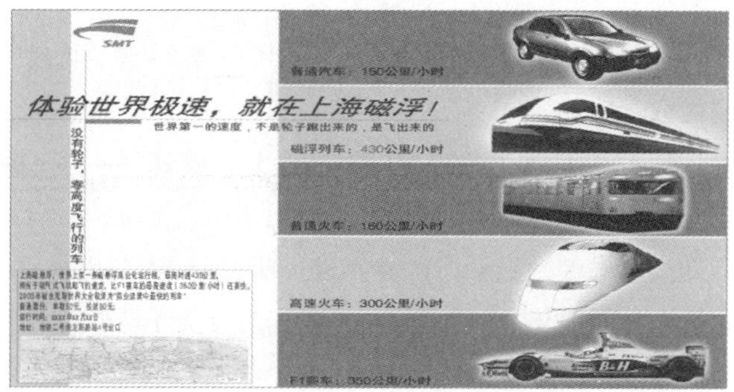

图6－8　磁悬浮对比系列广告

此外，还通过一组不同消费群体乘坐磁悬浮的体验广告传播，引发目标消费群体广泛的共鸣与认知（如图6－9、图6－10所示）。

图6－9　磁悬浮消费者体验系列广告（一）

图 6-10　磁悬浮消费者体验系列广告（二）

（二）巧借 FI，刷新速度体验

2004 年 10 月，F1 赛车首度落户上海，如何借势 F1 赛车的热潮传播磁悬浮独有的速度优势？

首先，经过研究，创意了"看 F1350，坐上海磁悬浮 430"的系列广告，在当年 9 月就开始大密度传播与推广。

其次，借助小舒马赫到磁悬浮体验，进一步升温 F1 与磁悬浮的对比（如图 6-11 所示）。在 2005 年 F1 赛事前夕，我们与英美车队联合举办了发布会，把 F1 与磁悬浮共同推向了高潮。

图 6-11　小舒马赫体验磁悬浮

五、借势公众资源，　不断引发媒体关注

从上海磁悬浮试运营到现在，有多个国家、地区的政要到磁悬浮体验、访问（如图 6-12 所示），也有各类演艺明星、体育明星到访乘坐磁悬浮（如图 6-13 所示），他们的磁悬浮之旅使媒体一次次把镜头无偿对准了磁悬浮。

在世界上，还没有哪一个商业载体有磁悬浮这样具有迷人的、经久不衰的吸引力。为此，在媒体推广上，也借助这些公众资源，引发媒体兴趣、激发消费者的关注，最终形成消费者主动推动的传播效果。

图 6－12　2005 年 3 月连战夫妇坐磁悬浮到浦东机场返台

图 6－13　姚明和杨利伟乘坐磁悬浮

六、携手国际品牌，共同演绎精彩

磁悬浮的独特魅力不仅对社会公众有诱惑，对国际知名品牌也具有深度的时尚诱惑。2005 年 8 月 19 日，CHANEL2005 年秋冬时装发布会在磁悬浮举行，在把 CHANEL 品牌推向中国时尚前沿的同时，也把磁悬浮品牌贴上了时尚的标签，如图 6－14 所示。

图 6－14　CHANEL2005 年秋冬时装发布会

七、公益活动，彰显社会责任与价值

从 2004 年开始，上海磁悬浮举办了 10 多次公益性活动，赢得了巨大的社会声誉。比如，2005 年正月初一，邀请 300 名孤残儿童免费乘坐磁悬浮（如图 6－15 所示），仅正月初一至初三，“爱心回程票”慈善活动就募集了近 3 万元的慈善捐款。

图 6－15　邀请 300 名孤残儿童免费乘坐磁悬浮

2005 年 5 月 20 日与浦东科协、残联合作，在科技节期间，组织残疾人免费参观乘坐磁悬浮列车，彰显了对弱势群体的关爱。

八、 优化传播资源， 突出传播效率

精确传播资源，有效锁定航空杂志、上海地铁一号线、二号沿线等传播资源，以 2005 年度为例在全年广告投放费仅为 215 万元的情况下，创造上海磁悬浮全面树立新型交通品牌形象的小投入、大产出的传播奇迹。

后记： 精彩仍将继续

上海磁悬浮经过商业运行，在市场营销方面做了一些有意义的探索与实践，可圈可点的地方还远不止上述这些，比如在渠道建设、上海区域外的专项推广、境外推广、组合促销、营销管理、消费者细分研究等方面都走在了交通产品市场化的前沿。目前，上海磁悬浮在不断完善“新型的交通 + 旅游复合产品”运营模式的同时，正在实施新的攻坚与跨越。

联纵智达在与磁悬浮的合作中，从提出商业化运营项目的战略定位、制定营销策略到战略、策略的落地、协助参与和指导各项营销策划的落实执行，我们全程见证了上海磁悬浮这条示范线由最初的摸着石头过河到今天已逐步形成一套有自己特色的商业化运营模式的过程，并且随着我们新一年度合作的确定，这种探索、努力还将继续下去。

33 观澜湖：高尔夫品牌价值的“十八洞”

一、“魂”和“魂实”的品牌理念

在操作品牌的过程中，理念尤为重要。现阶段，品牌的基本理论已经广为所知，从品牌检验、品牌定位、品牌DNA、品牌写真、品牌调性到360度品牌管理，能按照基本流程做出品牌规划的人不在少数。当初，品牌理论的鼻祖奥美在推出品牌操作格式之时一再强调：“没有思想，格式无用!”然而在今天，却到处充斥着“有模样，无思想”的品牌规划和品牌表现，一个个没有“魂”的品牌在空中飘来飘去，难以实现像重磅炸弹落地一样的品牌落地威力。

（一）“魂”理念

对品牌最接近的理解方式，就是将品牌拟人化，把品牌看成一个人。品牌DNA（品牌核心）就像是一个人的“魂”，品牌“无魂”和“有魂”的差别就像是塑胶模特和真正名模之间的差别。举个简单而普遍的例子，一个品牌将DNA定义为“现代、时尚”，而另一个品牌将DNA定义为“出位时尚”，具体哪一个是“有魂”的品牌，一眼就能明了。

（二）“魂实”理念（品牌全营销）

品牌首先要做到“有魂”，而“有魂”和“魂实”又是有差别的两个层次。这种差别就像名模和三栖明星之间的差别：名模也许足够漂亮，但大众对名模的感受是平面的、特定时刻的；而一个也许不如名模漂亮的三栖明星，给大众的感受却是立体的、无时无刻的。一个就像是一幅画，另一个却如一出人间故事。毫无疑问，在大众心目中，名模和三栖明星的影响力相差甚远。

“魂实”的理念，体现在专业品牌操作上就是“品牌全营销”。也就是说，品牌的“魂”要真正而清晰地贯穿于营销的各个环节中，并能够切实地给各营销环节带来实质性影响和提升。

对于一个品牌操作者，要做到“魂实”，仅仅了解品牌和传播是不够的，首先必须对整体营销规划有深刻的认识，然后要在选择“魂”的过程和整体营销规划过程中不断地穿插思考、互相调整结合，最终到达“魂实”的境界（如图6－16所示）。

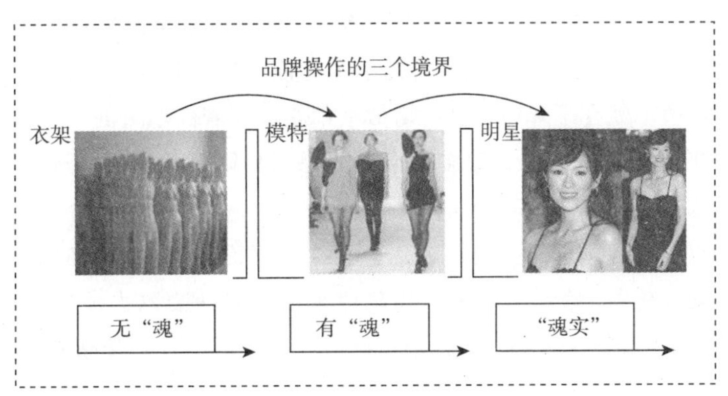

图6－16　品牌操作的三个境界

二、实战：品牌价值“十八洞”——高尔夫品牌“魂实”的四大过程

2006年初，项目组入驻观澜湖高尔夫球会有限公司（以下简称观澜湖），开始了整体的项目诊断和营销规划。品牌作为其中的一部分，紧密地结合在营销体系的诊断和规划过程中。站在品牌全营销的角度，我们将其过程分为选取价值、提供价值、传递价值和传播价值四个过程。其中，共选取了18个要点，称之为“高尔夫品牌价值‘十八洞’”（如图6－17所示）。以下的“十八洞”只是整体方案中的要点片段选取，尽量从要点的呈现带领各位领略到全貌。

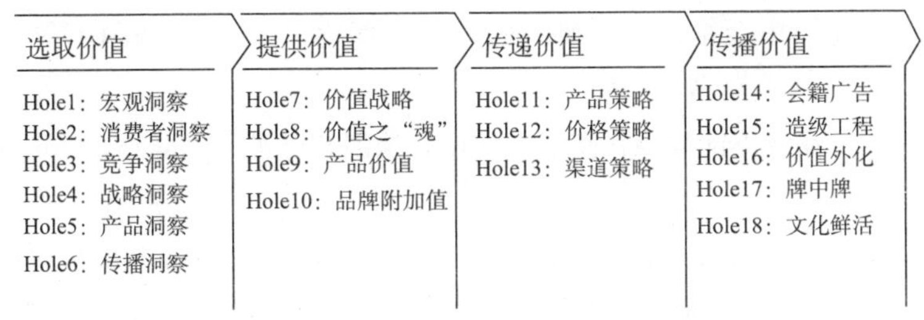

图6－17　高尔夫品牌价值“十八洞”

（一）选取价值

Hole 1：**宏观洞察**

“从贵族化走向平民化”是现阶段见到的最为普遍的论断，在高尔夫发展比较快的珠三角地区，人们实实在在地看到了这样的景象：接触过高尔夫球的人越来越普遍、练习场越来越多而且个个爆满、球场足够多、打球越来越便宜、会籍价值不断在下降……这一切似乎都在印证着高尔夫的“平民化”。为了迎接“平民化”的到来，很多球会争先恐后地降低高尔夫的进入门槛，甚至出现了价格战。

项目组对此现象进行研究后认为：**更为全面而准确的论断应该是“从贵族化走向细分化”**。姑且不论国家现阶段采取的新建高尔夫球场限制政策对“平民化”的牵制，一方面，目标消费群体（富人群体）是朝越来越细的阶层分化，一个富人阶层也最终会分出三六九等；另一方面，从一个市场发展的规律来看，成熟的市场是细分化而不是平民化（比如在中国出现过类似平民化过程的汽车和手表市场），越成熟普及的市场，高、中、低品牌分布格局越分明。

所以，观澜湖不能被简单的“平民化”论断所误导，从而抛弃自己多年积累的高端定位和品牌资产，去盲目追逐“平民化”，导致最终的迷失和得不偿失。

Hole 2：**消费者洞察**

从表 6 - 1、图 6 - 18 中可以看出，对大部分购买高尔夫会籍的国内客户来说，他们进入高尔夫的诱因和进入以后长期迷恋高尔夫的诱因是不同的。甚至有些客户在买了高尔夫会籍以后的很长时间里，他们仍然未能对高尔夫球上瘾，仍然是为了长期满足他们当初购买高尔夫会籍的主要需求（如商务）在使用会籍。一个典型的国内会籍客户的进入诱因不等于核心诱因。

观澜湖的品牌不能局限在高尔夫的核心诱因和已进入人群心态特征范围内“找魂”。

事实上，购买高尔夫会籍的动机（需求）错综复杂，且大多是多种需求彼此交融，难以一言以蔽之。但认真分析、合并同类、近类需求后，还是可以将目前大陆地区现存和潜在的高尔夫会籍需求分为四大类别：

表6-1 消费者心理分析

需求归类	人群与需求描述	GLF营销分析
商务，交际，礼遇，招待	1. 入籍动机明确，功利性强，未必全都关注打球本身 2. 选择会籍时比较看重交际或招待对象的价值感受，看重球会（球场）名气、气派、档次等 3. 需求可能是潜在的，一旦被激活，消费能力强，价格敏感度低 4. 球技未必很高，不“恋场”，是高价值、高贡献的客户 5. 现存和潜在人群较大，单位、个人都有 6. 区域上以深圳、东莞为主，但依据他们的客户感受，也极有可能扩展到省内更远乃至全国	1. 潜在客户数量大，有消费能力、不恋场——GLF的优等客户 2. GLF现在产品卖点力度不足，需针对其商务、交际等动机，制定针对性的、低成本、高价值感受的服务内容——不能只卖“球场” 3. 行销过程中准确发现和利用圈子内领导人物和意见领袖的作用极大
高球爱好者，喜欢高球，恋上高球	1. 打球需求已经存在，无需教育，对球场硬件要求较高，关注打球权益 2. 会籍消费理性，货比三家，甚至已形成“是球迷就不买会籍”的群体倾向（极高消费能力的除外），价格敏感度极高 3. 球技高，恋场，很可能是造成“订T难”和“塞车”的主要“元凶’ 4. 区域上集中港、深、莞附近地区，远距离推广难度较大	1. 此类人群中除具有极高消费能力的顶尖客户之外，一般性会员质量不高——买低端卡、占场恋场、易发劳骚，不是最佳客户 2. 由于距离等因素，GLF相对竞争能力不强，需树立“圣地”形象
身份，面子，入流，上品	需求是潜在的，需要被激活，具有较好的消费能力，潜在人群数量庞大，主要是依靠圈子内人士的影响，也会受广告、炒作等方面的刺激，未必真的是为了打球，至少初期不会恋场	最优质的客户，开发原理与上述第一种需求相似
健康生活，品味，休闲	由于没有太强的功利目的，也不是对高球成瘾，因此此类需求大多依靠圈子感染和生活自悟，激活和满足都相对较难	长远看来必将是最主要的人群，是战略性人群，但不是眼前重点
说明：以上四类典型需求实际上互有交叉与包含。		

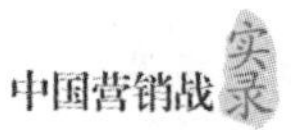

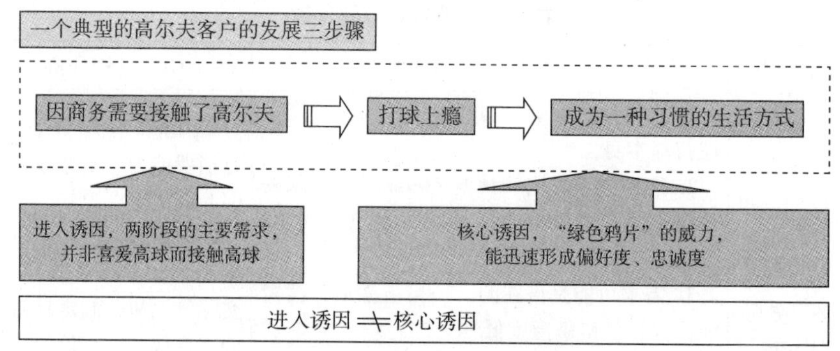

图 6－18　高尔夫客户的发展三步骤

Hole 3：**竞争洞察**

对于竞争的洞察，往往不是盯着直接的几个竞争对手进行优劣势分析，特别是像观澜湖这样站在行业前端、取得很多行业记录的超级球会，其对竞争的洞察应该是用望远镜而不是用放大镜的。

我们选用了望远镜对“会籍价值在下降”现象进行竞争洞察。在这种现象的背后，是观澜湖面对最新的竞争形势，表现出了价值超越步伐的滞后，这种现象分别体现在直接竞争和间接竞争上面。

从直接竞争上来看，以广东为例，全省 59 个球会之多，其中最大的一个球会拥有 10 个球场。这种情况造成了有效高尔夫群体的增长未能跟上球场的增长速度，出现了单位时间、单位区域内竞争过度的现象。再加上会籍价值的同质化，使得很多球场采用价格战和降低打球门槛的做法来应对竞争，严重伤害了高尔夫会籍（尤其是主流的终身会籍）的价值感。

从间接竞争上看，从表 6－1 的众多需求中可以分析出，当通过需求来说服一个新鲜客户购买会籍时，会面对很多如城市俱乐部、游艇会、健身中心、KTV 甚至是麻将等多种多样娱乐交际形式的间接竞争。如果我们的会籍价值不进行突破，不能使之满足更多需求的话，那么高尔夫在新鲜客户的眼里就会出现“商务交际比不上 KTV，乐趣不如麻将”的情况，何况一个会籍还动辄需要几十万元。

所以，观澜湖这个品牌必须在观澜湖会籍上“找魂”，创造出超越性的价值，同时，“魂”还必须长期指引观澜湖会籍价值的不断超越。

Hole 4：**战略洞察**

在观澜湖的战略分析阶段，项目组一位老师说了一句经典的话：“战略说穿了就是白日梦。”当我们进入观澜湖的时候，就能感觉到它存在着一个很宏伟的梦。但是，谁能完全看清说清这个梦呢？白日梦是清晰可见的，那么，此时观澜湖的梦就是黑夜梦。我们要将这黑夜梦转化为白日梦（如图6－19所示）：

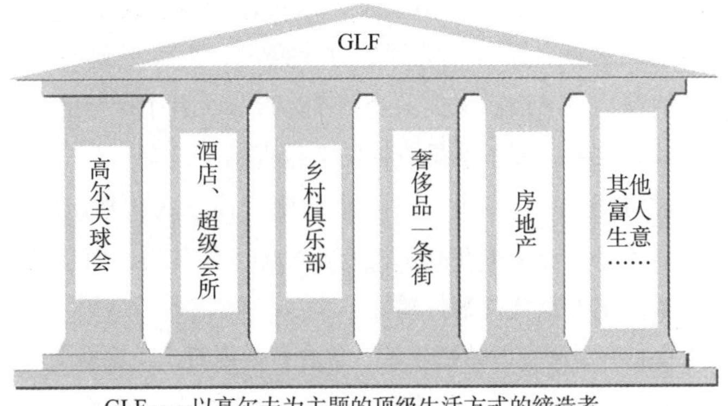

图6－19　战略目标

从图6－19中可以看出，在球会品牌和观澜湖的整体战略定位关系中，一方面，球会是基础的业务驱动单元和承载观澜湖定位的形象主题，另一方面，观澜湖的整体战略定位和资源正是会籍价值不断超越的强大依托。

所以，观澜湖品牌应该在整体战略资源平台上提炼价值，找到驾驭大资源的“魂”。

Hole 5：**产品洞察**

观澜湖卖的是“两阶”——最高阶层和最高阶段的生活方式，找出洞察后的价值，就意味着马上就要找到观澜湖的“魂”了，如图6－20所示。

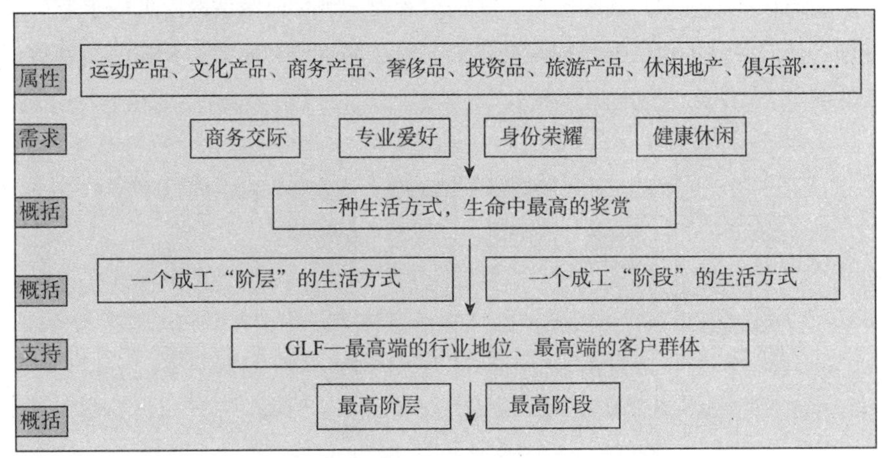

图6－20　产品洞察

Hole 6：**传播洞察**

首先，来看一下高尔夫界的传播现状，我们选取了“高尔夫会籍产品的传播模式是什么”作为洞察点。事实上，当我们提出“高尔夫会籍产品的广告应该是什么”的时候，没有人能回答这个问题，也找不到可参考的广告范例。我们找到的都不是严格意义上的会籍产品广告，各个球会的广告不是在卖球场就是在说球星故事，要不就是直接的会籍促销，没有一个广告能将自己会籍产品的价值说清楚。当我们提出另一个问题“高尔夫传播工具有哪些”的时候，我们发现各球会还集中在高尔夫专业媒体上做传播，而且应用的传播手段特别少，根本谈不上整合营销传播。

其次，来看一下观澜湖的传播现状，放在行业内对比，观澜湖的传播是领先的，不仅投入大、手段较丰富、整合性较好，还成功地积累了“国际性、球场大、档次高、知名度高”的品牌硬资产。但本质上仍然停留在卖“运动、球星、球场”的阶段，也没有找到会籍产品传播的合理模式，造成会籍销售难于突破。

这些现象背后的原因是对消费者洞察和产品洞察的缺乏，造成自身尚对会籍产品价值认识模糊不清；背后的原因更是高尔夫界的营销水平低下，客观上也造成了高尔夫在大众心目中只有“运动、球星、球场”的单调印象。

站在“魂”理念上看：连模样都还没形成，更何况“魂”。

（二）提供价值

Hole 7：**价值战略**

如图 6－21 所示，观澜湖可以在消费者尚未满足或激活的巨大需求空间里开创自己的会籍价值蓝海，构建高尔夫完整产品价值，而我们要找的品牌价值之“魂”，正是这片蓝海之“魂”。

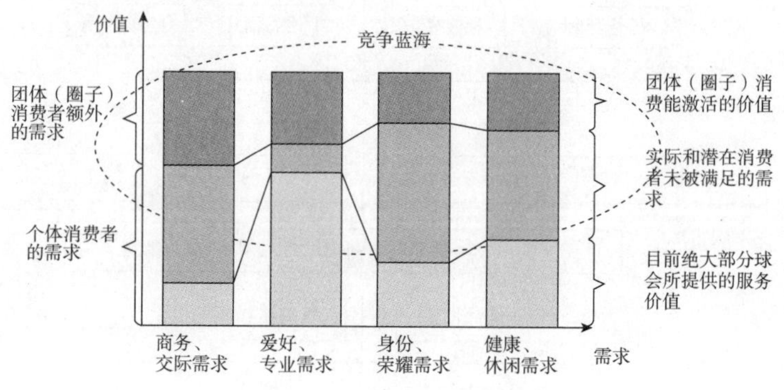

图 6－21　高尔夫完整产品价值

Hole 8：**价值之“魂”**

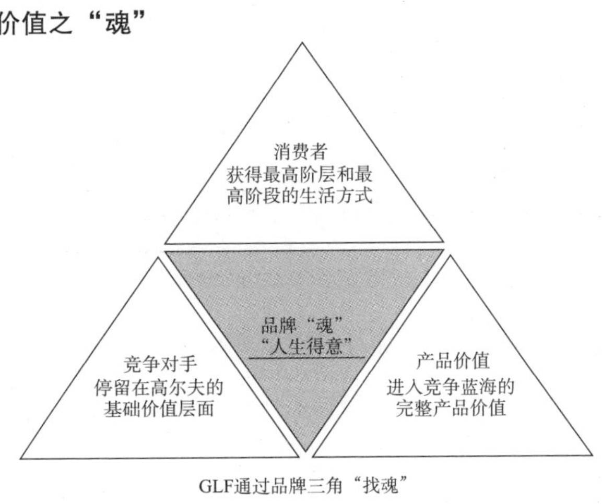

图6－22 品牌价值

通过品牌三角关系（图6－22），我们终于找到这个几度呼之欲出的“魂”，通过品牌口号直接表达就是——人生得意观澜湖。整合观澜湖巨大的整体战略资源，打造超越性的高尔夫完整产品价值，使消费者获得最高阶层和最高阶段的生活方式，充分获得“人生得意”的心理满足，这就是“魂”理念。

通过这个“魂”的确定，反过来指导目标消费群界定、产品价值构建、价格策略、渠道策略、球会品牌形象规划、整合传播策略等整体营销环节的明确、修正、提升和创新，使得“人生得意”并不是一幅静止的画，而是一个无处不在、不断活现的人间故事。这就是“魂实”理念。

Hole 9：**产品价值**

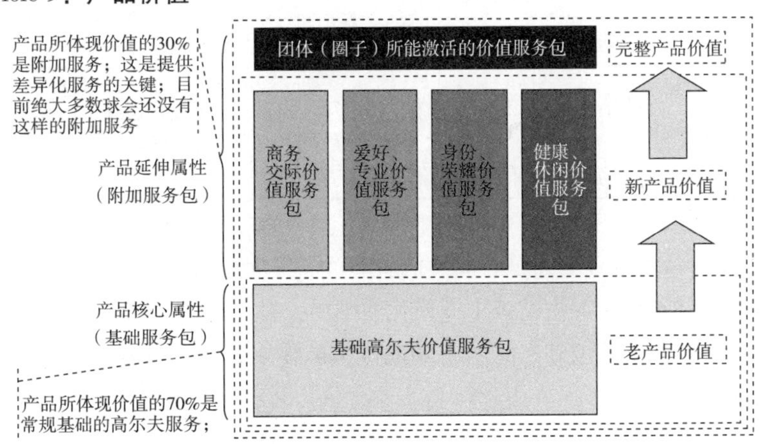

图6－23 完整的产品价值

只有这样的完整产品价值，才能符合观澜湖品牌之“魂”的要求，才能充分体现“人生得意”境界的要求。

Hole 10：**品牌附加值**

很显然，作为观澜湖的会员，除了完整产品价值所带来的满足之外，拿着观澜湖会员卡，内在获得了自己对自己“人生得意”的自我满足和认同，外在获得了他人对自己“处在最高阶层和最高阶段”的认同，这就是最基本的一种品牌附加值。

“魂”的概念本身就是一种能带来自我满足和认定的品牌附加值。

（三）传递价值

Hole 11：**产品策略**

表6－2　产品策略

	名称	价格	平日	周末高峰	周末非高峰	球场数	附属卡	嘉宾	提前天数	商务	身份	专业	休闲	其他
球会	尊皇卡	×××	有	有	有	12	有	7	15	有	有	有	有	不设总裁时间
	特钻卡	×××	有	有	有	10	有	7	15	有	有	有	无	总裁时间限量
	钻石卡	×××	有	有	有	10	有	3	10	无	无	无	无	
	白金卡	××	有	本人	有	8	无	3	10	有	无	有	无	
	金卡	××	有	有	有	5	有	3	10	无	无	无	无	
俱乐部	商务通	××	有	无	有	6	有	3	10	无	无	无	无	
	俱乐部金卡	×× ××	有	无	无	8	有	3	10	有	无	无	无	送24张周日果岭券（一次性）
	商务卡	××	有	无	有	3	有	3	无	无	无	无	无	

表6－2是通过打造完整产品价值后的产品增加和改变结构表，可以看到，一方面产品差异化的加大突破了同质化的困局，另一方面产品价值感的大幅上升，巩固并提升了观澜湖产品的高端地位，最终率先在行业中走出了新路子，根本性地扭转了“会籍价值在下降”的趋势，这就是“魂实”理念的直接体现。

Hole 12：**价格策略**

随着“魂”的确定对产品策略的修正和明确，观澜湖由原来盲目迎合“平民化”而造成混乱被动的价格体系变得清晰明朗（如图6-24所示）。

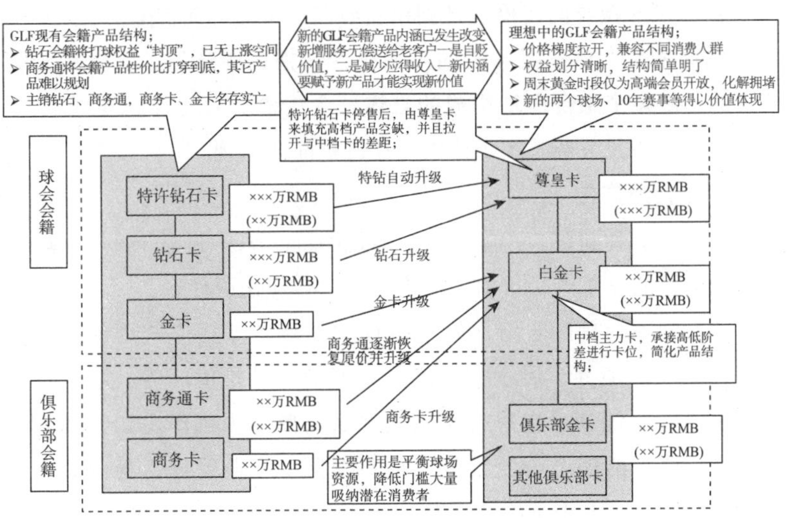

图6-24 价格策略

Hole 13：**渠道策略**

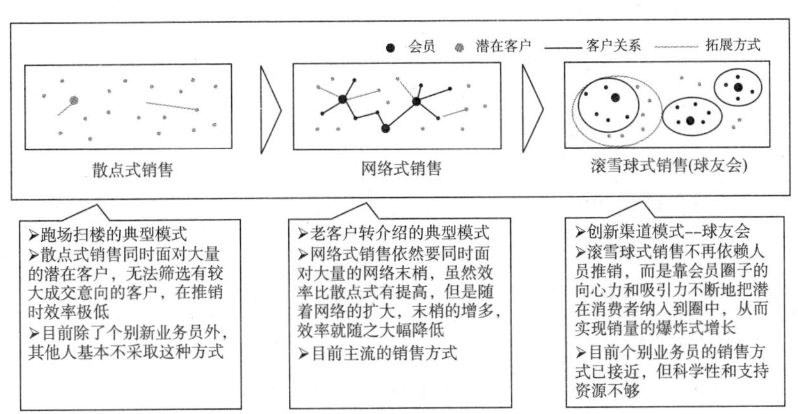

图6-25 会籍销售的三重演进方向

如图6-25所示，通过完整产品价值当中的“团体（圈子）所能激活的价值服务包”，依托观澜湖大量的高端客户资源，可以打造出一个个对新会员入会极具吸引力的球友会，同时这种吸引力又使得我们多了一个创新的销售渠道和超级销售机器。

这是很多球会梦寐以求的销售创新，也是“魂实”理念的巅峰之作。

紧紧围绕“魂”，我们对观澜湖的传播规划进行了理念上的创新改造：

（1）由原来简单的“卖运动、卖球星”，提升到卖“人生得意”的会籍价值。

（2）由原来形象导向传播提升到销售导向、价值导向传播。

（3）由原来传达单一概念式的平面整合传播，提升到结合体系营销行程关键节点的、由多个组合运动构成的立体整合传播。为此我们规划了 12 大组合式传播运动，在此节选了 5 个传播运动进行简要呈现。

Hole 14：**会籍广告**

有效进行消费者洞察、产品洞察，通过明确“人生得意”的“魂”，进而明确观澜湖会籍的完整产品价值，明确会籍广告应该说什么。

全新的观澜湖会籍广告将区别于以往“球场、球星”式形象广告，是展示“人生得意”的境界、展示完整产品价值的产品价值广告。第一批广告的规划采用了“在观澜湖，岂只打高尔夫那么简单”为创作主题，并分别落足在完整产品价值下的四个价值维度（商务交际、专业爱好、身份荣耀、健康休闲）创作出四款广告形成一个系列。

当广告创作出来以后，我们回答了“高尔夫会籍产品的广告应该是怎么样”的问题，为自己又解答了一个行业性难题而感到满足。满足，“魂实”的满足。

Hole 15：**造级工程**

为了强化“魂”的差异性，为了在“细分化”的趋势中进一步稳固明确自己的高端地位，我们规划了专项的“造级工程”。抓住目前高尔夫界还没有像酒店那样进行星级划分的机会，找合适的第三方机构、由观澜湖主导提出分级标准，将各大球会进行分级，并设法占住国内唯一的一个 5A 级位置。与此同时，展开系列专项宣传炒作。例如：

（1）《高尔夫 A 级标准划分，以级别看现状》

（2）《中国 5A 级球会第一家》

（3）《贵族也分三六九等——高尔夫球会级别浅谈》

（4）《分级，才能看清差距》

（5）《为什么中国只有一家 5A 级球会》

（6）《瓶颈难以突破，中国高尔夫整体水平如何提升》

……

我们始终相信，“5A 和 4A 的差距”比“NO. 1 和 NO. 2 的差距”在消费者认知惯性里要大得多！

Hole 16：**价值外化**

价值的打造，尤其是品牌附加值（“处在最高阶层和最高阶段”的认同满足），除了常规的宣传积累以外，还有更直接快速的手段，我们把这种手段叫“价值外化”。

“价值外化”是一个意识到很难、说起来很简单的一些做法。例如：设计专门的豪华车标、在高档场所设“观澜湖会员专用停车位”、在机场设立“观澜湖深绿通道”和所有最高档次的奢侈品结盟并推出定制限量产品等，再加上适度巧妙的炒作，就能快速地将品牌附加值显性外化。

有些事情，难只难在意识，“价值外化”正是如此，“魂实”也是如此。

Hole 17：**牌中牌**

球友会不只是一个渠道的创新，球友会同时是复合价值（文化价值、销售价值、服务价值、品牌价值、商务价值、管理价值）的球友会，鉴于它的重要意义，我们采取将观澜湖球友会作为观澜湖球会的子品牌来进行品牌化经营（如表 6－3 所示）。

表 6－3　球友的复合价值

传播运动	传播项目	细节解析	软性传播内容
球友会专项工程	球友会愿景打造	对球友会未来的发展目标和发挥的作用进行渲染，有力激发富豪对加入球友会的兴趣	《球友会，明天做生意的方式》 《用最快的速度和自己的生意伙伴成为球友》
	球友会线下流传	制造一些民间流行话题，在富豪商圈中流行	“××通过球友会认识某投资银行总裁，获得 3 亿元风险投资”“GLF××球友会，听说平均每周达成 5000 万元生意额”。
	样板球友会	以摩根斯坦利、高盛、IDG 等投资机构的中国区或亚太区总裁为核心，成立他们的球友会，吸引需要投资的目标客户入会。	《球友会，商业领袖新组织》 《GLF 成立球友会组织，提倡高尔夫新价值》
	球友会活动	娱乐、商务、球技方面的培训和活动，球友酒会，挑战赛。比如：球友生日会，五一国庆的球友挑战赛，球友自驾游，球友商务培训，球友会球培训。	

续表

传播运动	传播项目	细节解析	软性传播内容
球友会专项工程	球友会价值外化	设计一些球友会的专用标识和用品，使球友会的荣誉感外化。同时，可以在一些社会上高级餐厅，冠于“GLF××指定餐厅”进行一些影响力的具化。	

通过球友会品牌的专项工程运作，使消费者更直观、更立体地感受到“人生得意”的要义。

Hole 18：**文化鲜活**

长期以来，由于高尔夫界的营销水平低下，客观上也造成了高尔夫在大众心目中只有“运动、球星、球场”的单调印象。同样是运动，跟足球相比，高尔夫文化中太缺少恩怨情仇、人间故事。对尚在高尔夫门外的人来说，一天到晚只看到几个球星在慢悠悠地比赛，高尔夫显得太单调枯燥、魅力不足。

观澜湖作为行业引领者，理应带头对高尔夫文化在潜在消费群中的单调现象进行改变，进行高尔夫文化鲜活运动，并在运动中轻松分得最大的蛋糕。

对于高尔夫文化鲜活运动，在此结合观澜湖的情况举几个例子，如表6-4所示。

表6-4 高尔夫文化鲜活运动举例

高尔夫文化鲜活运动	高球文化鲜活化	小说、网络小说、电视剧、电影等是真正能推动高球生活方式化的超级工具，邀请赞助一些作家编剧定向创作，用真实的人间故事、人间情感鲜活高球文化	《高球恩仇录》、《高球恋歌》
	球友会故事和动态传播	编辑GLF球友会的一些事迹，与专业的高尔夫杂志合办专栏《GLF球友会千秋事》	每一期报道球友会的人物、趣事，动态等，提高球友会的影响力
	高尔夫家庭	挖掘高尔夫对一家人带来改变的事情，从家庭角度挖掘宣传高尔夫的迷人之处。	《高尔夫太太的一百个改变》《当小孩爱上高尔夫》《高尔夫家庭新生活》

到此，打完“十八洞”，感觉自己又完成了一个挑战，这种挑战正是高尔夫的魅力所在。

带着一种完成挑战的满足感，让我们回过头来看看：一个球会的营销，确实需要“魂实”，而高尔夫这样的行业本身，其实更需要“魂实”。

34　金茂集团：整合高端资源，打造全新商业模式

一、缘起——金茂意欲构建全新商业模式

营销，从来没有必胜的法宝，也没有一成不变的谋略定式，一切都需要从企业资源出发，从市场实际出发，制定出属于企业自己的战斗方法。联纵智达为金茂集团打造全新的商业模式，设计高端储值消费型会员卡，整合其白金级高端资源，实现品牌价值再提升和资金流转的案例，也让我们在全新的领域有了飞跃性的突破，实现了双赢。

2009 年 12 月下旬方兴地产旗下金茂（集团）有限公司运营管理部致电上海联纵智达，意欲将金茂旗下的众多高端资源进行整合，提升金茂品牌价值，提高客户忠诚度，希望为我们其资源整合提供一个可行的商业模式。

作为拥有上海地标建筑之一的金茂集团找上门来，我们极为重视，何慕总裁亲自带队，成立金茂集团咨询项目组。2010 年 1 月，经过数次沟通，确定如下服务内容：为金茂撰写一份新商业模式可行性分析报告，报告内容为整合金茂集团各方资源（包括方兴地产、金茂集团现有高端酒店等），设计新商业模式。新商业模式必须具备实现金茂品牌价值提升，实现快速现金回转的功能。

二、势兴——金茂需求及拓展方向确定

方兴地产旗下的高端地产和金茂集团旗下的高端酒店，是国内顶级的商业、产业资源，随着方兴、金茂集团的稳健快速发展，众多高端优势资源如何整合？如何实现大金茂品牌价值的提升？如何实现高端资源整合后带来新的盈

利来源？成为金茂集团必须考虑的问题。

需要在深刻读懂方兴和金茂发展战略、企业资源及市场竞争环境的前提下，设计具有针对性、可行性、竞争性、营利性、可持续发展的创新商业模式。此商业模式设计的资源前期核心为“金茂”品牌及金茂集团旗下高端酒店资源，中长期规划必将兼顾方兴地产未来高端地产资源的匹配与融合。

此商业模式设计的核心目标：

一是为服务于金茂集团忠诚客户，提升金茂品牌价值，成为大金茂品牌客户忠诚度提升计划的重要支撑。

二是为能在初步整合方兴、金茂现有品牌、高端酒店等资源后快速盈利，以形成良性的品牌、资本、资源三位一体的持续发展核心能力。

金茂集团资源整合、新业务投资项目运营在即，我们将本次咨询服务的内容主体锁定为金茂资源整合新业务投资的可行性分析，创新商业模式设计及具体的落地执行策略、计划及报障体系设计、执行。

三、 运筹——打造属于金茂忠诚营销的全新商业模式

针对本项目，项目组不仅要为金茂规划出一个成功的商业模式，更重要的是这个商业模式要具有承载其发展战略的使命，这个挑战不可谓不大。

我们认为金茂商业模式创新有三大核心资源：

一是金茂独一无二的品牌资源及方兴、中化的权威品牌背书。

二是旗下独占的高端酒店、会所资源。

三是有长期固定的高端消费群体。

从资源的排他性角度分析，金茂品牌具有强力排他性，是其他酒店集团、第三方组织都不具备的。

鉴于此，我们提出了忠诚营销计划，即将金茂核心资源充分外化，将消费者牢牢吸引于金茂品牌旗下，形成稳定成长的会员群体，并长期维系下去。

那么，怎样的商业模式才能承载这样的使命呢？项目组展开了多方调研和论证，最终确定联合第三方机构，制定和发行会员卡的业务方向，得到了金茂集团的高度认同。

让我们来简单梳理一下这个商业模式出炉的过程。

新商业模式要求将金茂集团的高端酒店群和方兴集团高端商业地产的客户群捏合在一起，提升其忠诚度。其难度在于，两个板块的客户群在形式和内容

上都存在着冲突。构建一个怎样的商业模式？如何确立金茂集团与旗下酒店管理公司的合作共赢？只有以金茂品牌为核心资源，并对其进行发散演绎才能确保新商业模式差异化、多赢化、盈利化、持续化。

考虑金茂品牌的多为白金级别品牌资产，以金茂品牌及其演绎价值为核心的金茂资源整合业务商业模式设计，就非传统酒店集团忠诚营销计划设计那么简单。

项目组建议以品牌整合、跨行业合作、人群细分、付费贵宾计划作为金茂资源整合业务商业模式的设计原则，其商业模式最终确定为：

金茂依托品牌核心资源，与具备发行储值卡资质的第三方合作，通过联名发行储值消费型会员卡，进入高端会员卡市场，开展品牌化会员卡产品运营。

目标群体主要针对企业福利和高端个人用户的礼赠和自用等，通过直营或代理渠道完成销售，从资金银行储存利息和消费后商户返佣、收取会员卡管理费用获得盈利。

通过市场拓展和循环销售，保证业务成长和持续盈利，以满足金茂品牌推广、内部资源整合、客户忠诚度提升、新盈利业务的多重目的。

四、 决胜——为金茂模式制定系统的执行规划

新的商业模式，意味着金茂将洞开一扇金融之窗，跻身储值消费卡产业。

国内储值消费卡产业发展时间虽短，竞争却异常激烈，发展趋势非常迅猛，行业处于散点状、开放式的无序竞争状态，市场进入门槛较低。政府虽一直有所监管，但市场机会仍然开放。

进入会员卡市场并保证持续发展，必须具备三个关键要素：

（1）发卡主体的品牌影响力。

（2）会员卡产品内容与服务的差异化。

（3）是否拥有或快速开发大量消费终端的能力。

金茂的品牌影响力毋庸置疑，一直是上海高端生活圈层的象征，旗下拥有大量的直属、参股消费终端，完全能够支撑其会员卡业务的成长需要。鉴于此，其会员卡产品内容与服务，就成为金茂进入该产业的取胜之匙。金茂会员卡区别上海滩其他大众储值消费卡，将金茂能够辐射到的高端消费场所充分整合，打造出一张能够代表会员尊贵身份、独特生活态度的高端储值消费卡。

由此可见，推行金茂高端储值消费卡是可行的。接下来，项目组就得为这

个新商业模式制定完整的营销规划体系。从战略目标的设定、会员卡产品定位、内容价格设定，到确定消费群体、加盟商户招商、市场推广等各个环节一一提出解决方案，建议金茂为之组建专门的运营队伍，负责会员卡销售与服务，定期组织会员活动、提供相应的增值服务。

完整、系统、可执行的营销规划体系，为金茂在以后的业务开展中赢得了先机，避免陷入恶性竞争的尴尬境地。

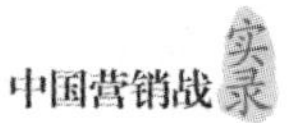

35 维珍移动：如何系好营销的“第一颗纽扣”实录

伟大的军事家孙子说：“知己知彼，百战不殆；不知彼而知己，一胜一负；不知彼，不知己，每战必殆。”实际上，营销战也是如此。如果说正确的策略是市场营销的第一颗纽扣，那么，每一场营销大战前的“全景式 CT（透视）”就是系好这关键的第一颗纽扣的最好投资。

怀揣梦想的企业每天在市场里上演着各自的营销行动，成少败多。战略定位、决策力、执行力、资源、环境等各种影响成功的要素将“成败之道”变得复杂，但我们看到的是，一个在正确方向上纠正失误的品牌通常比在错误路线上高效执行的品牌要安全得多。

营销是一场高风险的游戏。最大的风险来自于两个因素，不知与不确定。因此，对于准备上演营销大戏并企图从市场里淘出金矿的企业来说，在策略阶段进行慎重研究是一项值得的投资。

2006 年春节刚过，联纵智达迎来了 2006 年的第一位客户，英国维珍（Virgin）集团旗下维珍移动（Virgin Mobile）在中国的运营机构——上海动力维珍公司（以下简称维珍）。维珍品牌正如其英文意思“处女”所表示的一样，从唱片、饮料、娱乐业到航空、移动，无限的品牌延伸策略创造了一系列的“产品第一”，其公司灵魂理查德·布兰森爵士更是英国家喻户晓的传奇人物，以“裸跑”广告片等大胆出位的大众传播成为维珍品牌核心价值（Brand Core Value）的代表，并与消费者建立了一种牢不可破的“浪漫关系”。

维珍移动（Virgin Mobile）是世界范围内迄今最为成功的虚拟移动运营商（MVNO—Mobile Virtual Network Operator），希望在中国的移动通信市场导入维珍品牌，之前已经进行了相当长时间的移动卡品牌与产品策略的研究，为了实现最终产品的顺利上市，委托联纵智达对上海市场手机卡的分销渠道及终端进行调研，以确定营销策略。

中国移动通信市场由于是两家垄断性运营商经营的行业，属于非充分竞争市场，在市场营销上似乎并没有太多的“噱头”。其产品——各类品牌（如全球通、神州行等）或品种（如大众卡套餐）的手机卡已进入每个家庭，移动营业厅与银行一样是大众经常光顾的地方之一，人们在那里完成办卡、缴费、打印话费单与发票、选购手机等一系列行为，市场的秩序并没有因大哥（中移动）与小弟（中联通）的兄弟之争发生如家电、日化等普通消费品市场里的品牌或企业的巨大沉浮。

联纵智达根据渠道价值链，即“运营商—经销商—分销商—零售终端—用户”的完整价值转移链条，设计了细致周密的调研内容，并采用了专业的调研工具与方法。项目目标是完成310个手机卡零售终端问卷调查，27个渠道分销商和28个个体卡贩深度访谈，110个目标消费者问卷调查，2场FG调研；在徐汇区、静安区、浦东区手机零售终端进行地毯式普查，其调研样本涵盖上海市区11个区、18个终端类型、移动和联通代理商、批发商，最后还要提出具有创新性、可行性策略建议。一个正常情况下需要“三家调研公司+一家咨询公司”在一个月里才能完成的作业，联纵智达在20天里完成了。

调研结果勾画了一幅上海手机卡市场的“完整营销图景”。我们的客户不仅清楚地看到手机卡的分销结构与各环节所担负的角色及重要性，而且还看到了每一环节分流手机卡的数量、价盘及两大运营商的操盘手法，包括用户对于运营商品牌与产品的态度、选择关键因素等。调研数据之详实准确、调研方法之独具一格令维珍上下管理层大感惊喜。

策略研究部分发挥了联纵智达的传统长项，从行业、地区、品牌、产品、价格体系、服务、渠道、推广、组织等多角度提出了系统的解决方案，策略既有坚实的数据支持，又进行了跨行业营销经验的创意组合设计，更是耳目一新。

其实，维珍调研项目的结果不仅让世界500强的优秀客户满意和惊喜，同样也令我们自己吃惊。我们在成功完成了近乎不可能的项目之后发现，原来通过专业加经验的市场调研手段，可以将市场研究得如此透彻。在这样的市场研究面前，进行一项决策尽管会因为战略目标与操作手法的不同而呈现不同的营销组合，但大家在沟通时会变得理性而轻松，因为市场的真实图景可以考量出每一项决策的成功概率、风险与预期收益。

如果说正确的策略是市场营销的第一颗纽扣，那么在进行一场营销大战之前，对战场做一次“全景式 CT（透视）”就是系好这第一颗纽扣的最好投资。

抢滩中国市场的跨国公司如此，那些在海外市场取得巨大成功的企业要实现其进军国内市场的“华丽转身”，是否也应该如此呢？

第七章
家电·服饰纺织·建材

36 方太：品牌与营销的左右手

我们遇到的是一家堪称中国企业界凤毛麟角的优秀企业，我们面临的是一个绝非雪中送炭而是好上加好的咨询挑战，我们面对的是企业从优秀走向卓越的升级难题，我们面临的是一个类似欲实现5Sigma向6Sigma跨越的品牌与营销的“零缺陷工程”。

所幸的是，我们面对的是一个好客户，一个对咨询极其理性苛刻但又极其宽容睿智的客户，也正是在这种“压迫”与激励中，我们得以一步步地走近方太，抓住问题的核心，并最终交上满意的答卷。

一、企业背景：一个伟大品牌的营销传奇

有句老话叫“三岁看老”，说的是一个人的性格早在三岁时候就已注定了，其命运也随之基本定型。人是如此，企业也大致如此，这在方太身上得到了充分体现。

在方太起步的前十年，两代企业领导人之间发生过两次（即方太董事长茅理翔与总经理茅忠群父子）关乎“方太”命运的争议：

1995年，“方太”企业与品牌尚未诞生之际，两代企业领导人之间发生了关于是否沿用“飞翔”品牌名的第一次争议（注：飞翔集团为方太的前身）。董事长茅理翔建议厨具公司和抽油烟机的品牌都命名为“飞翔”，而总经理茅忠群则认为“飞翔”不太适合做厨具的品牌。

1996年初，一个偶然的机会，茅忠群参加全国正在热播的“方太美食”节目（节目主持人方任丽莎是港澳台及东南亚地区家庭主妇的偶像），他毅然提议取名“方太”。于是，一个天生即极富价值的品牌“方太”横空出世了。

2002年，方太企业已成为享有“中国小家电制造基地”美誉之称慈溪的龙头品牌企业。慈溪市政府抛出诱人的“整合绣球”，让方太公司以“方太”为龙

头，整合慈溪数百家中小型小家电制造企业，并给予方太公司资金、政策等一系列大力支持。两代企业领导人之间引发了有关方太企业发展命运的第二次争议。争议的结果是，方太毅然拒绝了诱惑，选择了继续走专业化的聚焦经营道路。

两次争议看似平常，实则充分体现了方太企业的战略抉择。回顾方太的发展史，我们不难发现，正是这种战略上的正确与坚定，创造了方太品牌与营销上的持续辉煌。

2004 年的调研结果显示，方太无论在知名度、忠诚度、认知度还是品牌联想等各项品牌资产指标上，均处于行业绝对领先地位。短短三年时间，方太品牌资产更是大幅度升值，并荣登同行榜首，“方太”品牌也已成为名副其实的中国厨电行业第一品牌！

1996 年从零起步，方太在同行业中脱颖而出。时至 2004 年，以年均增长 30% 以上的速度居上，凭借不断的产品创新、营销创新与管理创新，在短短的八年里连续六年保持高端市场占有率第一的位置，已成为业内学习的营销标杆与典范！

可以说，1996－2004 年的方太，已通过非凡的营销业绩铸就了自己的传奇历史。

二、 咨询背景： 品牌困惑 VS 营销踯躅

2004 年春夏之交，方太迎来了营销上的踯躅不前：半年过去了，年度×亿元的销售目标仅仅完成了三分之一，与 2003 年上半年基本持平，与预期 30% 的年增长率相去甚远，稍有不慎，只能达到 2003 年的水平。

虽然，在营销的很多环节上，方太过去是比较成功的企业，但时至 2004 年的方太，在很多营销战术层面已和竞争者趋于同质化，甚至在某些层面上已处于劣势。

产品：产品设计领先，但很容易被竞争者模仿，产品趋于同质化，竞争者在产品概念和功能上与方太相近，甚至领先于方太。

渠道：渠道和终端资源已经越来越成为资本之争，门槛的提高使大家面临的环境相同。于是，竞争品牌用多重手段争夺终端，以此来确保市场份额。

价格：方太的价格防线越来越受到很多竞争者的直接威胁，品牌形象提升和产品线延伸的成本，使方太的价格优势越来越弱。

促销：在促销推广上，竞争品牌的力度越来越大，手段越来越多。而方太

由于担心对品牌伤害，表现出困惑，难以主动应对。

服务：服务的口碑在于规模优势、时间效应与成本的投入，与大家电企业及某些具有独创性服务策略的企业相比，方太的服务口碑尚未凸现。

管理：与很多民营企业相比，方太一直在进行管理上的变革。但频繁的管理变革引起的磨合，使其优势无法有效发挥。

品牌：在品牌上，方太在2004年虽被评为中国最具品牌价值的500个品牌之一，且品牌资产高达20.86亿元，但据最新调研显示却存在种种困惑。

（1）方太品牌知名度、认知度、忠诚度等指标虽与竞争对手相比有一定的领先优势，但品牌联想基本停留在原始的产品与品类联想层面，缺乏精神与个性化方面的联想。

（2）品牌忠诚度虽高，但品牌忠诚度带来的销售拉动并不明显，第一品牌没有带来第一消费购买，方太品牌实际落地能力还是比较弱，方太品牌忠诚度有空心化倾向。

（3）方太人自身对品牌的认知模糊、片面、稀少，成为方太品牌未来跨类延伸的障碍。

（4）方太品牌亲切感有余，但现代感、时尚感不足，品牌明显在老化。

（5）方太品牌的预购率与购买率之间存在明显的落差，品牌的形象力与品牌的销售力明显不对等，行业内的市场份额、市场地位也已出现了明显的下滑趋势，这说明方太品牌虽有良好的形象与美誉度，却缺乏过硬的溢价能力，品牌处于“叫好不叫座”的尴尬境地。

正是在这种特殊背景下，2004年8月，方太企业高层未雨绸缪，与联纵智达咨询集团达成合作。

三、咨询诊断：战略升级之后的品牌迷失

经过项目组6位成员长达40天大量细致的内访外调，以及深入的分析诊断，项目组慎重地向方太公司提出了以下综合建议：截至2004年，经过8年建设的方太品牌，从“创名”到“借名”再到“淡名”，品牌战略经历了两次升级，从“方太厨具”到“方太厨房专家”，从“让家的感觉更好”到“设计领先的厨房专家”。方太，已成为中国厨电乃至厨房行业的第一品牌，品牌资产连年快速累积，品牌价值评估荣登行业榜首！但囿于早期确定的品牌定位，进入2004年以来，方太的品牌资产、品牌形象与品牌的市场表现之间的

反差日趋显著，“叫好不叫座”已成为客观实事。

在营销上的踯躅不前与在品牌上的困惑重重，恰恰发生在方太2003年实施了从“厨具”到“厨房专家”的战略升级之后。这种现象背后的根本原因，一方面在于品牌战略的迷失与游离，另一方面更是来自营销执行与战术实施方面的缺失。

联纵智达认为，一个优秀的品牌战略追求的是“品牌与销量”的平衡。**品牌战略的领先创造了方太品牌昨日的辉煌，品牌战略升华的步伐缓慢与营销策略及战术实施的滞后，导致了方太今日的尴尬。**而对品牌战略的升级与营销策略及战术的落地执行，才是方太品牌未来持续稳健发展的根基！

方太面临着在品牌与营销上未曾有过的严峻形势，必须当机立断，实施品牌战略的再升级，以求品牌的活化、年轻化，进一步提高品牌对销售的拉力。同时，还必须实施营销再造工程，有效提高营销战斗力，使战略得以在具体的营销战术上落地，实现真正的营销突围。

上述综合建议，得到了方太公司的高度认同，自此咨询作业踏上正式的规划与设计、论证与落实乃至实施的征程。

四、 品牌突围 VS 营销革命

2004年9月，我们开始了充满艰难与挑战的咨询作业。

为期一个月，进行全国范围内的品牌与营销的定性、定量调研，以及内部近百人的访谈。

为期一个月，实施全方位品牌战略诊断与规划，涉及品牌愿景、品牌延伸、品牌模式、品牌国际化、品牌识别与核心价值、品牌传播、品牌管理等八大板块16个关键核心内容。

为期一个月，着手全体系的营销诊断与策略规划，涉及产品、渠道、价格、推广、管理等五大核心环节的20多个关键要素。

为期一个月，制定策略实施落地计划，以2005年度品牌与营销计划制订及落实为重心的作业已接近尾声。

为期二个月，以样板市场打造、相关培训与辅导实施为主，后续落地实施与辅助执行也随即拉开。

（一）内访外调、实事求是

项目作业开展的第一步，就是进行内访外调。访谈的第一天，我们就事先和方太市场总监做了沟通，按以前的惯例：**我们会反复询问、不厌其烦地探究，因为企业往往拿不出我们想要的全部资料**。但是当方太将我们所需各项营销管理制度、规范等电子版文档提供给我们时，我们发现居然有1G多！而在我们对方太各部门进行内部访谈时，他们虽非常配合，却显示出没有太大期望值的姿态。据了解，方太已前后与不少咨询公司进行过合作，之前均是进行深入访谈、收集资料研究，对于这套流程他们已较为习惯并认为是咨询公司必走的过场，并不抱着太大的期望，甚至对我们能多大程度上使用这些资料都抱有怀疑的态度。

内访结束后，项目组分三组赴外地进行了一周左右的外部市场走访。走访前，我们认真研读了方太所有资料，针对不同访谈对象设计了不同的问卷，做好充分准备。在市场走访过程中，我们一共走访了十几个城市、五十多个终端，访谈了八十多名终端促销人员、分公司人员及经销商，与每个访谈对象进行了充分沟通，听取来自各个渠道真实的意见或建议。到每个终端都详细走访、观察方太及相关竞争对手的市场表现，不放过一个细节，充分了解、收集来自一线的市场信息。

内访外调结束后，我们进行了市场走访报告的总结，并结合方太内部的规范化管理体系、营销战略规划与策略进行了深入研讨并分析，提出十大问题点及初步的一些设想。

当我们就市场走访的情况及观点与方太相关人员进行交流时，他们深感吃惊。

（二）营销诊断、实话实说

方太在业内一直注重品牌建设，将产品定位于高端市场，从不盲目跟随竞争对手降价、促销。方太得以保持今天的健康经营，这种坚持走自己的市场之路、坚持高端定位的模式可以说功不可没。但厨电行业作为一个发展到现今非常成熟、竞争惨烈的行业，市场环境已不复当初。方太的竞争对手如老板、帅康、海尔通过灵活的市场操作手法逐渐扩大市场容量，并通过市场规模的上升，提升其产品定位，蚕食方太原本占有绝对优势的中高档市场。

坚持高端定位本来是方太得以制胜的法宝，但随着市场环境的改变，这一法宝反过来又对现阶段的方太形成了制约：一方面，方太定位的高端市场容量本来就小，而现有的产品又不支持中端下沉；另一方面，方太高层对此一直犹豫不决，担心定位下沉后影响品牌力，是守着现有品牌定位牺牲销量还是定位下移维护销售？

要不要放弃高端之路，这个问题困惑方太中高层已久，但由于方太的文化和固有的品牌情结使然，方太内部对此一直悬而未决。我们根据行业发展态势、竞争对手营销战略与策略，再结合方太发展现状与五年营销规划，提出了自己的看法。

我们认为：**品牌唯一的使命就是要促进企业现实与长远利益目标的达成，即获得产品的畅销、长销与相对溢价。偏离这一基准原则，品牌将失去其存在的实际意义。**我们能够理解并赞同方太领导对品牌的钟爱和珍惜，但更想提示的是，优秀而长命的品牌才是企业恒久健康发展的根本保障。而优秀又长命的品牌，一定是众多目标消费群体在不断的产品消费（购买）和使用过程中，自发地通过展示、感受、传播、延续与升华等一系列过程打造而成的。尤其是对于厨电这类非日常消费产品，错失一次购买机会，也就失去了品牌（产品）与消费者“亲密接触”的机缘，品牌感知与忠诚便无从谈起——对于我们的目标消费群体来讲，失去一次购买（销售）机会，就等于失去一户人家，就等于失去若干年的品牌接触缘分，就等于给我们的竞争品牌“推过去”一位亲密朋友。

我们也提出：在当前市场竞争环境与方太企业实际处境的情况下，方太更应该专注现实的产品销售，关注方太品牌的目标市场占有率，关注达成理想销售的整个营销体系的建设，关注一线市场对实际销售形成直接影响的细节层面。

我们提出的这些问题，并对这些问题进行的剖析与建议得到方太中高层一致的认同。

（三）营销规划、实战实效

开始准备做营销策略规划提案前，我们项目组就感到空前的压力：可以说，方太的管理体系及策略规划与国内任何优秀的企业相比，毫不逊色。甚至与许多先进的外资企业相比，也没太大差距。在市场操作方面，经过多年的市场风云变化，能坚持到现在且业绩不错绝非偶然，分公司的管理水准、促销传播手段的使用都已达到一定高度。此前我们曾戏言，给方太做项目，有“鸡蛋里挑骨头”的嫌疑。但方太既然选择了我们，我们就不能辜负这种信任。

坚持高端路线，并向中档领域延伸，塑造一个具有长久生命力的高端厨房专家品牌形象，这是我们给方太建议的品牌策略和产品策略，围绕这一策略，优化渠道建设、刷新终端形象、提升服务品质，让方太始终焕发无尽的魅力。

我们的方案得到方太高层一致认可，于是，立足我们一贯主张的“实战、实效”的策略，一系列营销规划由此顺利铺开。

2005 年的新年钟声即将敲响，我们的咨询作业也将进入最后的实施辅导阶段。

随着咨询作业的不断推进，我们欣喜地看到了很多咨询成果正在全面展开与实施中。我们坚信：方太作为一家致力于成长为百年卓越的公司，在未来几年，将迎来品牌升级营销落地阶段。全新的品牌核心价值将不仅仅在具体的传播推广上得以体现，更将在营销的每个环节乃至管理的每个流程中得以落地，从产品到渠道到促销，从生产到销售到物流服务，一场轰轰烈烈的品牌与营销工程正在不动声色中默默地展开……

五、一线感悟：高手过招，以“实”制胜

服务一个优秀的企业，远比服务一家问题企业“困难”得多。

在服务方太的过程中，项目组遇到从未有过的困惑：产品规划做不做？方太已经做得很好了。我们认为方太产品开发应该向中档倾斜，但是否违背了方太本来的战略意图？渠道策略还说不说？方太自己的渠道策略已经不错了。营销管理的建议提不提？是不是我们想到的这些问题他们都已经想到了？既然如此，我们做出的规划还有意义？对方太还有参考价值吗？

与高手过招，项目组变得前所未有地畏首畏尾和小心翼翼。只有三天就要提案了，但我们仍挣扎于说与不说、敢不敢说之间。关键时刻，何慕老师发话了：方太很多问题是可能想到了，但是实际情况呢？我们从市场一线看到的信息呢？我们与方太做了这么多次沟通，结果如何呢？**要想想我们看到的事实，要用我们看到的事实说话！**

何慕老师的一番话如醍醐灌顶，给项目组指明了方向。是的，方太为什么会选择与我们合作？就是因为我们实战、实效的咨询风格，正是因为我们能够根据耳闻目见并借助我们的经验、方法进行分析研究，以第三方的眼光、以事实为根据提出思路和建议，对企业而言才有意义啊！

事实证明，我们的顾虑是多余的，与高手过招，重在以“实”制胜。我们给出的营销诊断与策略规划建议报告，受到方太集团上下的一致赞誉，他们说，这是方太邀请这么多家咨询公司以来听到的最实际、最有效的提案。

37 苏泊尔：终端精细化，产品主流化 

苏泊尔和爱仕达，是中国市场上一对厮杀得难解难分的“冤家”。多年来，两个品牌上演着一场又一场经典的营销战役。实际上，营销战在很多时候，不仅是双方综合实力的总决战，更是某些细节的“端战争”。在2005年秋季，联纵智达就帮助苏泊尔进行过终端精细化管理，以增加“赢”的砝码。

苏泊尔是中国炊具的第一品牌，爱仕达紧跟其后，将其他炊具企业远远地甩在后面。多年来，两个品牌成为中国炊具市场的“双雄”，双方你来我往，上演了一次又一次经典的营销战役。虽然苏泊尔始终占据着第一品牌的地位，但是在卖场渠道竞争中落于下风始终是苏泊尔人心中的痛。带着这样的命题，2005年秋季，联纵智达作为苏泊尔的营销顾问，深度介入以卖场类渠道为主导的上海市场。经过1个多月的终端调研，我们发现，终端产品组合的粗放管理是制约苏泊尔单店销量提升的重要障碍之一。

一、终端管理粗放，单店销量受阻

苏泊尔在终端产品组合方面投入的各种资源总量与主要竞争对手爱仕达相近，远远超过家能等品牌，为何在组合力度方面表现出的竞争力不尽如人意呢？主要原因不是苏泊尔产品的品牌影响力、产品品质、功能等方面，而是对品项的粗放式管理！

粗放型的产品管理可能因为有某方面的优势（如资金实力、品牌、产品优势）仍具有一定的竞争力，但随着市场化进程的深入、行业整体营销水平的提高，这种粗放营销的竞争优势正在变弱。

在全国，苏泊尔领先于主要竞争对手爱仕达，但在上海却不敌对方，很大一部分原因是在粗放式的竞争管理指导思想下的竞争武器，包括资金投入、品牌、产品等在上海市场没能对爱仕达形成相对的优势，而爱仕达对大卖场的产品管理进行精耕细作，却在区域市场形成了优势。

由此可见，对产品进行精细化管理将成为苏泊尔提高竞争力的重要且有效的手段。

二、 什么是产品管理的精细化

产品管理精细化是指厂商对自己现有或拟进入的市场进行动态的细分，并采取精耕细作式的营销操作方式，将自己的细分市场做深做透，进而获得预期效益。

产品管理是踏踏实实的细致工作，是精细化营销的基础。

中国企业的生产管理水平普遍高于营销管理，将科学管理的方法全面运用于营销管理，是精细化营销的根本理念。

（一）精是精准

利用多种研究技术准确获取市场情报，利用交叉研究（如消费者研究、竞争研究和地域经济学、传播学的多维交叉）进行准确的市场、消费者、产品、价格、传播定位，对目标市场实行精准有效的出击，从而达到整体性、结构性地解决市场问题，而最精准、不易产生误解的就是数据化。

（二）细是细节、细分

许多营销研究者和操作者有个巨大的误区，就是将细看作是事无巨细，越细越好，其结果是方案规范越来越多、操作手册越来越厚，可操作性却越来越低，更抓不住重点。其实，细是合理的细、关键的细、战术细节的细、简便易操作的细。就像“卧倒—瞄准—三点一线—射击”一样简单、有效，但关键动作一个不能少，动作标准不能有半点马虎，而有效的方法就是标准化、工具化。

精细化产品管理追求营销资源的合理配置，注重在明确目标下的网络、人员、信息、财务之整合与平衡，使企业的广告费用、促销费用、研发与生产费用、物料损耗、人力资源等的浪费降到最低程度，大大提高了企业营销的成功率和经济效益。

（三）适合精细化营销管理的前提条件

实际上，精细化营销管理也需要具备一定的前提条件，这样才能真正把精细化营销落地、夯实。其中，基本可以包括五个方面：

（1）处于竞争激烈的市场环境中。

（2）营销网络比较健全。

（3）竞争日益加剧，发展停滞不前，唯有变革才有发展余地。

（4）综合实力较强。

（5）未雨绸缪，应对未来更激烈的市场竞争。

苏泊尔是全国炊具的第一品牌，具有较强的综合竞争实力，产品线丰富、品质突出，在上海的营销网络已经初具规模，且面临着爱仕达等竞争对手的激烈竞争，所以在上海市场实施产品组合的精细化营销管理既是迫切需要，也具有基础条件。

三、建立流程制度，实施产品精细化管理

步骤1：针对区域市场的专项研究。

针对区域市场的调研，可以充分利用第三方统计资料，如赛诺、中怡康、国务院发展研究中心市场研究所等；同时可以建立自己的终端销售信息数据库（建立促销员销售及市场信息报表），进行专项市场调研与分析，向行业人士探询等。

步骤2：针对区域市场进行精准细分。

打破传统的按照材质、按照毛利率水平为中心单一内部分类方法。具体到区域市场，应该按市场需求为导向，实行按照产品功能为主线的分类标准。按照规格、材质、地域（终端）、时间进行精细分类。

步骤3：实施细分市场特点、需求与终端组合策略的对接分析。

在制定终端组合策略时需要考虑自身资源条件、现有产品线优劣势分析、细分市场特点和竞争分析。组合应该主推产品、获利产品相协调，重点突出。

步骤4：确定某一终端的产品组合规划。

根据每个类型的终端特点确定组合规划，每个卖场的竞争状况、资源允许状况都不一致，需要在每个卖场进行不同的组合规划。

步骤5：对各个卖场的产品组合效果进行监控与调整。

终端产品组合规划需要根据资源变化、市场变化、竞争对手应对措施变化而不断调整，所以终端监控、信息反馈是非常重要的，目前迫切需要建立终端的销售信息数据库系统。

上述流程中的各个环节当时在上海市场还基本上处于缺失或者异常薄弱状态，急需进行改进。否则，再好的品牌，再优质的产品也难以在终端产品组合中得到落实，我们可能只有打击对手的战略，难以形成落地的战术，从而把战略转化为成果。

四、分析细分市场，确立产品战略

对品牌众多、竞争激烈的炊具行业，必须进行充分的价格、市场占有率等矩阵式市场细分，才能发现自己的缺失并探询新的市场机会。

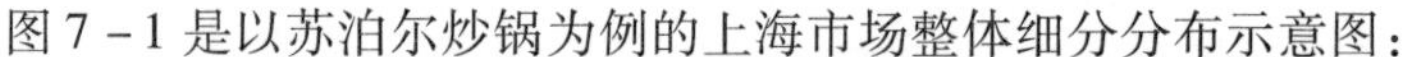

图7－1是以苏泊尔炒锅为例的上海市场整体细分分布示意图：

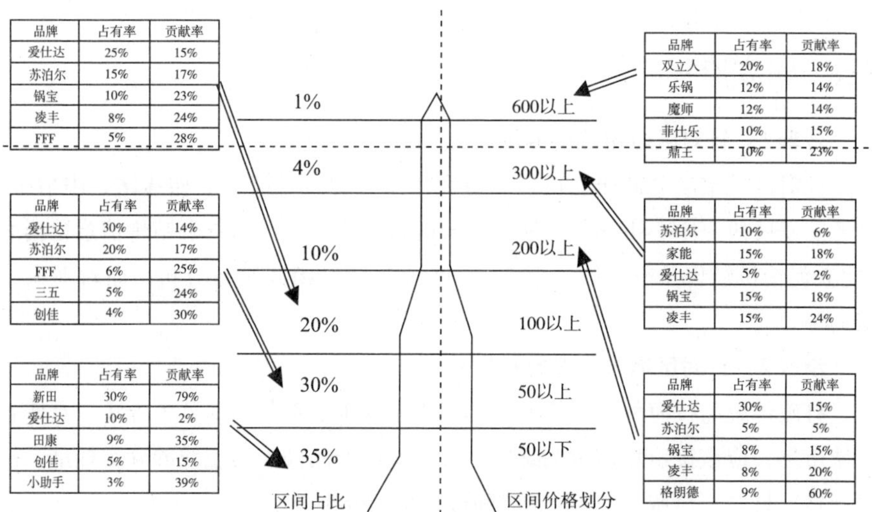

图7－1　以炒锅为例的上海市场整体细分分布示意图

细分结果表明，苏泊尔炒锅产品在300～600元区间的竞争力比较突出，而在其他价格细分领域，竞争能力均不够突出，存在市场机会。

五、顺风动态筛选终端，优化产品组合

销量、获利能力的提升，来自对每个终端的精细化管理，提升单店营业能力。通过对重点终端进行动态实时监控，来筛选、优化每个终端的产品组合，使之成为最有竞争力的产品线组合。具体而言，就是做好动态筛选优化三部曲。

第一步：重点终端炊具产品（周）销量统计表。

第一步的统计工作是整个筛选工作的基础和核心。反映的基本要点：起到知己知彼的作用，反映出单品、规格、材质、种类的销售量、销售额、退货、缺货信息，自己和竞争对手促销、推广宣传情况等。

第二步：对畅销/滞销的单品/规格进行个别分析。

根据统计数据和其他相关信息进行分析，务必做到有问题就有原因，主要分析角度有：竞争原因，配套推广宣传物料，价格，演示，导购，产品本身，卖场特点，市场空白，趋势动向等。

第三步：对单品/规格进行适时调整。

根据原因制定针对性调整方案，视卖场合同、规章、客情情况进行及时调整，包括价格、推广方式方法力度、增加品项和淘汰品项等。

终端调研中发现现有终端品项中，无效品项数量较多，其中一部分是需要考虑淘汰的品项。终端陈列数量固然重要，但是最重要的是陈列质量。数量再多，质量、效率不佳，也不是好的终端陈列和产品组合，也难以形成高效的销售能力。

六、紧扣主流产品，主推终端产品

什么是主流?

首先是能够引领炒锅发展方向的产品、技术，其次是能够为多数消费者认可和期望的功能/益处。

（一）炒锅“无油烟”是当前发展主流

定量调研和定性调研显示，上海消费者对“无/少油烟”的关注度排在第一位。

（1）上海炊具消费者希望：“无/少油烟”排在第一位（22.9%）。（数据源自《×××调研综合分析报告》2004 年 2 月）

（2）上海炊具消费者座谈会：“无/少油烟”也是排在第一位（53.3%）。（数据来自 2005 年 7 月举行的座谈会）

从上海的主要炊具品牌主推产品来看，从进口的顶级品牌（乐锅、双立人等）到国内知名、普通品牌（爱仕达、锅宝、凌丰、格朗德等），纷纷以无油烟为主推卖点。

（二）确立主推产品的基本条件

品类：具有较大容量的细分市场，具有上量（销售额）条件。

技术：符合发展潮流或者领先潮流，技术是领先的、成熟稳定的，适宜长期推广。

形象：符合公司整体品牌形象。

毛利：达到公司期望的高毛利水平。

（三）推广主推产品的主要原则

数量：一个品类中一般只选 1 款。

时间：持续推广，不是季节性或者临时性的推广。

价格：有竞争力（不等于低价），制定价格时预先考虑推广时有关折扣、赠品的价格弹性。

推广：从产品到包装、陈列、助销物料、媒介宣传等都是焦点。

（四）主推与主流产品结合是制胜的关键

确立产品线中主推产品的目的是集中公司各种资源，获得最大的单品推广效果和总体的创利能力。而只有主推符合市场需求、消费者高度关注的产品，才能做到顺应市场潮流而动，取得事半功倍的效果。

一段时期以来，在上海卖场类终端主推产品与主流产品结合方面，苏泊尔处于下风。爱仕达陶瓷无油烟不粘炒锅虽然也有一些难以克服的缺点，但由于大胆打出“无油烟”概念，利用广泛、持续的演示活动进行推广，在消费者面前展示出无油烟（实际上是少油烟）和物理不粘的形象，得到消费者的认可，单店演示推广可高达 5 万元/月，抓住了炒锅发展的主流。

苏泊尔在主推产品方面不够鲜明，部分产品，如“爆炒王”不符合发展主流，难以与爱仕达抗衡。通过终端产品组合精细化盘整后，苏泊尔开始在终端主推与主流产品的结合，组织了生动化的多种主推手段，收到了较好的效果。

38 新百伦运动鞋：双向沟通，放大传播

在限量版 New Balance 574 海陆空系列新品上市新闻发布会上，通过与企业、媒体的双向沟通，找出企业开展活动的核心诉求，并将核心诉求融入新闻发布会的每个细节，确保关键信息的有效传达。

一、万事开头难

新百伦（New Balance）是一个美国运动鞋品牌，在国内原名“纽巴伦”。20 世纪 90 年代已经进入国内市场，中途一场与国内代理商的官司让“纽巴伦”在国内市场遭遇重创。1995 年，当年的纽巴伦委托广东一家制鞋企业生产运动鞋。2000 年前后，这家制鞋企业未经允许擅自向市场每年销售100 万~200 万双印有“New Balance”等特定标志的运动鞋。这些价格便宜、标有“New Balance”的运动鞋一度泛滥成灾，正品销售受到很大冲击。纽巴伦当即起诉该厂家的侵权行为，没想到的是，法院没有支持其诉求，纽巴伦的维权官司打输了。

真是祸不单行，输掉官司的同时，“纽巴伦”这一商标也被其他企业抢注。

遭遇重挫的纽巴伦公司在2003 年易名“新百伦”，重新开发国内市场，竭力恢复其高端品牌的形象。

（一）倾听客户心声：与客户亲密接触

2007 年，新百伦打电话到联纵智达，表达了聘请联纵智达为其提供咨询服务的愿望。于是，我们和国际知名运动用品品牌新百伦就此结下了不解之缘。

没有拜访客户之前，和所有消费者一样，我们对新百伦的了解，也仅限于

纽巴伦输掉官司这个负面消息。

此前，新百伦在中国很少做公关传播。此时正值新百伦宣传中心部分业务重心由香港转移到上海的新阶段，如何以有效的传播方式，迅速提升新百伦在国内媒体及消费者中的关注度，这是新百伦公关总监 Stella 给我们的一项艰巨任务。

要做好品牌推广，必须充分了解这个品牌的内涵和外延，了解品牌发展的前世今生。

通过对新百伦多次拜访，并到新百伦总部参观，我们发现，作为世界知名运动品牌，新百伦有着非常丰富的品牌内涵和深厚的品牌基础。有着悠悠百年的发展历史，有“从脚弓支撑器到专业制鞋公司”的独特历程，有“世界第一慢跑鞋”的美誉，有每年“全球 11.6 亿美元 4000 万双的销量。

但是，如此优秀的品牌效应，在中国市场却无法正常发挥。新百伦在中国的现状是，产品知名度不高，消费者接受度低。经过仔细分析，我们发现，原因在于新百伦的市场运作手法和中国常规手法相差甚远。

作为世界知名品牌，新百伦的品牌文化与中国市场的惯用做法相去甚远，甚至与国内同类企业运作手法相左。

首先，他们非常强调制鞋的专业性，坚持出品多宽度、多高度的鞋款。这是针对人性角度而出发的设计，给每一位消费者最舒适、最贴近的鞋型也就成为 New Balance 的最大特色。但是，这样做的成本就会很高。

其次，当前中国流行鞋都是请运动明星作为产品代言人，而 New Balance **从来不请明星代言，他们认为“鞋子就是最好的代言人”。**适合明星的鞋不一定适合大部分消费者穿，他们更愿意将费用投入在产品的研发上。

（二）了解媒体需求：中国媒体眼中的新百伦

深度了解后，我们访问了一些记者，询问他们怎样看待新百伦。一些专业媒体对新百伦还是有一定了解的，但同时他们也告诉我们，国内的很多宣传资料来源于国外的一些杂志，新百伦自己很少主动与国内媒体沟通。而一些大众类消费媒体询问我们，听过这个牌子，但是新百伦有阿迪达斯好吗？

二、首攻记者，开诚布公双向沟通

我们面对这些媒体的不同声音，分别展开了一对一的攻坚战。

首先，我们针对一些专业类媒体的需求，向新百伦公司提出从国内外同步上市的单品入手，以此类新品作选题，在未上市之前请记者们拿到摄影棚拍摄，并提供新款鞋所有的技术参数与产品卖点、要表达的运动理念，请编辑们从公关的角度去评述，而非广告。

而对于不了解新百伦的大众消费类媒体，我们则请记者试穿新百伦，记者们可以随意挑选市面上可以看到的任何一款单品进行试穿。记者们的尝试是我们进一步沟通的开始。

对这些关键记者的“教育”产生了良好的效果，此后我们将新百伦的信息源源不断地提供给媒体，并协助新百伦以公关传播的模式推出了：Ndividual、NBx 系列精英跑鞋、NB576“玫瑰王子”珍藏版等新品，使新百伦与媒体建立了一个良好的沟通环节。

然而，这些对于我们的最初目标来讲，只是一个小小的开始，离新百伦公关总监 Stella 的要求还有一定的距离。因此，我们需要更多的成绩来证明我们为此项目付出的努力。就这样，一场结合新品上市发布的媒体见面会及时而来。

由新百伦主办、联纵智达公关承办的“限量版 New Balance 574 海陆空系列新品上市新闻发布会暨淘宝网独家预售平台发布”活动策划出来了。此活动旨在全国范围内，发布限量版 New Balance 574 海陆空系列运动鞋，并在淘宝网上独家预售，同时宣布与淘宝网合作正式开始。

我们再次带着创意走进了新百伦的办公室，这次新百伦提出了更高的合作需求。时间只有 10 个工作日，如何抓住产品本身卖点，兼顾创意效果，统筹一切资源，把握媒体和受众的兴奋点，创意出一场绚丽多彩的时尚发布秀，同时将有效的活动信息和企业品牌诉求第一时间传递给消费者，这些都是我们必须攻克的难题。

三、 借助新品上市开展攻关活动

我们从活动主题创意、活动视觉创意、活动环节创意和传播四大板块的整个系统运作过程入手，策划完成了从点到面的系统解决方案。

（一）主题：“尚。574——海陆空系列”

对于活动需求，我们多次拜访客户，并走访新百伦门店，进行可行性深度分析。此外，还多次组织内部头脑风暴。我们认为，整个活动是通过对新百伦限量版新品海陆空系列产品展示，提升新百伦整体品牌形象。在活动现场，带给媒体和消费者的是一种新百伦流行观点，引导人们提升对新百伦品牌价值的一种崇尚。所以，我们将“尚”字突出，将“尚”字升华。

（二）现场视觉：“海、陆、空”意境

当然，现场视觉效果是公关活动中的“亮点”。为此我们细化产品卖点，充分把握 New Balance 574 Transportation 设计者理念的“海、陆、空”的意境，大胆创意活动现场视觉效果，实现释放个性，倡导流行当道的个性追求，如图 7－2、图 7－3 所示。

图 7－2　活动现场视觉效果（一）

图 7－3　活动现场视觉效果（二）

（三）活动环节："海、陆、空"互动

活动环节整体突出 fashion、cool 的调性。一方面注重新闻发布会核心内容的发布，另一方面使得整场活动契合 fashion、cool 的设计调性，具有极强的可观赏性和新闻性。

在现场互动环节，邀请媒体充分参与，让记者变成消费者，第一时间亲自感受网上试"拍"，尝试预购第一人的快乐。让记者感受现场气氛的同时，参与到活动中来。

活动中安排"海、陆、空"表演集锦——海之乐、陆之歌、空之舞，并将涂鸦带到整个活动现场，让到场的所有人体验了一次 Graffiti Live Show!

（四）传播："海、陆、空"织网

对于传播需求，媒介同事不间断地向媒体发出邀请，并开展深度调研，了解媒体和受众兴奋点，从专业类媒体角度出发，并引导大众平面类媒体参与，还邀请影视娱乐媒体参加，形成多角度、全方位的报道。此外，网络媒体实时互动，海、陆、空立体交互式的传播策略有力支持活动传播。此次尝试取得了非常好的效果，活动的媒体传播率达 100%。

由于我们的创意策划完成了从点到面系统的解决方案，得到了新百伦公司的高度认可，从而实现了对客户的承诺，成就了包括活动策划到活动执行，再到后续传播的经典整合公关传播案例。

四、一线感悟：双向沟通是法宝

说了这么多，其实最想跟大家分享的是，公关传播是个细致的沟通过程。公关传播有一个很重要的工具——双向沟通。

不难发现，在前期公关传播中，我们就运用了双向沟通这个法宝。一开始先了解客户的需求，倾听客户的心声，然后带着客户的心声去探索媒体的需求，帮助媒体找到他们所需要的信息，最终把企业想说的变成媒体想写的、读者想看的新闻。

在限量版 New Balance 574 海陆空系列新品上市新闻发布会上，通过与企业、媒体的双向沟通，找出企业开展活动的核心诉求，将核心诉求融入发布会的每个细节，确保发布会的每个细节都可以支持关键信息的有效传达。

就像肢体语言一样，我们的活动主题传递给记者的是新百伦新产品调性，我们的活动环节将新产品“海、陆、空”的设计创意来源发挥得淋漓尽致。

我们在活动后的传播沟通，补充了现场部分媒体可能忽略的关键环节，而这一切既是客户想通过活动寻求的品牌诉求，也是媒体参加活动最想得到的新闻信息。正是通过双向沟通，才使整个传播过程发挥得淋漓尽致。

39 安信地板：跳出旋涡，化危为机 

一、突发事件公关：不失人，不失言

世上最无奈的事情莫过于别人生病自己来吃药，特别是别人病情加重，自己吃的剂量随之还会加大。

2009 年 10 月 18 日，《北京青年报》刊登了《（前央视）“名嘴”方宏进涉嫌诈骗被拘》的新闻，并提及“被卷入方宏进借款一事，但一直未予证实的知名企业还有安信地板和今麦郎集团”。当天，全国各大报媒和网站开始爆炸性转载，甚至成为许多知名媒体的头版和焦点话题。

安信地板作为中国地板行业领军企业，在国内外都享有崇高的声誉，也是美国凯雷投资集团、Strong Media 和磐石基金等国际金融巨头密切合作的资本市场之星，一直在努力谋求上市。然而，媒体在报道“方宏进事件”之初，一再使用“借钱”、“诈骗”、“被捕”、“疑问”、“（企业）被骗”等有明显法律定罪乃至道德沦失的字眼，形象一向光明的安信地板与其联系在一起，难免让人怀疑安信地板管理不慎、漏洞百出，甚至已深陷其中难以自拔，或者可能被骗走大量钱财而影响资金周转。此时，对企业信誉、形象和市场运作都会造成严重的危害。

由于突发事件具有意外性、聚焦性、紧迫性和不可控性，容易给企业造成混乱和恐慌，因此，许多专家把突发事件界定为“负面事件”。

（一）如何转危为机

正如联纵智达危机管理专家范世栋所言：“突发事件因其意外性和不可控性，固然本身包含导致失败的根源，但也因其聚焦性，使之可以成为企业机会公关的最佳契机。”危机的危和机就像一枚硬币正反两面，关键看你如何去扭转它。

（二）等待恰当的时机

在真相未明前，关注会助长更多的流言，流言会吸引更多的关注，与名人有关的突发性公众事件尤其如此，媒体和大众最需要的是真实的一手信息。作为突发事件的当事人之一，已经获得日常大价钱都换不来的关注度，消除负面声誉的影响，推广正面声誉，变危机公关为机会公关，可静观事态发展。

此时，安信地板和公关项目组密切关注事件动态。媒体报道仍在爆炸性增长，网络上道德评判瞎起哄，论坛、博客乃至微博等关于方宏进私生活和个人品质的“揭黑”文章也在推波助澜，而方宏进本人却一直拒绝就此事发表意见。当大家都把安信地板和方宏进联系在一起的时候，事件主角仍然迟迟不露面，安信地板作为受牵连者则不能被动、消极地坐以待毙，是时候主动出击了。前期的流言蜚语与种种猜疑反而成为利器——肇事者为其准备好了炸药和引线，只等安信地板将大众聚集形成的关注之火引爆。

（三）选择恰当的渠道

10 月 19 日，安信地板和公关项目组进行了积极沟通后，双方一致认为，媒体和大众急需的是真相，而真相最能澄清猜疑、解决问题。在“方宏进事件”成为各大媒体，尤其是经济界和娱乐圈关注焦点的非常时刻，双方一致决定，统一口风，立马回击——召开记者招待会，向社会展现事件的真相。消除舆论危害，号召大家对安信地板的行为监管！企业公关的实质是，在满足大众和媒体信息需求的同时传播企业的信息，事件相关人第一时间发布“方宏进信息”，必然会使得媒体在第一时间争相采访报道，并引发多频次转载发布，形成巨大的传播冲击波。

安信地板和联纵智达公关及时确定会议主题，并邀请 11 家日报媒体和上海本土主流网站，当晚在安信地板总部召开记者说明会。

（四）用事实说话

恐惧源于无知，流言止于智者。其实，事情早已合理解决。

2006 年 7 月，安信地板与方宏进前妻于鸿伟名下的北京澳卫时代广告传媒有限公司签订了一份情景剧植入式广告合同。合同明确规定了双方权利义务等各种细节，安信地板总裁卢伟光还特地到北京考察过情景剧拍摄进度，确实已拍了三四十集。但是到了2007年初，情景剧的播出还不见动静。2007年6月，卢伟光给方宏进发去了律师函，要求终止合同。三个月后，卢伟光收到了方宏进的退款55万多元（50万元预付款加上利息）。此合作事情通过双方协调，和平地得到了圆满解决。

安信地板总裁卢伟光详细耐心地解答了媒体和大众关心的疑惑和猜忌，并出示了合同文本，指出双方为广告合作，方宏进因经营失误而导致合同违约，不存在合同欺诈问题，且安信地板及时合理地解决了问题。针对大家热议的方宏进人品问题，卢伟光也坦诚地指出，“其实方宏进还是比较正直的人……他是个好老师，却是失败的经营者”，谏言方宏进应主动沟通，拿出解决方案，并谏言社会专业人做专业事。

二、跳出“方宏进漩涡”

10月21日，方宏进发表个人申明称：“此次事件给我的亲友和各方合作伙伴带来了巨大的困扰，对此我表示深深的歉意。我在创业过程中得到若干朋友在各方面的鼎力支持，他们至今仍然对我信任有加，对此我表示由衷地感谢，并一定会以实际行动不辜负他们的理解、支持和期待。我希望此事能够尽快依法解决，让涉及的企业和个人都能够安心地从事各自的工作。”方宏进依法要求河北省隆尧县公安机关撤销该案件。事后，某著名主持人还致电卢伟光，称卢伟光雪中送炭，值得信赖。有网友则认为安信地板说了公道话。

B 文娱

他不是骗子，但是个笨商人

图7-4　新闻晨报报道截图

记者招待会后，11家媒体共计发布10篇报道，其中《新闻晨报》发布娱乐版面头条（如图7-4所示）、《天天新报》整版、《新闻晚报》2/3版、《21世纪经济报道》头版引文及内版1/4版面。此外，上海热线、东方网等网络均将新闻发布至频道首页、首屏的显要位置。

事后一周内，众多媒体蜂拥报道，如《新京报》、《羊城晚报》、《每日经济新闻》等全国多家一流媒体都相继做了采访报道。到10月20日18：00，网络共发布及转载相关报道166篇；截至10月21日10：00，网络共发布及转载相关报道366篇；截至10月31日，网络共发布及转载达相关报道1500余篇。

三、危机公关贵在坦诚

与所有沟通一样，公关应坚持坦诚、客观、公正的原则，以大众伦理的“义”来映衬企业利益的“利”，自然会获得大众和媒体的尊重，起到一呼百应的传播效果。

危机公关贵在坦诚。新浪财经记者徐安安说：“卢总说的话很好，很得体，内容很实在。”搜狐记者陈琳说：“卢总那次的发言很实在，很真实，很活跃；卢总自己也很有激情的感觉；企业家的形象变得很清晰，有种魄力在里面。”《青年报》记者顾金华说：“信息很丰富，分析的点也很到位，对方宏进的整个陈述都很客观公正。”《天天新报》记者茅中元说：“卢总的发言切中要点，很全面，很生动。”《新闻晚报》记者韩垒说：“‘诈骗门’爆发第一天，我们还在愁着找谁采访，你们这次的说明会，让我们拨开迷雾，给我们很多第一手的消息，给读者揭开了很多谜团。”……媒体对整场说明会十分满意，安信地板在无形中树立了良好的品牌形象，总裁卢伟光也体现了很强的个人魅力。

当说而不说是失人，说了但说孬是失言，这两种情况都是企业突发事件公关之大忌。我们看到，“方宏进事件”相关的3家企业中，只有安信地板为大众澄清了合作的来龙去脉，并鲜明地指出这是合同违约而非合同诈骗，还大众以真相、还当事人以公道，赢得了媒体和大众的高度认可，安信地板的此次突发事件公关取得了良好的社会效果。

突发事件活公关如下一盘棋，须做到面面照应、进退有据，既能化解当前危机，还能消除后遗症，既要修复已受到冲击的企业形象，还要谋求新的公关契机，为企业形象加分。安信地板在整个事件公关的过程中，理、法、情相互支持，各个方面拿捏得很准，有理（态度明确）、有据（信息明朗）、有情（建言）、有义（公正），赢得了各方的好评，成为2009年最成功的突发事件公关经典。

第八章
日化·文具·医药保健

40　益母草：私护顾问，开创服务营销新模式 

卫生巾市场是个有着500亿元市场规模的大盘子，有3.4亿适龄女性的稳定消费人群。多年来，该行业表面看似比较稳定，实则暗流汹涌，极具挑战。益母妇女用品有限公司就是这种格局的挑战者，2010年联姻联纵智达，并聘请联纵智达掌门人何慕出任公司CEO，这样的组合能玩出啥花样？

一、凝练优势：找到红海中的蓝海

益母妇女用品有限公司是一家拥有10年女性用品研制及经营经验的“老字号”企业，其旗下的卫生巾品牌益母草一度进驻行业前十名，产品在济南、北京、杭州、沈阳、上海等地畅销多年。其母公司山东瑞阳制药有限公司是新加坡上市企业，资本实力雄厚，连续多年盘踞中国医药工业前20强，年产值近40亿元。

近年来，卫生巾行业无疑身处红海，竞争十分激烈。

宝洁的护舒宝、尤尼佳的苏菲、强生的娇爽、金佰利的高洁丝、花王的乐而雅、景兴的ABC等品牌虎踞在中高端市场，安尔乐、洁婷、舒而美、佳期等则占据着中低价位的市场。

从行业集中度来看，含护垫产品在内，前15位品牌占据着市场近60%的份额。在激烈的市场竞争中，益母草逐渐感觉力不从心，找不到发力的支点。

面临如此市场局势，益母草如何才能寻求突破？显然，找到红海中的蓝海，是一条便捷的出路。

蓝海的特征是弱竞争或全新的品类市场，而且还需具备相当规模的市场容量。就卫生巾行业来讲，要找出这样一片蓝海市场是一件不容易的事。但是，蓝海市场也并非无机可寻。

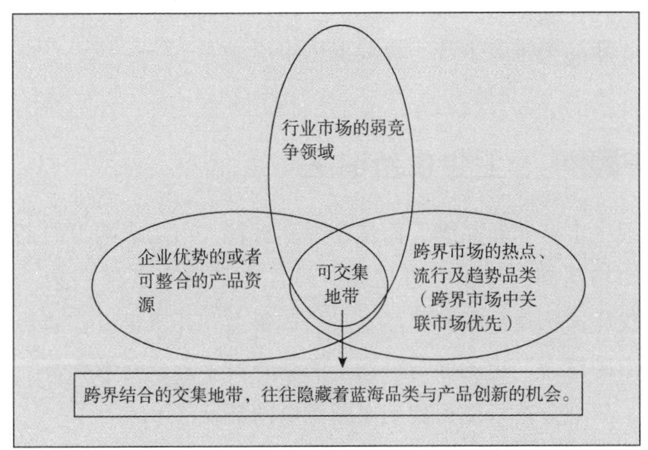

图 8－1　寻找蓝海品类的简单法则——UW－联纵智达法则

如图 8－1 所示，我们运用了寻找蓝海品类的 UW－联纵智达法则，从企业资源及跨界市场的热点、流行及趋势品类交集地带开始了蓝海品类的寻找。

对益母公司而言，其最大的产品资源就是“益母草”三个字。

益母草是唇形科植物，具有活血调经、利尿消肿、清热解毒的功效。益母草既是益母草卫生巾的添加成分，同时也是益母公司的持有商标。功能性产品成分与产品品牌名称相统一，让“益母草”三字成为益母公司具有排他优势的产品资源。

跨界研究护理类产品，我们发现草本概念近年来在化妆品、洗涤用品、口腔用品领域十分火爆，因其纯植物提取，自然温和、少刺激及具备一定保健功能而大受欢迎。佰草集化妆品、霸王洗发水、云南白药牙膏等品牌纷纷打出草本概念，都以草本为其核心卖点。

由此可见，草本类产品已在国内日化行业强势回归，正在护理类市场大行其道，这说明草本类概念具备广泛需求基础，不需要过长的市场培育周期和过多的市场教育成本。在目前的卫生巾领域，草本品类竞争者参与有限，既缺乏领导品牌也没有强大的对手。由此，**将益母草卫生巾打造成草本概念产品，就成为我们在红海市场环境中寻找到的蓝海。**

我们在经销商、终端、促销人员、消费者及企业内部经过五重测试，一个不怎么新、奇、特，而又具有现实主义的蓝海品类就这样确定了下来，并在产品线方面规划了千金本草、益养本草、清凉薄荷、丝暖参姜、清新玫瑰和天域雪莲六大系列草本产品，每个系列产品都新增了使经血快速下渗而不反渗的双漩涡“O”形漏斗孔设计、透出闷热湿气的透氧底层设计等新功能，以新功能、新系列、新品类重装上阵，谋局卫生巾市场。

二、私护顾问：卫生巾新销法

益母草卫生巾并非新品牌，而是一个享有较大市场影响力的老品牌。不仅具有较好的市场基础，年销售过亿元，而且还是山东名牌产品、中国驰名品牌。但是，仅凭这些及品类和产品本身的竞争力，并不足以让消费者接受益母草草本卫生巾的概念，也不能与市场上的新老对手形成有效竞争。

新品类、新细分市场能否找到突围竞争的新玩法？

女性的经期问题是个很隐私的话题，当事者往往只和自己的伴侣或闺蜜探讨。在实际生活中，大量女性都面临着这样那样的难题。而市场上几乎所有的卫生巾品牌都是只管生推硬卖产品，卫生巾的选购指导方面没有针对性，没人做教育，也不屑做服务。

这是否是益母草突破卫生巾行业传统销售模式的机会？化妆品美容顾问的那一套能否嫁接？置身卫生巾这般低附加值行业的益母草能否做到为女性经期及相关难以启齿的问题提供解决方案？

“益母公司总部设100个专家，每个区域市场设10个专家”，“成本太高，不现实”，“开设专家热线”……在激烈的头脑风暴中，互联网平台让我们找到了基础的解决方案——益母公司为女性朋友们专门搭建一个解决私人护理问题的网站，只要消费者购买了益母草卫生巾，就可以凭借包装袋内的卡片及ID登录这个网站，享受益母公司专家的在线诊断服务及护理建议，也可以通过网站上专家文章自诊，还可以通过在线论坛互助解决。

这个网站在帮助消费者解决问题的同时，也是消费者参与有奖促销活动的兑奖平台，登录享受消费积分累计活动的权益平台，同时还是益母公司开展问卷调查的调研平台，进行顾客忠诚度建设的CRM顾客关系管理平台、数据库营销平台，以及宣传展示经销商和各地终端网点的平台，集多种功能于一体。

我们找到了把产品销售与消费者服务紧密结合起来的平台，可是这个平台应该怎么命名？这个平台的最大属性就是服务，服务又能否品牌化？这个品牌又应该称之为什么？

ABC卫生巾品牌早就将“个人护理专家”喊了出来，益母草不能再叫“专家”，况且专家的概念既有居高临下的感觉，也早已泛滥。通过对行业内几大知名品牌的分析，我们最终将“私护顾问”作为益母草的服务品牌，并安排设计了专门的标识，将网站平台也命名为“中国女性私护顾问网”。于是，卫生巾行业第一次有了自己的服务品牌，女性朋友们也第一次拥有了一个专门解决私护问题的网络平台。

三、 上串下联：打通渠道链任督二脉

益母公司的“私护顾问”服务不仅惠及消费者，还能通过做好消费者服务及忠诚度建设而惠及经销商和终端（如图8－2所示），同时也将实实在在为各级渠道伙伴带去更多看得见摸得着的帮助。如益母公司配置了与市场规模及销售规模相匹配的“私护顾问”人员——促销员，设计了“私护顾问”馆——屋式堆头。当然，除此之外，还有不少更具体更有针对性的渠道伙伴赢得“私利”的维护及保障服务。

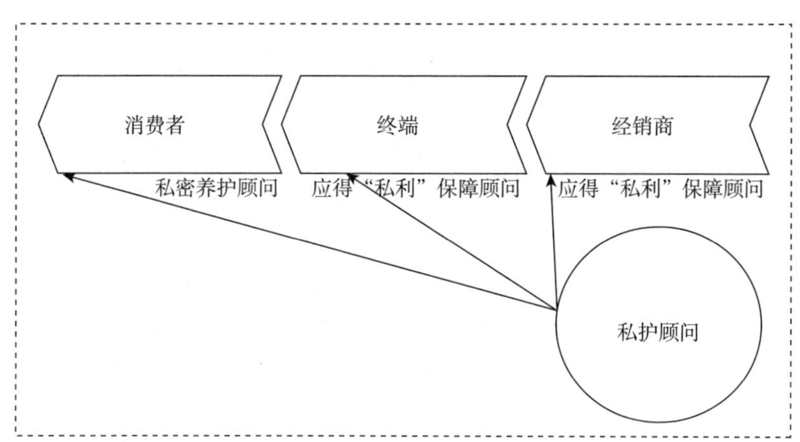

图8－2 “私护顾问”营销、渠道链驱动示意图

（一）细节化经销商服务政策

众所周知，如今的经销商早已不能和若干年前同日而语。他们在乎高周转快上量，在乎与厂家共担风险做市场，他们在参加招商活动及与厂家合作的时候，越来越多地要求厂家能够将协销、宣传投入、促销投入及相关市场支持政策明晰化、量化，而不是听厂家拍着胸脯含含糊糊地承诺与忽悠。

为此，益母公司在经销商政策制定中，明明白白提出了："首批进货达到什么坎级，就派相应销售人员帮助开展批发分销及终端网点铺货，以及铺货上架率达到多少"；"在什么样的市场及卖场上多少人次及场数的促销活动"；"一年不少于多少个新产品上市"；"一年为经销商提供多少次培训"；"一年有多少宣传费及在电视、网络等媒体上如何使用"；"一年当中提供多大额度的促销支持，不低于多少场大型的主题促销活动"；"包括什么样的物料及促销品支持，以及按什么比例分配"；"在批发市场及终端的陈列达到什么程度奖励及如何奖励"；"卖场进场费如何分担"等内容，让承诺明明白白，落到实处。

这种新型的厂商合作模式一制定出来，老经销商欢欣鼓舞，新经销商纷至沓来。但这种模式对一般的企业而言，显然是不宜采用，也是做不到的。

（二）一线销售人员下沉到终端服务层面

在对终端的合作与管理上，益母公司的方式也有别于其他品牌商。最大的不同是益母公司将市场充分细化，以县或地级市为单元设置总经销，与此相匹配的是，无论是在一、二线市场，还是在三、四级市场，益母公司的一线销售人员都是直接沉到终端服务的层面，既协助经销商开展好铺货、陈列、补货等动销工作，也对终端网点的动销做促销支持。

除此之外，益母公司还会为区域市场的优秀终端网点在中国女性私护顾问网上建档宣传，只要消费者登录网站，就可以查到自己能够在什么地方的网点买到产品。

当然，益母公司也对终端事务提出了相应的合作模式及要求，比如专区、专架、专柜、专柱、专墙陈列，并针对有兴趣开辟新业务或创业的终端业主、经销商及相关从业人员，规划了"私护顾问"馆（连锁专营店）。与此相匹配的是，益母公司强化了产品的研发团队及产品储备，将在痛经贴、纸尿裤等特别护理产品，湿巾、草本面膜等日常护理产品，以及美容护肤等品类上丰富品类。

四、 公关传播： 林心如代言拉开品牌强力塑造序幕

为了确保益母草卫生巾重装上阵，我们还在公关、传播上冲锋陷阵，志在塑造强势品牌，颠覆卫生巾市场格局。

（一）公关先行，广告随后

“水”一直被拿来形容女性，水也与女性经期相关特征高度相似。为此，益母公司赞助了“大地之爱·母亲水窖”公益工程。

该工程是2000年中国政府提出西部大开发战略之时，由全国妇联、中央电视台、北京市政府联合发起，由中国妇女发展基金会实施的一个大型公益项目，包括了社会各界对贫困干旱地区无私的、博大的、母亲般的关爱，也包括了受益方是以贫困母亲为主要救助对象的双重含义。该活动与益母草卫生产品及品牌特征深度契合，并且跨度长、关注度高。

我们在产品包装印上了“每购买一包就为‘母亲水窖’公益工程捐助1分钱”的标识，并着手进行在主流报纸杂志和上百家网络媒体进行软推广，提升益母草品牌形象。

（二）重金聘请林心如代言益母草品牌

林心如一直以健康、灵动、婉约的形象示人，她的粉丝多集中在16～45岁。而这个年龄层的女性，也正是养护型卫生巾的重度消费者。她们喜欢选择专业、健康与信赖感强的品牌，这一消费需求，正好与益母草品牌特征形成高度契合。

林心如的代言，使益母草成了行业内少数几个使用大牌明星助阵的品牌。

（三）全息传播，重点投入

随着益母草卫生巾招商工作的全面铺开，品牌传播行动立即启动。在电视媒体受众吻合度高的频道及栏目，进行大力度广告投入，实行高空轰炸，在网络媒体上开展互动公关及宣传的深度、精准渗透，同时在终端物料、生动化陈列和促销方面，配合一系列地面巷战措施。

益母草的市场是以全国地县级市为单位划分的。随着益母公司全国招商大会的顺利召开，以及益母草品牌营销的深度推进，开创私护顾问服务营销模式等举措，益母草正在引领卫生巾市场的热点与趋势，推动行业营销新发展。

41　贝发笔业：打造隐形冠军全新商业模式

管理学大师彼得·德鲁克说："今天企业间的竞争已经不是产品间的竞争，而是商业模式的竞争。"目前，企业的成败往往取决于商业模式及执行力。世界随着新经济时代变革，传统行业的出路在哪里？很显然，这就更需要用"新模式化"来替代已经过时的、增长乏力的"老模式"，并由此找到企业的新引擎系统。

一、一份超出客户预期的项目建议书

2006年2月中旬，我们接触到贝发集团。

贝发集团是中国笔业的隐形冠军，2005年外贸销售额1亿多美金，但国内市场一直做得不好，销售额在3000万元左右，因此有了"外销内行，内销外行"之称。

贝发集团显然不甘心于只做外销市场，面对巨大的国内市场，他们磨刀霍霍，开始了"内部争夺战"。2005年，贝发投资2000万元与超级女声合作。2006年，投巨资拿下了2008北京奥运会文具独家供应商赞助权。这一切，意味着贝发集团一改过去"小打小闹"做国内市场的手法，开始玩大的了。

按照当时贝发集团上海公司给我们布置的选题，做法跟国内其他奥运赞助商的做法大同小异，即如何利用奥运品牌的影响力树立贝发品牌，在公关与传播上寻求突破。

其实，国内有众多企业投巨资赞助2008北京奥运会，但有实效的寥寥无几，这一点，我们早就在背后做过几个知名品牌案例的剖析，对于奥运营销也有一些自己的想法，心下暗许能有一家奥运赞助商让我们小试牛刀。正遗憾于无用武之地，贝发项目真是天赐机缘。

于是，一个现实问题摆在面前：这个项目建议书是按照客户意图做，还是按照我们的想法做？实际上，后者是极为冒险的。因为你在给客户介绍他不认识或者根本不需要的东西，很可能因需求不匹配而枉费工夫。

最后，参会的高级咨询师取得了惊人的一致：按照我们的想法准备一份建议书，内容不单纯是如何策划好奥运赞助活动，而是挖掘奥运背后的潜在价值，跟贝发集团国内市场战略结合起来，从产业整合的角度谋求真正的奥运价值最大化!

贝发集团在国内市场有这样大的投入，背后一定有非常大的企图。当时，国内的文具产业有3000多亿元的规模，却没有一家企业的市场份额占到1%，贝发集团完全可以充分发挥奥运独家赞助的价值，利用奥运文具产品独家供应这根杠杆，整合传统的文具产业，实现从单纯的笔类制造商到文具综合供应商的角色转变，完成新经济下传统产业的整合与新价值再造。由此，一份题为**《突破品牌瓶颈，建立渠道优势，构建独特赢利模式，将贝发打造为中国文具产业第一品牌》**的项目建议书出炉。

项目建议书交上去了，我们都捏着一把汗。在焦急的等待中，终于迎来了2006年2月25日第一轮项目建议书解读会。没想到贝发集团邱智铭总裁亲自带领十几位高层莅临联纵智达。会上，我们详细解读了此份报告的核心观点：**"贝发利用奥运品牌实现战略目标面临的主要障碍是'破局'——打破现有的散、杂、小格局。"**

如果依照传统的对标体系，贝发集团的营销优势几乎还没有建立起来（如图8-3所示）。但是，从行业层面看，这是一个低关注度的市场，消费者真正指名购买的品牌几乎没有，行业大而散、企业小而杂是其真实的写照。在这样的背景下，如何破局，是贝发集团必须面临的核心营销难题。实际上，这也是贝发集团的商业契机。

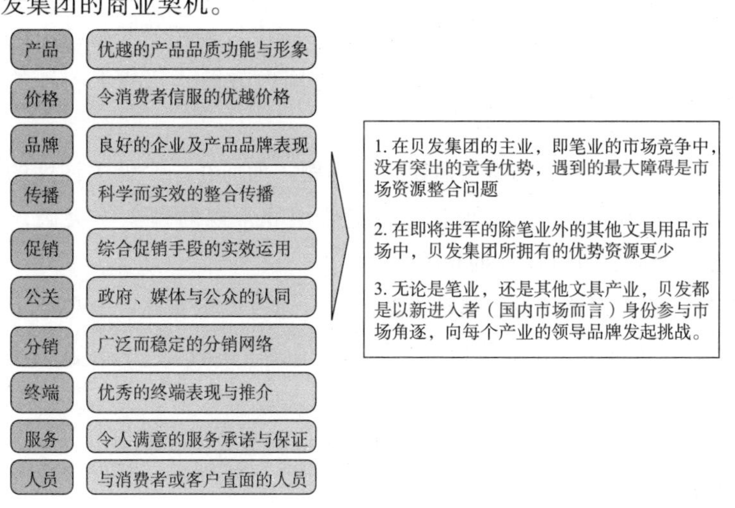

图8-3 贝发的营销优势分析

为此，我们得出以下三个结论：

（1）贝发集团目前要解决的问题，不仅仅是活动策划或者品牌、营销单一层面的问题，而是一个大的项目联动，一个整合国内文具产业的新事业。

（2）贝发集团完全可以借助奥运资源，打造出满足消费群一站式采购的办公文具领导品牌。

（3）从产业整合的角度看项目运作模式，贝发集团需要设计出一套可行的平台集成体系，建立起从贝发集团到最终客户的封闭式循环通道。

不知不觉两小时过去了，报告解读结束，会场上响起礼节性的掌声，气氛有些压抑。看得出来，95%的贝发人似乎没有理解项目建议书的内涵。

看来，需要再烧一把火。此时，一位咨询师走上前台，在白板前开始了补充阐述。

他对贝发集团的现状进一步做了理性的分析：**“第一，企业需要解决思路问题。**贝发集团面临的应该是如何从产品营销转入产业营销的问题。产业营销是一流（领导）企业的必然选择，而‘奥运赞助商+超级女声’的两大资源已经为贝发集团的产业整合提供了契机。此时，是简单地对显性奥运资源进行表象营销，还是从超越资源的角度来进行更大更广层面的‘产业营销’或‘社会（配合）营销’？这需要企业从长远层面进行思考！”

现场鸦雀无声，邱智铭面无表情。

我们咨询师接着分析：**“第二，企业要解决速度问题。**在赞助奥运这样的大资源投入下，贝发集团需要设立‘规模+速度’的超增长模式，以往的小步快跑、滚动发展的模式给予贝发集团的是国内市场‘几战不利’的现状与成长瓶颈难以突破。

“第三，企业要解决品牌快速建立的问题。如何在一个低关注度的市场创造高度聚焦甚至垄断的品牌地位？一定要用非常规的理念来突破，力争在2008年奥运会前完成行业领袖品牌的建立。

“第四，要实现手段与价值链重塑问题。通过奥运实施社会各层面资源的整合，将产业价值链、企业价值链与渠道价值链三链融合，构建新的平台运营体系。”

会场开始活跃起来，大家交头接耳。可以明显看出，联纵智达的建议书大大出乎了他们的意料。

经过一番讨论后，邱智铭总裁激动地说：“你们的建议书80%的内容与我现在的想法基本一致，这是非常不容易的事情，在较短的时间、有限信息的情况就能够有如此判断，不仅看出了你们的思路，也看出了你们专业团队的能力，这正是我想寻求外脑帮助的关键所在。”

3 月，整整一个月，我们先后给贝发集团做了**《利用两大“超级杠杆”实现“行业整合、渠道整合、品牌整合、业态整合”，贝发的三年大成之道》、《新商业模式创新工程实施方案》**等方案，博得了贝发集团的一致赞赏，经过多次的交流和深入的碰撞，联纵智达与贝发集团正式签订了战略咨询合作协议。

二、 5 天封闭会议， 推演商业新模式

跟贝发集团合作注定是一段不寻常的咨询历程。从作业方式到作业内容都充满创新，而全新的商业模式，就在这种创新合作的氛围中神奇孕育。

贝发集团总裁邱智铭高度认同我们的项目建议书。为了不让贝发集团的企业现状和市场状况干扰咨询决策，他提出，打破以往咨询的常规，先不进行市场调研，而是按照联纵智达的想法，把新商业模式的所有问题提出来，双方一起头脑风暴，进行可行性论证与假设，然后再去市场印证和修正。

全新的商业模式打造，涉及了品牌、推广、渠道、上游供应商整合、物流、IT 信息化建设等很多内容。因此，联纵智达几乎调集了全集团最优秀的精兵强将，组成一个包括品牌专家、渠道专家、市场推广专家、行业整合专家、供应链管理专家、传播专家、营销管理专家、信息化专家在内的超强专家小组。

4 月 5 日到 9 日，意义非凡的封闭会议一开就是 5 天，项目组与贝发集团全体高管一道，进行商业模式假设与论证的头脑风暴。

风暴会后，项目组立即进入新商业模式的设计阶段。

贝发集团的新商业模式究竟是什么样？简单说就是借助“2008 北京奥运独家文具供应商”的契机，通过虚拟经营与信息化建设，对传统分销模式进行业态改造与功能创新，同时建立电子商务、一站式供货服务平台，整合国内文具产业，在整合过程中，完成中国最大的文具供货集团与品牌运营商的布局（如图 8 – 4 所示）。

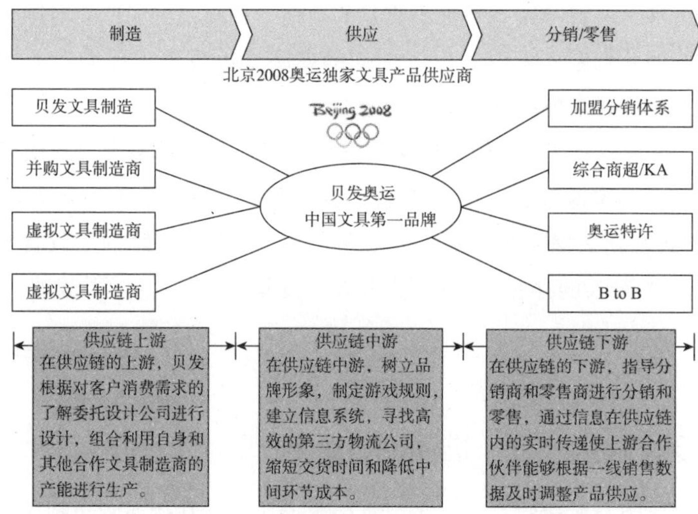

图 8－4　贝发集团成为文具供应链的管理、优化与集成者

事实上，贝发集团的新商业模式不是新瓶装旧酒，而是基于中国办公市场、学生市场、礼品市场深层次的客户需求，提供全面解决方案，这是对中国文具产业的整体提升。新模式的创新点在于：建立全新的会员制分销联盟（如图 8－5 所示）和实施虚拟化经营，满足文具产业价值链各环节的增值需求，创造出小资本、大品类、多产品的集成运作模式。通过与国内强势物流商的紧密合作，可以在全国建立 7～12 个物流中转仓，让所有的会员制分销合作体享受零库存的 1 万个品类的一站式商品经营。通过信息化的建立，达成系统的高效运营，如图 8－6 所示。

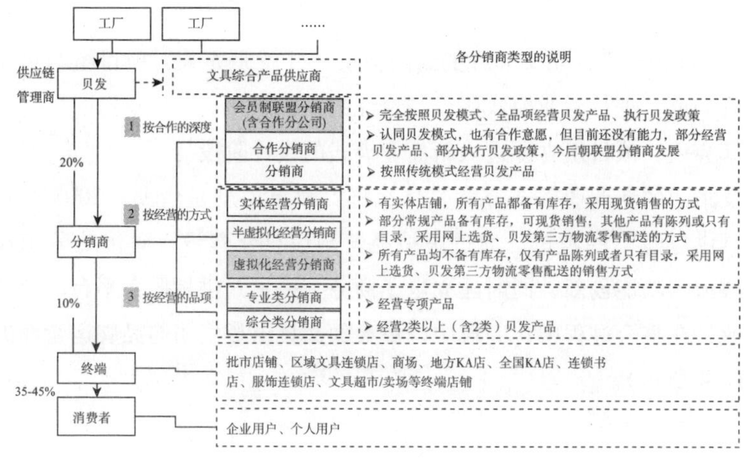

图 8－5　会员制分销联盟体系

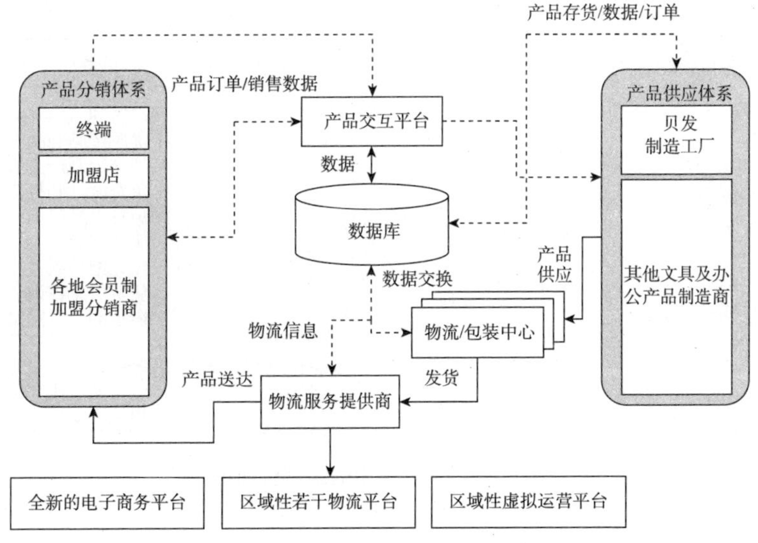

图 8－6　电子商务平台图

由此可见，新商业模式的核心——以电子商务为平台的信息化建设与先进的区域物流配送体系为手段，通过虚拟运营模式的实施，成为中国文具行业最大的品牌运营服务商。

与现有文具行业价值链比较，贝发集团新模式在产品品牌、品类和运营效率方面具有明显优势。通过新商业模式打造，实现了从笔类制造商到“产品集成供应商＋品牌运营服务商”的转变，从过去单一的产品输出到平台运营模式输出的转变，如图 8－7、图 8－8 所示。

制造商主导的价值链	→ 制造商主导的文具价值链中，所有文具为生产商自有品牌的产品，品牌单一 → 受生产幅度限制，产品品类单一 → 文具价值链传统运转方式约束，资金周转速度慢，运营效率较低 → 依赖产品品牌和渠道铺货控制，行业控制力脆弱
区域性终端直供分销商主导的价值链	→ 辐射一定范围（50公里左右）的终端零售点，为终端提供产品配送服务 → 经营多品牌的产品 → 为了保持一定程度的终端影响力，产品的品类较丰富 → 在所辐射的区域内对终端具有相当的影响力，但仍构不成对终端的控制
贝发主导的集成平台价值链	→ 充分利用奥运品牌在价值链各环节的强大号召力，推广唯一性的贝发奥运双品牌及贝发奥运吉祥 → 集合社会资源、以虚拟制造的方式提供12000个SKU的产品，拥有足够宽度的产品线 → 以辐射区域的加盟分销商体系和贝发奥运品牌来保持对价值链较强的控制力 → 信息系统和物流体系实现高效的运作效率

图 8－7　贝发集团主导的集成平台价值链

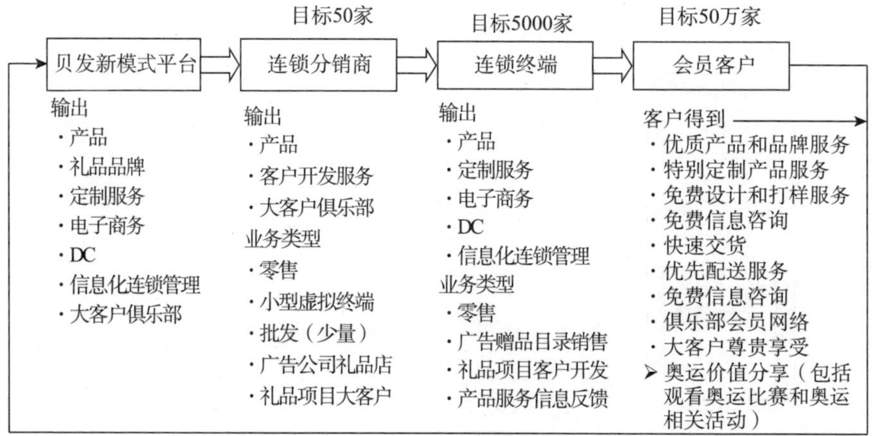

图 8－8　贝发集团的渠道价值链

三、25 天巡回布道，完成新商业模式市场布局

在与贝发集团合作的大半年时间里，项目组听到邱智铭说得最多词语就是“创新、创新，再创新”。贝发集团计划用 2 亿元的资金预算来进行新商业模式的打造和实施，但项目组经常用创新的思维调整方案设计，把这 2 亿元用出 10 亿元的效果。

走行业内所有企业没有走过的路，注定是一段艰苦的旅程，而创新是贝发集团超越传统文具制造企业，改变传统营销方式，迅速建立领导地位的灵魂。邱智铭经常跟项目组同仁谈到联纵智达在贝发集团项目中的定位与价值：“在贝发集团新商业模式建设的过程中，需要联纵智达帮助贝发集团建立整个操作系统，在过程中不断优化与升级，并对各类合作伙伴输出标准化的指导文件与支持包。”

2006 年 7 月，贝发集团新商业模式构建初步完成，原以为可以好好休整一下，但由于贝发集团项目的时间紧迫，项目组同仁马上进入商业模式的市场构建与实施中。咨询的苦在于压力下的透支，咨询的乐是看到客户在自己的帮助下取得预期成果，苦乐之中，在贝发集团项目中，我们深有体会。

2006 年 8 月，烈日炎炎。项目组兵分 7 路，踏上了贝发集团新商业模式的布道之旅。从西南到东北，从北京到四川，从南京到武汉，咨询师马不停蹄，协助贝发集团区域市场进行新模式宣讲的“路演”。

由于全新的商业模式涉及大量的新概念、新知识与新的营销手段，如何让传统经营的经销商快速理解和掌握？项目组编写了通俗易懂的新模式推广教材，对贝发集团各区域的人员实施面对面的小规模培训与演练。

随后，好消息不断传来：昆明的分销商接受了新模式，无锡的分销商正式签约，四川的几个分销商在争做分公司……

从疑虑到肯定，从陌生到全面配合，最后结成新型战略合作伙伴，仅用了25天，就迅速构建了符合贝发新商业模式要求的全新国内市场分销网络。联纵智达如愿协助贝发集团实现了战略突围。

2006年9月28日，贝发集团携新商业模式亮相98届文交会，震动了整个行业。

42 大鹏药业：好产品为何叫好不叫座 

好产品，为什么叫座不叫卖？“体外培育牛黄”如何在高价天然牛黄和低价人工牛黄的空隙间开创蓝海？面对全新的挑战，武汉大鹏药业有限公司（现武汉健民大鹏药业有限公司，以下简称大鹏药业）采用全新的托管式咨询服务，将此难题托给联纵智达。联纵智达通过聚焦法则，为大鹏药业打造差异化竞争力，助其提速以体外黄为牵引的牛黄产业现代化进程。

大鹏药业是一家集中成药开发、生产、销售和药品连锁经营为一体的综合性现代化医药企业，是获得体外培育牛黄国家发明专利及实用新型专利的唯一所有者，拥有中国唯一的体外培育牛黄产业化基地。公司成立 5 年来，一直从事体外培育牛黄的临床应用研究工作和产业化发展。其主打产品“蔡氏丑宝体外培育牛黄”为国家级重点新产品、国家一类中药新药，并列入 2005 年药典。

然而，就是这样百年不遇的好产品，却因为各种限制，始终未能成功推向市场。正是在这样的背景下，大鹏人找到了联纵智达，以托管式咨询服务的方式，将体外牛黄市场拓展全权交给联纵智达，双方达成合作协议，开始了体外牛黄市场化推进的“破冰之旅”。

一、 高技术新药终遇政策机遇

体外培育牛黄在中科院资深院士、中国医学界泰斗裘法祖的指导下，由华中科技大学同济医学院教授、原毛主席保健医生蔡红娇根据生物体内胆结石形成原理，从 1975 年开始，历尽心血潜心研制 30 年而成功的中药一类新药，是国家“863”计划和“双高一优”重点项目。该成果荣获“2002 年国家科技发明二等奖”（一等奖空缺）、“2003 年中国医药科技十大新闻”、“国家重点新产品”等荣誉称号。

体外培育牛黄的制作过程非常复杂，是在研究天然牛黄形成原理的基础上，模拟牛体内胆石形成和生物化学过程，经细菌培养，在多种酶的作用下，清除胆汁中成石的拮抗成分，制成石牛胆汁，再通过醋酸锌促发其作用，形成结石核心。同时，利用静电吸引及有机高分子物质的架桥作用，使其呈网状向核心层沉附，增大成牛胆红素钙结石。

经过长达4年的药学研究和工业化生产，并通过指纹图谱验证，体外培育牛黄的性状、结构、成分、含量、药理、药效等与天然牛黄基本相同，而且稳定性高，甚至在某些关键指标上远远高于天然牛黄。

牛黄即牛的胆结石，原本为病理产物，所以并非在所有的牛身上都能获得牛黄。从牛身上获取牛黄的概率只有千分之一二，千百年来牛黄一直靠农户宰牛取得，所以极其稀缺。为满足中药产业发展的需要，国家一方面用人工简单合成的人工牛黄来支持牛黄中药产业的发展，另一方面每年花费近1亿美元进口天然牛黄。然而2000年之后，为避免疯牛病通过药品途径传入我国，国家先后三次发文禁止用进口牛源性材料制备中成药，其中包括进口牛黄，这就使得原本就已经稀缺的牛黄资源更加珍贵。由于牛黄的昂贵和稀缺，市场出现了天然牛黄掺假的现象，而人工牛黄的药效又远远达不到要求，严重影响中成药的质量和医学疗效。所以，寻找牛黄替代品成为中医药界共同关注的问题。

凝聚着三十年科技结晶的体外培育牛黄横空出世，恰好弥补了这一历史性的空白，成为划时代的科技产品。

2004年1月21日前，国家食品药品监督管理局发出《关于牛黄及其代用品使用问题的通知》，禁止以人工牛黄替代天然牛黄。《通知》规定："对于国家药品标准处方中含牛黄的临床急重病症用药品种和国家药品监督管理部门批准的含牛黄的新药，可以将处方中的牛黄以培植牛黄、体外培育牛黄替代天然牛黄投入使用。"

这一政策的出台，给大鹏药业这样一家一直坚持以生产和研发体外培育牛黄为主的企业创造了绝佳的市场机遇，真可谓千载难逢。

二、历尽艰辛出新品，市场却并不买账

三十年的努力和期待，大鹏药业终于等来了可遇而不可求的商机。然而，事情却并不像大鹏人想象的那么美好，原本以为可以马上把这样的好产品送进千家万户，却万万没有想到从实验室技术到工业化生产的过程并非是一步

之遥。

没有生产设备，必须一一发明和研制；没有技术人员，必须一一培训和培养；没有国家标准，必须一一申请和批复……

不服输的大鹏人坚信，好事多磨。经过五年的时间，大鹏人从零起步，终于让体外培育牛黄技术一步步走出实验室，实现了工业化生产，为大鹏药业的展翅高飞打下了坚实的基础。此外，随着国家21号文件的颁布，让大鹏人再次深信，大鹏药业必将成为牛黄产业的领导者品牌。如此一个好的产品，只要能够辅之以一定的营销推广，必定是“皇帝的女儿不愁嫁”。

然而，令大鹏人没有想到的是，他们又想错了。原本以为只要把体外培训牛黄定位于中档，通过牛黄原料和制剂新资源来实施对中低档人工牛黄的“下压”和对天然牛黄的“上挤”，便能够快速抢占对手的份额，形成自有的市场占位。然而，真正进入市场后才发现，情况不如想象中的那样乐观。原本以为第一年，即2004年就可以实现1000公斤体外培育牛黄原料药的目标（包括终端制剂折合成原料药数量），但半年过去了，市场依然是“山还是那座山，月亮还是那个月亮”。

这究竟是怎么一回事儿？且看市场反应。首先，下游企业不买账，“我干得好好的，为什么要换原料呀？功效与天然牛黄相比，不具备明显优势；价格与人工牛黄相比，不具备较大优势。而且，老百姓也并不认这个东西”。其次，消费不买账，“体外培育牛黄是什么呀，不知道呀，干什么的”……

大鹏人没有想到，这么好的一个产品，本以为会“不鸣则已，一鸣惊人”，可是没有想到，凤凰还没有展翅高飞，就已经折翼了。

大鹏人想不明白，捧着这么一个金饭碗，怎么就找不到饭吃？

三、 好产品，为何叫好不叫座？

在发现原料药没有作为后，不服输的大鹏人转而在终端制剂上动起了脑筋。

2004年6月，大鹏人决定将0.3g包装规格的体外培育牛黄作为大鹏药业的第一个终端药品推向市场，可结果却再一次让他们大失所望。市场并没有出现如他们想象中那样的火爆场面，即使央视的《新闻联播》和《科技之光》栏目都把体外培育牛黄作为国家级新闻和科技播出，但市场对体外培育牛黄却依然是“吹不皱一池春水”。

问题到底出在哪里?

在找到联纵智达后，大鹏人的第一句话就是："我们从事医药营销十几年来，体外培育牛黄是我们最为看好的产品，但目前成了我们最搞不明白的产品!"这种发自内心的话，让项目组的成员感到，这不仅是一份企业的责任，更是一份振兴民族医药的使命。

经过与大鹏营销团队一起进行深入的市场调研和访谈后，项目组发现了大鹏药业未能展翅高飞的四大原因。

(一) 产品定位泛化

《神农本草经》中有这样记载："百草之精华，为世之神物，诸药莫及……"自古就有牛黄能治百病之说，在功能主治中包括了很多的病症：清心、豁痰、开窍、凉肝、息风、解毒，用于热病神昏、中风痰迷、惊厥抽搐、癫痫发狂、咽喉肿痛、口舌生疮、痈肿疔疮等。

大鹏人在拿到能包治百病的体外培育牛黄的批文后，也将其定位为："家备牛黄、遇病不慌。"这正好与牛黄的药性和牛黄的功效，甚至与《神农本草经》中牛黄的定位不谋而合。

实际上，把体外牛黄定位为"家备牛黄，遇病不慌"，就相当于把体外牛黄定位于可以包治百病的奇方良药。在这用药差异化的时代，即使牛黄真的能治百病，也没有人相信。更何况牛黄到底能治哪些病，又能治好哪些病，却始终无法明确地定位出来。此外，家备用药与国人生病之后才用药的消费习惯也大相径庭。如此泛化的产品定位，即使是再好的产品也无处发力。

(二) 产品渠道模糊

由于产品定位的泛化，导致在渠道规划上也显得模棱两可。牛黄原料药有的走批发商渠道，有的走直销渠道，单方制剂也是各种渠道混杂，没有明确告诉各大区经理及经销商，从而使得所有的大区经理和经销商各行其是，没有统一的渠道执行策略。以 RX 和 OTC 两种渠道为主进行推广后，却又遭遇体外牛黄的单方制剂的瓶颈，由于体外培育牛黄作为国家一类新药的批文是原料药制剂，属中药饮片范畴，是一个单方制剂，但对于单方制剂的开方习惯，目前尚没有先例。

大鹏药业不仅需要对客户进行深度教育，还需要引导医生来改变这种习惯。于是，围绕着 RX 和 OTC 为主而千变万化的渠道延伸更是"八仙过海，各显神通”，有会议营销的、有店铺直销的、有上门推销的，还有专家坐诊的，如此林林总总，却始终没有在全国范围内建立一个主导的渠道模式。

（三）产品价格无据

大鹏人认为，体外培育牛黄作为天然牛黄的替代品，甚至在某种程度上已经超越天然牛黄。因此，以原料药 6 万元/公斤和单方制剂 128 元/盒/0.3g 的定价政策正式出台。然而上下游渠道和终端渠道对此反应竟然是“能接受，但决不会接受”，这到底是为什么呢？

1. 从单方制剂角度分析

一是产品的价格，尤其是与天然牛黄和以天然牛黄为主导原料的“安宫牛黄丸”相比，其实价格并不算高，甚至低了很多，理论上是可以卖出去的，可那是建立在产品概念明确功效锁定的基础上的，而大鹏药业不具备这样的前提条件。

二是消费者的消费心理，如果作为包治百病的药来宣传，128 元的零售价价格就让消费者觉得不可能，谁也不会相信 128 元的牛黄药可以包治百病。

三是经销商的利益，要把体外培育牛黄这种全新的东西通过多种渠道在消费者面前讲清楚，并把产品卖出去，128 元的价格实在很难支撑其获利空间，而且短时间内也很难形成规模。

2. 从原料药来源角度分析

一方面，这样的价格高出人工牛黄近 200 倍，体现在终端制剂上，就比“安宫牛黄丸”、“大活络丸”、“牛黄清心丸”、“西黄丸”等主要急症用药产品价格高出不少，甚至翻倍。这种价格体系如何使那些已经形成既有利益链和价值链的下游厂家和消费者接受，确实是个严重的问题。

另一方面，由于天然牛黄存在走私现象和不稳定因素，天然牛黄的每千克价格不到 10 万元，这样的差价是否值得让下游企业来更换原料药？而最关键的是，由于消费者认知能力的局限，大家总认为天然牛黄就是比其他的任何一种牛黄都要好，而且许多消费者就是把体外培育牛黄等同于人工牛黄。因此，如果消费者不买账，一切都是白搭。

（四）产品传播无向

因为天然牛黄的稀缺，人工牛黄的泛滥，绝大多数消费者（北方地区尤其明显，广东、福建沿海地区稍好）对牛黄的认知普遍处于清热解毒的层面上。同时，由于产品定位不清，产品渠道不明，也使得大鹏药业几乎所有的传播和广告只能集中在事件新闻上，而无法聚焦0.3g体外牛黄产品和原料药锁定的终端制剂上，更无法深入聚焦产品本身的功效、疗效上。如此的传播反而使消费者和渠道商对体外培育牛黄这样一种定位模糊不清的产品从有一点明白到一点也不明白，结果导致大家都处于观望状态。

四、强聚焦，打造差异化竞争力

（一）从市场中来到市场去

问题找到了，那么接下来该如何解决呢？

首先，需要解决的是产品的定位问题，而要解决体外培育牛黄的定位，就必须在原料药和单方制剂的产品主导方向上用力，解决体外牛黄的功能主治和功效问题。通过与大鹏人沟通，基本统一了意见，即必须找到产品的功效聚焦点。而要找到产品的功效聚焦点，最好的办法就是从市场中来到市场中去。

在项目组的指导下，所有的原料药大区经理，开始由原先锁定下游生产企业客情关系建设转向锁定下游生产企业以体外培育牛黄原料为主导的绩优型产品和关键潜力型产品，在对这些产品进行深入分析的基础上，锁定对应的主要市场和竞争对手，如对使用牛黄量较大的“安宫牛黄丸”的市场状况、自身状况及主要竞争对手情况和问题等进行深入的分析和研究。

同时，所有负责销售0.3g单方制剂的大区经理和经销商也不再抓住如何销售的问题不放，而是把前几个月所有卖出去的产品进行全面深入的分析，总结这些产品是通过哪些地区、哪些渠道卖出去的，又卖给了哪些消费者。在这种战略指导下，大区经理和销售商们所需要做的全部工作就是找到目标渠道，分析这些产品是如何卖出去的，同时并找到消费者，了解消费者为什么要购买这些产品，购买之后如何使用，使用之后又产生了哪些作用，这些作用对哪些疾病有疗效等。

（二）细分-聚焦-差异

功夫不负有心人，经过近两三个月的深入分析，市场传来了好消息。对于原料药来说，江西樟树药业率先使用体外培育牛黄作为其主导产品“大活络丸”的差异化营销手段后，市场反应整体良好；对于单方制剂来说，有几个严重中风的患者在服用体外培育牛黄15盒之后便能够站立起来。

这个好消息驱散了项目组眉头上多日积压的忧愁，也验证了体外培育牛黄产品确实是疗效显著。如今有了切入点，就有了关键点，也就有了聚焦点。

对于原料药来说，所有的工作都围绕着关键下游企业客户来展开，以差异化的增值营销和大客户服务模式来切入。对于下游企业的选择，也不再是低档的人工牛黄和高档的天然牛黄一并通吃，而是有所为有所不为，也不再按是否含天然牛黄和人工牛黄来划分和选择客户，而是果断地放弃那些不在国家政策范围内，且短期内不可能把原料改为体外培育牛黄的人工牛黄中成药和天然牛黄中成药的生产企业，从而选择了在国家政策范围内且必须改为体外培育牛黄（只是时间早晚问题）的人工牛黄和天然牛黄中成药客户。通过具有代表性的关键客户，以点带面，以面连片，最终形成中低档相结合的客户网络。

经过对所有牛黄中成药的客户进行全面分析后，决定暂时先抛弃国家政策外的牛黄中成药企业，先期锁定以下几类客户和企业为重点突破方向：

（1）42种急症用药大品种对应的企业；

（2）牛黄中成药为主导的企业；

（3）牛黄中成药排名靠前的企业；

（4）牛黄药不为主导，但品牌响、企业规模大、渠道好、想进入的企业；

（5）已经将某些产品做成功、对产品有决定权的包销商所对应的企业；

（6）想把某个含牛黄类中成药做成差异化并以此作为企业提升手段的企业。

于是，广药集团的奇星药业、敬修堂、陈李剂等，哈药集团的世一堂、中药三厂，上药集团的雷允上，樟树医药集团、太极医药集团等先后进入大鹏人的视野。

与此同时，就单方制剂来说，所有的工作就围绕着找中风偏瘫患者，让他们吃体外培育牛黄，做临床研究和对比实验。经过临床对比研究，最后的结果让项目组大吃一惊，体外培育牛黄对中风偏瘫的治愈率高达37%，显效率则更是达到了83.7%，可以说是目前真正能够让中风偏瘫患者站起来的唯一无任何副作用的良药。

山重水复疑无路，柳暗花明又一村。

在与大鹏药业高层沟通后，项目组最终决定抛弃体外培育牛黄能包治百病的产品定位，而是把它的功效和疗效进行了市场细化，聚焦中风偏瘫患者，锁定差异化无任何副作用的疗效，真正让中风偏瘫患者站起来。

找到了产品定位，紧接着产品的渠道、价格和传播也亦水到渠成。安徽某个经销商的加盟，更让项目组明确了体外培育牛黄的渠道构建、产品价格组合和推广传播。

纵观国家一类新药前期的渠道构建，市场推广离不开专业人士的认可，遂决定在渠道上以 RX 为主，切开中风偏瘫这个市场，并锁定中医院和名医院的急症科、心脑血管科及与中风治疗紧密相关的科室，同时在具体的服用方法上以疗程为单位，而不再是以盒为单位，明确疗程、用法、用量。安徽经销商正是找准了病人，在用药上予以科学的指导，使得服用体外培育牛黄的 12 个中风病人全部康复。同时，通过这种最有效的口碑宣传，并辅之以有效的专业学术推广，一个小小的县城，30 天快速动销 1500 盒，体外培育牛黄一时间成为治疗中风偏瘫等疑难病症的神药。

于是，以治疗中风为产品定位、以 RX 为产品渠道、以病人的治疗疗程为产品价格、以地面的口碑宣传为途径，辅之以高空的专业学术推广宣传，通过聚焦战略的差异化营销，单方制剂迅速成为大鹏药业产品家族里仅次于原料药的第二个拳头产品。

与此同时，大鹏药业原本近 40 个批文和批号的普药产品暂缓上市。一方面是避免全面开花挤占本已有限的资源；另一方面则是想通过体外培育牛黄的植入来提升其产品力，以待未来上市时更具竞争力。

目前，通过技术移植、二次开发等手段，已先后有“牛黄痔清栓”、“婴儿健脾口服液”等产品荣获“中药保护品种”、“国家二类新药”、“国家三类新药”等荣誉。只要 0.3g 作为单方终端制剂成为大鹏药业的急先锋，并且通过切实疗效给消费者和医生留下良好而深刻的印象后，大鹏药业拥有体外培育牛黄的优质资源将会迅速而显著地体现出来，后续品种的推广也会事半功倍。

五、 促联盟， 打通 “任督二脉”

如果说通过“细分－聚焦－差异”这一过程让大鹏人找到了体外培育牛黄发力的产品、发力的客户、发力的渠道和发力的资源，那么如何把那些发力的资源和焦点真正转化为下游客户的利益点、产品的市场力和企业的竞争力，才是真正要解决的关键点。也就是说，如何通过这些聚焦点，以怎样的手段和途径传递给客户，最终延伸到消费者身上，这才是大鹏药业产品真正的动销并持续畅销、长销的根本驱动力。

经过对原料药的销售状况及其中的困难进行分析，通过对原料药客户的摸排，项目组发现，单纯依靠以前关系型的业务模式已很难改变现有供应链体系，而且也很容易陷入价格竞争的漩涡之中。因此，项目组决定走战略联盟体的大客户模式（如图8－9所示），即通过最优惠供货、产品升级、品牌联动、平台共建、捆绑销售、渠道共享、营销支持、咨询服务等36个免费的价值利益点，让企业低成本且没有任何后顾之忧地完成产品的升级和品牌的再造，这种综合的价值是大鹏药业任何一个竞争对手都不能也无法提供的竞争力。

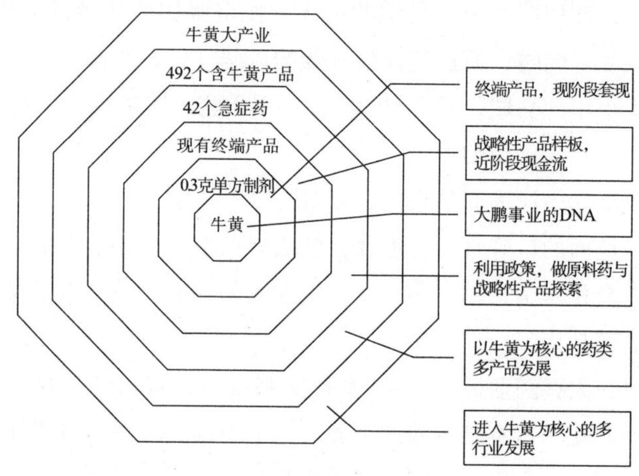

图8－9　大鹏药业战略合作联盟体示意图

正是在这种理念及利益价值的驱动下，原先一直打不开局面的原料药销售，渐渐开始撕开了第一道口，以江西樟树的第一单开始，先后有广西梧州制药、广药、上药、哈药等巨头型医药企业先后与大鹏结成战略联盟，共同打造产品的升级换代及转型之路。同时，单方制剂的“1＋N”模式出台，更是战略联盟思想的深刻体现。项目组通过先免费提供一定量的产品，指导经销商让名医和消费者试用，在体验营销中，通过三方利益的划分和合作，建立起捆绑式或联盟式的“1＋N”销售模式，让患者有其益、医者有其名、商者有其利，最终实现企业的生存和发展之路。

从原料药来说，以广药、上药、哈药等为代表的国内顶尖级的合作伙伴已相继与大鹏药业签订1000公斤左右的原料药订单，还有众多的中小型合作伙伴也已开始与大鹏药业进行尝试性合作。与此同时，以韩国为代表对牛黄中成药有广泛需求的东南亚国家和地区的200余公斤的国际订单也已履约。

从单方制剂来说，通过以点带面、以农村包围城市、捆绑合作共同发展的"1 + N"名医模式迅速在广东、福建、浙江、山东、北京、天津、辽宁等重点市场布局和建网，并初步显示出一定的生命力和差异化的竞争力。短短几个月，就销售了近1000万元。

通过这种战略联盟的策略，项目组很快打通了产供销的上下游产业链，通过为合作伙伴提供切实可见的"三十六联盟价值利益点"，真正打通下游合作伙伴的"任督二脉"，实现共赢。

由于成功开启了体外培育牛黄市场，并且合作伙伴的"任督二脉"也被打通，大鹏药业的机会天窗终于打开，中药产业和牛黄产业的现代化蓝图也呼之欲出。

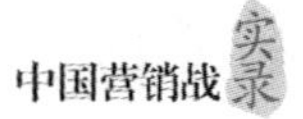

43 汤臣倍健：模式变革打破渠道桎梏

在我们准备提笔写这篇有关汤臣倍健（300146）文章的时候，汤臣倍健刚好公布了自己2012年的年报。据这份年报显示，2012年度汤臣倍健实现营业收入10.67亿元，比2011年同期增长62.12%；营业利润3.32亿元，比2011年同期增长52.57%；净利润2.8亿元，比2011年同期增长50.38%。汤臣倍健在营收基数越来越大的情况下，再一次实现了高于行业增速近两倍的高增长。

支撑这份漂亮数据的是截至2012年12月31日，汤臣倍健所进终端数量已经超过3万个，较2011年年底增加了1万多个，其中合作的商业系统包括96家全国百强连锁药店和41家全国百强商业超市。或许更为重要的是，汤臣倍健的单店产出在2011年提升两位数的背景下，再次有了两位数的增长；连锁专卖店（汤臣倍健营养中心）已经达到了583家，较2011年年底增加145家，更是2010年的近3倍……

一连串奇迹狂飙般的数字，最能说明汤臣倍健近一两年的变化。而在这个变化的背后，有联纵智达2011年开始的一揽子营销咨询服务，更有汤臣倍健高管团队及区域营销精英的高瞻远瞩、破局创新。

一、非直销领域冠军的烦恼

在中国的膳食营养补充剂市场，存在着两大领域，一是以安利为绝对霸主的直销领域，该领域占据中国膳食营养补充剂整体市场约90%；二是非直销领域，这个领域的王者就是汤臣倍健。

汤臣倍健尽管贵为非直销领域的王者，却面临着几个影响深远且不得不谋求解决方法的问题。

（一）扭曲的行业渠道价值链成桎梏

汤臣倍健置身的大保健市场乃至关联度极高的药品零售市场，盛行着多年形成的行业潜规则：低价高卖的高毛利模式——厂家低价出，零售商高价卖，中间的经销商也是踩着浑水把钱揣。比较常见的是：厂家2~3折出货给经销商，经销商再以3~5折出货给零售商，零售商再以高价卖给消费者。

高毛利模式能让厂家的产品在零售终端享受主推产品的待遇，但这种模式的问题却是：利润都让渠道商赚了，厂家的促销推广却受到限制，想多上导购员、想多投广告、想多做地面促销和推广，由于缺乏充足的利润支撑，越来越力不从心。汤臣倍健也面临着这样的难题。

汤臣倍健曾多方努力，谋求渠道扭曲的解决之道。

（1）和一些同行一样，他们曾通过提高零售价的方式，拉高利润空间，但经过两轮提价后汤臣倍健的产品已普遍比国内同行高出15%左右，提价空间越来越小。

（2）他们曾选择区域市场做提高供货价的尝试，将普遍3折多的供货价提升到超过5折，但是“第二天”就发现，自己的陈列位置压缩了，被转移到了货架底层，营业员也开始以汤臣倍健为负面的参照物诱导顾客选择其他高毛利的竞品。

（二）渠道执行力不理想，厂商关系需要重构

汤臣倍健过去主要依靠网点扩张及以姚明为标志性事件的品牌推广，在高速地外延式扩张。但随着确定内生式增长和外延式扩张并重推行之后，日益讲究精细化市场营销的汤臣倍健，发觉过往的厂商关系成了对自己愈来愈严重的桎梏。

其一，虽然与经销商约定要在终端设置在岗业务员及营养顾问，总有经销商无法兑现。

其二，虽然厂家全品项进场、必进及重点品项进场等方面的终端类型划分很清晰，但经销商总是做不到位。

其三，“万店皆姚明”的终端包装活动推行缓慢。

其四，经销商平均拥有终端网点的数量不高，部分经销商铺货缓慢。

其五，一部分经销商订货量小，部分经销商更是缺乏二次进货，名存实亡。

以上种种，是几乎所有行业的共性问题，但对汤臣倍健来讲，也印证了汤臣倍健的渠道执行力存在问题，制约着企业的发展。作为冠军企业的汤臣倍健能突破行业的糟粕和窠臼吗？

汤臣倍健的高管和联纵智达汤臣倍健项目组一致认为：要强调内生式增长，要快速甩开与行业第二梯队的距离，要提高终端单店的产出，提高在终端品类中的占比重要性，汤臣倍健有能力并也已经到了必须解决上述问题的时候。

二、 高瞻远瞩， 从模式上去改变

渠道价值链也罢，渠道执行力也好，仅仅依靠管理和营销技巧是无法改变现状的。要从根本上解决问题，就必须从改变模式着手。为此，我们协助汤臣倍健运作了以下两件事情。

（一）构建通透式管理的品牌分销连锁

所谓品牌分销连锁就是品牌分销 + 连锁专卖。品牌分销即与经销商签订汤臣倍健品牌授权分销连锁合约，经销商以成立汤臣倍健专营公司或组织的形式，在授权区域开设专营专卖旗舰店，并以此为平台发展终端专卖连锁。连锁专卖则是在品牌分销的基础上，逐步实现以专卖店、店中店、专区、专柜、专墙、专柱、专岛等，建设终端专卖体系。

品牌分销，是让经销商向汤臣倍健的“准子公司”、“准办事处”发展，连锁专卖则强调终端掌控，通过两者的结合，实现了与经销商合作模式及厂商关系多方面的升级，逐步建立起厂商一体化的关系，实现对渠道的掌控力。随着品牌分销连锁体系的逐步确立，将帮助我们谋局、扭转低价高卖的高毛利模式。

为了更好缓解高毛利模式带来的负面影响，我们与汤臣倍健共同设计了几个策略：

一是用好品牌支持、广告品种、产品组合改进进场模式，强调与终端分享合理的综合毛利及费用贡献。

二是通过新招经销商，小区域、新品项及承诺销量、货架承包卖断等新模式的试点，逐步推开高价模式。

（二）推行专营专销

一些经销商月均订货额小，无法完成铺货、终端包装、业务及营养顾问在岗率，这是为什么？通过对经销商队伍的分析，我们发现，最核心的问题是，我们仅仅是经销商众多分销品牌中的一个。如果经销商只做一个汤臣倍健，岂不是能集中其资源和能力投入到汤臣倍健的身上？要解决这个问题，最佳的办法就是——推行专营专销。

要推行专营专销，必须具备品牌优势、推广投入加大和高速的销量增长。汤臣倍健在非直销领域的冠军地位，在品牌推广投入上的大手笔，以及高速攀升的销量，都为专营专销提供了很好的支撑。

为此，我们帮助汤臣倍健设计了专营和专销两个层次的合作等级。前者强调经销商整个公司只做汤臣倍健，或成立单独的公司做汤臣倍健，后者要求经销商至少成立独立的部门，以独立的业务团队和营养顾问团队，独立运作汤臣倍健。

为了推行专营专销，我们与汤臣倍健的团队一起设计了相应的推进举措。在 2012 年中报披露的时候，效果显现。据公开数据显示，汤臣倍健经销商体系的专营专销率已经提升到了 80%。

汤臣倍健的营销团队，是一支素质过硬的高执行力团队，正是有了他们的努力，才实现了汤臣倍健连续多年的高增长，才保障了汤臣倍健在销售基数越来越大的情况下，继续保持 50% 以上的高增长，才成就了汤臣倍健的行业霸主地位。联纵智达汤臣倍健项目组在他们的身上也看到了一支冠军团队的希望与未来。

结合汤臣倍健强调市场整理、精益化管理、单店提升等内生式增长的努力，以及中国 40 万家药店和 4 万多家适销商超的终端数量、中国膳食营养补充剂市场的持续扩容……我们有理由相信，最好的内生式增长努力加上最好的外延式扩张的汤臣倍健的未来，仍然是高增长的未来。这将帮助汤臣倍健创造一个又一个奇迹。

第九章
汽车·摩托车

44　三环重生：主机创牌，维修创利 

2009年，全球共生产6098万辆汽车，其中1379万辆在中国。实际上，当事物发展超越成熟期就会提前步入“后时代”。那么，中国的汽车企业如何在“后汽车时代”的“汽车后市场”抢占先机主导市场，取决于自主品牌战略的成与败，以及自主品牌将如何引导市场消费行为。三环离合器就面临这样的市场环境和实际问题。

一、背景：“温水中的青蛙”

美国康奈尔大学科学家做过的著名“青蛙实验”，站在今天看，中国的一大批老牌本土国营零部件企业就是那只“温水中的青蛙”。

20世纪50年代，很多本土汽车零部件企业是“皇帝女儿不愁嫁“，主要生产任务是满足一汽、二汽等大型汽车企业配套厂而存在，当时的技术和研发都参考国外先进模式全套引进。加上中国整车市场完全是市场拉动，什么样的车都有人买，市场供不应求，所以本土汽车零部件企业主要任务是满足汽车厂生产需求，只要派遣几个得力干将抱住大型汽车厂这个金娃娃，伺候好几个老关系，生计就有了着落。

在这种情况下，汽车零部件的质量、技术并不是最重要因素，汽车后市场这种需要费时、费力、费财、费人的苦差事对于汽车零部件企业来说，根本就是我是穿皮鞋的，压根就不愿与穿草鞋的苦差事为伍，汽车后市场有需求我也不提供货源或者将淘汰次品提供给汽车后市场销售。更为严重的是，这种长期的惰性思维使得太多员工寄生在企业资源上、汲取养分而不思回报，使得汽车零部件企业完完全全变成了一个简单的流水线制造机器，变成了在温水中蒸桑拿的青蛙！

随着我国汽车需求量的增加和政策开放，我国本土汽车零部件企业迅速增加至今天的 2 万多家，但数量的急速增加并没有带来技术、研发的进步，反而是惯性的关系营销、灰色营销盛行，简单的流水线生产使得本土企业在主机市场竞争中失去了竞争力。

据统计，本土零部件企业数量占全国零部件生产企业的 80% 以上，但是本土零部件企业总销售额占 20%，90% 的产品是集中在低端产品。

合资整车企业中，美系 100% 购买外资企业背景的零部件供应商产品；德系和日系的主机厂的 89% 和 90% 是外资企业零部件产品；自主品牌整车企业 53% 是从外资零部件公司购买零部件。汽车制造商每年被迫削减汽车价格，年均降幅为 10%。

因此，许多商家尝试把这个负担转交给汽车零部件供应商，迫使供应商降低成本，并减少利润。这种多而不精，忽视技术和研发的发展趋势使得本土汽车零部件企业要看主机厂脸色来过日子。

同时，随着上游钢铁、铜、铝等原材料的大幅涨价，人力成本的逐年上升，老牌国有企业大量员工进入退休年龄带来的社保压力，原来依靠低成本制造、低成本销售的时代已经一去不复返。这种情况下，本土汽车零部件企业利润空间严重恶化。由于失去了对主机厂的定价话语权，成本压力根本无法转移到主机厂，零部件企业只能打掉门牙往自己肚子里面咽，上游订货要支付上百万元的现款，下游销售主机厂要垫付上千万元的货款，同时产品还受主机厂多重刁难，动不动就退回一堆质量不合格产品，可谓是受尽了主机厂欺压。

在生存都难以维系的情况下，很多本土老国营零部件企业开始把眼光转向了汽车后市场，突然发现这块在自己眼中不起眼的“鸡肋”已经变成了庞大的蛋糕，并且大蛋糕市场中已经布满了大大小小的民营竞争者，他们的产品虽然质量不高、缺乏严格技术标准，但价格相对低，同时国有企业对汽车后市场长期的忽视和冷漠造成汽车后市场假货盛行，消费者在缺乏判断标准的前提下，往往依靠价格采购汽车零部件，这些老国有企业只能看着干瞪眼，自己的产品好，是原厂配件，但高价格往往使得消费者弃之不理。

二、 合作： 三环企盼重生

湖北三环离合器有限公司（下简称三环）就是面临以上很多问题的一家老牌国营汽车零部件企业。三环始建于 1954 年，位于湖北省黄石市高新技术开发区，属大型国有企业，公司占地11.2万平方米，是花园式工厂建筑。公司拥有各类生产设备468台，其中加工、检验、热处理等关键设备为法国、德国进口的先进设备，建有国内最先进的离合器辅助试验和技术中心，是东风、玉柴、神龙公司联合指定的离合器试验基地。

公司是中国汽车行业协会会员和中国汽车离合器行业标准的撰稿单位，连续多年被《中国汽车报》评选为“全国百佳汽车零部件供应商”，这是全国离合器行业唯一入选企业。“三环”是公司产品的主导品牌，公司的离合器产品涵盖了微型车系列，轿车，轻卡、中型卡车、重型车系列和客车系列，是一汽集团、东风汽车公司、江淮汽车、长安汽车、神龙汽车、玉柴机器和上海柴油机厂等三十余家主机独家和主要配套商，拥有覆盖全国销售网络，产品出口到西亚、欧洲、东南亚和南美等地区。

公司的理想和使命是成为汽车传动领域的卓越企业，我们的使命在于通过持续改进来理解并超越顾客期望，通过提供产品和服务，与利益方共享成果来实现企业价值观。

公司通过IS09001质量体系认证、美国汽车行业标准QS9000质量体系认证、国际汽车行业标准TS16949质量体系认证、国家产品质量安全标准“3C”认证。

公司拥有自己的研发中心，并与国内外同行业及科研所保持广泛的技术交流和技术协作，与武汉理工大学联合建立了“三环集团汽车传动技术研究与发展中心”，并多次承担省市重点科技攻关项目。重点项目如重型车拉式离合器，双质量飞轮，多功能激光符合加工机开发与研制，HC－ERP系统集成，重型车液力变速器等。公司拥有自己的材料实验室和产品实验室，在国内同行业中实验手段最齐全，能完成离合器所有的功能和性能实验，是东风公司、玉柴机器和神龙公司联合指定的离合器试验基地。

从发展情况看，在主机市场，三环经过多年经营，积累了一批优质客户，但目前利润几乎都被同行压价、原材料带来的涨价和主机厂苛刻的供应条件所吞噬。对于汽车后市场，三环曾经尝试开发过，但进进出出好几次，始终无法在汽车后市场获得稳定的市场份额和销量，反而将主机的微薄利润倒贴进去了不少。正是在汽车后市场进退两难的情况下，联纵智达·三环项目组正式成立，开始为三环建设汽车后市场营销体系、打造品牌。

三、 市场：陷入六面埋伏

经过对三环的内访外调，项目组梳理了汽车后市场营销元素的关键特征：

（一）走向：汽车后市场的机会

国内汽车离合器行业规模不断扩大，预计到2010年，当年汽车产量所需离合器数为658万套，当年汽车保有量中所需离合器数为4802万套。

我们预判，2006～2010未来五年，整个中国汽车零部件、汽车离合器行业将会高速发展，三环离合器所面临的主机配套市场的销售增长速度将会远远低于汽车后市场的增长，其根本原因是国内汽车整车销售增长会大大低于国内汽车保有量的增长幅度。**三环离合器未来的市场销售增长点将会在汽车后市场。**

在可以预见的未来五年，全国离合器市场将会达到100亿元以上的行业规模，同时，行业集中度也将快速增加。在2010年的离合器市场，如果不能做到8～12亿元的规模，在今后的市场竞争格局中，也将没有制定或者参与制定游戏规则的权力！**快速做大，是三环离合器近期唯一的战略选择！**

随着汽车市场销量的高速增长，整车价格持续下降，主机配件价格必将持续下降，但汽车后市场零部件价格下降的幅度将较低。因此，三环离合器所面对的主机配套市场价格竞争也会越来越严峻，其利润将会越来低。但汽车后市场的价格下降速率会远远低于主机市场。因此，未来三环离合器的利润增长点将会主要来自于汽车后市场销售。

（二）盘点：国内汽车后市场的主要营销模式

通常所说的汽车零部件营销渠道，是指汽车零部件售后服务市场的营销渠道（如图9－1所示），它要比配套市场和出口市场更加复杂。同时，它的建设难度更大，也更加难以控制和管理。

国内汽车后市场长期以来形成的小规模、低水平重复生产的结局，使得市场上产品品种繁多，性能、价格差异大，同时需求方的需求也是多种多样、千变万化，供需的多样性决定汽车零部件市场营销模式也必须是多样化的。

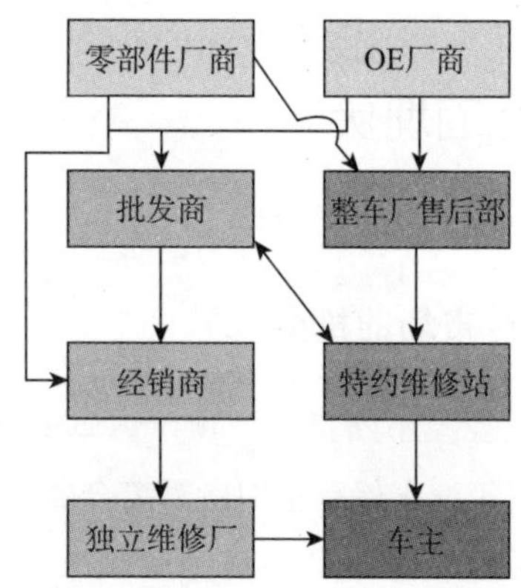

图9-1　国内汽车售后服务渠道模式

（三）摸底：汽配城的鱼龙混杂

20世纪90年代初，全国出现了几十个颇具规模的汽车配件城。这种新的经营模式将众多大小经销商聚集在一起，形成店多成市的规模效应，为用户提供一种“走一家胜百家”的方便购物环境。迄今为止，全国各地大大小小的汽配城就有300余个，其中上规模、投资千万元以上、占地10000平方米以上的汽配市场（城）已逾百家。如典型的昆明、成都、十堰等地区的大型配件市场相对集中，已经对整个配件市场产生很大影响。

由于汽配城经营群体的相互竞争，加之大的代理商、直销商、大中型厂家进驻，消费者可以货比三家，能够平抑价格。同时随着商用车市场的快速增长，用户对售后服务的关注度越来越高。此外，汽配城本身是一个大库房，汽车修理厂可以做到“无库存修理”，节省大量的流通资金，成本相应大幅度地降低。

尽管汽车后市场巨大，但市场情况却不容乐观，鱼目混珠、假冒伪劣现象严重，一些产品夸大片面宣传，误导消费。尽管汽配行业是一个长命的行业，但由于缺乏合理引导，市场上产品鱼龙混杂、真假难分。那么对于消费者来说，价格低廉似乎成了标准线，导致整个汽配行业陷入一场轰轰烈烈的杀价斗争，许多厂商和经销商是如履薄冰，险象环生地经营，不知道自己还有几年的生存空间。

（四）纠结：经销商的“春秋战国”

经销商实力不强，国内汽车后市场经销商的经营时间普遍较短。经调查，经营时间在2年以内的经销商比例为34%，而经营时间不超过5年的经销商比例为61%，经营时间超过5年的经销商比例仅为39%。经销商的经营规模偏小，远达不到规模经营效应。经调查，有85%受调查经销商的经营规模在30万元以下。

经销商的核心能力在于它的走货能力和拥有的终端资源。国内经销商在这两方面的能力都较差，直接表现为单个产品经营业绩低下，依靠经营产品品项多来迎合市场多样化需求。

渠道对利润率要求较高，造成经销商、终端和厂家在相互竞争，经销商要求价格低、返点高；厂家要求回款快，最终形成厂家负责盯经销商，经销商独自做市场的局面。

由于渠道控制权掌控在经销商和终端手中，容易出现串货、相互杀价等恶意竞争行为，最后结局是做死一个产品再换一个新产品。

由于缺乏厂家指导，经销商也在盲目开发市场，价格体系制定混乱，市场拓展空白点很多，给竞争产品留下了机会。最后结局是大家盲目跟踪畅销产品，使产品生命周期缩短。

（五）路径：终端的两个消费途径

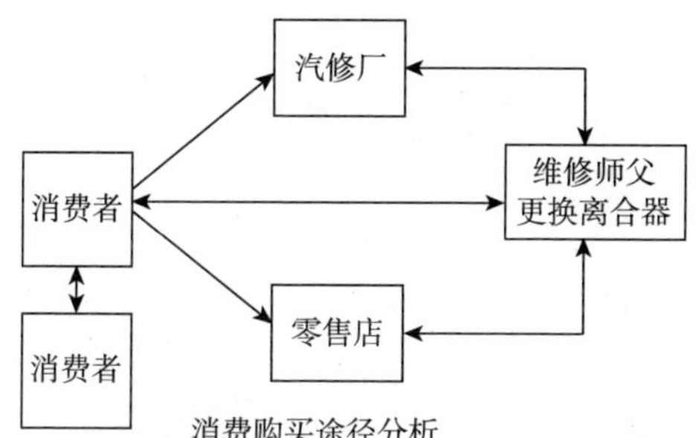

消费购买途径分析

途径一：消费者购买和更换离合器都在汽修厂通过维修师父更换。

途径二：维修师父让消费者购买离合器，然后在维修厂更换。

途径二：消费者自己购买离合器(根据自己使用经验或朋友推荐)，然后到维修厂让维修师父更换。

图9－2　消费者购买途径

从图9－2我们看到两个关键点：

一是汽修厂的维修师父，他与消费者进行直接沟通，而且是影响消费购买考虑因素之一。

二是消费者之间口碑传播，影响消费购买。

经过调研，我们发现：离合器作为一个专业化的产品，其购买过程缺乏专业化的指导，信息错误等导致消费者在进行产品选择时，更多依赖于“专业人士”——汽配店小老板、维修师傅，或者其他人的口碑，这就为我们进行传播聚焦，加大产品的推广力度，提供了契机。

此外，终端缺乏规范，“产品零售价+服务价”根据自己意愿制定。

（六）困局：市场推广的单一模式

市场推广费用在逐年急剧增加，并且广告投入的频次也急剧上升，从我们对润滑油的跟踪来看，从2003年开始，由于出现某厂家在高空投下大笔资金，导致较大的润滑油厂家不得不跟进投入。

投放媒体集中在专业媒体广告、技术杂志广告和汽车相关的杂志，新闻、产品发布会、展会及概念炒作中，主要是针对渠道，其次才是消费者。先教育渠道再教育消费者成为汽车用品的惯用模式。由于同类产品较多，市场推广费用更多的是放在产品认知度的教育上。

过分依赖传统经销渠道、终端推广、市场推广体系，由于缺乏管控，使得整个市场出现了严重的同质化竞争，厂家想要成功推出一个全国性的新品，必须以先付出巨大的代价为前提。消费者购买过程如图9－3所示。

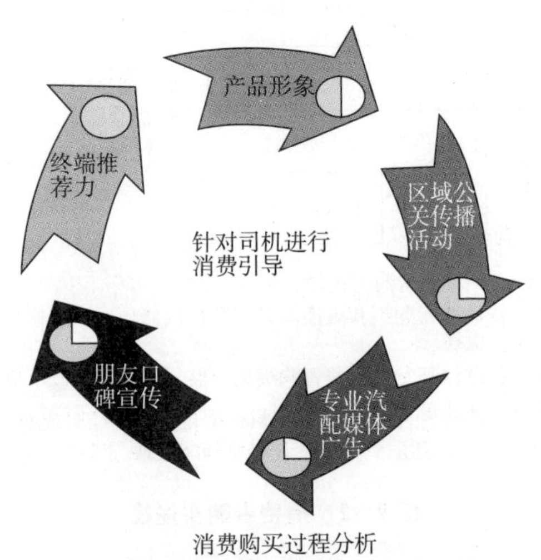

图9－3　消费者购买过程

从三环离合器的品牌现状来看，三环在渠道及业内知名度较高，但在使用者（司机）心中的品牌知名度较低，这说明三环更多的是作为渠道品牌存在，还没有真正形成使用者品牌。其市场表现与离合器第二集团品牌的定位有较大差距，而**在实际购买过程中，消费者将原装零件列为首选因素，其次是产品质量和三包服务，接下来依次是价格、品牌、包装和其他因素。**

上述这些就是市场现状，亟待找到破局之道。

四、路径：全新经营模式

我们从上面的市场调研过程中可以发现：三环产品线宽度和深度不够，型号不全，产品性能质量优异，但产品成本高，适用性和兼容性差，高端定位缺乏支撑，产品缺乏细分难以满足不同用户需求，内外包装粗糙简单，形象落后，产品外观工艺需要改善，定价方式落后，需要改善。三环产品的价格变化频率过快，市场价格混乱。经常性的价格变动导致经销商和业务员无所适从，业务员和客户沟通十分被动。

在渠道上存在以下问题：

（1）渠道网点密度有限，深度较长。

（2）渠道的扁平化程度不高。

（3）与众多竞争对手的渠道模式雷同，未能形成自己独特的渠道模式，不利于售后市场竞争。

（4）渠道价格体系、渠道政策设计不合理，未形成渠道激励体系，经销商经销热情不高，满意度低。

（5）渠道拓展手段比较单一，需重新设计渠道开发体系。

（6）在售后市场发展迅猛、日趋成熟的大环境下，三环离合器尚未完成渠道运作与终端运作的有效结合，加强汽修终端的开发将会为三环离合器售后市场带来新的增长点。

三环离合器没有充分利用其在主机市场多年积累的竞争优势和行业中领导地位等优势资源在专业性杂志、媒体等载体上做过广告宣传和公关活动，不利于企业形象和产品的大众传播；由于市场推广手段单一，终端销售促进乏力，造成在维修市场中，消费者、终端店对三环离合器产品的知晓度几乎为零。相比而言，西湖在消费者和终端有一定知晓度，结果造成为数不少的二汽司机误将西湖当作原厂配套零件，造成其习惯消费倾向。

针对以上问题，我们利用 SWOT 来分析三环所面临的选择。

（一）优势

（1）企业拥有行业较先进的专业研发能力。

（2）生产设备先进，产品质量过硬。

（3）部分主机配套型号产品拥有先天优势。

（4）企业拥有行业前列的产能优势。

（5）企业历史较长，拥有较高的渠道知名度。

（6）企业技术研发、生产、销售一体化优势。

（7）企业具备长远眼光，有积极变革需求。

（二）劣势

（1）企业生产规模有限，未形成规模优势。

（2）企业品牌号召力、诚信度较低。

（3）上游资源控制能力有限，不具备资源成本优势。

（4）分销覆盖率极低，分销能力低。

（5）营销管理体系混乱，部门之间没有互动。

（6）生产、研发与售后市场需求未匹配。

（7）价格不具市场竞争力，价格体系混乱。

（8）营销专业人才匮乏，冗员过多，管理成本高。

（三）机会

（1）中国汽车及汽车零部件行业高速发展。

（2）离合器售后市场总体份额成几何式倍增。

（3）行业集中度逐步增大，面临重新整合。

（4）三环集团强大的后台资源支持。

（5）三环离合器主机市场资源优势明确。

（6）主要竞争对手生产技术与研发能力有限。

（7）地方政府政策性支持。

（8）离合器行业企业营销手段与能力有限。

（四）风险

（1）行业整体价格水平下降，价格竞争加剧。

（2）离合器行业结算历史规律，致使资金占压。

（3）主要竞争企业拥有多种产品组合综合竞争优势。

（4）行业技术变革加速，造成传统产品被替代加速。

我们认为，当前打破营销僵局的关键，在于两点：**重点区域相对密集的分销渠道网络建设，以及现有的和即将建设的渠道网络销售能力的提升！**

当完成了上述的企业诊断之后，三环的营销战略也就跃然而出了：

（1）从企业整体发展思路来看，及时将经营的重点从单一的主机市场观念转化为主机、配件市场并重，最终形成“主机创牌，配件创利”的市场和产品格局。

（2）从企业发展步伐来看，面对今后几年，随着汽车保有量增加和相对于汽车销售滞后几年的配件市场“井喷期”的到来，离合器市场规模将会快速放大，只有进行超常规的跨越式发展，才能保证三环离合器在今后的市场格局中，具有一定的发言权和竞争资格。

（3）从营销战略布局来看，构建“一体两翼”的营销体系，在构建可以控制和影响的，能够严格按照三环离合器营销思路进行销售的区域零售市场的基础上，大力进行集团客户等大客户开发，深度进行汽修终端的合作和抢占，从而形成多层次的消费者终端拦截体系，以及多角度的产品传播口碑渠道。

（4）从营销破局观点来看，利用重点区域市场在整个销售中占据主要份额的现状，集中企业资源优势，快速引爆部分重点市场，使销量快速上升，以及获得以点带面的整体效应，是三环离合器比较可行的市场开发之路。基于可控、互利、有推力的渠道之上的市场推广手段的综合运用，三环离合器可以在较短时期内快速提升知名度和推荐提及率。

（5）从消费者购买层面来看，我们对于离合器产品的“专业化产品的非专业购买”特点判断得到进一步证实，我们进行产品和市场推广的对象从千万人一下子聚焦为千百人，这对于企业资源的充分有效利用，以及实效传播和推广手段的综合利用，有极大的帮助。

（6）从渠道层面来看，由于大多数渠道成员还处于较为原始的“贸易”和“交易”时代，三环离合器有机会用自己关于生产厂和渠道之间新型关系的理论、关于离合器产品销售和推广的支持理论、关于经销商解决自己做大做长的困惑的帮助等，快速提升对于渠道的掌控能力。

（7）从企业内部管理的角度来看，明确配件市场发展的思路，将会导致企业人力资源和营销资源的重新分配，以及配套管理机制的全面改革和提升。

三环的营销管理格局将会重新梳理，而与之配套的生产、研发、物流等体系，也必将会在市场破局的带动下，进行新的调整。

在市场体系中的企业，其生存和成败，都必然取决于市场竞争的结果！三环离合器现存的许多问题，归根到底还是市场的问题，只要（也只有）市场问题得到解决，良好的市场业绩和前景才会是减少怀疑、质疑和冷眼旁观最有力的证明。

三环离合器虽然在市场表现上存在很多问题，但是，从企业竞争的根本来看，产品本身没有大的问题，研发和技术力量有口皆碑，还有主机市场的强大支持。

虽然联纵智达一向注重企业建立全面、综合的营销能力和企业竞争能力，但是就三环离合器目前而言，关于市场和渠道的布局，关于产品针对性的推广和助销，以及配套的管理、激励体系的建立，才是三环离合器最重要和最紧要的工作。我们必须避免同时在企业营销和管理的各个层面进行大规模的变革，特别是对于三环离合器这样已经经受过严重市场挫伤的企业而言，更要讲变革的频率和艺术。

为此，**我们提出了全新经营模式，即通过厂商联盟，共同面对市场的竞争将会是汽配市场通向罗马的光明大道，厂家、经销商一体化**。厂家与经销商不是简单的买卖关系，应充分利用各自优势，结成联盟，做到真正的优势互补、信息互通、利益共享。市场的精深营销，终端做深、做细，注意细节和反馈。

此外，**用快速消费品模式来经营工业品，**加强促销活动、终端维护、终端展示和对目标人群的广告，形成产品的拉动，而不再仅仅是产品的推动。

此外，我们要求三环要合理地选择终端，将终端进行分类，开发重点依次为服务站、修理厂、修理店、4S 店、零售店，如表 9－1 所示。

表 9－1　终端开发

终端类型	服务对象	特点	重视程度
服务站	以团体客户为主 以大型载重车辆为主	屯货，对价格不敏感 可支付货款，能自主进货	
4S 店	以三包服务内的 车辆为主	屯货，对价格不敏感 可支付货款，自主进货受限	

续表

终端类型	服务对象	特点	重视程度
汽修厂	以大型载重车为主 以团体客户为主	屯货，对价格不敏感 大多需要垫付资金，能自主进货	
修理店	以固定客户为主	不屯货，对价格敏感度不高 货到付款，能自主进货	
零售店	以零售和终端	屯货，对价格敏感 大多需要垫付资金	

【一线手记】

三环项目对于我们最大的挑战，在于这家企业不是一家新厂，产品不是一个新产品，而是一个有过太多成功，也有过太多失败、经历丰富的市场“先行者”。近年的市场征战，给企业留下了太多的伤痕，更要命的是给市场留下了太多的伤害。作为一个咨询人，我宁愿做一个全新的产品和市场，不愿意去重拾一锅“夹生饭”，何况三环面对的不是夹生饭，而是一锅煮糊了的饭。没有像样的渠道，没有优势的市场，没有完整的营销队伍，我非常明白三环离合器新任班子领头人的张总在面对什么样的困难！

但是既然已经接受了这个项目，作为项目总监的我，就必须和张总及他的团队一起接受严峻的挑战。在进一步的沟通中，我们欣喜地发现，张总等一班人在面对艰难的市场环境时，不是一味地急于求成，而是用良好的心态去完善自我，调节市场和生产机能，企业在慢慢复苏。和张总及一班年富力强的三环中坚力量的几天碰撞，让整个项目组有一种欲望的火焰在悄悄燃起。百废待兴，其实也是处处生机，中国的汽车配件市场还是一个十分落后的市场，联纵智达还有机会为三环在这个市场的再度腾飞提供帮助！

圣诞夜我们赶到了武汉，面对全城一片的狂欢，我们好像才想起今天是平安夜——因为就餐的人太多，我们开车找了两个小时才吃到饭；因为人太多，我们不得不在拥堵的街头，从车窗里和大家一起感受圣诞的气氛。临战之际，大家心头自然沉甸甸的。

圣诞、元旦，连续的节日在项目组的奔波中飞逝而过。湖北、广州、深圳、成都、北京、天津，随着走访一个个市场、访谈上百个消费者、走访数十家经销商，关于提升三环离合器市场和产品竞争力的一个个设想，在几个分头走访的小组中，像火花一样迸发、传递着。初步的市场改进和产品营销改进提升方案已经初步达成，随着2006年新春的到来，三环离合器项目在隆冬种下的希望之苗将会拱开封冻的土地。

45　中化国际：整合产业链，成就大未来

一、天然橡胶业务的困局

中化国际（控股）股份有限公司（以下简称中化国际）是国资委监管的国有重点骨干企业，是中国四大国家石油公司之一，是中国最早一批进入世界500强公司和连续进入世界500强公司次数最多的企业之一。其所属的橡胶板块是国内最大的天然橡胶分销商，有着近50年的天然橡胶经销经验。2003年，中化国际橡胶业务板块销售天然橡胶16.39万吨，占国内总需求量的9%；2004年销售天然橡胶14.67万吨，占国内总需求的8%。但其业务以中低端客户为主，难以培育持续的盈利能力。随着市场的变化，中化国际的天然橡胶经营面临着越来越多的挑战。

挑战一：在2004年之后，国家取消了对天然橡胶的进口配额管理。随着国家管制政策的丧失，天然橡胶的贸易门槛逐步降低，中化国际的市场份额也受到了重大冲击，造成天然橡胶分销的利润率下降。

挑战二：随着越来越多的生产商开始进入终端市场，和用户直接见面交易，促使行业竞争加剧，造成天然橡胶的中间商生存空间变窄。

挑战三：为了原料的质量和供应量稳定，国际、国内轮胎行业巨头只接受橡胶生产商作为其长期原料供应商。

中化国际集天然橡胶原材料生产、加工和贸易于一身，居于产业链的上游，并成功跻身行业三甲，在产业链上游具有一定的控制力。自2004年以来，通过并购、合资、投资等手段，在天然橡胶上游领域建立了竞争优势，完成了在天然橡胶上游资源领域的布局。随着天然橡胶上游资源掌控能力的加强，中化国际在产业链中的话语权得到一定程度的增强。但这并没有给中化国际在产业链中的地位带来实质性的强化，其仍然处于弱势地位，这与中化国际的长期发展目标显得很不匹配。

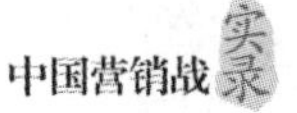

2006年，中化国际决定聘请外脑来共同寻找解决方案，经过层层筛选，联纵智达最终从国际国内众多咨询巨头中胜出。对于本次合作，联纵智达极为重视，调集了公司资深人员，尽全力更好地满足中化国际的咨询需求。

二、 内访外调， 寻找方向

2006年8月28日，中化国际项目正式启动。

按照惯例，项目组首先围绕中化国际进行内访外调，通过专家式的深度访谈来读懂企业、读懂行业。在了解行业特性、发现行业规律、明晰行业本质的基础上，寻找行业的突破机会。同时，围绕企业需求，盘整企业资源，明确企业发展目标。为了更好地实施咨询服务，还深入了解企业资源和文化边界。最后，通过内外结合、分析论证，找到适合企业及符合行业发展规律的最佳解决方案。

项目团队进行了为期20天的内访外调。访谈了中化国际橡胶事业部李雪涛总经理、马德友副总经理、轮胎部李颖经理等相关中高层管理人员6人，走访了上海和江浙区域的14个地市，共访谈经销商71家，终端146家，物流公司4家，轿车、卡车、槽罐车等各类消费者128名，并组织消费者座谈会一场。

通过内访外调，项目团队已经有了初步的方向假设——进入产业链下游的轮胎分销领域，接下来只待论证。

三、 卡喉掐尾， 分段切入铸就整合基础

中化国际的发展目标是实现对橡胶产业链的掌控，强化自身在整个产业链中的地位和话语权，实现长期可持续发展。这样，就必须站在产业链的角度，分析橡胶产业链的相关环节，寻找最佳的切入口，评估介入的机会。橡胶行业的最主要下游行业就是轮胎行业，轮胎行业对天然橡胶的需求量在总供应量中所占比例绝对领先。

实际上，整个天然橡胶产业链的构成主要有五大环节，中化国际居于产业链的上游，并成功跻身行业三甲，在产业链上游具有一定控制力。在此环节，经过一段时期的努力，中化国际已经具备竞争优势，并且此后还将持续强化自身在此环节中的竞争力。

四、 摈弃：轮胎制造业

轮胎制造行业的显著特点是投入巨大、竞争激烈、利润逐年下滑，其硬件设施动辄以亿美元为计量单位。

比如锦湖轮胎天津工厂在2006年4月开始投资建设，投资总额达2.46亿美元；米其林于2006年9月初投资4亿欧元，应用新型耐磨损技术开发新型卡车胎；正新公司于1993年7月成立，注册资本16.5亿美元，总投资额47.4亿美元。除了这些看得见的硬件投入，技术、研发等软件投入更是无可估量，而技术、研发等早已成为轮胎制造行业的核心竞争力之一。

轮胎行业的竞争已经进入白热化阶段。有限的中国市场，聚集着外资、国有、民营轮胎品牌几十个，而除了少数几个外资品牌，大部分品牌同质化严重，已进入“血拼”时代，薄利、微利甚至亏损早已是行业常态。竞争导致轮胎制造行业利润水平逐年下降，2006年上半年的行业平均利润水平降幅达18.07%。

我们认为，对于中化国际而言，这个行业本身的吸引力不高，对中化国际发展目标的支撑也很有限，同时还是一个进入门槛和退出门槛都很高的行业，我们并不建议中化国际进入这个行业。

五、 弱化：轮胎销售行业

轮胎销售行业有两个组成部分，一个是配套销售，另一个是轮胎分销。

配套销售具备典型的大客户营销属性，汽车生产企业的性质也决定了其对供货商生产母体的高要求。同时，大客户营销中漫长的销售流程、人脉的长期积累和缓慢的资金回笼，都是无可避免的事情。这些特点使配套销售难以在短时间内达到速度与效益统一，再加上开展此项业务对制造母体的依附性，因此配套销售环节也并非是中化国际最黄金的业务切入环节。

六、 切入：轮胎分销领域

在轮胎分销环节，中化国际却具有很明显的优势。

（1）**处于产业链增值核心环节，具备整合产业链先决基础**。轮胎分销行业上接制造环节，下接消费环节，处于价值链中完成最终价值实现的核心环节。再加之上游橡胶环节的呼应，分销行业的介入具备条件恰是中化国际整合产业链的基础。

（2）**投资小、收益快**。相对于制造企业的海量投资，相对于配套市场的缓慢见效，分销领域在整个轮胎产业链中是最具综合效益的业务环节。

（3）**贴近消费者**。消费者是价值链实现的最终环节，直接面对消费市场，不仅能够获取丰厚的直接利润，而且能够培养出真正良性、健康、忠诚的市场，而不是简单的销售数字。

（4）**具备全品项整合前提**。和制造企业不同，分销行业最大的特点便是海纳百川、兼容并蓄。中化国际要想整合产业链，就必须拥有整合全品牌、全品项的能力和平台。而在价值链中，只有分销环节能对所有轮胎企业及轮胎品牌形成覆盖。

（5）**空白领域，蓝海前景**。我们在市场走访中发现，轮胎分销领域和轮胎制造企业的发展明显脱节，在轮胎品牌高度市场化的今天，轮胎分销领域还处于“婴儿期”。缺乏资本、缺乏成功的营运模式、缺乏分销领导品牌，因此构成了全行业散、乱、平的特点，这对于具有资本优势，并有明确战略目标的中化国际而言，存在着巨大的机会。

因此，尽管分销领域同样存在不少的障碍，但是无论从价值链的角度、从切入成本和收益的角度，还是从中化国际可持续发展的战略目标的角度来看，轮胎分销都是中化国际整合橡胶产业链的理想切入点。

至此，项目组为中化国际业务方向给出了结论：**跨越式的切入橡胶产业链的核心环节，用“卡喉掐尾”的策略来实现中化国际橡胶产业链整合目的。**在这个方案中，最重要的是找出其要害的“喉部”和无关紧要的“尾巴”。这个结论，获得了中化国际高层的一致认同和赞扬。

七、模式创新，包罗万象成就战略支撑

应该说，经过十多年的市场化发展，轮胎分销本身已经是一个成熟业态，在厂家、经销商、消费者的共同作用下，形成了一定的规律和特征。对于这个行业特征的了解，将有助于中化国际在介入分销环节前辩明存在的风险和机遇。

（一）深入分析市场，寻找切入机会

轮胎分销领域的特点，可以用四句话来概括，即：

“竞争激烈，手段低级”；

“寡头不寡，散户成群”；

“高级业态，萌芽发展”；

“增值服务，趋之若鹜”。

从厂家和品牌的绝对数量来说，介入轮胎领域的厂家及品牌数目极其庞杂。这就造成了市场上竞争异常激烈且无序，低价、冲货、走量、一脚踢等竞争方式是整个分销市场竞争的主流方式，竞争手段简单低级。

有意思的是，在轮胎分销领域存在着貌似“寡头”的分销业态（如新焦点、新奇特、美车饰等），但是这些貌似寡头的分销商却徒有其表，深入了解之后发现，这些终端所产生的轮胎销售远未达到“寡头”所需要的状态，整个分销行业的主流依然是成千上万、星罗棋布的散户终端。

虽然新焦点、新奇特、美车饰这类终端目前还尚未成气候，市场影响力有限，但应该看到，这些终端的设立是符合现代汽车后市场发展需求的，符合消费者需求而发展起来的模式，从业态上来说，也是符合趋势和需求的高级业态。这也暗示和代表了轮胎分销行业的发展趋势。

通过对市场的走访和消费者的研究发现，消费者对轮胎消费的需求远远未得到满足。此外，在消费者购买时，对服务的需求成为消费者选择购买终端的重要因素，而且经销商也开始认识到服务的重要性，已经开始逐步加大对服务的投入。

从对分销行业本身竞争趋势的分析看，消费者进行购买决策的因素已经开始发生了显著变化。市场已经敏锐地感受到了这些变化，并且在传统的终端上逐步体现出来。同时，新型的业态也在消费者的催化下逐步产生。然而，目前分销行业所有的这些变化和尝试都处于萌芽阶段，真正的战斗尚未开打。也就是说，行业格局尚未成型，这是介入行业的绝佳时机。

（二）瞅准市场空当，构建连锁分销业态

目前轮胎市场主要的终端类型有三种，即综合卖场、品牌厂家店和普通轮胎店，但各种终端在满足消费者需求方面都存在缺陷。

（1）以新奇特为代表的综合卖场，对轮胎销售关注度有限，很难就轮胎

这一个领域给消费者专业的咨询、服务和品项支持。

（2）以驰加、车之翼为代表的品牌厂家店，只能提供本身厂家的品牌和规格，无法多样化地满足消费者需求。

（3）以众多街头店为代表的普通轮胎店，不具备如国美、苏宁这样的资信背书和实力背书，散而且小，都无法满足消费者对“放心店”的需求。

综上所述，项目组认为，**专业强、全品项、高服务、实力大的连锁轮胎分销渠道业态必将能在激烈的渠道拼杀中脱颖而出**。在此研究分析的基础上，项目团队向中化国际的相关决策团队提出了以“服务带动”、“品牌连锁”、“统一管理”、“标准运营”、“终端核心”为特点的新型轮胎分销模式。

对于中化国际而言，这种模式有五大优势。

第一，具备超强的包容性，对中化国际向上游反向整合能力的提升作用明显。

第二，具备强大的生命力，其自我复制的病毒式发展能力意味着超常规的发展速度。

第三，环节少、流转快、资金回笼速度快。

第四，目前进入和退出门槛低，但当这种模式发展到一定阶段，其进入和退出的门槛将不可逾越。

第五，直接接触消费者，有利于品牌的快速建立和传播，让中化国际的轮胎终端品牌成为其品牌集群的尖兵，为中化国际未来业务的拓展奠定品牌基础。

八、决策：三步落地轮胎分销领域

在商业模式构建完成后，我们制定了“先稳扎稳打，后快速复制”的发展策略，并根据这种发展策略，给出了“三步走”的实施路径。

（一）战略落地，增值帮扶迈出坚实脚步

上述方案制定结束，按照合同规定，其实我们的作业已经完成，但我们一贯坚持“实战、实操、实效”的作业风格。为了更好地帮助他们落实方案，我们决定提供增值服务，给出切入阶段的实施措施，帮扶中化国际迈出战略落地的坚实步伐。

由毫无根基到模式建立，所要做的工作千头万绪，多而繁杂。为了提升效

率，加快推进速度，项目组从很多事务中抽出核心主线和推进步骤，即“组织货源－标准制定－终端建立－KA开发－传播跟进”五大核心工作。

（二）梳理货源组织路径，制定连锁终端标准

在组织货源方面，依托中化国际的资源积累，项目组分别给出了大胎和小胎的货源组织思路和对象。对于是否获取轮胎品牌代理权、获取多少个品牌代理权、获取哪个层级的代理权、需要组织哪些品牌的货源等核心问题，都在同中化国际讨论的基础上，给出了明确的建议。

连锁终端的核心和关键，在于标准化的建立，如此才能避免“连而不锁”的尴尬。项目组对连锁机构运营标准的建立，人员招聘的标准、培训标准，终端选址的标准，终端收购的标准，终端运营的标准，终端管控的标准都一一进行了确定。

（三）收购成熟终端，缩短原始积累阶段

在轮胎分销领域，其终端运营有一个显著规律，即所有的终端不论在经营上有多大，都要经过一定时间的预亏期后才能实现盈利，且盈利能力会越来越强。虽然中化国际具备超强的资金实力，但在终端运营管理和终端服务方面却基本没有积累，严重缺乏终端运营管理的人才和经验，也缺乏成熟的终端店面。

因此，**第一步的切入之战，收购成熟终端就成为必然之选。**一方面可以缩短甚至跳过新建终端的预亏期，直接进入成熟期，另一方面可以通过收购获取终端运营管理的人才和经验，快速完成基础积累。

在这种思路的指导下，项目团队结合中化国际的资源情况，通过调查摸底和多次沟通，选取了大胎、小胎各三家收购对象，以供中化国际选择。

在KA客户开发方面，中化国际具有天然的优势。巨型企业、多个行业、自有物流、关联企业、合作企业等，都在KA方面积累了巨大客户资源。项目组对KA客户资源进行了盘整、调研摸底，给出了明确的客户分类，并明确了客户开发的步骤和阶段。

在传播跟进方面，考虑大胎、小胎的差异性，我们从广告、促销、活动、公关等多个维度，给出中化国际的行动建议。希望通过这些行动，达成中化国际品牌的快速建立，为大胎、小胎的互动建立关联，形成大胎和小胎的协同，为模式的快速成熟、复制和发展提供助力和基础。

实际上，产业链的整合，并不是要参与到产业链中的每个环节，在每个环节里都要做大做强。通过分析和理解产业链，寻找产业链的关键环节，寻找与企业自身资源能力匹配的最佳选择。分段整合、核心控制的方式对于有志于进行产业链整合的企业而言，将是一种绝佳的思路，它意味着资源的节约和有效利用、意味着时间的节约、意味着目标的迅速达成、意味着事半功倍的成效！

【一线手记】

中化国际是一家大型国有上市公司，多次入选中国社会科学院和《中国经营报》评选的“中国上市公司综合竞争力20强企业”，15次入选《财富》全球500强，是中国四大石油公司之一，名列中国第八大企业。

随着公司迅速发展，中化国际越来越感觉到产业链整合的必要性，并做出了种种尝试。曾多次与麦肯锡、科尔尼、罗兰贝格等国际咨询巨头合作，对咨询公司有很深的了解，而联纵智达又是如何赢得这个巨人的青睐呢？

第一，集理论高度和实战能力于一身的独特魅力。在长期与国内、国际优秀咨询机构合作的同时，中化国际形成了务实、灵活的工作作风，清楚地知道自己的需求是什么。在与国际知名咨询机构接触过程中，发现很多国际巨头并不能够完全满足自己的需求。因为，中化国际需要的不仅仅是一纸战略，更需要符合国内情况的具体战术，还需要贴身式的跟踪服务。而这些需求，我们都能够满足。

第二，我们提倡并一直实施“体系制胜”的战略思想。现在的竞争环境已发展至白热化，甚至是短兵相接的阶段，任何单一方面的竞争力打造都不足以形成竞争优势，系统化、体系化是必然的要求。而我们从创立之初，便一直提倡“体系制胜”，并付诸实践，这套独创的理论体系赢得了中化国际的肯定。

第三，作为国内咨询业的领头羊，在曾经服务过的众多客户中，有着良好的口碑。这体现的不仅是我们的专业服务能力，也是自上而下的一种做人做事的态度，更是联纵智达高速发展的原动力，从而给予了客户无限信心。

在与麦肯锡、科尔尼、罗兰贝格等国际咨询巨头的竞争中，我们获胜的关键还在于咨询团队的整体优势。公司的精英团队在项目预案研究中分工合作，对中化国际的实际需求进行明确，对企业资源进行盘整，对产业链的各环节实况进行调查，提出了极具针对性和实践性的解决方向，最终获得了中化国际高层领导的认同。

46 南方摩托："鱼""渔"兼得式培训，力助王者归来 实录

一、困局当前，重塑王者

南方摩托车有限责任公司销售分公司（以下简称南摩销）是兵器装备集团旗下，整合了原有“建设”、“嘉玲”、“轻骑”三大摩托车品牌后所成立的南方摩托车有限责任公司的销售分公司。

曾几何时，建设、嘉玲、轻骑这三大品牌都在中国摩托车市场上叱咤风云，但若干年后的今天，三大品牌加起来的销量也不及市场排名第一的豪爵摩托。这里面可能有市场的原因，也可能有体制的因素，但无论如何，南摩人都不愿意再沉默了。他们开始尝试各种努力来证明自身的价值，重新树立王者形象。

从总公司层面来看，三个品牌合并是为了将市场资源逐步整合，从而强化平台职能与管理，让分销渠道深耕下沉，使有效终端广泛覆盖，单店营业能力提升，更好地落实服务与销售并行、前移等很多重大营销方针与举措。但在具体实施时却发现，部分管理人员对未来的形式及总公司的战略意图尚未形成清晰认知，同时品牌合并后对于管理人员，特别是区域分公司老总在市场营销及组织管理等层面也提出了更高的要求，这就导致中层营销管理人员在思想和能力上都没能及时跟上总公司的发展要求。对此，南摩销的李总多次与联纵智达何慕总裁、柴旭光副总裁深入沟通，希望联纵智达能帮助其对市场一线进行深入系统的研究分析，找到针对性的营销对策，从而能以此为基础对省区经理进行更为深入系统的实战式培训。

此外，项目组依据调研与规划设计的结果，对省区经理进行人力资源测评，为南摩销高层提供岗位安排的决策参考。

二、深入一线，探究本源问题

项目组认识到：此次培训对于整个南摩销的未来战略推进极为关键。因此，自项目启动就给予了高度重视，不但筹备组建了专职人员，计划用近一个月的时间对南摩销领导与相关市场人员进行深入访谈，选择代表性区域市场进行深入调研；调集联纵智达众多后台专家对调研结果进行反复研究与探讨，从而在集体智慧与努力下，能够保证按照李总与何慕总裁前期达成的共同理念和指导方针，结合企业现状与市场实态，形成具体翔实的培训课件，用以统领南摩销省区经理等市场人员形成一致的市场运作理念、协调一致的区域行销行为和管理方法，达成南摩销的市场战略与目标。

既然是实战咨询式培训，那么对与整个摩托车行业、消费者乃至整个南摩销当前所处的背景把握将必不可少。因此，项目组首先对行业、企业和消费者做了深入的研究与分析。

（一）国内摩托车行业的基本态势

通过研究后我们发现，目前中国摩托车行业已发展成为过度竞争、完全成熟的行业。这一点可以从以下八个方面得到有效的判断：

（1）市场容量正由增到减（平）：2011 年期间，国内市场总规模起伏不大，规模维持在 1000 ~ 1200 万辆之间。

（2）市场重心由东到西：东部市场饱和、萎缩下滑状态；中部市场相对稳定，局部有小幅增减；西部市场放量增长。

（3）品牌集中度由低到高：2010 年行业前 10 名国内集中度提高到 75%，合资品牌快速增长，正扩大为市场主导，而二、三线品牌则被进一步挤压。

（4）行业竞争由乱到治：行业利润水平降低，劣势企业加快退出。市场和消费者日趋成熟，竞争方式逐步向品牌、品质、技术、服务等企业综合实力的竞争过渡。

（5）产品结构由多到精：更多追求单品规模效应；产品排量开始由低到高；价格带下顶上压，4500 ~ 5500 元一线竞争激烈。

（6）渠道资源由多到少：省级、县级代理商数量大幅度减少，代理商份额进一步集中；部分市场形成垄断经销，渠道资源稀缺。减少渠道层级、降低价值链已成为趋势。

（7）终端网络由县到镇：乡镇市场成为主战场，占60%以上比重；争夺乡镇网络成为营销竞争焦点；加大终端投入，提升终端“3S”能力成为重点。

（8）管理重心由高到低：渠道层级缩短和终端网络深度拓展，营销工作重心下沉和管理前移必不可少。企业营销体系必须调整和改变，满足重心下沉和管理前移的需要。

（二）集团本部摩托车业务面临困境

在与南摩销的中高层进行深入交谈后，我们也认识到南摩销所面临的发展困境。

相比主要竞争对手20%以上的销量增长，南摩销旗下三大品牌的市场份额却不断下滑，可以说形势岌岌可危。同时，渠道能力的严重不足，也使得通路受阻情况严重。一级平台的专营度低，三大品牌的专营平台比例不到50%。一级平台的实力也不足，三大品牌的实力在区域市场前三位仅占1/3左右。终端网络规模小，覆盖率低，空白点多，单店销量低（质量差），网络流失率高。因单店销量水平低，网点追求单品利润高，分销渠道成本高。

从品牌层面看，三大品牌影响力极度衰弱，品牌形象老化，市场话语权丧失严重。一方面由于品牌缺乏竞争力，逐渐沦陷为区域性品牌；另一方面由于品牌定位不明、宣传不足、品牌形象老化，缺乏对80后、90后新生代消费者的吸引力，当然这也造成品牌缺乏对商家的吸引力。与此同时，竞争品牌却在快速成长和巩固市场份额的同时，强化品牌宣传攻势，已树立起很好的品牌形象，如雅马哈、大阳的形象代言人策略，轻骑铃木、五羊本田持续地面宣传活动策略等。

按目前的发展趋势，预计到2011年，第一、第二阵营市场份额将上升到80%，处于第三阵营的南摩销摩托车的生存空间将被进一步挤占压缩，甚至降低到20%，生存面临严峻考验。

（三）销售系统问题探究

冰冻三尺非一日之寒，市场积弱成疾，实质是企业各要素、各环节长期积累的问题在市场上的集中表现。通过近1个月的调研，我们发现南摩销销售系统的问题主要体现在以下六个方面（如图9－4所示）：

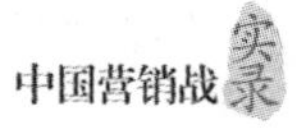

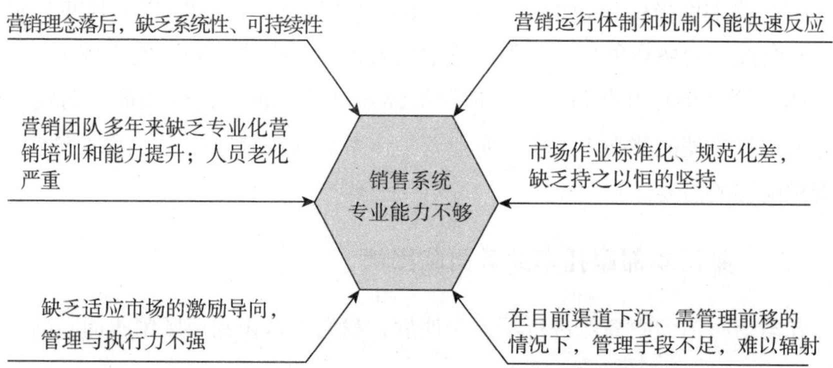

图 9－4 南摩销销售系统六大问题

从集团摩托车产业经营角度看，企业现有资源已不足以支撑市场且各自为战，资源进一步分散，重复投入严重，资源浪费，不能实现资源共享、优势互补，未能充分发挥整体资源配置效率和协同效应。

三、实效培训，打造铁军

（一）什么是咨询式培训

很多人问过我这样的问题，咨询式培训首先必须从最专业的角度，以咨询的方法深入了解企业的实际需求。这与很多培训公司不同，我们对于每一个培训客户都会“量身定做”一套专有课程。这些课程一定是在对客户需求做深入分析的基础上制定，我们绝不会因为节省成本或追求便捷去拿一些“看似专业”却模板化、常规化、套路化的东西来蒙骗客户，因为这些课程并不能有效解决客户在市场一线碰到的实际问题。

同时，因为专业的报告或方案仅通过一两次解读、宣贯，往往很难让市场营销人员得到充分的领会，你还必须教会他们如何具体去做。再好的方案、策划，如果不能得到营销人员的理解、贯彻和执行，那么至少我认为，对于企业来说并没太大的实际意义。所以，为满足越来越多类似南摩销这样有实效培训业务需求的客户，我们很早开始关注这一领域，并着手开发了这一体系化、系统化的咨询式培训服务体系。

（二）咨询式培训需求分析方法

(1) **客户立场的培训需求分析：**建立在与客户深层次沟通的基础上，通过内访外调的方法，研究客户团队各个层级的培训需求，结合客户企业的市场目标、行业动态及市场情况。

(2) **第三方立场的客户培训需求分析：**根据客户需求分析的基础上，站在第三方的立场，从市场的发展、企业的成长规律等宏观的角度，去分析客户的培训需求。

目前，咨询式培训项目流程如图9－5所示：

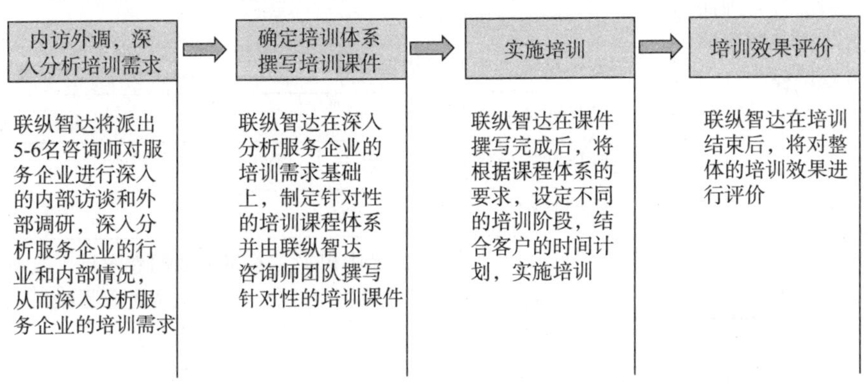

图9－5 咨询式培训项目流程

(三) 南摩销省区经理咨询式培训项目说明

基于我们对南摩销咨询需求的深刻理解，这次咨询式培训项目我们共分为两个阶段来推进，让每个阶段的时间、工作安排都环环相扣、井然有序。

第一个阶段：内访外调，设计培训体系、培训课件撰写。

内访外调：我们组织了6人专家咨询团队，首先，对南摩销的营销高层进行深度访谈，深入了解南摩销高层对培训项目的理解，以及南摩销的愿景、战略和内部情况等。

其次，项目团队分三路对3个具有代表性的区域市场进行深入调研。在市场调研中，我们进行了南摩销营销团队访谈、南摩销经销商访谈、终端访谈、市场随机走访等，以充分了解目前市场情况及南摩销在各区域市场的运作情况，通过市场调研来深入分析南摩销省区经理现阶段的培训需求。

设计培训体系、撰写培训课件：在深入分析南摩销省区经理培训需求的基础上，我们又抽调了联纵智达数名专家与项目组一同完成本次培训项目的课程设计和课件编写。基于对南摩销培训需求的实际情况，我们将这次的培训课程设置为两类，即营销综合管理课程和营销专题课程，如表9－2所示。

表 9 – 2 南摩销的培训课程设置

课程类别	课程名称
营销综合管理课程与南摩销营销专题课程	1. 《新理念，新营销，新格局》——南摩销市场新战略
	2. 《成果彰显尊严》
	3. 《南摩销市场破局之道》
	4. 《营销主管的演讲与培训》
	5. 《南摩销渠道管理及渠道提升技巧》
	6. 《营销员职业心态与沟通》
	7. 《南摩销新营销管理体系与执行力打造》
	8. 《促销创新创意》
南摩销省区经理人力资源测评	9. 贯穿于培训过程中，联纵智达相关专家将采取问卷考试、案例模拟与面谈等形式，对南摩销省区经理进行基础人力资源测评

第二个阶段：培训实施阶段。

在培训实施过程中，项目组还对培训的效果进行阶段性的评估，并依据培训的阶段性效果，及时调整培训的方式方法，最终达到了培训效果的优化。

最终，我们也确定了培训项目进度安排（如图 9 – 6 所示）。

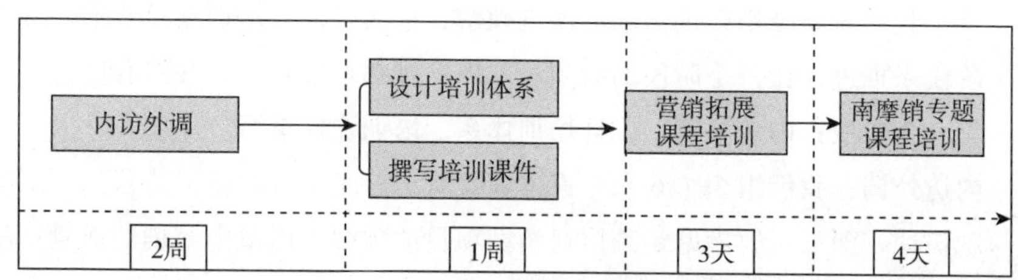

图 9 – 6 南摩销的培训项目进度

除了实效培训，作为项目配套措施，我们还依据内访外调的结果，以及南摩销营销战略目标与实施策略要求，为南摩销省区经理设计综合素质模型，并以此采取问卷考试、案例模拟与面谈等方式，对南摩销省区经理进行了基础人力资源测评。在保证测评结果公平公正的基础上，将结果提供给南摩销高层作为相关人力资源决策依据。

第十章
工业品

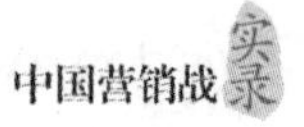

47 攀钢：钢铁侠的品牌涅槃

宝钢、首钢和鞍钢均达到1000万吨产量，但作为建国初期四大钢厂之一的攀钢却还达不到500万吨产量。面对弱肉强食的市场竞争，攀钢如何才能迎头赶上？联纵智达分别从战略战术、资源整合、市场营销等方面给攀钢找到了新路径。

众所周知，大象身形巨大孔武有力，是实力的象征，但同时又笨拙有余而活力不足。就像很多实力雄厚的大型企业，往往受限于步伐的缓慢而孤立封闭，从“一度辉煌”到遭遇“步履蹒跚”，往往难以自拔。

攀枝花钢铁（集团）公司（下文简称攀钢），作为改革开放前和首钢、宝钢、鞍钢齐名的四大钢厂之一，无疑是头巨象，显然也具有巨象笨拙缓慢的通病。那么，攀钢该如何应对当前的市场形势？是强强联合成为寡头还是收购小厂鼎立天下？集团下属三家上市公司资源如何整合以求效益最大化？大客户营销如何把握？品牌如何活化？……

大象在起舞前，向联纵智达抛出了橄榄枝。

一、困境

（一）行业的启示

根据2004年的市场数据来看，世界各地钢产量增长幅度差异性巨大、生产极不均衡。全球钢产量的增长很大程度上依赖亚洲国家和地区的拉动，特别是中国，增长率都超过20%，发展中国家是推动世界钢产量增长的主力军。

目前，钢铁企业除了通过合并和收购不断扩张，同时企业间还采取战略联盟方式扩充自身实力。此外，钢铁企业还在一些专业生产领域提高市场竞争力。

钢铁行业上下游的高度集中刺激着钢铁行业加快整合步伐，钢铁企业上游集中度达60%，下游企业则达40%，尤其是用钢行业的高度集中是推动钢铁业整合的主要动力之一。比如2004年世界前五名汽车制造商的汽车销售量占全球销量的62%，波音和空客几乎垄断了客机制造业，这些都是典型的例子。

钢铁贸易量的不断增加，使贸易距离正在不断缩短。例如，日本和韩国的钢材倾向出口周边国家，日本向周边亚洲国家出口的比例已从30年前的26%升至75%。同样，阿塞勒的钢铁出口更多集中在欧盟成员国家。

钢铁生产围绕多品种、高质量、低成本的竞争日趋激烈。发达国家的板管比一般都在60%以上，高附加值产品的比例在50%以上。

从目前看，技术创新已成为世界钢铁工业竞争的主要手段。

电子商务正渗透到钢铁工业，其突出体现在对钢铁工业核心功能模块——采购与销售的影响：一方面通过B2B架起钢铁公司与广大原材料、备件供应商的桥梁，大幅度降低钢厂的采购成本；另一方面通过电子交易市场，将建立一个全球化、零距离的钢材销售模式。

项目组结合国际环境，并分析世界钢铁企业500强之后，认为对攀钢有五大启示：

一是和国内大型钢铁企业形成战略联盟，避免恶性竞争。

二是走差异化战略，任何一个寡头钢铁企业都难以将自己的产品覆盖整个市场，通过产品的细分达到市场细分的目的，对细分的市场进行全面渗透，进而全面垄断。

三是打造完善营销体系，构建全面竞争力，由总部和各地的销售机构共同进行资金、销售、库存等各个方面的整合和控制，实现资源的优化和信息共享，将散力形成合力。

四是依靠钒钛资源优势，向钢铁价值链上下游演进，坚持精品名牌战略，通过钒钛的资源优势，打造世界知名度。

五是通过资本运营，形成集团整体优势，提高抗风险能力。

（二）攀钢的困惑

其一，关于合并。根据国际国内环境大局来看，合并之路是必然的，而选择联合还是并购是攀钢要面对的首要问题。

其二，关于资源整合。攀钢集团旗下分别有以钢铁、矾、钛为主的三家上市公司，作为在矾钛上有相对优势的攀钢来说，如何进行资源整合发挥效能最大化也是很现实的问题。

其三，大客户营销。没有搭建作为集团可以资源共享的营销平台，产品资源、信息资源、物流资源和客户资源没有达成共享，阻碍集团营销效能的最大化、客户多次开发的最大化和资源利用的最大化。

其四，品牌活化和推广。品牌面临着老化和边缘化的威胁，“攀钢”这个品牌给予购买者的品牌认知，不是“先进”、“准确”、“高科技”和“高效服务”的正面感受，而是“国企”、“僵化”和“大企业病”的负面感受，品牌重新定位和诉求，已经成为品牌建设的当务之急。

（三）攀钢的 SWOT

项目组通过深入走访市场，结合竞争环境对攀钢做了 SWOT 战略分析。

1. 攀钢的优势

（1）企业拥有较为完整的产品构成；

（2）具有较高的企业知名度和一定的美誉度；

（3）上游资源控制能力较强，具有资源成本优势；

（4）所在区域内没有强大的竞争对手；

（5）具有钢、钒的资源组合优势；

（6）企业生产管理和组织能力较强；

（7）拥有覆盖面较广的营销和渠道体系；

（8）人员较为稳定，有积极变革的需求。

2. 攀钢的弱势

（1）企业生产规模不大，难于形成规模优势；

（2）生产厂分散，物流和管理成本较高；

（3）远离主要市场，运输成本较高，运能有限；

（4）设备因素导致某些产品无法生产；

（5）冗员过多，造成成本上升，管理难度加大；

（6）质量不稳定，交货不准时导致客户不满；

（7）营销管理体系混乱，各个企业之间没有互动；

（8）地理环境导致生产组织和产能扩张受阻。

3. 攀钢的机会

（1）国家钢铁产业政策确定攀钢西南地位；

（2）生产资料价格上扬和价格走低，行业重新洗牌；

（3）企业并购加大生产能力和资源调配能力；

（4）主要竞争对手产能有限，市场空间存在；

（5）产品的结构性不足提供生产销售机会；

（6）技改和三期建设效能开始发挥作用；

（7）国家重视环保和提倡建设节约型社会；

（8）拥有较大的资金和社会资源调配能力。

4. 攀钢的风险

（1）上游产品价格持续上涨，挤压企业利润空间；

（2）各大企业产能释放很快，主要市场竞争烈度加大；

（3）现代营销理念引入钢铁营销，竞争手段急剧变化；

（4）中小企业产品升级换代导致中档产品竞争加剧；

（5）国际巨头中国产业布局逐步完善，进一步挤压；

（6）钒、钛产品竞争不确定性加大，行业自律度走低；

（7）优势产品领先程度降低；

（8）相关行业不景气导致需求进一步萎缩。

二、 攀钢困惑的解决思路

联纵智达攀钢项目组根据 SWOT 分析，针对攀钢的四大困惑提出解决思路。

我们给攀钢开出如下药方：

其一，攀钢所有的战略规划，包括营销战略规划，都应当在正视现有生产规模局限和市场局限的基础上进行，根据企业实际状况，寻求生存和壮大之路。

其二，充分利用已有的品牌资源优势，调整产品结构，构建核心产品、明星产品、盈利产品清晰的产品线，同时把质量和服务这两个优势做足做深，以维持攀钢在中档产品中长期领先的竞争地位。

其三，资源优势是攀钢的重要资本和核心竞争力。利用资源的组合优势，在成本、区位、产品和技术上确立攀钢的市场知晓度和认可，形成行业内难以撼动的“特殊优势”，做成钢铁行业“独一无二”的“特例”，这些是攀钢在构想企业营销战略时，需要特别关注的重点。

其四，进一步清晰攀钢的企业文化，用企业文化帮助企业实现扩张之后的“融合”和“整合”，通过统一价值观和行为规范，来规范攀钢集团的沟通平台，提升沟通与合作的效率，使攀钢集团规模释放出几何数量级别的整合效应。

其五，全面构建以市场为导向、以效益为导向、以客户认可和经营效益为检验标准的攀钢集团新构架。

三、破局一：针对合并问题，以提升规模为主应对

先通过各种方式扩大企业规模，再逐步确立和提升企业的核心竞争力，对企业进行整合提高，实现既强又大的目的，即先做大，再做强。实际上，攀钢采取什么样的发展道路，其核心取决于对攀钢现有资源的研究和盘整，以及对产品业务单元的盘整，而提升规模有两个可行路径：

一是为规避“内陆”的地理劣势，在柳州等防务港新建工厂，或者就本地优势，收购川内昆钢等中等规模钢铁企业。

二是低成本、有指向地进行新的兼并、控制，或者形成生产企业的战略同盟，迅速以低成本扩张（行业内扩张 + 上下游相关产业扩张）壮大，以确定攀钢在西南地区的绝对竞争优势，突破攀钢集团因为企业规模瓶颈导致的竞争力不足困境。

经过市场调研，我们发现攀钢在区域市场的具体竞争情况（具体如图 10 - 1 所示）：

（1）西南市场的市场容量不是很大，但是足以支撑攀钢基本的销售所需，攀钢在本区域的产品领先和总体竞争领先优势明显。

（2）中南市场包括华中、华南，市场足够大，具有竞争优势和盈利能力的华北市场容量大，但是产品结构偏低，攀钢没有竞争优势。

（3）西北市场容量偏小，但是具有一定的赢利能力，而且是确保西南市场的防卫壁垒。

（4）华东市场容量大，产品结构和市场竞争处于全国领先，攀钢具有一定的竞争力，但后期发展尚不清楚。

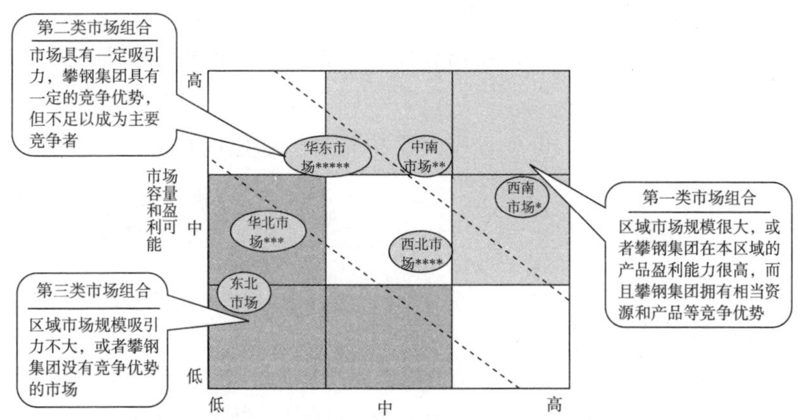

图 10－1　攀钢集团在区域市场的竞争能力

四、 破局二： 完成资源整合

首先，进行初级办公整合。包括在各重要区域建立中转仓库节省物流麻烦、建立办事处节省办公费用，以及联合各上市公司共同开发交叉客户等。

其次，再对传统 4P 进行逐个分析。

（一） 产品竞争力的打造要点

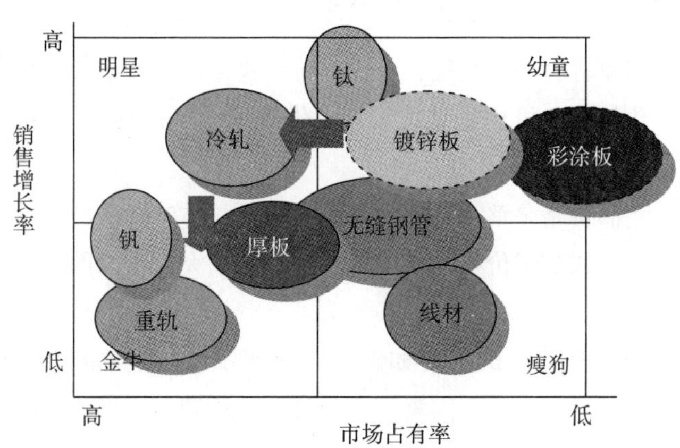

图 10－2　产品竞争力

通过市场研究，我们发现了这些情况（如图 10－2 所示）：

（1） 重轨和厚板属于金牛，其业务的相对市场份额较高而产业增长缓慢，仅需要较少的投资就能产生大量的现金，应尽量维持其现有地位。

（2）冷轧属于明星类，市场增长快、投入多、产出多，应加大投入使其向金牛方向转变。

（3）线材处于瘦狗，可少量投入维持其市场地位以获得最大收益，在适当时机采取收割策略。

（4）镀锌板和彩涂板扩产后，应加大投入迅速使其向明星转变，为将来转化为金牛做好准备。

由此，我们进一步得出结论：

（1）提高技术水平，提高产品档次是根本出路。

（2）加强管理，提高产品稳定性，减少刮伤等低层次质量问题是当前提高产品竞争力的关键。

（3）厚板应继续保持以普碳板为主，同时增强新产品市场开发能力，特别是军工市场，应继续扩大市场占有率。

（4）大型材应继续突出重轨和焊接轨，强化钢轨的产品竞争力，同时适当减少其他型材的销量，以减少亏损，扩大效益，但要注意客户关系的有效维护，另外要密切注意 H 型钢的发展。

（5）线材应实施低成本策略，尽最大可能提高收益。

（6）冷轧板和镀锌板应继续维持家电市场的主打地位。

（二）价格锁定机制提高定价效率

旧的定价机制存在一定问题：首先，价格决策流程及申报流程太长，效率低下；其次，价格制定机构重复工作，定价效率低下；最后，多方利益牵制，导致价格决策速度慢。

实际上，产品价格是整个公司的命脉，但是具体时间的价格点是无法准确把握的，经济规律决定了价格与价值的波动是无法完全重合的，只能是尽可能接近。

因此，采用价格锁定机制（如图 10－3 所示），先确定好预先锁定的因素，在制定价格的过程中这些因素不再是讨论的话题，因素的数值则是客观存在的，也不用过多讨论。价格体系与参考因素之间的参数也是固定指标，在制定价格时参数不是讨论内容，而是事先确定的数值。当市场情况发生变化的时候，专门组织人员便可直接研究确定参数数值，而不必再在价格制定会议上因定价多少而讨论不休。

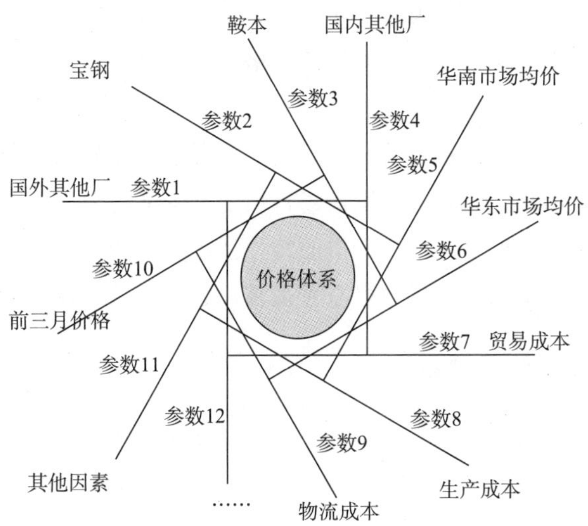

图 10-3 价格锁定机制的模式建议

（三）区域切割渠道客户

目前，攀钢的战略直供与渠道经销两类客户关系失衡。

直供战略客户：稳定的订单和稳固的合作关系，易于形成竞争的“壁垒”，防止其他竞争对手的进入。其理想状态应是“你中有我，我中有你”，在合作研发、资本纽带、成本锁定等方面，达成双方共赢的局面。现存的问题是，在产品畅销、俏销的时候，对于厂家而言，必须做出较大的价格和利益让步以体现“战略直供”的含义，但是在产品滞销的时候，对方并没有维护厂家价格的义务（因为有很多的可以替代的选择），让利没有形成应有的“缓冲”、“维系”和“锁定”三大作用。

渠道客户：对于价格很敏感，忠诚度低，能够解决两个方面的问题：一是解决销售的资金问题，作为资金提供者，满足钢厂现款要求，满足用户先货后款要求；二是解决进入最终用户的“通路”问题。现存的问题是，由于在产品畅销的时候，过于强调对于“战略直供用户”的保证，一些渠道的订货需求没有得到满足。在产品出现销售压力的时候，渠道没有动力和义务帮助厂家，渠道动销较差。

为此，针对渠道环节，我们提出了全新的思路，即直供与流通资源配比需要确定一个度。

渠道客户的定位：市场风险平衡阀。

渠道客户的作用：①渠道客户小、散、多，贸易投机性强，可以帮攀钢销售滞销产品、反季节销售等；②流通的价格比直供要高，流通资源的获利能力更强。

渠道客户的培养：市场行情好的时候要养渠道，在紧张的资源中间调剂一部分来稳定渠道用户，同时可获取市场行情上升带来的利润；市场行情不好的时候要利用渠道，借助渠道用户分散的特性消化滞销产品，避免过度库存带来的损失。对于因为市场因素导致严重亏损客户，给予适度补差。

（四）梳理新的管理系统

攀钢现有营销组织体系具有国企特性，基本体现在以下几个方面：

（1）规范化程度较高。企业中工作程序、工作细则、规章和政策手册等书面文件较齐全。

（2）分工程度高、内部控制机制较为完整，事务性工作规范较好，但决策流程较长，对市场反应不敏锐。

（3）标准化程度较高。操作性工作以统一的方式执行的程度相对较高，但是管理制度执行力度不够。

（4）职业化程度不高。管理者接受的培训和正规的教育普遍尚可，但受制度约束所学难有所用，知识老化现象较为严重。

（5）内部关系较为复杂。经历长达40年的发展，尤其是从2002年开始伴随着企业并购重组、参股控股等一系列资本运作，企业内部新旧文化和价值观差异较大，导致企业错综复杂的人际关系。

（6）员工“主人翁”意识较强。内部分配平均主义现象较为严重，缺乏适应市场发展的有效激励机制。

（五）构建营销体系

针对大客户营销，根据不同行业客户做不同分析：

（1）在汽车、家电行业，汽车和轮船等制造企业对钢铁品质要求较高，而攀钢则不具备相对优势，但可针对其中的“剪切服务”做单点突破；家电行业更易于突破，与客户联合互动形成实验室，着力打造“家电用钢第一品牌”。

（2）在钢铁行业，钢铁经销商为厂家垫资是钢铁行业最重要的特征，动辄千万元的垫资非一般客户能够承受。所以，项目组建议攀钢可以和经销商搭建一个资本纽带，通过共同出资组建销售公司和优秀经销商参股两种形式，建立牢固的联系。

为了满足攀钢未来发展需要，我们协助企业构建了新营销体系（如图 10－4所示）。

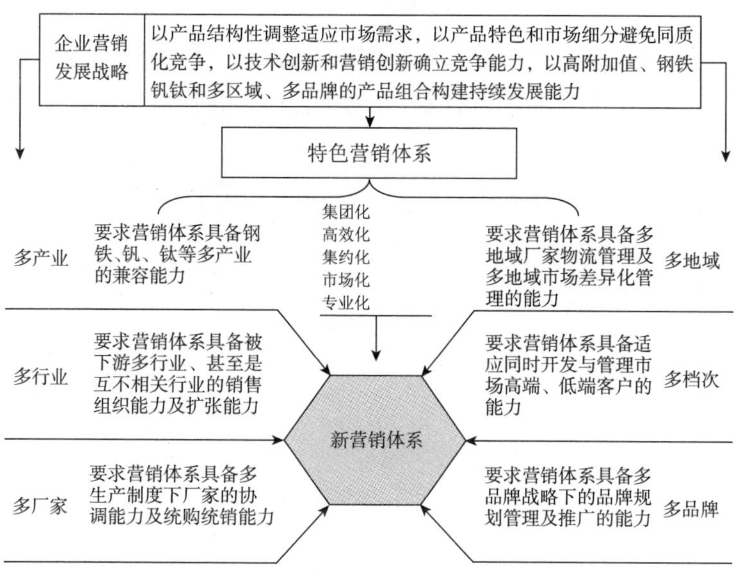

图 10－4　攀钢新营销体系

（六）提炼新的品牌形象

攀钢品牌面临老化和边缘化的威胁，重新定位和诉求，是攀钢品牌建设的当务之急。

对于品牌，因为项目作业范围界定，本次没有做充分的市场调查，但是根据我们公司内部专家研讨得出：一是攀钢的品牌形象老化，给人还是当年艰苦创业的老国企形象，缺乏活力；二是攀钢的钢铁市场占有率降低影响市场及公众对攀钢的品牌专业度认知。

品牌面临着老化和边缘化的威胁，“攀钢”这个品牌给予购买者的品牌认知，不是“先进”、“准确”、“高科技”和“高效服务”的正面感受，而是“国企”、“僵化”和“大企业病”的负面感受。品牌重新定位和诉求，已经成为品牌建设的当务之急。

我们发现攀钢具有的众多资源可以充实品牌形象：

（1）钒钢的优异性能，全国几乎所有钢厂都要添加攀钢的钒。

（2）世界第二大钒产基地。

(3) 中国家电用钢第一品牌，宝钢是汽车、武钢是硅钢、攀钢是家电。

(4) 每三架国产飞机中就有一架用的是攀钢的钢铁。

(5) 军工、核电指定用钢。

(6) 神舟五号、神舟六号指定用钢。

(7) 中国每三米铁轨中有一米是攀钢的钢铁。

(8) 天安门广场的旗杆用的是攀钢的钢材——中华第一杆。

……

如此丰富的资源，对于提炼攀钢品牌新形象提供了非常好的素材。

48 钱江电气：营销变革，创建奇迹 

在钱江电气项目中，我们不仅诊断、分析、给出应对措施，更从实战、高度和专业三个角度，给企业创建了“配电与干式变压器领导品牌的定位论”、“四级营销组织设计”、“主动服务营销论”、“三级市场管理”、“区域壁垒策略”、“成本价报价原则”和“集团经营管理委员会制度”等营销策略，获得了在场人员的一致认同，更得到了市场的检验。

一、 行业格局

杭州钱江电气集团（以下简称钱江电气）创建于1976年5月，公司的主导产品为330kV级及以下电力变压器、电力节能器、滤波设备、智能型移动变电站和高低压开关设备。

钱江电气连续五年荣获全国变压器行业“十强企业”称号。2007年，公司生产的钱潮牌变压器被国家质量监督检验检疫站总局授予“中国名牌”产品和国家免检产品称号；2009年5月，钱潮牌商标被国家工商行政管理总局认定为“驰名商标”，集团在国内拥有12家全资子公司和控股子公司，2009年销售额12亿元。

2008年金融危机以后，国内变压器行业呈现出四个特点：

一是行业整体产能过剩。能够生产与钱江同电压等级的变压器厂商约1000多家，市场竞争趋于白热化，国内低电压等级变压器的产能已经严重过剩。

二是基础原材料价格上涨。变压器的价格构成中，铜、硅钢等金属材料约占70%的比例，所以上游原材料的价格波动对变压器行业的影响巨大，而近年这些材料价格连年上涨，严重侵蚀了变压器行业的利润。

三是下游客户控制采购话语权。变压器行业的主要客户是电网公司，作为国有独资并且垄断经营的企业，这类客户在采购过程中往往占据绝对的控制权。尤其是近几年，国家电网把下属省公司、市公司的采购权逐渐集中到总部，使得变压器行业的企业更加弱势。

四是行业集中度逐渐上升。采购权的集中化使得只有少数几家变压器厂商能够获得国家电网的订单，为数众多的变压器企业面临订单份额大幅度减少甚至没有订单的局面，市场集中度逐年上升。

二、严峻现实：四个问题

通过与钱江电气高层的频繁沟通，项目组对钱江电气所面临的市场环境和企业难题有了初步的认识。但真正深入企业内部进行调研之后，我们才发现钱江电气所面临的挑战非常严峻，已经到了必须解决的地步。

（一）销售模式落后

近年来，钱江电气下游客户的采购模式已经发生了天翻地覆的变化，但钱江电气的销售模式却还是十几年之前盛行的“承包制”，新市场基本没有开拓，老市场的销量在不断萎缩，导致销售团队管理粗放，销售人员与企业之间矛盾重重，人心涣散。金融危机之后的2009年，钱江电气的销售额比2008年大幅下滑。

（二）营销观念落后

和国内变压器行业的大多数企业一样，钱江电气的营销模式基本上是“关系营销+承包制”。这是一种典型“散兵游勇式”的营销模式，既没有清晰的战略方向，也没有公司层面的支持和服务。落后的营销观念使钱江电气自2003年以后就基本停滞不前，始终在三线品牌的阵营里徘徊，而比钱江电气起步晚的新疆特变电工却成长为全球变压器行业的领导者。

（三）管理模式落后

钱江电气的营销管理能力非常薄弱。无论是销售团队管理、合同管理，还是应收账款管理、招投标管理，都没有形成制度、流程和规范，更没有建立科学的绩效考核机制，这就导致内部员工工作的随意性较大，工作绩效难以衡量，工作失误难以追究，内部工作难以协调，领导命令难以执行等一系列问题。

以应收账款管理为例，钱江电气在2009年的应收账款就超过4亿元。而到了2010年初，这个数字已经变成5亿元，这相当于钱江一年销售额的1/3。

（四）治理结构不合理

在2003年前后，钱江电气对集团的组织构架进行了一次较大的调整，调整之后形成了很多独立的法人公司，包括特种变压器公司、钱电变公司、输变电公司和成套公司。为了实现统一销售，上述几家独立法人又出资成立了销售公司。几个独立的法人不但在内部流程方面难以有效协调，还造成了集团层面营销战略管理职能的弱化，研发中心和客户服务工作也名存实亡，甚至公司技术部门还在使用十几年之前的老图纸。

三、 规划新的营销战略

经过与钱江电气高层的多次沟通，他们逐渐认识到问题的严重性，并希望我们能尽快拿出有针对性的解决方案，辅助管理层把钱江电气带上正轨。

通过深入沟通与分析，我们与钱江电气的高层最终敲定了咨询项目的基本模块，即以营销战略规划为主线，首先理清未来5年钱江电气的整体营销战略方向，再依据营销战略方向，对营销组织进行变革，对营销管理制度和流程进行完善，同时建立起一整套与制度和流程配套的薪酬及绩效考核制度，使营销战略能够最终落地。

咨询师的身份要求我们要摒弃主观的臆断，依赖客观的事实去思考问题。因此，项目的第一个环节必然是市场研究，包括客户访谈、销售人员访谈和竞争对手研究。经过周密筹划，我们调集了联纵智达9名优秀顾问，组成6个外调小组，分赴北京、哈尔滨、江西、上海、陕西、广东等九个地区进行客户走访和市场调研，共访谈终端客户上百人，销售人员上百人，收集到的数据资料重达十几公斤，文字资料几十万字，问卷400余份。

众所周知，对竞争对手的深入研究是咨询工作中重要的内容。在项目前期，我们分析了至少3家同行业的竞争对手，包括这些对手的营销模式、组织构架、薪酬模式、关键性的制度和流程等。

为了能够搜集这方面的资料，我们广泛发动客户内部人员和咨询顾问的个人关系，成功组织了十几人次的竞争对手员工和代理商访谈，对这些对手有了全面、深入的了解，甚至连对手的薪酬模式、提成点数都被我们了解得清清楚楚。这些竞争对手的访谈资料不但使我们的《对标研究报告》彻底震撼了客户，也成为后续营销战略规划模块中极其重要的组成部分，使得营销战略报告的分析更加入木三分、有理有据。

接下来，就是营销战略规划的过程。为了在年初的营销会议上发布新的营销战略和年度销售政策，钱江电气要求项目小组提前一个月完成原定需要三个月完成的战略规划，并协助他们制定2010年度销售政策。客户之所急就是我们之所急，客户的要求就是命令就是号角！项目小组全体成员放下手头的其他工作，牺牲个人的业余和休息时间，全力以赴投入战略研讨和报告撰写工作中。

为了得到一个真实可靠的数据，我们计算上千个基础数据；为了得到一个切实可行的结论，数次研讨，翻阅上百页的资料和文档。数十个难眠之夜后，钱江电气的营销战略报告完成了。整个报告分为《营销诊断报告》、《竞争对手研究报告》和《营销战略规划报告》三个部分，PPT总页数多达上千页，所涉及的基础研究资料电子文档数量即达上千个，近百万文字。

2009年1月底，项目报告会如期举行。钱江电气集团60多名高管和中层听取了联纵智达项目组的营销战略规划报告，报告中引用了大量详实可靠的数据，深入分析了竞争标杆，并从市场细分与定位、行业选择、行业大客户开发、新市场进入、售后服务管理、合同管理、人力资源管理、薪酬与绩效管理、海外营销管理、营销战略总体目标及分解目标、财务盈亏平衡计算等多个角度阐述了为钱江电气制定的营销战略规划方向。

报告中提出的“配电与干式变压器领导品牌的定位论”、“四级营销组织设计”、“主动服务营销论”、“三级市场管理”、“区域壁垒策略”、“成本价报价原则”、“集团经营管理委员会制度”等营销策略，获得了在场人员的一致认同，三个报告一次性通过评审。

接下来，项目组又与钱江电气营销管理层共同制定了《2010年度销售代理政策》，并配合销售公司在一个月之内对营销组织构架进行了一系列的调整。

新的销售政策发布之后，立即引起了营销团队的极大震动。大多数销售人员都认为，新的销售政策有效解决了原来一直制约新市场开拓的问题，提高了销售人员的积极性，而新的营销组织中设立的新岗位和新部门，也非常适应钱江电气终端客户采购模式的变化。

四、 巨大变化

2010 年 6 月，与我们为钱江电气制定营销体系时隔半年，当我们为绩效考核和薪酬优化模块的后续服务再次来到钱江电气的时候，我们看到了钱江电气的巨大变化。

变化一：营销团队生龙活虎。新的营销组织打破了过去一潭死水的格局，销售模式从单兵作战变成了团队作战，很多有能力的人走到重要的岗位上，许多来自跨国企业的职业经理人融入团队，钱江电气的营销队伍从以前的死气沉沉变成生龙活虎。

变化二：业绩增长出乎意料。2010 年以来，钱江电气不但首次成功中标国家电网 110KV 变压器 33 台，更首次中标国家电网 220KV 变压器。输配电公司全年生产任务已经提前 6 个月完成，钱电变公司满负荷生产，销售业绩较去年同期增长 30% 以上。在全国变压器市场一片哀鸿的 2010 年，大多数企业的业绩都出现 30% ~40% 的下滑，钱江电气却能逆势增长，这不能不说是一个奇迹。

变化三：营销理念深入人心。经过一次次的沟通与培训，钱江电气的很多高层和中层对联纵智达倡导的营销观念非常认同，在联纵智达的支持下，很多部门已经开始设计或使用营销管理软件来改善流程，例如招投标部门已经依据我们提供的流程设计出《钱江电气招投标管理平台》软件等。

五、 案例总结

钱江电气项目见效明显的核心原因是什么呢？下面是我们从这个项目当中得到的三点体会：

（1）市场调研的数据是支撑咨询服务的基石。

钱江电气项目中，项目小组搜集和整理的数据多达上万个，仅以电子文档形式出现的文件就多达上千个。正是这些数据才使得我们的结论显得更加科学，更加有说服力。所以，有数据的咨询报告客户是很难推倒的，除非数据不真实。

（2）竞争对手对标研究是咨询师必不可少的功课。

对于客户提出的 3 个对手的对标研究报告，很多咨询顾问都有些想不通，认为是客户提出的无理要求，很难完成。但在克服了许多难以想象的困难、最终拿到对标研究数据的那一刻，我们才知道这些数据对于一个成功的咨询项目有多么重要！没有这些细致、艰苦的对标研究，我们的营销战略规划是多么苍白和空洞。这个项目带给我们全体项目小组成员的最大收获就是懂得了“竞争对手对标研究是咨询师必不可少的功课”这个道理！

(3) 客户的执行力对于咨询的成功至为关键。

在钱江电气项目中，我们看到了销售公司领导层非常强的执行力，正是这种执行力才使这个项目的效果在短短几个月时间内就能凸显出来，而这正是我们在项目初期非常担忧的事情。我们欣喜地看到：在我们营销战略报告解读后的第二天，销售公司就已经按照我们设计的组织来酝酿各岗位人员的名单了。春节过后，很多空白岗位的人员已经陆续到位，虽然这个时候很多相关的考核制度还尚未出台，有些流程还尚未完善。但是我们相信，这种高效执行力的文化很有可能借这个项目实施的契机，在钱江电气的营销团队内部生根发芽，这也算是钱江电气在营销咨询服务之外的意外收获吧。

49　天正：营销系统升级塑造“新天正、新形象”实录

一、观市场：四面埋伏

二十世纪八九十年代，是一个激情绽放的时代，中国的低压电器行业也在这场春潮中快速成长，在1980～2000年之间，保持着10.99%的年均增长率。然而，中国市场是否真的能够“消化”这些增长的产品？答案是否定的。

有数据显示，低压电器的增长速度从1995年逐渐开始回落。企业数目的变化趋势也由原来的快速增加，变化为逐步减少。一系列的问题开始暴露：企业规模偏小且数量过多，区域结构趋同且重复建设严重，技术结构不合理且主要产业技术水平低的弊端逐渐显现。

事实上，随着我国国民经济的持续增长，国家对电力的需求增加，其行业的发展前景及潜在增长都是非常乐观的。正是基于这样的判断，低压电器行业竞争更加激烈。数据显示：2006年，中国电气工业100强企业中，合资企业占据了29家，国有企业28家，民营企业43家。

从数据中，我们不难看出，国际资本已经开始占据部分国内市场，更为重要的是，这些合资企业大多由国内原骨干、重点企业与国外大公司的结合而建立，多由外国公司控股，以国内市场为主要目标，利用外国公司的先进技术，打着跨国公司的品牌，生产、销售跨国公司的产品，发展趋势十分强劲。

而对于国有企业，具有相对较强的实力，生产设备相对较先进，产品技术水平和质量水平处于中高档，用户中有较高的信誉，有些企业正在转为股份制。

对于国内民营企业来说，部分企业经过了几年的“资本积累”，发展成了颇具规模的企业群体和企业集团，而且走到了市场经济下股份制改造、资本经

营的前列，其发展状态十分活跃，产品质量也有了很大提升。但面对强大的竞争对手，如何突围，仍是国内民营企业必须解决的难题。

天正集团（下简称天正）——一个位于温州地区的民营企业，经过十四年的风雨洗礼，已经从创业时期的小作坊蜕变成了初具规模和实力的集团公司，但面对跨国集团的先进技术和资本、国有企业几十年的深厚沉淀、国内民营企业的异军突起，如何进一步提高自己的市场地位，增强核心竞争力，进一步提升自己的品牌影响力和溢价能力，是天正不得不深思的问题。2007 年春天，天正向联纵智达发出邀请，期望我们能够在营销领域帮助其实现突破，进而打破目前的市场僵局，提高自己的综合竞争力。

二、 看问题： 两个视角

从品牌竞争角度看：已经有合资、国有、民营三大阵营，天正如何脱颖而出？

国际高档品牌阵营：以 ABB 和施奈德为代表的国际一流品牌，高定位、高价格、高质量，处于市场的尖端位置。从市场的反映来看，各自的市场地位略有不同，施奈德是处于市场领袖地位，其销量在中国低压电器领域稳居老大位置；从绝对销量来看，ABB 不如施奈德，但是在品质感受层面，ABB 更给人大家风范品质专家感受。

中档“老国有”阵营：原有老国有企业转制而成的“老国有”品牌，虽然经营体制欠灵活，但是凭借几项产品的核心技术，在市场上具备良好的质量口碑。而在“老国有”阵营中，又以常熟开关厂和人民电器厂为典型，具备一定的市场操作能力。

中低档国内私营企业品牌，以正泰、德力西、天正为代表的温州民营企业，同处温州柳市集群。正泰通过精心的市场操作，目前品牌已经逐步摆脱“柳市制造”的阴影，逐步迈入“中国企业”的大格局中，品牌在逐年提升。德力西通过和施奈德的合作，虽然目前在操作上看不出太大的动向，但是借助施奈德的大旗品牌溢价能力的提升也是情理之中。而在这其中，天正则处于第三集团的最末位置，无论是从品牌形象或是销售份额都处于“巨人末端”的位置。

除此之外，大量的“杂牌”阵营冲击市场，低价竞争。从市场各个品牌演变的趋势，总体上可以清晰地感受到，各大品牌都在市场份额和品牌定位等层面不断向上攀升，并且以 3～5 年为单位，进行品牌格局的衍生。毫无疑问，行业这样的变化，对天正而言，带来的是几何倍数增加的市场风险。

因此，对于天正而言，面对如此恶劣的市场环境和如此远瞻的市场目标，目前需要进行的就是以未来5年为界限，进行一次彻底的形象转型，即使天正保持快速的市场份额增长，同时也在品牌方面获得长足的提升。在整体形象方面彻底进行一次改头换面，即“新天正，新形象”形象转型战略工程。

从渠道角度看：虽然是传统渠道模式却利益分配复杂，天正如何找到新模式?

低压电器用户主要是电力工业，此外还有石化、煤炭、冶金、建筑业以及民用等，低压电器多数由低压成套设备厂家（盘厂）所购买，然后组装成低压成套装置再卖给用户。电器销售属于典型的工业品销售，用户采购决策环节多，关系错综复杂，牵扯到设计院、盘厂、承包方等多方。

由于需要和用户建立深度沟通关系，厂家往往依靠经销商在当地积累的人脉关系销售。厂家供货、经销商销售成了低压电器渠道销售的主要模式，渠道控制权掌握在经销商手里。项目信息主要来源是设计院，其次是规划局、网络、朋友关系等。由于缺乏厂家的指导和支持，经销商主要凭价格低廉、薄利多销的价格优势竞争，造成整个低压电器市场十分混乱，价格体系很难控制，竞争中的恶性压价事件时有发生。

从短期而言，经销商仍然是新品渠道依靠的重要对象，但从长期看，做品牌（形象转型）首先要掌握渠道的话语权，因此新品必须逐渐透过经销商管理前移到渠道下游和用户，建立数据平台将是新品渠道前移的前提。

而我们的调研发现，设计院是一条隐形渠道，而且是连接客户需求和市场供给的起始环节。

在低压电器采购环节和决策中，从经销商、设计院、用户到工厂等，存在一条利益分配链和关键公关环节，中间存在不同的代理人角色，通过针对代理人的利益链条的再分配，将为低压电器的营销带来渠道模式的创新。

从渠道支持和协销角度看，不仅可以给经销商提供技术、价格、服务支持，厂家还可以通过项目小组销售模式整合经销商和天正所有可用资源，打造渠道服务平台，为渠道提供全面协销支持。

三、 七套策略拉动品牌升级

至此，天正集团问题的解决思路完全浮出水面：通过新品上市策略塑造

"新天正，新形象"战略工程，进而提升品牌力；通过利益链重塑掌控渠道和终端，保证新品上市的顺利推进；"新天正，新形象"并非一蹴而就，而应该是一个分步骤、阶段化的进程。

通过项目组研讨，天正整体形象转型工程分为三个阶段：

（1）**启动阶段**：确定"新天正，新形象"转型工程，完成具有品牌意义新产品的投放及集团VI的改换，在市场上获得一定的认可。

（2）**消费者品牌阶段**：集团新形象获得市场的普遍认可和好评，新产品不断推陈出新，成为天正主流产品，在中高端市场获得不错的表现业绩，天正形象逐步提升，以此大幅度缩短和竞品的差距。

（3）**强势品牌阶段**：成为国内低压电器行业知名的全国性品牌，具备相当高的品牌知名度和美誉度。最终，进入国内低压电器代言品牌的阵营，在局部领域接近甚至赶超国际品牌，全面完成天正预设的集团发展和新产品推广目标。

思维路径全面理清后，最为迫切的就是启动阶段的实际操作。作为项目的起始，必须通过两个"子项目"——集团VI的升级和中高端新产品的推出来启动整个工程，并通过这两个"子项目"的实施，在品牌形象和销售结构等方面开始拉动整体品牌。

（一）天正标识设计

图10－5　天正LOGO设计

在全新的标识（如图10－5所示）中，墨绿色弧光而成的水墨E型，既具备了中国本土文化的书法痕迹，又彰显了网络时代的科技质感。仿若"一道电弧"划天而过，又似盘聚飞旋的蛟龙，以"天"为心，势不可挡！刻用书法体而成的重墨"天"字，是天正企业的形象缩写，具备大气磅礴、文化深厚的将帅气势。

（二）天正包装设计

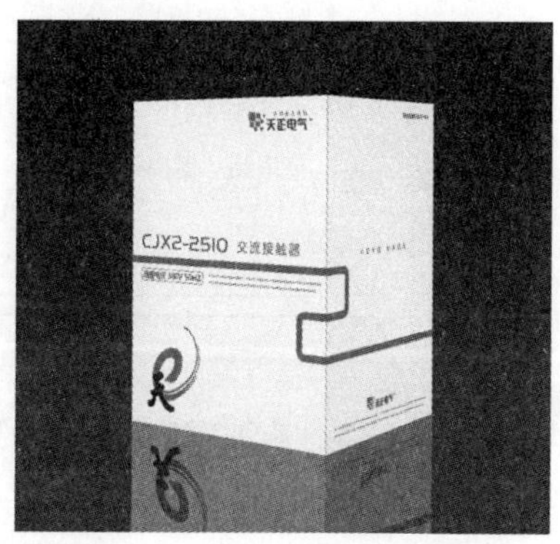

图 10－6　天正包装设计

如图 10－6 所示，在设计风格上，我们强调设计简洁、特色明朗，logo 和字体产品尽可能突显是设计的主要目的。在延续以往品牌概念的同时，更强化了线条感和新颖产品的特性。

（三）新产品卖点诉求体系形式

经过市场现状的深入观察，我们发现：低压电器产品仍集中关注专业语言表现，客户价值虽有表述但挖掘不深，销售话术中规中矩，少有适度的张扬与感染力，卖点诉求缺乏体系。针对这一现状，项目组做了改进，即实施概念卡位传播战略。对产品的独特卖点、新的说法等进行先入为主的宣传，并积极进行卡位与保护，设置传播壁垒，防范竞争对手的进入。

例如，对“灭弧栅片错位熄弧技术”的新说法进行注册保护等。同时，搭配精致简洁的 DM、刊登专业杂志软文、按投放策略分刊、分类连续或间隔投放、设置奖项对专业读者进行奖励问答、举办新产品有奖征文等，通过知识营销实现专业人士对天正的深度认知。

（四）新产品的定位——三叉戟插位定位策略

在新产品定位上，我们推出了三叉戟插位定位策略（如图 10－7 所示）。

三叉戟第一层插位：在品牌调性和综合感受上，捆绑国际品牌，给市场以高档化、国际化的品牌印象和综合感受。

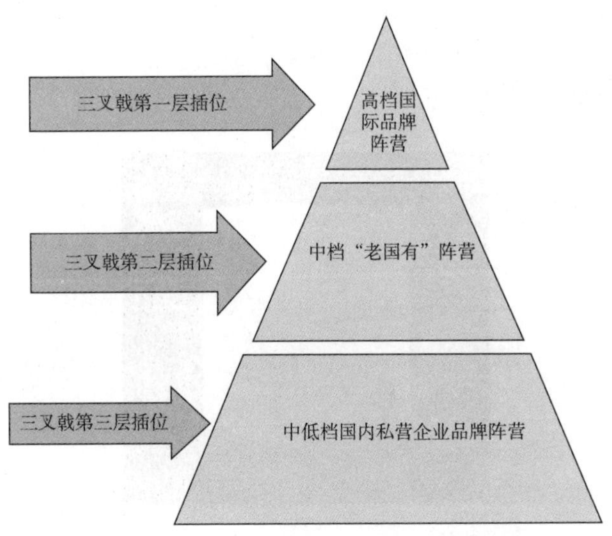

图 10－7　天正的三叉戟插位定位策略

三叉戟第二层插位：在面价上，高于常熟开关厂等“老国有”，不仅支撑高端的形象同时在价格上也有一个支撑。

三叉戟第三层插位：在实际成交价上，实际价格低于常熟等“老国有”，但高于正泰、德力西等在产品整体定价策略上，两价（面价、折扣价）错位定价技巧是行业普遍重视的定价策略。

从定价策略上来看，面价和折扣价承担着不同的功能。面价直观地反映产品的基本档次和定位，而折扣价则在成交心理上具有良好的策略意义。目前各品牌的面价和折扣价定制中规中矩，策略作用不太明显。而此次天正新品的推出，应在面价和折扣价定制的策略上大做文章，即使新品具备一定高度的定位，同时也能为市场所接受——高面价、高折扣的定价策略是天正此次项目的亮点之一。

（五）新产品渠道——采用封闭的渠道模式平台

在渠道层面，通过渠道封闭、设计院管理利益封闭、代理人/影响者利益封闭等，在新品事业部层面通过数据库平台、项目管理平台全面协助渠道销售中各个环节。

在新品上市初期，还是主要依靠经销商的人脉、资金、网络等资源，开发和管理市场。针对每个经销商设立产品经理，由产品经理负责项目组资源的搭配，从设计院这条关键环节切入渠道，对经销商进行全程的市场支持。在整个渠道环节中注意挖掘代理人角色，可以采用利益纽带方法与代理人形成长期合作关系。总部在提供全程支持的同时，进行数据收集和完善，逐步掌握渠道下游资源，逐步进行管理前移。

（六）新产品销售模式——将传统的销售模式转化成项目小组的销售模式

在新产品销售前，新品事业部打造了一个管理支持平台，为渠道各个环节提供统一的协销支持。通过项目小组提供服务与原来“单打独斗”的项目销售最大的区别，在于将原来“铁路警察，各管一段”的销售方式，变成为集项目小组众人之力的“打群架”方式。产品经理作为团队的关键角色，负责组合和利用整个小组的所有资源，包括设计、技术、生产、市场研究、营销、培训、品质等各方面的相关专家组成。新品事业部形成后方管理平台支持，为产品经理提供综合服务。

（七）天正新形象转换的整体传播——天正的形象转换主要从企业实力、品牌新形象、新产品品质三个方向来进行改变和提升

这个计划分三个阶段实施（具体如图 10 - 8 所示）。

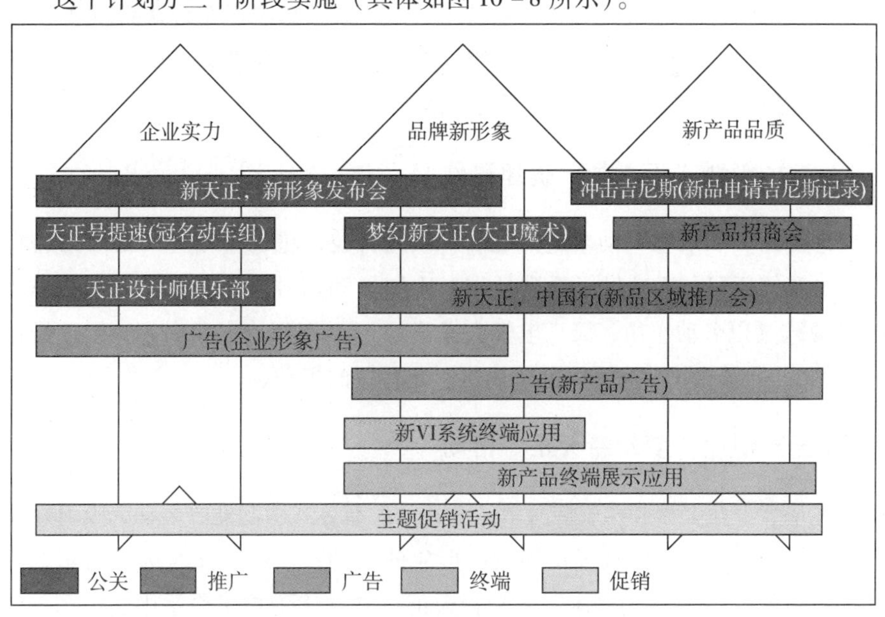

图 10 - 8　天正的形象改变和提升策略

第一阶段：启动期以大公关开题，通过新的元素注入，颠覆行业内原先对天正的印象营造气势，主打天正新形象和企业实力。

第二阶段：蓄势期以地面推广为主，通过聚焦新产品演绎新形象和新品牌精神。

第三阶段：高潮期通过立体整合传播体系，建立持续的用户和渠道沟通机制。

四、做传播：七大举措

在整合传播上，通过新品发布会、企业冠名、冲击吉尼斯、组建设计师俱乐部等事件营销的方式完成企业形象的整体转变和提升。

（一）举办“‘新天正，新形象’提升工程暨新产品发布会”

发布会在国家大剧院举行，借用国家大剧院在人们心目中的权威地位，提升产品的形象并吸引尽可能多的目标客户到场，将目标客户有效集中，方便进行公关传播及其他方面的沟通交流；构筑行业新闻点，产生事件传播效应；天正集团总裁高天乐接受媒体（CCTV、《南方周末》）专访，《新天正，新形象，天正集团战略大跃进》、《民营企业技术升级，天正集团正在行动》、《温州商人中的另类——天正集团董事长访谈录》三篇文章见诸报端，启动天正新形象传播的第一炮，在行业内引起了足够的轰动。

（二）策划“天正号”提速事件

即赞助“和谐号”动车组并冠名，领跑科技，超越巅峰（天正号提速）。为此，我们还配合活动做了系列炒作。比如《和谐号冠名，天正电气第一个吃螃蟹》、《冠名动车组，天正电气大提速》、《动车组有了新名字，天正号正式启用》，一波未平，一波又起，再次引起行业的轰动。

（三）组织“梦幻新天正”活动

邀请大卫在上海外滩表演魔术，全新的发布方式引起业界轰动，吸引媒体讨论，扩大影响力，体现天正创新新形象的精神；三篇软文《大卫魔术，变出天正新形象》、《梦幻魔术，梦幻新天正》和《大卫魔术牵手中国民企——天正电气市场总监访谈录》，再次强调天正集团在终端的心理定位。

（四）冲击吉尼斯纪录

申请挑战某一技术参数的吉尼斯世界纪录彰显天正新产品品质，重点不在于真正的评选，而在于炒作宣传。

在全国主要城市进行分区路演，吸引设计院等重点公关对象到场观摩，完成对新产品品质的传播，同时在行业内形成巨大的轰动效应。

天正新产品申请吉尼斯世界纪录新闻发布会，在全国多个主要城市发起挑战，邀请设计院等专家到现场鉴定。

天正挑战成功新闻发布会，相关新闻、软文炒作传播，如《天正电气冲击吉尼斯世界纪录》、《2 万次接触，天正电气冲击吉尼斯纪录》、《天正接触器，冲击全球低压电器业首个吉尼斯》等。

（五）成立天正设计师俱乐部

通过高激励方法将设计师纳入俱乐部中来，深度开拓设计院渠道，通过社交和累积积分的方式来间接掌控这一隐形渠道。同时，让设计院及设计师了解天正集团及其产品，增进与设计师的感情，强化天正产品在设计师心中的定位。这不仅是一次设计师交流研讨的盛宴，更是天正集团品牌形象传播的关键节点。

（六）拍摄企业形象广告

以宣传天正的新形象、品牌精神和企业实力为主，制作企业形象宣传片，用于推广活动和经销商会议时使用。同时融入大量新产品广告，展示新产品、配件、模组、服务等的特点和好处，主要投放方式为专业杂志、终端户外广告、售点海报等，以地面为主。

（七）组织新产品招商会

在前期一系列品牌传播与新品传播的基础上，及时召开新产品招商会，重点向经销商群体进行传播，完成新品渠道的构建。同时，重塑天正集团在经销商心里的心理定位，提升天正的品牌形象，重点将重塑后的新品及时投放市场，完成项目的“落地”。

五、评实效：品牌、销量的双提升

“新天正，新形象”形象转型战略工程给天正集团带来的变化是多方面的。该项目的核心是通过新产品上市提升企业的产品形象，提高天正产品的溢价能力。由于我们一贯的作业习惯，需要客户的高度参与，在项目执行过程中，很多好的工具和作业方法，如头脑风暴、六顶思考帽及独创的“锤子+钉子”的方法，潜移默化地影响了天正集团团队，受到天正高层的一致赞同。

经过市场实践证明，形象转型工程给天正集团带来了如下好处：

（1）新产品成功上市，产品的溢价能力提高30%～50%；

（2）新产品上市后的利益价值链重塑，客户黏性提高60%～80%；

（3）产品新渠道的有效扩充，天正集团在短期内新增30%～40%客户量；

（4）新产品收益（占全部收益的百分比）增加100%；

（5）天正集团形象提升带来的潜在价值增长40%～60%。

除了形象工程本身所带来的价值外，在项目执行过程中，联纵智达与天正集团一起确立的“产品经理项目负责制”，有效提高了天正集团的客户开发成功率，销售流程优化及指导手册帮助天正集团营销系统真正走向了制度化、规范化。

【一线手记】

项目前期，项目组作业成员对中国目前低压电器行业现状进行了深入的了解，并对天正集团所提出的问题及面临的困惑进行了深入的研究和分析。在此基础上，提出了N种问题可能性的预判，带着我们的假设和疑问，进行了前期的内访外调工作。正是由于前期充分的准备，项目团队能够很快发现问题的结点，并准确判定天正集团在中国低压电器行业三大阵营、四大品牌格局中的市场定位。

定位之后的关键是如何突破问题。实际上，天正集团面临着“内围外困”的双重压力，项目团队结合访谈的实际情况及天正集团可以调配的资源，确立了“新天正，新形象”战略工程。确定通过“新品上市”策略提升天正的品牌形象；通过渠道利益链重塑，掌控分销渠道和终端；通过提高产品力，为品牌提升和渠道的扩张做有效支撑。

实际上，天正集团项目让我们看到的不仅仅是咨询项目本身给客户带来的增值，更多的是中国的民营企业、民营企业家在“内围外困”的双重压力下冲击突围、不屈不挠的精神。他们充分利用“外脑”将市场的压力转化为内部的驱动力，谦虚学习、勇于进取、自强不息，这种精神是我们每一个人不得不学习和效仿的。

50 长电科技：小产品，大市场

面对消费类电子产品利润不断下降的市场状况，以及单一的OEM业务模式导致长电科技业绩的不稳定的情况，如何通过完善公司的产品结构来提升业绩的稳定性成为长电科技必须思考的问题。对此，联纵智达推出了“芯潮”计划，并围绕此计划展开系列产品规划、渠道规划、经销商培训等，最终让问题迎刃而解。

一、困局：OEM无法满足盈利需求

2009年3月5日，中国权威ICT研究与管理咨询机构赛迪顾问股份有限公司在2009中国消费电子市场年会上发布《2008～2009年中国移动存储市场研究年度报告》显示：2008年，中国闪存盘市场增长强劲，销售量达到1871.8万片，比2007年增长55.5%。然而，由于产品平均价格的大幅下调，导致销售额出现负增长。

这一结论被江苏长电科技股份有限公司（简称长电科技）部分证实：2009年1～6月，公司实现营业收入95，627.5万元，比上年同期下降了24.03%；利润总额为-2，159.36万元、归属上市公司股东净利润-2，585.68万元，分别比上年同期下降了128.3%、144.55%。其中境外销售499，299，464.67元，比去年同期减少33.52%，国内销售447，908，016.47元，比去年同期下滑9.88%。

2009年4月24日，长电科技股东会通过了关于投资12，184万元建立“高容量闪存集成封装技术的研究及产业化”项目的议案。项目完成后，实现了年产能200万只USB整体U盘，年实现销售额2亿元，利润1，800万元，投资回收期4.34年，项目竣工期限为2009年9月。

尽管移动存储产品容量升级迅速，但是由于芯片价格持续走低，促使移动存储产品价格也持续下降，产品性价比进一步提高。

移动存储产品的市场竞争格局已经稳定。根据中关村IDC统计，国内排名前十名U盘品牌分别为Kingston、联想、爱国者、宇瞻、忆捷、朗科、台电、纽曼、SanDisk、KINGMAX等，其市场占有率超70%以上。品牌格局日趋稳定是一种理性消费，市场的成熟对各存储厂商意味着更高的要求，不但需要品质稳定、品牌知名、服务良好，更需要在产品设计、更新、市场运作能力、渠道通路等方面有更强、更突出的表现，如此才能取得更大的突破。

面对这样的市场前景，长电科技意识到，单一的OEM业务模式将导致上市公司业绩出现非常明显的不稳定性。如何通过完善公司的产品结构来提升业绩的稳定性？这深深地困扰着公司的领导层。

二、 方向：锁定消费类电子产品

长电科技是中国著名的分立器件制造商、集成电路封装生产基地、国家重点高新技术企业和中国电子百强企业之一，拥有国家级企业技术中心、博士后科研工作站和国家工程实验室，中高级技术员工占员工总数40%。公司占地20万平方米，净化厂房15万平方米，现已形成年产分立器件250亿只、集成电路加工75亿块、SiP6000万块，以及4～5英寸分立器件芯片100万片的能力。公司于2003年6月在上交所A板成功上市。

长电科技从这场危机中看到，单一的OEM业务模式已经不能够保证公司长期稳定健康的发展。为了规避企业经营风险，提高整体抗风险能力，公司决策层不得不重新审视企业的发展战略。

在延续企业核心竞争力——强大的封测技术基础上，公司决策层做出了生产消费类电子产品的决策，即在国内市场建立消费类电子产品自有品牌的发展战略，计划形成自有品牌销售和OEM代工并行的业务模式，从而规避单一的业务模式所带来的经营风险。

在这种指导思想下，长电科技计划以U盘产品作为切入消费类电子产品领域的首个大类产品。但长电科技在U盘领域完全是一个后来者，没有消费类电子产品领域的相关经营经验和人才储备，如何确定U盘产品定位及差别化的产品规划将是一个很大的问题。

三、药方：定策略，找方法

为了帮助长电科技实现公司的总体战略目标，项目组在分析了企业的内外部环境后，运用五力模型分析法对公司五个竞争力量进行了详细的分析，找出企业的优势和劣势、机会与威胁。通过市场细分、目标市场定位，明确了公司应采取集中战略和差异化战略，以便全面深入地掌握特定的市场需求，同时利用有限的资源，发挥优势，使长电科技在选定的目标市场居于强有力的竞争地位，实现公司既定的战略目标。

（一）确定品牌和渠道定位

经过近一个月对北京、上海、南京、成都、广州、深圳等全国性重点市场的调研，在拜访大量经销商和消费者的基础上，项目组提出了《长电科技品牌规划和渠道销售模式报告》。

在该报告中，我们把长电科技数码产品的自有品牌为命名为“芯潮”，同时将其定位在中高端市场，并以个性化和时尚化为核心诉求点。此外，为了应对 IT 市场销售格局的发展，项目组在同行业以 IT 渠道为核心的渠道模式基础上，进行了符合时代潮流的渠道架构设计，形成了“IT 渠道 + 传统渠道 + 直销渠道 + 创新渠道”的复合型渠道模式。

我们的品牌定位和渠道模式设计得到了长电科技王新潮董事长的高度认同。王董认为，为了和长电科技原有的 OEM 业务模式形成战略补充，“芯潮”品牌必须走高品牌高附加值的品牌化建设道路。

（二）明确营销战略

通过对 U 盘整个行业的分析，结合长电科技自身的核心竞争优势，项目组确定以系统级封测 U 盘市场作为芯潮 U 盘的核心目标市场，芯潮 U 盘暂时不进入传统 U 盘市场，以期把芯潮品牌打造成为系统级封测 U 盘的领导性品牌。同时避实击虚，利用这个目标市场品牌格局尚未形成的契机，集中人力和物力培育这个市场，并以差异化产品为基础，建立长电科技在这个领域的领导者地位。

我们将芯潮 U 盘定位在中高端市场，以白领人群、办公人群、时尚人群为核心目标客户，以高科技、差异化、时尚化、个性化为核心诉求。为此，长电科技采取以目标顾客和目标市场为导向的集中战略，集中优势资源，使长电科技在既定的目标市场居于强有力的主导地位。

（三）“芯潮”产品规划

IT 行业产品的生命周期普遍较短，单款 U 盘产品从上市到退市，生命周期一般在一年左右，特别经典的产品生命周期可能会再延长 2 ~ 3 个月。随着生产和技术的发展，U 盘产品的生命周期呈现逐步缩短的趋势。长电科技必须针对市场不断变化的需求，建立快速反应机制，从而有效地抓住时机，达到最大的市场效果。

为了实现公司 2010 年的销售目标，项目组根据长电科技渠道类型的不同，分别开发各个渠道的专属产品矩阵，最终形成 12 大类产品组合。不同渠道的专属产品矩阵是公司实现 2010 年销售目标的坚实基础，同时也是实现公司长远战略目标，有别于其他竞争对手的个性做法。传统渠道、礼品定制渠道和创新渠道的专属产品开发将使长电科技能够率先占据这三个新兴 U 盘销售渠道。

为了应对 U 盘产品生命周期较短的问题，长电科技必须建立一整套完整的波士顿产品矩阵，明确公司在各个阶段的金牛产品、明星产品、瘦狗产品和问题产品（如图 10 - 9 所示）。

图 10 - 9　长电科技产品的波士顿产品矩阵图

根据图 10 - 9 可以看出，长电科技共形成了 4 大系列产品：**形象系列产品、个性化系列产品、时尚化系列产品和定制化系列产品**。

形象系列产品因为受到品牌和产品自身差异化不够的影响变成了长电科技的问题产品，长电科技必须更进一步地进行产品差异化的开发。

个性化系列产品，以个性化为主基调，顺应了消费者的消费偏好，成了长电科技的明星产品。如果个性化系列产品再进一步丰富和完善，将会很快成为公司的另一个金牛产品。

时尚化系列产品以时尚为主基调，小巧时尚的外观使这系列U盘产品能作为一种饰件使用，因此在短时间内销量快速增长，成为公司的金牛产品。

定制化系列产品前期因为受销售人员没有到位的影响，销售不好，但是随着定制市场的快速扩大，在销售人员到位以后，这系列产品会很快成为公司的明星产品。

（四）找到"芯潮"品牌的渠道发展策略

目前，从消费者需要的角度划分，共有四大渠道类型：IT渠道、传统渠道、礼品定制渠道和创新渠道。IT渠道是IT产品销售量最大的一个渠道，也是各个品牌的兵家必争之地，基本上U盘品牌厂商把公司市场资源的80%都投到了这个市场。

1. 长电科技IT渠道模式：扁平化

在供过于求、竞争激烈的市场营销环境下，传统的渠道存在着许多不可克服的缺点。

一是厂家难以有效地控制销售渠道。

二是多层结构有碍于效率的提高，且臃肿的渠道不利于形成产品的价格竞争优势。

三是单项式、多层次的流通使得信息不能准确及时地反馈，这样不但会错失商机，而且还会造成人员和时间上的资源浪费。

四是厂家的销售政策不能得到有效的执行落实。

因此，长电科技将销售渠道改为扁平化的结构，即销售渠道越来越短、销售网点越来越多。如此一来，各个渠道成员的投资回报也就更多。销售渠道短，增加了企业对渠道的控制力；销售网点多，则增加了产品的销售量。至此，长电科技由多层级渠道模式变为"厂家－经销商－零售商"的扁平化渠道模式。

2. 长电科技传统渠道运作核心：建立主推形象店、形象点

芯潮品牌作为一个新的品牌，而且定位于中高端，因此要想在IT渠道内较快完成有效的销售循环，必须要有一股主推的力量。但是，主推的销量力量从哪里来？为此，长电科技准备在一线、二级市场建立自己的主推形象店、柜台。

主推柜台除了起到品牌形象展示的作用外，还能在卖场内形成一股主推力

量，实现销售及赚钱效应，从而带动周边其他柜台主推芯潮产品，实现以点带面的效果，最终形成良性销售循环。

传统渠道包含3C卖场、百货大楼、SUPERMALL、大卖场、连锁超市等，实际上，这个渠道是最近两年成长很快的一个渠道。

3. 长电科技礼品定制渠道模式：专业的直销队伍

由于长电科技把礼品定制渠道市场定位为一个重要的目标市场。因此，对于一个后进者来说，为了更好地拓展这个市场，长电科技准备成立专门针对礼品定制渠道的专职直销队伍。长电科技要主动走出去，专职的直销队伍要主动上门提供各种客户所需要的服务，把礼品定制客户当成是一种战略资源来建设和储备，争取在这块市场上成为领导者。

4. 创新渠道

创新渠道主要是指电子商务渠道，由于近几年电子商务的快速发展，这个渠道也成为U盘销售很重要的一个渠道。

5. 销售模式：直销

为了抓住这个新兴的渠道，利用电子商务渠道快速打开芯潮品牌的知名度，公司将派副总级的高管一对一地与全国性的创新渠道进行全国统一采购谈判。争取与著名的全国性电子商务网站，如新蛋、京东网等，在较快的时间内达成合作，建立“芯潮”在这个新渠道内的销售地位，并形成一定的先发优势。

四、 延续： 持续推进 实效当先

帮助长电科技建立了完善的品牌架构，明确了品牌的核心价值和核心定位之后，我们确定了“芯潮”品牌的目标市场，明确了核心的服务对象，并为其建立了适合自身竞争优势的渠道业务组合。

在做好这些统筹工作的同时，项目组开始帮助长电科技建立自己的营销队伍，并对其进行职业化的培训。以江苏市场作为试点市场，对公司的品牌宣传、产品设计、业务模式和客户开发等进行了综合的评估和测试。在试点市场期间，我们帮助其建立了完整的经销商队伍，形成了完整的渠道覆盖，并很好地检测了为其制定的策略。

在近一年的时间里，我们还帮助长电科技建立了完整的营销体系和整套管理系统，帮助其实现了从 OEM 销售到精细化运作的销售思路转变。

项目组通过宏观环境 PEST（P 是 Political System，E 是 Economic，S 是 Social，T 是 Technological）分析，对长电科技进行 U 盘自有品牌销售模式及政治法律环境、经济环境、社会环境和技术环境的论证。

运用波特的五力模型对移动存储行业进行分析，通过对 U 盘产品的市场需求、现实的竞争状况、产业链的供应商、替代产品的销售模式及潜在的竞争对手进行分析，从而找到目前市场上对于长电科技来说所存在的外部机会。

通过对公司内部环境及公司的竞争能力的分析，采用 SWOT 分析方法，找出公司的优势、劣势、机会与威胁。同时，利用市场细分和目标市场理论，确定产品的目标市场与产品定位。结合公司的使命和公司战略，确定营销战略目标和营销策略组合，并制定营销战略的实施与保障措施。

51 沈阳机床：打造营销铁军，冲刺全球第一 实录

为了让优秀、有潜力的沈阳机床人参与实训，项目组在沈阳机床集团全国范围从海选种子选手到严格筛选，到实训过程中的淘汰环节，最终经过 MMT、PMT、SMT1 期、SMT2 期、TMT 等实训项目后，有 144 名合格的新型沈机营销人顺利拿到毕业证。

一、背景：启动人才培训工程，助力沈阳机床战略转型

在机床生产制造领域，沈阳机床从产能到销量都居于全球领先地位，但该企业并未裹足不前，而是提出了冲刺世界第一的宏伟目标。2010 年，企业全面提速转型——由传统的制造商向综合工业服务商转变，从生产引领型企业向市场引领型企业转变，全面迈向品牌营销时代。

为了实现这一企业战略，需要打造一支强大的、具有新锐营销智慧的市场营销型人才队伍。沈阳机床有上万人的员工队伍，但企业骨干和管理层绝大多数都是生产技术性人才，现有人才结构无法全面担当企业转型的重任。按照传统思路，要想成功转型，要么换血，要么输血。

沈阳机床董事长关锡友的思路却全然不同，他要求从沈阳机床现有团队中挑选一批综合素质高、年富力强的可造之才，将他们培养成企业需要的新型人才，从内部打造一支营销铁军。

沈阳机床和联纵智达有过多年合作经历，于是这个打造营销铁军的重任就落在了我们肩上。

至此，沈阳机床成立以来第一次高规格、高投入的专业市场人才打造工程拉开了帷幕。此次培训，也是联纵智达成立以来，在量身定制营销人才培训方面投入人力最多、花费时间最长、收效最为显著的一次。

二、决策：量身定制，实训督导，打造沈机营销铁军

（一）总体思路：定制化营销实训，系统化提升团执行力

针对沈阳机床的现状及市场竞争格局，项目组在公司内部进行了大量的头脑风暴，达成如下共识：用结果锁定需求，以需求引导结果，定制化营销实训，系统化地解决了企业营销问题（如图 10－10 所示）——打造专属沈机的定制化实训，助力沈机提升营销执行力。

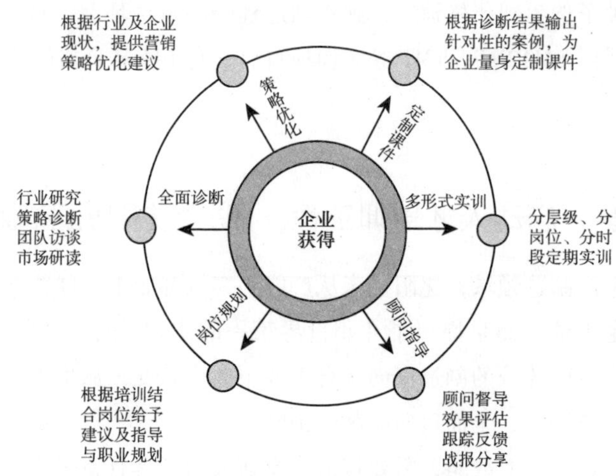

图 10－10　定制化营销实训

围绕这一目标，项目组为沈机量身定制授课内容、授课形式和授课周期三大板块的实训内容。

在授课内容方面，项目组从心态、行为、企业文化认同、营销人基本素养、应具备的营销知识、技能等具化的内容提供定向实训。

在授课形式上，采取课堂授课与案例互动分享相结合，课后及时检验，关注课中学员能力素养评估，着重市场一线，帮带学员们调研学习。

而在授课周期上，采取以每周为一个 PDCA 的循环计划和总结周期，每周有周计划、周战报及周学员现场评估报告呈现给沈阳机床的相关部门。

（二）具体步骤：封闭式培训，保姆式跟踪，实战式督导

定制化营销实训，就是专注企业实际，根据企业存在的问题，量身定制有

针对性、专注于提升客户销售业绩和营销团队执行力的培训体系。系统、专业、实战和定制是我们的四大核心价值。通过方法、工具、手册和实战案例的输出，结合实战式技能训练过程，辅之以顾问式的服务。定制化营销实训包含培训、跟踪和实战督导等环节，最终帮助企业打造营销铁军。

项目组着重为沈阳机床学员从三个面向（面向未来、面向客户和面向内部）、两个定位（行业定位和区域定位）和三大能力（市场感知力、市场获取力和资源横合力）入手，全面打造符合沈阳机床要求的营销铁军。

通过营销实训，打造一批懂市场、懂行业，具备市场感知力、市场获取力和资源整合力的高素质综合人才，分派到营销体系的各个岗位，形成矩阵式营销人才结构。未来的沈阳机床市场部将形成以行业和区域双向定位，行业事业部和区域事业部并举，行业经理和区域营销经理共存的格局。

（三）五大手法，敲定定制化营销实训总方针

通过对沈阳机床各个层面的内访外调，调集专家组潜心研究，项目组将沈阳机床的整体状况和转型的战略需求相结合，量身定制了符合沈阳机床转型需求的培训课程，制定了一系列培训计划，进行从培训对象选拔、封闭式培训、市场实训到贴身督导的营销实训。

量身定制：通过前期调查与问题分析做针对性培训。

实例教学：参照真实案例结合企业现状与问题做引导性培训。

行业延伸：行业、人群、产品、市场前景、市场动态。

咨询高度：打破传统营销培训的局限，用理性务实的思考方式培训。

深度聚焦：依照成功案例做深度剖析，用互动方式加深课程的理解。

增值服务：培训的同时，还提供针对企业的指导性建议、简单规划与顾问服务。

三、实施：高标准，严要求，重实训，强督导

（一）组建超强培训班子

这是一次空前绝后的培训，它不仅承载了位居世界第二的沈阳机床的战略转型人才打造重任，而且也是我们自身数年来一直在探索和打磨的定制化营销实训的大检阅和大练兵。

集团高层和专家几乎倾巢出动，开始了这项特殊的服务。项目组迅速组建了工作小组，在项目总监郑末平老师的指导下，大家分工明确：

郑末平老师任辅导员，负责训练营的整体工作。

曾俊老师承担教务工作，负责课程设计规划、案例及市场实操演练设计规划与验证。

高罡、李可益老师负责课务，负责学员和讲师的日常管理。

何慕、陈晟、徐凤娇、叶敦明、薛宝峰和程峰等联纵智达核心专家团队全部担任讲师，同时聘请业内著名专家，组成阵容超级强大的讲师团，开始先后对四个培训班进行授课。

（二）内访外调，量身定制课件

在实训开营前，项目组对企业进行内访外调，通过对董事长关锡友、股份公司市场与服务部马部长、各事业部部长、市场与服务部下属科室业务骨干的访谈，对包括沈阳、佛山、杭州和武汉 4 个城市 4S 店相关人员和客户的调研，对沈阳机床的企业理念、市场部的未来规划远景、营销相关部门对于沈阳机床市场部及市场经理角色定位的预期要求、沈阳机床市场经理应具备的基本素质、沈阳机床现有的产品线和业务模式等都有了深入理解。

通过调研，挖掘沈阳机床营销人的角色职责、素养、胜任模型的相关信息，对教育实训的课程设置、流程设计、市场一线实操内容设计等方面找到指导和素材，进而对课程的定制化进行修正及优化。

（三）严进严出，确保培训效果

为了确保高质量的培训效果，每个培训班开课前，项目组都从沈阳机床上万人的团队中海选出种子选手，经过层层筛选淘汰，最终确定 13 个班 500 余名优秀学员。在学习中实行淘汰制，严进严出，确保每一个走出去的学员都能实现质的飞跃。

每期培训分为理论学习和市场实操两个阶段，第一阶段 16 天，第二阶段 10 天，共计 26 天。经过高强度的理论学习之后，学员们分组奔赴区域市场进行市场一线的实战演练，强化市场调研技能，熟悉各个区域市场基本销售状况，掌握各个区域市场竞品相关信息，将培训老师的课堂知识灵活运用到实践中，并为今后的工作奠定方向及基础。

（四）严格管理，封闭授课

既然是打造营销铁军，那么在管理及授课形式上，就要区别于其他普通的实训，虽然在每个实训项目中的授课形式略有差别，但都符合三大模式："4+1+1+1"模式、"铁三角闭环"模式与市场实操训练"三步走"模式。

1. "4+1+1+1"模式

采用"4+1+1+1"模式进行学习时间分配：4天为专业知识类或技能类课程，1天为心态类或素养类课程，1天为周总结学习时间，1天为休息和完成作业时间。

以SMT1期实训第三周课程规划为例：周一、二、四、五为专业知识类或技能类课程；周三为心态类课程；周六为周总结学习时间；周日为休息和完成作业时间。

2. "铁三角闭环"模式

沈阳机床实训课程内训环节采用"铁三角闭环"模式，由课堂授课、晚自习和周总结学习三阶段组成，对学员的专业技能进行重复学习和演练。

授课方式包括案例分析、沙盘演练、情景模拟、学员学习心得交流、讲师答疑、拓展训练、小组辩论和考试等。在晚自习阶段，晚自习基本遵循每2天1个晚上自习的规律，具体设置，由白天授课的需要决定。自习范围主要是对白天所授课程进行二次深度认知学习，对白天所授课程进行考核，对白天所授课程知识点进行实操运用，方式多采取案例分析、沙盘演练、情景模拟、学员学习心得交流、讲师答疑、小组辩论和考试等。

在每个周六都安排周总结学习，周总结学习方式包括周知识要点串联回顾、周重点课题专向研讨、案例分析、沙盘演练、情景模拟、学员学习心得交流、讲师答疑、小组辩论和考试等。根据关锡友董事长、事业部总经理、市场部部长的时间安排，在周总结学习阶段加入沈阳机床集团相关人员进行演讲或授课环节，让学员们在每一个授课周期中都能学到不同的知识、技能，并得到强化锻炼的机会。

3. 市场实操训练"三步走"模式

市场实操训练是实训的一大特色，根据学员学习进度安排阶梯式"三步走"模式，最终打造出实战、实操的沈机市场精英团队。

第一步为沈阳机床销售网络各环节认识感悟阶段，通过走访沈阳机床外部销售网络各节点（4S 店、经销商、终端客户等），加深学员对沈阳机床销售体系的认知和感悟。

第二步为市场分析报告编写特训阶段，通过调研区域市场，训练学员的市场调查和分析能力，强化市场分析报告编写能力。

第三步为 4S 店专项课题实操特训阶段，通过进驻 4S 店实地从事销售等相关工作，训练学员们实操能力。

（五）军事化管理，程式化培训

沈阳机床实训以一周为单位进行 PDCA 模式循环滚动，具体来说就是：

（1）学员于下周学习开始前 2 天做出学习计划。

（2）学习中根据实际学习情况调整。

（3）周五课程结束后进行当周学习总结，包括学习内容、学习成果和学习方法等几个方面，并做出下周学习计划。按照此形式循环滚动。

（4）教导组于下周学习开始前 1 天给出教导工作计划。

（5）授课过程中根据实际授课情况调整。

（6）周六授课结束后进行当周教导工作总结并于周日给出教导工作计划和本周学习战报。按照此形式循环滚动。

（7）课程组于下周学习开始前 5 天给出课件，之后与沈阳机床相关人员共同审核，并于下周学习开始前 2 天输出最终课件。

为切实有效地为沈阳机床实训服务，一方面项目组强化对学员的管理与考核，从学员出勤、实训积极性、实训纪律性、服装礼仪、内务整理、学员考试成绩、案例研究的成绩和学员岗位素质模型评价等方面进行综合考核；另一方面项目组也对讲师及课程进行客观公正的评价。讲师课程评价从课程内容、课程目标的明确性、内容编排的合理性、理论知识的系统性、课程内容的适用性、互动性等方面进行评价，讲师从对课程内容的理解、课堂表达能力、对学员反应的关注程度、对学员学习兴趣的激发、对学员提问所作出的指导和把握课程进度的能力等方面进行客观公正的评价。

四、成果展示

一年多时间，我们为沈阳机床培训了 24 名市场经理（MMT）、21 名产品经理（PMT）、53 名营销经理（SMT）和 48 名高级储备干部（TMT）。经过短短两三个月的集中打造，一批批传统管理（生产）型人才，与从前判若两人，无论从精神气质、营销意识、市场理念，还是服务模式，都焕然一新，成为完全符合企业要求的新型营销（市场）人才。

（一）实训战报展示

实训战报如图 10－11、图 10－12 所示。

市场经理报 讲师风采
MMT联纵智达大揭秘
沈机 市场经理 报 2011
SHENJI
关注基层的关注 思考高层的思考
担起主动迈向品牌营销时代
赢在起点 超越梦想
沈机市场经理打造计划（MMT）起航
营销人生 价值无限
启明星MMT（市场经理打造）项目介绍
讲师风采
创世界品牌 争全球第一

图 10－11 实训战报（一）

海归沙龙报
精彩瞬间
魅力领导演说
沈机 海归沙龙 報2012
海归沙龙项目培训札记
RST绿岛培训营风采
创世界品牌 争全球第一

图 10－12 实训战报（二）

（二）实训老师风采

实训老师风采如图 10－13、图 10－14 所示。

图 10－13　实训老师风采（一）

图 10－14　实训老师风采（二）

（三）实训花絮

历尽千辛万苦才挣得的实训机会，让学员们情绪高昂，实训专家们争分夺秒，尽其所能，力争为学员分享更多的知识和技能。一堂堂精彩的课程，让学员们大开眼界，大长见识，学员们像一块块海绵，贪婪地吸收着知识。在绿岛实训的每一天，学员和老师们都沉浸在激动与欢乐中。学员们奋发的身影活跃在操场、教室、食堂，掀起一股沈阳机床旋风，给绿岛增添了靓丽的风景（如图 10－15 所示）。

图 10－15　学员风采（一）

在具体实施各个实训项目过程中，众多项目组讲师给学员们深刻印象：郑末平老师的严谨、何慕老师的幽默风趣、倪炜老师的娓娓道来、叶敦明老师的激情……

（四）实训效果

老师们倾力投入实训项目，在项目实施过程中强化学员们团队执行力，并穿插检查和考核。没有检查和考核，就会吃大锅饭，团队就缺少凝聚力，执行能力就会缺失（当然，不恰当的考核，将会同考核的目的背道而驰，结果会适得其反）。没有有效的考核，就不能让学员们深刻理解团队执行到底是如何落实的。

在实训过程中，我们对学员进行实训纪律性、学员知识吸收能力、案例研究成绩和学员岗位素质模型评价等方面综合考核。正是这种严格的考核和监督，使得沈阳机床学员们在短短的几个月内发生了根本的转变，他们超越自我，努力攀登高峰，最终赢在巅峰（如图 10－16 所示）！

图 10－16　学员风采（二）

沈阳机床集团董事长关锡友这样评价：联纵智达的服务聚焦明、针对性强，有丰富的实例教学，同时授予“鱼和渔”，联纵智达的营销全体系课程涵盖企业完整营销价值链。此外，项目团队严谨的执行能力和主人翁式的积极敬业态度，也让沈阳机床真正认识到联纵智达一直倡导的“营销真、善、美”！

博瑞森图书分类导读图+书目

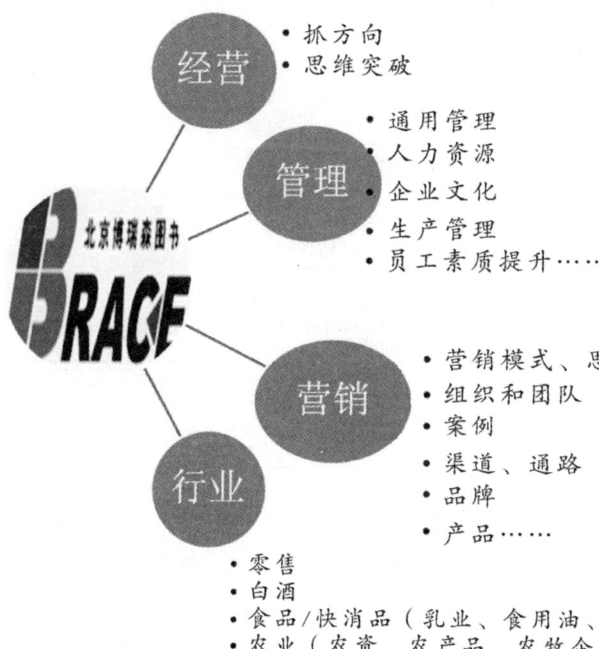

更多实战好书，请关注**"博瑞森管理图书网"**

BRACE http://www.bracebook.com.cn

（网站二维码）

行业类：零售、白酒、食品/快消品、农业、医药、建材家居			
	书名．作者	内容/特色	读者价值
零售·餐饮	涨价也能卖到翻 村松达夫 【日】	提升客单价的15种实用、有效的方法	日本企业在这方面非常值得学习和借鉴
	1. 总部有多强大,门店就能走多远 2. 超市卖场定价策略与品类管理 3. 连锁零售企业招聘与培训破解之道 4. 中国首家未来超市:解密安徽乐城 IBMG国际商业管理集团 著	国内外标杆企业的经验+本土实践量化数据+操作步骤、方法	通俗易懂,行业经验丰富,宝贵的行业量化数据,关键思路和步骤
	零售:把客流变成购买力 丁昀 著	如何通过不断升级产品和体验式服务来经营客流	如何进行体验营销,国外的好经营,这方面有启发
	餐饮企业经营策略第一书 吴坚 著	分别从产品、顾客、市场、盈利模式等几个方面,对现阶段餐饮企业的发展提出策略和思路	第一本专业的、高端的餐饮企业经营指导书
白酒	变局下的白酒企业重构 杨永华 郭旭 著	帮助白酒企业从产业视角看清趋势,找准位置,实现弯道超车的书	行业内企业要减少90%,自己在什么位置,怎么做,都清楚了
	1. 白酒营销的第一本书 2. 白酒经销商的第一本书 唐江华 著	华泽集团湖南开口笑公司品牌部长,擅长酒类新品推广、新市场拓展	扎根一线,实战
	区域型白酒企业营销必胜法则 朱志明 著	为区域型白酒企业提供35条必胜法则,在竞争中赢销的葵花宝典	丰富的一线经验和深厚积累,实操实用
	10步成功运作白酒区域市场 朱志明 著	白酒区域操盘者必备,掌握区域市场运作的战略、战术、兵法	在区域市场的攻伐防守中运筹帷幄,立于不败之地
快消品·食品	乳业营销第一书 侯军伟 著	对区域乳品企业生存发展关键性问题的梳理	唯一的区域乳业营销书,区域乳品企业一定要看
	食用油营销第一书 余盛 著	10多年油脂企业工作经验,从行业到具体实操	食用油行业第一书,当之无愧
	中国茶叶营销第一书 柏龑 著	如何跳出茶行业“大文化小产业”的困境,作者给出了自己的观察和思考	不是传统做茶的思路,而是现在商业做茶的思路
	变局下的快消品营销实战策略 杨永华 著	通胀了,成本增加,如何从被动应战变成主动的“系统战”	作者对快消品行业非常熟悉、非常实战
	调味品营销第一书 陈小龙 著	国内唯一一本调味品营销的书	唯一的调味品营销的书,调味品的从业者一定要看
	快消品营销:一位销售经理的工作心得2 蒋军 著	快消品、食品饮料营销的经验之谈,重点突出	来源于实战的精华总结
	快消品营销与渠道管理 谭长春 著	将快消品标杆企业渠道管理的经验和方法分享出来	可口可乐、华润的一些具体的渠道管理经验,实战
	成为优秀的快消品区域经理 伯建新 著	37个“怎么办”分析区域经理的工作关键点	可以作为区域经理的‘速成催化器’
	销售轨迹:一位快消品营销总监的拼搏之路 秦国伟 著	本书讲述了一个普通销售员打拼成为跨国企业营销总监的真实奋斗历程	激励人心,给广大销售员以力量和鼓舞
	快消品经销商如何快速做大 杨永华 著	本书完全从实战的角度,评述现象,解析误区,揭示原理,传授方法	为转型期的经销商提供了解决思路,指出了发展方向
	做最专业的快消品业务员 刘雷 伯建新 著	快消行业必读书,从入门到专业	深入细致,易学易懂
农业	农资营销实战全指导 张博 著	农资如何向“深度营销”转型,从理论到实践进行系统剖析,经验资深	朴实、使用！不可多得的农资营销实战指导
	农产品营销第一书 胡浪球 著	从农业企业战略到市场开拓、营销、品牌、模式等	来源于实践中的思考,有启发
	变局下的农牧企业9大成长策略 彭志雄 著	食品安全、纵向延伸、横向联合、品牌建设……	唯一的农牧企业经营实操的书,农牧企业一定要看

续表

医药	新医改下医药营销与团队管理 史立臣　著	探讨新医改对医药行业的系列影响和医药团队管理	帮助理清思路,有一个框架
	医药营销与处方药学术推广 马宝琳　著	如何用医学策划把"平民产品"变成"明星产品"	有真货、讲真话的作者,堪称处方药营销的经典!
	新医改了,药店就要这样开 尚　锋　著	药店经营、管理、营销全攻略	有很强的实战性和可操作性
	OTC 医药代表药店开发与维护 鄢圣安　著	要做到一名专业的医药代表,需要做什么、准备什么、知识储备、操作技巧等	医药代表药店拜访的指导手册,手把手教你快速上手
建材家居	建材家居营销实务 程绍珊　杨鸿贵　主编	价值营销运用到建材家居,每一步都让客户增值	有自己的系统、实战
	建材家居门店销量提升 贾同领　著	店面选址、广告投放、推广助销、空间布局、生动展示、店面运营等	门店销量提升是一个系统工程,非常系统、实战
	10 步成为最棒的建材家居门店店长 徐伟泽　著	实际方法易学易用,让员工能够迅速成长,成为独当一面的好店长	只要坚持这样干,一定能成为好店长
	手把手帮建材家居导购业绩倍增:成为顶尖的门店店员 熊亚柱　著	生动的表现形式,让普通人也能成为优秀的导购员,让门店业绩长红	读着有趣,用着简单,一本在手、业绩无忧
工业品	解决方案营销实战案例 刘祖轲　著	用 10 个真案例讲明白什么是工业品的解决方案式营销,实战、实用	有干货、真正操作过的才能写得出来
	变局下的工业品企业 7 大机遇 叶敦明　著	产业链条的整合机会、盈利模式的复制机会、营销红利的机会、工业服务商转型机会……	工业品企业还可以这样做,思维大突破
	工业品市场部实战全指导 杜　忠　著	工业品市场部经理工作内容全指导	系统、全面、有理论、有方法,帮助工业品市场部经理更快提升专业能力
金融	交易心理分析 (美)马克·道格拉斯　著 刘真如　译	作者一语道破赢家的思考方式,并提供了具体的训练方法	不论你是初入股市的新手,或是股票买卖的老手,如果你想在股市中持续一贯地获利,你都应该读一读这本关于股票交易心理学的书,它会让你超脱输家轮回、晋身市场赢家
	精品银行管理之道 崔海鹏　何屹　主编	中小银行转型的实战经验总结	中小银行的教材很多,实战类的书很少,可以看看
	支付战争 Eric M. Jackson 著 徐　彬　王　晓　译	paypal 创业期营销官根据自己的亲身经历,讲述 paypal 从诞生到壮大到成功出售的整个历史过程	激烈、有趣的内幕商战故事! 了解美国支付市场的风云巨变
服装	赚不赚钱靠店长:从懂管理到会经营 孙彩军　著	通过生动的案例来进行剖析,注重门店管理细节方面的能力提升	帮助终端门店店长在管理门店的过程中实现经营思路的拓展与突破
汽车	汽车配件这样卖:汽车后市场销售秘诀 100 条 俞士耀　著	汽配销售业务员必读,手把手教授最实用有用的方法,轻松得来好业绩	快速上岗,专业实效,业绩无忧

经营类:企业如何赚钱,如何抓机会,如何突破,如何"开源"

	书名. 作者	内容/特色	读者价值
抓方向	让经营回归简单. 升级版 宋新宇　著	化繁为简抓住经营本质:战略、客户、产品、员工、成长	经典,做企业就这几个关键点!
	公司由小到大要过哪些坎 卢　强　著	老板手里的一张"企业成长路线图"	现在我在哪儿,未来还要走哪些路,都清楚了
	企业二次创业成功路线图 夏惊鸣　著	企业曾经抓住机会成功了,但下一步该怎么办?	企业怎样获得第二次成功,心里有个大框架了
	老板经理人双赢之道 陈　明　著	经理人怎养选平台、怎么开局,老板怎样选/育/用/留	老板生闷气,经理人牢骚大,这次知道该怎么办了
	企业文化的逻辑 王祥伍　黄健江　著	为什么企业绩效如此不同,解开绩效背后的文化密码	少有的深刻,有品质,读起来很流畅
	使命驱动企业成长 高可为　著	钱能让一个人今天努力,使命能让一群人长期努力	对于想做事业的人,'使命'是绕不过去的
	公司大了怎么管:从靠英雄到靠组织 金国华　著	第一次详尽阐释中国快速成长型企业的特点、问题及解决之道	帮助快速成长型企业领导及管理团队理清思路,突破瓶颈

续表

思维突破	跳出同质思维,从跟随到领先 郭　剑　著	66个精彩案例剖析,帮助老板突破行业长期思维惯性	做企业竟然有这么多玩法,开眼界
	7个转变,让公司3年胜出 李　蓓　著	消费者主权时代,企业该怎么办	这就是互联网思维,老板有能这样想,肯定倒不了
	麻烦就是需求　难题就是商机 卢根鑫　著	如何借助客户的眼睛发现商机	什么是真商机,怎么判断、怎么抓,有借鉴
	重生战略:移动互联网和大数据时代的转型法则 沈　拓　著	在移动互联网和大数据时代,传统企业转型如同生命体打碎与再造,称之为"重生战略"	帮助企业认清移动互联网环境下的变化和应对之道
	互联网思维下的企业战略转型 李　蓓　著	本书阐述了传统企业在互联网思维下的战略转型之路:重新定义产品——重新寻找客户——重新发现价值	利用互联网思维结合自己已有的竞争优势,你也可以创建一个有着无限成长空间的新企业

管理类:效率如何提升,如何实现经营目标,如何"节流"

	书名.作者	内容/特色	读者价值
通用管理	1. 让管理回归简单.升级版 2. 让经营回归简单.升级版 3. 让用人回归简单 宋新宇　著	宋博士的"简单"三部曲,影响20万读者,非常经典	被读者热情地称作"中小企业的管理圣经"
	边干边学做老板 黄中强　著	创业20多年的老板,有经验、能写、又愿意分享,这样的书很少	处处共鸣,帮助中小企业老板少走弯路
	阿米巴经营的中国模式 李志华　著	让员工从"要我干"到"我要干",价值量化出来	阿米巴在企业如何落地,明白思路了
	欧博心法:好管理靠修行 曾　伟　著	用佛家的智慧,深刻剖析管理问题,见解独到	如果真的有'中国式管理',曾老师是其中标志性人物
	1. 用流程解放管理者 2. 用流程解放管理者2 张国祥　著	中小企业阅读的流程管理、企业规范化的书	通俗易懂,理论和实践的结合恰到好
	跟我们学建流程体系 陈立云　著	畅销书《跟我们学做流程管理》系列,更实操,更细致,更深入	更多地分享实践,分享感悟,分享从实践总结出来的方法论
	低效会议怎么改:每年节省一半会议成本的秘密 王玉荣　著	教你如何系统规划公司的各级会议,一本工具书	教会你科学管理会议的办法
	年初订计划,年尾有结果:战略落地七步成诗 郭晓　著	7个步骤教会你怎么让公司制定的战略转变为行动	系统规划,有效指导计划实现
人力资源	回归本源看绩效 孙　波　著	让绩效回顾"改进工具"的本源,真正为企业所用	确实是来源于实践的思考,有共鸣
	曹子祥教你做绩效管理 曹子祥　著	复杂的理论通俗化,专业的知识简单化,企业绩效管理共性问题的解决方案	轻松掌握绩效管理
	把招聘做到极致 远　鸣　著	作为世界500强高级招聘经理,作者数十年招聘经验的总结分享	带来职场思考境界的提升和具体招聘方法的学习
	走出薪酬管理误区 全怀周　著	剖析薪酬管理的8大误区,真正发挥好枢纽作用	值得企业深读的实用教案
	集团化人力资源管理实践 李小勇　著	对搭建集团化的企业很有帮助,务实,实用	最大的亮点不是理论,而是结合实际的深入剖析
	人才评价中心.超级漫画版 邢　雷　著	专业的主题,漫画的形式,只此一本	没想到一本专业的书,能写成这效果
	我的人力资源咨询笔记 张　伟　著	管理咨询师的视角,思考企业的HR管理	通过咨询师的眼睛对比很多企业,有启发
	本土化人力资源管理8大思维 周　剑　著	成熟HR理论,在本土中小企业实践中的探索和思考	对企业的现实困境有真切体会,有启发

续表

企业文化	**华夏基石方法：企业文化落地本土实践** 王祥伍　谭俊峰　著	十年积累、原创方法、一线资料，和盘托出	在文化落地方面真正有洞察，有实操价值的书
	企业文化的逻辑 王祥伍　著	为什么企业之间如此不同，解开绩效背后的文化密码	少有的深刻，有品质，读起来很流畅
	企业文化激活沟通 宋杼宸　安琪　著	透过新任 HR 总经理的眼睛，揭示出沟通与企业文化的关系	有实际指导作用的文化落地读本
生产管理	**高员工流失率下的精益生产** 余伟辉　著	中国的精益生产必须面对和解决高员工流失率问题	确实来源于本土的工厂车间，很务实
	车间人员管理那些事儿 岑立聪　著	车间人员管理中处理各种“疑难杂症”的经验和方法	基层车间管理者最闹心、头疼的事，‘打包’解决
	1. **欧博心法：好管理靠修行** 2. **欧博心法：好工厂这样管** 曾　伟　著	他是本土最大的制造业管理咨询机构创始人，他从 400 多个项目、上万家企业实践中锤炼出的欧博心法	中小制造型企业，一定会有很强的共鸣
生产管理	**欧博工厂案例 1：生产计划管控对话录** **欧博工厂案例 2：品质技术改善对话录** **欧博工厂案例 3：员工执行力提升对话录** 曾　伟　著	最典型的问题、最详尽的解析，工厂管理 9 大问题 27 个经典案例	没想到说得这么细，超出想象，案例很典型，照搬都可以了
	苦中得乐：管理者的第一堂必修课 曾　伟　编	曾伟与师傅大愿法师的对话，佛学与管理实践的碰撞，管理禅的修行之道	改善心境，提升境界，从容做管理
员工素质提升	**跟老板“偷师”学创业** 吴江萍　余晓雷　著	边学边干，边观察边成长，你也可以当老板	不同于其他类型的创业书，让你在工作中积累创业经验，一举成功
	销售轨迹：一位快消品营销总监的拼搏之路 秦国伟　著	本书讲述了一个普通销售员打拼成为跨国企业营销总监的真实奋斗历程	激励人心，给广大销售员以力量和鼓舞
	在组织中绽放自我：从专业化到职业化 朱仁健　王祥伍　著	个人如何融入组织，组织如何助力个人成长	帮助企业员工快速认同并投入到组织中去，为企业发展贡献力量
	企业员工弟子规：用心做小事，成就大事业 贾同领　著	从传统文化《弟子规》中学习企业中为人处事的办法，从自身做起	点滴小事，修养自身，从自身的改善得到事业的提升

营销类：把客户需求融入企业各环节，提供“客户认为”有价值的东西

	书名．作者	内容/特色	读者价值
营销模式	**变局下的营销模式升级** 程绍珊　叶宁　著	客户驱动模式、技术驱动模式、资源驱动模式	很多行业的营销模式被颠覆，调整的思路有了！
	卖轮子 科克斯　【美】	小说版的营销学！营销核心理念巧妙贯穿其中，贵在既有趣，又有深度	经典、有趣！一个故事读懂营销精髓
	弱势品牌如何做营销 李政权　著	中小企业虽有品牌但没名气，营销照样能做的有声有色	没有丰富的实操经验，写不出这么具体、详实的案例和步骤，很有启发
	老板如何管营销 史贤龙　著	不要认为营销就是 4 个 P、C、R 的概念游戏，揭开营销智慧助力企业成功的内在奥秘	高段位营销 16 招，好学好用，老板能看，营销人也能看
	动销：产品是如何畅销起来的 吴江萍　余晓雷　著	真真切切告诉你，产品究竟怎么才能卖出去！突破产品滞销困局的实战宝典	击中痛点，提供方法，你值得拥有

续表

组织和团队	**升级你的营销组织** 程绍珊　吴越舟　著	用"有机性"的营销组织力替代"营销能人",把营销团队变成"铁营盘"	营销队伍最难管,程老师不愧是营销第1操盘手,步骤、方法都很成熟
	用数字解放营销人 黄润霖　著	通过量化帮助营销人员提高工作效率	作者很用心,很好的常备工具书
	成为优秀的快消品区域经理 伯建新　著	37个"怎么办"分析区域经理的工作关键点	可以作为区域经理的'速成催化器'
	一位销售经理的工作心得 蒋　军　著	一线营销管理人员想提升业绩却无从下手时,可以看看这本书	一线的真实感悟
	快消品营销:一位销售经理的工作心得2 蒋　军　著	快消品、食品饮料营销的经验之谈,重点突出	来源于实战的精华总结
	销售轨迹:一位快消品营销总监的拼搏之路 秦国伟　著	本书讲述了一个普通销售员打拼成为跨国企业营销总监的真实奋斗历程	激励人心,给广大销售员以力量和鼓舞
	做好营销计划再不难:用数字解放营销人2 黄润霖　著	全方位教你怎么做好营销计划,好学好用真简单	照搬套用就行,做营销计划再也不头痛
案例	**解决方案营销实战案例** 刘祖轲　著	用10个真案例讲明白什么是工业品的解决方案式营销,实战、实用	有干货、真正操作过的才能写得出来
	我们的营销真案例 联纵智达研究院　著	五芳斋粽子从区域到全国/诺贝尔瓷砖门店销量提升/利豪家具出口转内销/汤臣倍健的营销模式/娃哈哈联销体	选择的案例都很有代表性,实在、实操!
	招招见销量的营销常识 刘文新　著	如何让每一个营销动作都直指销量	适合中小企业,看了就能用
案例	**中国首家未来超市:解密安徽乐城** IBMG国际商业管理集团　著	零售企业的未来在哪里?本书深入挖掘了安徽乐城超市的试验案例,为零售企业未来的发展提供了一条可借鉴之路	通俗易懂,行业经验丰富,宝贵的行业量化数据,关键思路和步骤
	中国营销战实录:令人拍案叫绝的营销真案例 联纵智达　著	51个案例,42家企业,38万字,18年,累计2000余人次参与……	最真实的营销案例,全是一线记录,开阔眼界
产品	**产品炼金术I:如何打造畅销产品** 史贤龙　著	满足不同阶段、不同体量、不同行业企业对产品的完整需求	必须具备的思维和方法,避免在产品问题上走弯路
	产品炼金术Ⅱ:如何用产品驱动企业成长 史贤龙　著	做好产品、关注产品的品质,就是企业成功的第一步	必须具备的思维和方法,避免在产品问题上走弯路
	新产品开发管理,就用IPD 郭富才　著	10年IPD研发管理咨询总结,国内首部IPD专业著作	一本书掌握IPD管理精髓
品牌	**中小企业如何建品牌** 梁小平　著	中小企业建品牌的入门读本,通俗、易懂	对建品牌有了一个整体框架
	采纳方法:破解本土营销8大难题 朱玉童　编著	全面、系统、案例丰富、图文并茂	希望在品牌营销方面有所突破的人,应该看看
	中国品牌营销十三战法 朱玉童　编著	总结归纳了采纳20年来的品牌策划方式方法,并将其总结提炼成了13条战法,同时配有大量的案例	众包方式写作,丰富案例给人启发,极具价值
渠道通路	**快消品营销与渠道管理** 谭长春　著	将快消品标杆企业渠道管理的经验和方法分享出来	可口可乐、华润的一些具体的渠道管理经验,实战
	传统行业如何用网络拿订单 张　进　著	给老板看的第一本网络营销书	适合不懂网络技术的经营决策者看
	采纳方法:化解渠道冲突 朱玉童　编著	系统剖析渠道冲突,21个最新的渠道冲突案例、情景式讲解,37篇专题讲义	系统、全面
	学话术 卖产品 张小虎　著	分析常见的顾客异议,提出破解方案,将复杂的销售程序化,将优秀的话术模块化	让普通导购员也能成为销售精英